Das Leben der niederländischen und deutschen Maler. - Primary Source Edition

Carel van Mander

Kunstgeschichtliche Studien

Der Galleriestudien IV. Folge

Unter Mitwirkung von Fachgenossen

herausgegeben von

Th. von Frimmel

Band II

Het Leven
der Doorluchtighe Nederlandtsche
en Hooghduytsche Schilders.

By een vergadert en beschreven, door

Carel van Mander
Schilder.

**Alles tot lust, vermaeck, en nut der Schilders,
en Schilder-const beminders.**

t' Amsterdam,

Voor Jacob Pietersz. Wachter, Boeckverkooper woonende
op den Dam inde Jonge Wachter, ANNO 1617.

Das Leben
der niederländischen
und deutschen Maler

des

Carel van Mander

Textabdruck nach der Ausgabe von 1617.

Übersetzung und Anmerkungen

von

Hanns Floerke

Band II
Mit 20 Bildertafeln

München und Leipzig
bei Georg Müller
1906

574050 460

Het leven van Anthonis van Montfoort, gheseyt Block-landt, Schilder.

Het schijnt of een claer treflijck gheslacht, al is het t'somtijden ghecomen tot leeghen, afgangh door teghenvallighe avontuer, noch veel tijt sulcke vriendlijcke Hemel-gunst is toegedaen, dat wel ghemeenlijck eenighe daer van gheraken op te climmen tot besonderen deughtsamen eerlijcken graedt. Ghelijck gheschiet is Anthonis van Montfoort, welcken oorspronghlijck zijn afcomst heeft van den Heeren Baronnen, en Borgh-graven van Montfoort: soo d'eersame Heeren der Stede vā Montfoort, my zijn afcomst in het lange met ghe-tuygh'nis van hun Stede-zeghel hebben te kennen ghe-gheven, en bevestight. Sijn Vader was ghenoemt Mr. Cor-nelis van Montfoort, gheseydt van Block-landt, om dat te dier plaetse zijn Voor-ouders seker leen-goet ghehadt hebben, als oock mede naer een Dorp en heerlijckheydt, ghelegen tusschen Gorcum en Dordrecht, gheheeten neder Block-lant. Hy was langhe Jaren Rentmeester van den Heer van Haeren, en den Baron van Moeriammez, en naemaels Schout der Stede van Montfoort. Dus onsen voorgenomen Anthonis hiet van Block-landt, nae de plaetse by Montfoort, Block-landt gheheeten. Welcke Heerlijckheydt d'Heer van Block-landt, Neef van Anthonis, Ao. 1572. stervende sonder kinderen, Anthonij middelstē Broeder (wesende dier tijdt Pensionaris der Stadt Amsterdam) heeft ghegeven by Testa-ment. Anthonis was geboren te Montfoort in't jaer 1532. en heeft t'begin der Schilder-const geleert te Delft by zijn Oom, gheheeten Hendrick Assuerusz. een ghemeen Meester: doch redelijck goet Conterfeyter. Block-lant hier

Das Leben des Malers Antonis von Montfort, genannt Blocklandt.

Es scheint als ob einem berühmten und trefflichen Geschlecht, wenn es auch bisweilen infolge widrigen Schicksals mit ihm bergab gegangen ist, oftmals noch die Gunst des Himmels so freundlich zugetan sei, dass der eine oder andere seiner Söhne es zu besonderen Ehren bringt. Solches widerfuhr Antonis von Montfort, der von den Baronen und Burggrafen von Montfort abstammte, wie aus dem Stammbaum hervorgeht, den mir der ehrenwerte Magistrat der Stadt Montfort vermittelt und durch sein Stadtsiegel bestätigt hat. Sein Vater hiess Herr Cornelis von Montfort genannt von Blocklandt, weil seine Vorfahren an diesem Orte ein Lehensgut besessen haben und auch nach einem Dorfe und einer Herrschaft Namens Nieder-Blocklandt, gelegen zwischen Gorcum und Dordrecht. Er war lange Zeit Rentmeister des Herrn van Haren und des Barons von Morialmez und später Schultheiss der Stadt Montfort. Unser Antonis hiess also von Blocklandt nach der Besitzung Blocklandt bei Montfort, welche der Herr von Blocklandt, ein Vetter von Antonis, als er im Jahre 1572 kinderlos starb, dem zweitjüngsten Bruder von Antonis, der zu jener Zeit Pensionär der Stadt Amsterdam war, testamentarisch übermachte. Antonis wurde im Jahre 1532 zu Montfort geboren und lernte die Anfangsgründe der Malkunst zu Delft bei seinem Oheim Hendrick Assuerusz, einem geringen Meister, der jedoch ein ganz guter Porträtmaler war. Als Blocklandt einige

by eenighe Jaren zijnde geweest, en alsoo Frans Floris
seer gheruchtigh was, wert hy nae zijn groote begheerte by
hem besteldt, alwaer hy binnen den tijdt van twee Jaren in
zijn leeringe is toegenomen. Wederom te Montfoort gekeert
wesende int Jaer 1552. heeft tot synen 19. Jaren hem be-
gheven in Houwlijck, met de Dochter van een treflijck Borgher,
wesende aldaer Burger-meester en Kerck-meester: By dese
creeg hy gheen kinderen. Hy quam woonen te Delft aen
den langhen Dijck, daer hy noch grootĕ vlijt dede, met
stadich meer en meer ondersoecken, en oeffenen sich in de
Schilderkonst te verbeteren, inventerende, schilderende,
teyckenende, en conterfeytende seer wel nae 't leven naeckten
van Mannen, en meest Vrouwen, om alle omtrecken, mus-
culen, en ander binnewerck, poeselighe soetheyt, verwer ghe-
daenten, vouwen uytgeven, verheffen, en swaddrigh neder-
setten des naeckten vleeschs: oock alle werckingen van lijf
en leden natuerlick uyt te beelden, en te verstaen. Hy
wiert door sulcken vlijt en opmerckige waerneminghe uyt-
nemend' en gheschickt in naeckten, laeckenen, tronien, en
ander deelen der Consten, en door zyn seldtsaem cloecke
wercken seer beroemt en gheruchtigh. Hy hadde veel groote
wercken te doen, als die tot groote dinghen gheneycht en
lustigh was, des hy op dien tijdt ghenoegh hadde zynen lust
te ghebruycken, in groote Altaer-tafelen, deuren, Tafereelen,
Doecken, en derghelijcke. Conterfeytselen nae 't leven dede
hy selden oft weynich, als die te desen deele niet veel
roems oft naems en begheerde, hebbende sijnen sin bysonder
op ordinantien: hoewel hy een goet Meester wesende, oock
uytnemende nae 't leven dede. Ghelijck als waer te maecken
is met een paer Conterfeytselĕ, van zijn Vader, en Moeder,
die met een veerdighe maniere gedaen, en uytnemende zyn,
besonder des Vaders tronie met den baerdt, welcken op een
schijn-doenlijcke wijse seer aerdich is ghehandelt. Dese zyn
te sien t'Amsterdam in de Warmoes-straet, ten huyse van
d'Heer Assuerus, Heer van Block-landt, Neef van onsen
Block-landt. Nu Bloeck-landt volghde seer in handelingh

Jahre bei ihm gewesen, wurde er in Erfüllung seines grossen
Wunsches zu Frans Floris, der damals sehr berühmt war,
in die Lehre gegeben, wo er innerhalb zweier Jahre grosse
Fortschritte machte.[1] Als er im Jahre 1552 wieder nach
Montfort zurückgekehrt war, verheiratete er sich als Neun-
zehnjähriger mit der Tochter eines trefflichen Bürgers, der
dort Bürgermeister und Kirchenvorstand war. Von dieser
Frau bekam er keine Kinder. Er liess sich in Delft am
langen Deich nieder, wo er auch fernerhin grossen Fleiss
entwickelte, um sich durch beständiges Studieren und fort-
während Übung in der Malkunst zu vervollkommnen. Er
komponierte, malte, zeichnete und machte sehr gute Akte von
Männern, meistens aber von Frauen nach der Natur, um alle
Konturen, Muskeln und anderen Einzelheiten des Körpers,
die weiche Fülle des Fleisches, die Lokalfarben, die An-
ordnung der Falten, das Aufsetzen von Lichtern und die
lockere Behandlung der Schatten beim nackten Fleisch, ferner
auch alle Funktionen des Körpers und seiner Glieder natur-
wahr darzustellen und zu verstehen. Durch solchen Fleiss
und so aufmerksame Beobachtung brachte er es zu Geschick-
lichkeit und hervorragenden Leistungen in der Darstellung
des Nackten, der Gewänder, Köpfe und anderer Dinge und
wurde sehr berühmt durch seine selten tüchtigen Arbeiten.
Er hatte umfangreiche Werke in grosser Anzahl zu malen,
wie er denn auch eine besondere Neigung für grosse Bilder
hatte, die er zu jener Zeit an grossen Altartafeln und
-Flügeln, Holz- und Leinwandbildern und dergleichen be-
friedigen konnte. Porträts nach der Natur malte er selten,
da er hierin keinen Ruhm begehrte und sein Sinn besonders
auf Kompositionen gerichtet war, obwohl er als ein guter Meister
auch ausgezeichnet nach der Natur malte. Diess lässt sich be-
weisen durch ein Paar Bildnisse seines Vaters und seiner Mutter
von seiner Hand, die auf geschickte Art gemalt und vortrefflich
sind, besonders der Kopf des Vaters mit dem Bart, der sehr
hübsch und transparent behandelt ist. Sie sind im Hause des
Herrn Assuerus, Herrn von Blocklandt, einem Neffen von
unserem Blocklandt, in der Warmoesstraat zu Amster-

de manier van zijn Meester Frans Floris. Hy hadde oock een wijse, ghemeenlijck zyn dinghen te verdrijven met vederen uyt wiecken van Gansen en ander ghevogelt, daer naer in den diepselen met den Pinceel t'artseren, soo in laeckenen als in naeckten. Laecken, handen, voeten, en tronien dede hy seer aerdigh, daer door zyn dinghen in welstandt seer verschoonende. Daer neffens was hy seer gheestig van hayr, dat den tronien grootlijcks verciert: Oock van ouder en ander Mannen baerden: Hy was oock maet-lijck in zyn ciereren. In den kercken tot Delft zijn van hem gheweest verscheyden heerlijcke Altaer-tafelen: Onder ander oock eenen boven al uytnemende ter Goude, wesende S. Jacobi outhoofdinge. Dese schoon dingē zyn meest door blinden yver en onverstandighe raserije in de oproerighe Beeldtstorminghen vernielt, en door Barbarische handen den ooghen der Const-lievenden nacomers berooft, so datter weynig is over gebleven. Tot Wtrecht zyn van hem te sien eenighe Tafereelen, en Altaer-deuren: Onder ander ten Huyse van Jofvrouw van Honthorst, dicht achter den Dom, is van hem een groot schoon Tafel met twee deuren, uyt en inwendich geschildert: De binnen Tafel wesende de Hemelvaert Mariae, voort in de deuren Kerstnacht en yet anders, van buyten Marien boodtschap. Tot Dordrecht op de Doelen, zyn van hem eenighe schoon dinghen, van de Passie oft Cruycinghe Christi, die heerlijck aen te sien zyn. Aen-gaende de manier zijns levens, hy was een stil vlijtigh Man van aert, niet te prachtich in zyn dracht: maer suyver, pun-tich, en zedig, houdende in zyn huys onder zyn gesin een seecker statighe bequaem orden, en manierlijcken reghel, hebbende by den luyden een eerlijck groot en achtbar aen-sien, gaende eyndlijck altijdt met eenen knecht oft dienaer achter hem, als zyner afcomst ghedachtich wesende. Hy hadde een seer aerdighe wijse van dootverwen, als met een stuck tot litteycken ghetuyght can worden, dat te sien is tot

d a m zu sehen. B l o c k l a n d t s Art zu malen ähnelt sehr der
seines Meisters F r a n s F l o r i s. Er pflegte übrigens gewöhnlich
seine Malerei mit Federn aus den Flügeln von Gänsen und
anderen Vögeln zu vertreiben[2] und hierauf in den Tiefen —
bei Gewändern sowohl wie in den Fleischpartieen — mit dem
Pinsel zu schraffieren. Gewänder, Hände, Füsse und Ge-
sichter malte er sehr schön und verlieh dadurch seinen Sachen
ein besonders gutes Aussehen. Daneben behandelte er die
Haare, welche den Gesichtern ausserordentlich zur Ziede ge-
reichen, sehr geistreich, ebenso auch die Bärte alter sowie
anderer Männer. Er war auch massvoll in der Anbringung
von Beiwerk. In den Kirchen zu D e l f t befanden sich ver-
schiedene herrliche Altartafeln von ihm und zu G o u d a
unter anderm eine ganz hervorragende mit einer Enthauptung
des hl. Jakobus.[3] Diese schönen Werke wurden grösstenteils
durch blinden Eifer und wahnwitzige Raserei während der
aufrührerischen Bilderstürme vernichtet und so durch bar-
barische Hände den Augen der kunstliebenden Nachkommen
entzogen, so dass wenig davon übrig geblieben ist. Zu
U t r e c h t sind einige Tafelbilder und Altarflügel von ihm zu
sehen, unter anderem befindet sich von ihm im Hause der
Frau v a n H o n t h o r s t, dicht hinter dem D o m eine Tafel
mit zwei Flügeln, die von aussen und innen bemalt sind.
Das Mittelbild zeigt die Himmelfahrt Mariä, und auf den
Flügeln sieht man innen die Geburt Christi und noch etwas
anderes, aussen Mariä Verkündigung.[4] In den Herbergen
der Bürgerwehr zu D o r d r e c h t befinden sich von ihm einige
schöne Szenen aus der Passion oder Kreuzigung Christi, die
herrlich anzusehen sind. Was die Art seines Lebens be-
trifft, so war er von Natur ein stiller fleissiger Mann, der sich
nicht allzuprächtig, aber sauber, korrekt und ehrbar trug, in
seinem Hause innerhalb seiner Familie auf eine gewisse ge-
diegene Ordnung und gesittete Regelmässigkeit hielt, bei den
Leuten in ehrenvollem hohem Ansehen stand und, um auch
das noch zu erwähnen, gleichsam zum Zeichen seiner Ab-
kunft, stets mit einem Diener hinter sich ging. Er hatte
eine sehr hübsche Art der Untermalung, was durch ein Bei-

Leyden, ten huyse van den Const-lievighen Pieter Huy-
ghessen, in de gulden Klock: daer op een boven-camer is
een badende Bersabea, met meer naeckte Vrouwen, van
Block-landt gedootverwt, en onvoldaen ghelaten: welcke
dinghen in meerder weerden zijn te .houden als die voldaen
zijn, ghelijck sulckx in den ouden tijt meer bevonden is ghe-
worden. Block-landt geduerende den tijdt van zijn eerste
Houwlijck, hem vindende sonder kinders en langhen tijt
van grooten lust geprickelt, de vermaerde Roomsche en Ita-
lische dinghen, soo Antijcken, schilderijen, en ander fraeyi-
cheden te sien, is eyndlijck met eenen Goutsmit van Delft
daer nae toe gereyst, op den selven tijdt doe den Graef van
der Marck in den Briel is gecomen Ao. 1572. in't begin van
April. Block-landt in Italien gecomen, sagh veel dingē van
die treflijcke Meesters handen, die hem met groot verwon-
deren wel bevielen: Doch soo eenighe willen segghen,
conden hem die swaer studiose naeckten in't Oordeel en
welfsel van Michel Agnolo soo heel niet vermaken,
't welck meer anderen met den eersten aensien soo weder-
varen is: want dese niet dan van langher handt allencxkens
ghesmaeckt connen worden, door toenemende kennis en
wassende verstandt. Hy is in als uytghebleven ontrent een
half Jaer, want hy keerde weder t'huys in den volghenden
September, en quam doe woonē in zijn Vader-stadt Mont-
foort: van daer ten lesten t'Wtrecht, alwaer zijn eerste Huys-
vrouw ghestorven zijnde, hy zijn tweede Huysvrouw nam,
by welcke hy hadde drye Kinderen. Tot Wtrecht maeckte
hy een schoon Altaer-taefel, om te staen tot s'Hertoghen
Bosch, wesende de leghende van S. Catharina, dat een
uytnemende aerdigh werck was. Noch een schoon Altaer-
tafel, daer d'Apostelen op den Pingsterdagh den heylighen
Gheest ontfanghen: op den deuren was gheschildert des
Heeren Hemelvaerdt, en derghelijcke Historien, het zijn
seer cloecke beelden: dit werck plach te staen in S. Geer-
truyden Kerck t'Wtrecht. Tot Amsterdam was van hem
een Altaer-tafel tot den Minre-broeders, van 't sterven en

spiel belegt werden kann, das zu Leiden bei dem kunst-
liebenden Pieter Huyghessen in der „goldenen Glocke“
zu sehen ist, wo sich in einer Oberstube eine badende
Bathseba mit noch anderen nackten Frauen befindet, die
Blocklandt untermalt und unvollendet gelassen hat, und
man muss diese Sachen höher schätzen als seine vollendeten,
etwas was man in früheren Zeiten häufiger wahrnehmen
konnte. Blocklandt, der sich während seiner ersten Ehe
kinderlos sah und schon lange eine grosse Sehnsucht ver-
spürte die berühmten römischen und italienischen
Sehenswürdigkeiten, die Antiken sowohl, wie die Malereien
und andern Schönheiten zu sehen, reiste endlich mit einem
Goldschmied aus Delft dorthin, und zwar zur selben Zeit,
da der Graf von La Marck — Anfang April 1572 — Briel
einnahm.[5] Als Blocklandt nach Italien gekommen war,
sah er viele Werke der trefflichen Meister, die ihn mit grosser
Bewunderung erfüllten. Doch konnte er, wie Einige behaupten,
an den durch und durch studierten mächtigen nackten Figuren
des Jüngsten Gerichts und der Decke des Michelangelo
keine ungetrübte Freude empfinden, wie das auch Andern
beim ersten Anblick so gegangen ist; denn diese können nur
ganz langsam und allmählich mit zunehmender Vertrautheit
und wachsendem Verständnis voll genossen werden. Nach
einer Abwesenheit von ungefähr einem halben Jahr kehrte
er im folgenden September nach Hause zurück und liess sich
zunächst in seiner Vaterstadt Montfort nieder. Von dort
ging er schliesslich nach Utrecht, wo er nach dem Tode
seiner ersten Frau seine zweite nahm, die ihm drei Kinder
schenkte.[6] In Utrecht malte er eine schöne Altartafel,
die für Herzogenbusch bestimmt war, ein vortreffliches
ansprechendes Werk, das die Legende der hl. Katharina dar-
stellte. Ferner malte er eine schöne Altartafel mit der Aus-
giessung des heiligen Geistes. Die Flügel zeigten die Himmel-
fahrt Christi und dergleichen Szenen, — Alles mit sehr
guten Figuren. Dieses Werk befand sich einst in der Ger-
trudenkirche zu Utrecht. Zu Amsterdam, bei den
Minoriten, war eine Altartafel von ihm, die den Tod und

begraven vã S. F r a n c i s c u s, welc vergingh in de beelt-
storminge. Hy maecte noch voor eenen, geheeten K e g h e-
l i n g h e n, een naeckte V e n u s, niet seer groot, 't welck
noch by zijn Weduwe is, en was van hem self altijdt in
grooter weerden ghehouden. Sijn leste werck is noch t'
Amsterdam by W o l f a r t van B ij l e r in den Nes in de
tralij, het welck zijn eenige stucken van het leven van
J o s e p h den Patriarch doch niet al voldaẽ wesende. Hy
woonde t'Wtrecht in't huys van S. C a t h a r i n e n Clooster,
alwaer hy is overleden in 't Jaer ons Heeren 1583. oudt
49. Jaren. Hy was een Meester, die zijn naeckten wel ver-
stondt, soo men in zijn wercken, en aen eenighe Printen,
als eenen dooden C h r i s t u s in de Graf-legghinghe, van
G o l t z i o ghesneden, wel sien mach. Syn vrou tronikens in
profijl en anders bewijsen, dat hy veel hiel van P a r m e n t ij
manier, die hy seer socht nae te volghen: Dus heeft hy
dan met zyn uytnementheyt in de schilder-const zyn ghe-
slacht, hem, en zyn gheboort-stadt een claer loflijck ghedacht
na ghelaten. Hy heeft ghehadt verscheyden goede Discipulen
en werck ghesellen: Onder ander, A d r i a e n C l u y t van
Alckmaer: Welcken A d r i a e n was een goet Conterfeytter
na 't leven, en is gestorvẽ Ao. 1604. Den Vader van
A d r i a e n P i e t e r C l u y t, was een Glasschrijver, in't
Schilderen en 't blasoeneren der Heeren Wapenen niet oner-
varen. Daer was oock by Block-landt een Jongh Edelman,
die alree groot beghin hadde seer aerdigh van te Conter-
feyten nae 't leven, den welcken zyn stuck niet makende
van 't schilderen, niet begeert genoemt te wesen onder den
Schilders, meenende soo het schijnt daer door aen zijn eere
oft gheslachts blinckentheydt vermindert te wesen, anders van
sin en ghevoelen wesende, als t'heerlijck oudt Roomsch gheslacht
der edel F a b ij, die den naem Schilder tot eẽ pracht en cieraet
so moedigh voerden, also hier voor verhaelt, gelesen mach
worden. Jc laet staen den Ridder T u p i l i u s, Keyser A d r i-

das Begräbnis des hl. Franziskus darstellte und während des Bildersturms zu Grunde ging. Er malte ferner für einen Herrn Namens K e g h e l i n g h e n eine nackte Venus, ein mittelgrosses Bild, das sich noch bei der Witwe des Genannten befindet und von ihm selbst stets sehr geschätzt wurde. Sein letztes Werk befindet sich noch zu A m s t e r - d a m bei W o l f a r t van B y l e r, im Hause zum „Gitter" in der N e s - S t r a s s e. Und zwar handelt es sich um einige Szenen aus dem Leben des Patriarchen Joseph, die jedoch nicht alle vollendet sind. Er wohnte zu U t r e c h t im Hause des K a t h a r i n e n k l o s t e r s, wo er, 49 Jahre alt, im Jahre des Herrn 1583 starb. Er war ein Meister, der sich gut auf die Wiedergabe des Nackten verstand, wie man an seinen Werken und an einigen Stichen, wie z. B. einem toten Christus in der Grablegung, die G o l t z i u s gestochen hat,[7] leicht erkennen kann. Seine Frauenköpfe im Profil und Vorderansicht beweisen, dass ihm die Art des P a r m e g i a n o, die er sehr nachzuahmen trachtete, sehr gefiel. So hat er denn durch seine hervorragenden Leistungen in der Malkunst seinem Geschlecht, sich selbst und seiner Geburtsstadt eine dauernde Erinnerung gesichert. Er hat verschiedene gute Schüler und Werkgesellen gehabt, — unter anderem A d r i a e n C l u y t von A l k m a a r,[8] der ein guter Porträtist nach der Natur war und im Jahre 1604 starb. Der Vater von A d r i a e n, P i e t e r C l u y t, war ein Glasmaler, der im Malen und Blasonieren von Adelswappen nicht unerfahren war. Bei B l o c k l a n d t lernte auch ein junger Edelmann, der bereits ein tüchtiges Debut im Malen von Bildnissen nach der Natur gehabt hatte. Dieser betrieb die Malerei nicht als Profession[9] und wünschte nicht unter die Maler gerechnet zu werden, indem er, wie es scheint, meinte, dass dadurch seine Ehre oder der Glanz seines Geschlechts Schaden leiden könnte. Hierin dachte und empfand er anders als das herrliche altrömische Geschlecht der edlen F a b i e r, die den Namen „Maler" als eine Zierde mit Stolz führten, wie ich oben, wo es nachgelesen werden mag, erzählt habe, ganz abgesehen von dem Ritter T u p i l i u s, dem Kaiser H a d r i a n und

nus, en ander, die door den Pinceel hun gheslacht en naem hebben ghesocht eerlijk gherucht by te voeghen. Dit nu overgheslaghen, Block-landt had noch eenen Discipel, gheheeten Pieter, en was van Delft, wesende den Soon van den rijcken Smit. Desen (meenen sommige) soude meer verstandt hebben gehadt, als den Meester, en uytnemende hebben geworden, dan is vroegh gestorven. Van zijnen Discipel, Michiel Miereveldt, van Delft, sal volghen by de teghenwoordigh levende.

'Tleven van Lucas de Heere, Schilder en Poeet, van Ghent.

Ghelijck elder verhaeldt is, dat uyt den Const-rijckĕ Winckel oft schilderconst-school van Fransoys Floris, zijn voortgecomen seer constige Meesters, die als vlijtighe leer-kinderen so cloecke overvloedighe borst hebben ghe-soghen, is onder dese een der besonderste gheweest Lucas de Heere: den welcken heel uyt de Const opghesteghen en ghesproten is: want Jan de Heere, zijnen Vader, was in zijnen tijt den alder uytnemensten Beeldt-snijder, die men in de Nederlanden wist te vinden: zijn Moeder, Jonghrrouw Anna Smijters, was een uytghenomen Verlichtster, die seltsaem constighe dinghen met verwe en Pinceel te weghe heeft gebracht, en van wonderlijcke netheydt en scherpheydt: want daer was van haer ghedaen een Meulen met volle seylen, Meulenaer met sack ghelaeden gaende oft climmende op de Meulen, een Peerdt onder op de Meulen-wal met een karre, en volck die onder voorby gingen, en al dit werc conmen bedecken met een half Cooren-graen. Van dese Ouders dan is gheweest geboren Lucas de Heere, te Gent, Anno 1534. Hy heeft van jonghs aenghevanghen de Teycken-const by zijnen Vader, die een seer verstandigh

anderen, die ihrem Geschlecht und Namen durch den Pinsel ehrenvollen Ruhm zu verschaffen gesucht haben. Doch, um wieder zur Sache zu kommen: B l o c k l a n d t hatte noch einen Schüler namens P i e t e r, der aus D e l f t stammte und der Sohn des reichen S m i t war. Dieser soll, wie Manche meinen, mehr Begabung gehabt haben als sein Meister und würde hervorragend geworden sein, wenn er nicht früh gestorben wäre. Auf B l o c k l a n d t s Schüler M i c h i e l Miereveldt von D e l f t soll in dem Abschnitt über die gegenwärtig lebenden Meister eingegangen werden.[10]

Das Leben des Malers und Poeten L u c a s .d'H e e r e[11] von Gent.

An einer anderen Stelle wurde erzählt, dass aus der kunstreichen Werkstatt oder Malschule von F r a n s F l o r i s sehr tüchtige Meister hervorgegangen sind, die als fleissige Lehrkinder an dieser so guten überreichen Brust gesogen haben. Unter diesen ist einer der hervorragendsten L u c a s d'H e e r e gewesen, der einem Künstlerelternpaare entstammte; denn J a n d'H e e r e, sein Vater, war seinerzeit der allerhervorragendste Bildhauer, den man in den N i e d e r l a n d e n finden konnte,[12] und seine Mutter, Frau A n n a S m i j t e r s, war eine ausgezeichnete Miniaturmalerin, die selten kunstreiche Sachen von wunderbarer Feinheit und Schärfe mit Farbe und Pinsel zuwege gebracht hat. Von ihrer Hand stammte z. B. eine Mühle mit vollen Segeln nebst dem Müller, der mit einem Sack auf dem Rücken zu ihr hinaufstieg, einem Pferd mit einer Karre unten auf dem Mühlenwall und Leuten, die unten vorbeigingen — ein Bildchen so klein, dass man es mit einem halben Getreidekorn bedecken konnte.[13] Als Sohn dieser Eltern also wurde L u c a s d'H e e r e im Jahre 1534 zu G e n t geboren. Er hat sich von Kind an bei seinem Vater in der Zeichenkunst geübt, der nicht allein ein sehr tüchtiger Bildhauer, sondern auch ein guter Architekt war und viele herrliche Werke aus Ala-

Meester van beelden was, en oock een goet Bouw-meester, die veel heerlijcke wercken van Albaster, Marmorsteen en Toutsteenen maeckte, waerom hy t'somtyden reysde nae Namen, en Dinant, Marmoren te haelen, nemende den Jonghen veel tijdt mede, die verscheyden ghesichten op de Mase, vervallen Casteelen, en Steden over al conterfeytte nae het leven, alles op een vaste, nette en aerdige maniere met der Pen. Doe hy nu door zijn Ouders onderwijs een redelijck Teyckenaer was, is hy eynd'lijck besteldt by Franciscum Floris, wesende groot vriendt van zijn Vader. Hier heeft Lucas in de Const seer toeghenomen, en is so verre in de Const voort ghevaeren, dat hy Francen seer vorderlijck was, verscheyden dinghen voor den Meester doende, insonderheyt teyckeninghen voor Glas-schrijvers en Tapijtsiers, het welck al onder des Meesters naem is doorghegaen: waer by af te meten oft te verstaen is, of hy oock een ervaeren Teyckenaer was. Hy is voorts ghereyst buyten s'Lants, te weten, in Vranckrijck, alwaer hy oock veel Tapijten patroonen teyckende, voor de Coninginne, s'Conings Moeder. Was oock veel tijt tot Fonteyne bleau, daer veel Constighe wercken, Antijcke beelden, Schilderijen, en anders te sien waeren. Van Vranckrijck ghecomen wesende, begaf hem in Houwlijck meet een deughtsaem Jonghe Dochter, ghenoemt Elenora Carboniers, de Dochter van den Rentmeester der Stadt Veren. Veel Conterfeytsels nae het leven heeft hy ghedaen, waer in hy door zijn wel stellen groote vasticheyt hadde, dat hy wel by onthout yemant conterfeyten con, datmen daer soo veel ghelijcknis in sagh, datment con kennen. Hy conterfeytte den Heere van Wacken, met de Vrou, en oock Cosijntgen, den gheck van den Heere: dit waeren deuren van een Altaer. Tot S. Pieters te Gent, waeren van hem oock deuren, waer in quam eenen Pingsterdagh, daer in Apostelen met schoon laecken in quamen. Tot S. Jans

baster, Marmor und Probierstein geschaffen hat, was ihn hier
und da veranlasste nach Namen[14] und Dinant zu reisen,
um Marmor zu holen. Auf diesen Fahrten nahm er den
Knaben vielfach mit, und dieser zeichnete dann auf eine
sichere feine und hübsche Art überall, wo sich ihm Gelegen-
heit bot, verschiedene Veduten, verfallene Kastelle und Städte
an den Ufern der Maas nach der Natur mit der Feder.
Nachdem er nun, dank dem Unterricht seiner Eltern ein
tüchtiger Zeichner geworden war, wurde er endlich zu Frans
Floris in die Lehre gegeben, der ein guter Freund seines
Vaters war. Hier hat Lucas in der Kunst grosse Fort-
schritte gemacht und ist darin schliesslich soweit gekommen,
dass er Frans von grossem Nutzen war, indem er ver-
schiedene Sachen für den Meister ausführte, besonders Zeich-
nungen für Glasmaler und Teppichwirker, Arbeiten, die alle
unter der Flagge des Meisters segelten, woraus man ab-
nehmen kann, dass er wirklich ein erfahrener Zeichner war.
Dann reiste er ins Ausland, nämlich nach Frankreich, wo
er auch viel Gobelinpatronen, und zwar für die Königin-
mutter, zeichnete.[15] Er hielt sich auch vielfach zu Fon-
tainebleau auf, wo viele kunstreiche Werke: antike Sta-
tuen, Malereien und andere Dinge zu sehen waren. Aus
Frankreich zurückgekehrt verheiratete er sich[16] mit einem
tugendhaften jungen Mädchen, namens Eleonore Carbonier,
der Tochter des Rentmeisters der Stadt Vere. Er hat viele
Porträts nach der Natur gemalt, worin er durch seine Fähig-
keit das Modell von seiner charakteristischsten Seite zu er-
fassen, eine grosse Sicherheit hatte, so dass er auch aus
dem Gedächtnis jemand so ähnlich zu malen vermochte, dass
man ihn erkennen konnte. Er porträtierte den Herrn
von Wackene[17] und seine Frau, und auch Cosijntgen,
den Narren des Herrn von Wackene, Porträts, welche die
Flügel eines Altarbildes bildeten. In der Peterskirche
zu Gent waren auch zwei Altarflügel von ihm mit einer
Ausgiessung des hl. Geistes. Die Apostel darauf zeichneten
sich durch schöne Gewänder aus. In der Johanneskirche
war von ihm ein grosses schönes Epitaph, das in der Mitte

was van hem een groot schoon Epitaphium, in midden
een Verrijsnis: in d'een deur, de Discipulen na Emaus: in
d'ander, Magdalena by Christum, in 't Hofken. Verschey-
den Tafereelen en Conterfeytselen zijn van hem seer con-
stich ghedaen, en meer souden, en hadde hy niet soo veel
tijdt verloren by den Heeren en grooten, waer van hy veel
voort ghetrocken en aenghehouden was, soo om zijn ghe-
spraeckicheydt, soeten omgangh, als oock om zijn Consten,
soo in het Schilderen als dichten, gelijck sulcke Consten
geern by den anderen willen wesen. Heeft oock by eenighe
Princen soo liefgetal gheweest, dat hem heerlijcke Officien
zijn ghegheven. Het is eens ghebeurt, dat hy hem vindende
in Enghelandt, werdt ghestelt te schilderen in een galerije
voor den Admirael te Londen, in welcke hy te maken hadde
alle drachten oft cleedinghen der Natien: Welcke alle ghe-
daen wesende, uytghenomen den Engelsman, heeft den
selven gheschildert naeckt, leggende by hem alle stoffen van
Laecken oft Sijden, met daer by een Snijders schaer, en
krijt. Den Admirael dit beeldt siende, vraeghde hy Lucas,
wat hy daer mede meende. Hy antwoorde, dat te hebben
ghemaeckt voor den Engelsman, niet wetende wat ghedaent
oft maecksel van cleedinghen hem geven, dewijl sy daegh-
lijckx soo veel veranderden: Want hadde hy't heden dus
ghemaeckt, morgen soudt moeten wat anders wesen, t'zy op
zijn Fransch, Italiaensch, Spaensch, oft Nederlantsch, daerom
heb icker het Laecken by ghemaeckt, en de reedtschap, op
datmer altijt mach af maken sulck als men begheert. Dese
nieuwicheydt werdt van den Admirael gheseyt en ghetoont
der Coninginne, de welcke dat siende, seyde: En ist niet
wel een sot wesen met onse Natie, datse soo onstadigh is,
datse van den vreemdlinghen verdient aldus bespot te worden?
Doch als men de waerheyt vry seggen mocht, zijn niet alleen
Enghelschen oft Fransoysen te beschuldighen, over dussche
veelderley veranderinghen, maer oock wy Nederlanders, die
verscheyden volcken cleedinge oock veel te veel naebootsen,

die Auferstehung, auf dem einen Flügel die Jünger auf dem
Wege nach E m a u s und auf dem anderen Magdalena vor
Christus im Garten von G e t h s e m a n e zeigte.[18] Es gibt eine
ganze Anzahl sehr kunstreich gemalter Bilder und Porträts
von ihm, und er hätte deren noch mehr geschaffen, wenn er
nicht so viel Zeit in der Gesellschaft grosser Herren ver-
loren hätte, von denen er wegen seiner Unterhaltungsgabe,
sowie wegen seiner Kunst im Malen und Dichten — Künste,
die gerne beieinander wohnen — viel in Anspruch genommen
wurde. Auch stand er bei einigen Fürsten in so hoher
Gunst, dass er hohe Ämter verliehen bekam.[19] Einmal,
während seines Aufenthalts in E n g l a n d, geschah es, dass
er den Auftrag erhielt, für den Admiral von L o n d o n[20] in
einer Galerie alle Nationaltrachten zu malen. Als er nun
alle, mit Ausnahme der e n g l i s c h e n wiedergegeben hatte,
malte er den E n g l ä n d e r unbekleidet und neben ihm alle
Stoffe in Wolle wie in Seide aufgehäuft, nebst einer
Schneiderschere und Kreide. Als der Admiral diese Figur
erblickte, fragte er L u c a s, was er damit sagen wolle.
Dieser gab zur Antwort, das solle ein E n g l ä n d e r sein;
denn er wisse nicht, welche Art und welchen Schnitt der
Kleidung er ihm geben solle, da die E n g l ä n d e r täglich so
grosse Veränderungen damit vornähmen. Hätte er nämlich
die Tracht heute so dargestellt, müsste sie morgen schon
etwas anders sein, sei es nun auf f r a n z ö s i s c h e, i t a -
l i e n i s c h e, s p a n i s c h e oder n i e d e r l ä n d i s c h e Art,
darum habe er die Stoffe samt den Schneidergerätschaften
dazugemalt, damit man jederzeit die gewünschte Tracht
machen könne. Der Admiral erzählte der Königin von dieser
Neuigkeit und zeigte ihr die Malerei, worauf sie sagte: „Ver-
dient es unsere Nation nicht für ihre törichte Unbeständig-
keit, dass sie von Fremden auf diese Weise verspottet
wird?"[21] Doch sind, um es frei herauszusagen, nicht allein
E n g l ä n d e r oder F r a n z o s e n wegen eines derartigen
häufigen Wechsels zu tadeln, sondern auch wir N i e d e r -
l ä n d e r, die wir ebenfalls viel zu viel die Kleidung anderer
Völker, besonders der uns zunächstgelegenen, oder derjenigen,

besonder die ons naest ghelegen zijn, oft daer wy mede handelen. Hier in zijn doch de Duytschen en Switseren wel minst te beschuldighen, die meest altijt met haer oude broeck, oft bruyck (men ick) te vreden zijn. Maer by ons gaetmen somtijdts vlechte-beenen met onder wijde toeghe-stropte broecken, dat men nouw voorts en can. Nu hebbē wy ons buycken ghemaeckt, datse verre over den gordel hanghen: Dan comen wy weder voort gheperst in onse cleeren, datmen qualijck de ermen can beweghen, oft zijnen adem halen, en hebben Galey-broecken ghelijck als de roeyende slaven, en d'een is op Fransch, d'ander op Spaensch, en Portugaels. T'somtijden mosten de broecken soo enghe zijn, datmense met aentreckers had mogen aendoen. Dan ist noch alder belachelijckst met onse Jofvrouwen, met hen cass'enfants, alsoo 't wel heeten moghen: hier mede ghe-lijcken sy wel soo breedt en gebildt, als den seldtsamen Rosbaeyaert, datse qualijck door eenighe deuren moghen: Daer toe pincen en dwinghen sy hun boven-lijven so heel enghe toe, datse qualijck hurbuygen oft ademen connen. Niet ist ghenoech, dat sy hen selven aldus raeybraken: maer quellen met derghelijcken bangicheyt en smerten d'onnoosel Vrouwlijcke jeught, dat d'arme wichters qualijck bloedt oft vleesch mach aenwassen. In sulcken malle dwalinge en seckte is men hier te lande ghecomen, datmen de ranckicheyt, dunlijvicheyt, oft magherheyt (die wel een seckt mocht heeten) meent welstaende en schoon te wesen. Te desen deele zijn d'Italische veel prijslijcker en wijser, die van oudts altijt gheern saghen heerlijcke vollijvige Matroonen, die wel in 't vleesch waren, ghelijk sy noch doen, en maken der Vrouwen cleederen soo los, datmense daer ten eersten wel lichtlijck uyt schudden soude, t'welck voor de beste wijse waer aen te nemen. Nu om tot Lucas te keeren, in ghedicht oft Poesije heeft hy verscheyden dinghen ghedaen: Onder ander,

mit denen wir Handel treiben, nachahmen. Am wenigsten kann man hierin den Deutschen und Schweizern vorwerfen, die fast immer mit ihren alten Hosen oder ihrer alten Tracht, wie ich meine, zufrieden sind. Aber bei uns schiebt man manchmal mit weiten, unten zusammengeschnürten Hosen einher, die einen kaum vorwärts kommen lassen. Heute haben wir uns derartige Bäuche gemacht, dass sie weit über den Gürtel herabhangen; dann gehen wir wieder so eng in unsere Kleider gezwängt, dass wir kaum die Arme bewegen noch Atem holen können und haben Galeerenhosen an, wie die Rudersklaven, und der eine ist nach französischem, der andere nach spanischem, der dritte nach portugiesischem Muster gekleidet. Zu gewissen Zeiten mussten die Hosen andererseits so eng sein, dass man sie mit Stiefelanziehern hätte anziehen mögen. Den Gipfel der Lächerlichkeit erreichen darin aber unsere Frauen mit ihren *cache-enfants,* die mit Recht so heissen. Dadurch wird ihre Gestalt so breit und umfänglich, dass sie dem wunderbaren Ross Bayard gleichen und kaum durch die Türen können; dazu kneifen und zwängen sie ihren Oberleib derart eng zu, dass sie kaum sich bücken und atmen können. Doch nicht genug, dass sie sich selbst auf diese Weise martern, quälen sie mit dergleichen atemraubendem und schmerzhaftem Unfug auch die unschuldige weibliche Jugend, dass die armen Wichtlein in ihrer Entwicklung zurückgehalten werden. Zu solch verrücktem Irrwesen und Vorurteil[22] ist man hier zu lande gekommen, dass man die Überschlankheit, Schmalbrüstigkeit und Magerkeit (die man mit Recht eine Krankheit[22] nennen kann) für gut aussehend und schön hält. In dieser Beziehung sind die Italiener viel weiser und verdienen viel mehr Lob; denn von alters sahen sie stets gerne prächtige üppige Matronen, wie sie es auch heutzutage noch tun,[23] und sie machen die Kleider der Frauen so weit, dass man diese gewiss mit Leichtigkeit würde herausschütteln können. Und das muss als die beste Art Kleidung angesehen werden. — Um nun wieder zu Lucas zurückzukehren, so hat er auf dem Gebiete der Poesie verschiedenes geschaffen,

den Boomgaert der Poesijen, in welcken hy eenighe dinghen uyt den Fransoyschen heeft vertaelt, te weten, den Tempel van Cupido, van Marot, en ander dinghen, oock veel van zijn eyghen vindinghen, doch niet op de Fransche mate, die hy naderhandt wel gevolght heeft. Hy hadde oock begost te beschrijven in Rijm het Leven der Schilders, dat welck begin ick noyt hebbe connen becomen, wat moeyt ick daerom hebbe ghedaen, om my ten minsten daer mede te behelpen, oft t'selve in't licht te laten comen, Hy was een Man van groot verstandt en oordel, en een groot beminder der Antiquiteytě Medailliě, en ander vreemdicheydt, waer van hy een paslijck moy Cabinet plach te hebben: Onder ander eenige kleen coperen Mercuriuskens, doende aerdighe standekens, en waeren ghevonden te Velseke in Vlaender, by Oudenaerde, daer men meent de Stadt Belgis soude ghestaen hebben. Hy hadde eenen Antijken schoen, die in Zeelandt uyt war gegraven, wesende een sole met veel aerdighe bindtselen, ghelijck men sulcke siet te Room aen den Antijcke beelden. Ick ter liefden hy mijn eerste Meester was, hadde hem oock ghesonden eenen naetuerlijcken grootě kies oft kaeck-tant, welcken vijf ponden swaer was, die was ghevonden tusschen onse Dorp Mulebeke en Inghelmunster, in een plaetse die men hiet, het dooder lieden landt, met ander ghebeenten, en harnasch oft ijser wapeninghen, dat welck een wonder dingh was te sien. Sijn Advijs-woort, devise oft spreuck, was een seer aerdighe Anagramma op zijnen Naem, met even veel letters over een comende: Schade leer u: comende over een met Lucas de Heere. My dunct seer vernuftich van hem ghevonden is: wesende ooc een leerlycke goede sententie oft spreuck: want zijn eyghen schade voelende, en den oorsprongh merckende, oock eens anders siende oft hoorende, en waer door die geschiet is bedenckende, can men alderbest gheleert worden, eygen schade te voorcomě oft wijcken. Lucas is overleden Anno 1584. op den 29. Augusti, oudt wesende 50. Jaren.

———————

unter anderm den: „Baumgarten der Poesie," in dem er einige Übersetzungen aus dem Französischen veröffentlicht hat, nämlich den „Tempel des Cupido" von Marot und anderes, auch vieles eigener Erfindung, doch nicht im französischen Versmass, das er späterhin anwandte.[24] Er hatte auch angefangen die Lebensläufe der Maler in Reimen zu beschreiben, ein Fragment, das ich mir nicht habe verschaffen können, so viel Mühe ich mir auch gegeben habe, um es wenigstens zu benutzen oder es zu veröffentlichen.[25] Er war ein Mann von grossem Verstand und guter Urteilskraft und ein grosser Freund von Antiquitäten, Medaillen und anderen seltenen Dingen, von denen er ein recht hübsches Kabinet voll zusammengebracht hatte. Unter anderm besass er einige Merkurstatuetten aus Bronze, die sehr hübsch in der Bewegung waren. Sie waren zu Velseke in Flandern, bei Audenarde gefunden worden, dort wo, wie man meint, die Stadt Belgis gelegen hat.[26] Er besass auch einen antiken Schuh, der in Zeeland ausgegraben worden war und aus einer Sohle mit vielem hübschem Riemenwerk bestand, wie man dergleichen in Rom an den antiken Statuen sieht. Um ihm, der mein erster Meister war, eine Freude zu machen, habe ich ihm auch einen natürlichen grossen Backenzahn gesandt, der fünf Pfund wog und zwischen unserem Dorf Meulebeke und Ingelmunster, an einem Ort, den man „der toten Leute Land" hiess, nebst anderen Gebeinen und einer höchst merkwürdigen Rüstung gefunden wurde. Sein Devise war ein sehr hübsches Anagramm, das aus eben so vielen Buchstaben seines Namens Lucas d'Heere gebildet war und: „Schade leer u" [Werdet durch Schaden klug!] lautete. Mir scheint, dass dies sehr klug von ihm ausgesonnen und dazu ein lehrreicher guter Spruch ist. Denn wenn man seinen eigenen Schaden fühlt und die Ursache davon erkennt, auch den eines andern sieht oder davon hört und bedenkt, wodurch er entstand, kann man am allerbesten lernen, eigenem Schaden vorzubeugen oder ihm auszuweichen. Lucas starb am 29. August des Jahres 1584 im Alter von fünfzig Jahren.[28]

Het leven van Jaques Grimmaer, uytnemende Landtschapschilder van Antwerpen.

In het Rethorijcklijcke Schilder-Gildt van Antwerpen, is ghecomen Jaques Grimmaer Antwerper, in't Jaer ons Heeren 1546. Hy hadde gheleert by Mathijs Kock, en na by Christiaē Queburgh t'Antwerpen. Hy dede veel ghesichten van Landtschappen na 'tleven, ontrent Antwerpen en elder, en is soo uytnemende gheweest in Landtschap, dat ick te som deelen geen beter en weet, soo levendigh en aerdigh was hy in syn Lochten, de schoonheyt der selver in't leven waernemende, en voorts in alle dinghen seer eyghent- lijck het leven volghende, 't zy in huysen, verre Landtschap, oft voor gronden, en was seer veerdigh in zyn werck. Van beelden weet ic niet besonders van hem te verhalen. Hy was oock de Rhethorica toeghedaen, en een seer goede per- sonnagie in't spelen. Hy is t'Antwerpen gestorven: zyn edel wercken zyn verdienstlick by den liefhebbers over al in grooter weerden ghehouden.

't Leven van Cornelis Molenaer, gheseydt schelen Neel, van Antwerpen.

De Schilder-Konst ten deele van Landtschap hadde haer grootlijcx te belghen, soo ick versweghe, en niet in ghedacht- nis en stelde, Cornelis Molenaer, diemen om zijn scheelheyt gemeenlijck noemde, scheelen Neel van Ant- werpen: want offer veel constighe Landtschap-schilders oyt geweest zyn, die uytnemende van boomen en anders zijn gheweest, soo sie ick van niemandt fraeyer, en schilderacht- tigher slach van bladen als van hem. Die in't welnemen

Das Leben des hervorragenden Landschaftsmalers Jacques Grimmer[29] von Antwerpen.

Jacques Grimmer aus Antwerpen trat im Jahre des Herrn 1546 in die Antwerpener Rhetoriker- und Malergilde. Er hatte bei Matthijs Cock[30] und darauf bei Christiaan van Queeboorn zu Antwerpen gelernt. Er malte viele Veduten aus der Umgebung von Antwerpen[31] und anderer Orte nach der Natur und war ein so hervorragender Landschafter, dass ich in mancher Beziehung keinen besseren weiss, so lebendig und schön war er in der Wiedergabe der Luft, deren Reize er vor der Natur in sich aufnahm, wie er auch sonst jederzeit die Natur zum Vorbild nahm, sei es nun in der Darstellung von Gebäuden oder von Fernen und Vordergründen. Seine Arbeit ging ihm leicht von der Hand. In bezug auf Figurenmalen weiss ich nichts besonderes von ihm zu berichten. Er war auch der Rhetorikerkunst zugetan und ein sehr guter Schauspieler. Er ist zu Antwerpen gestorben.[32] Seine vortrefflichen Werke werden mit Recht überall von den Kunstfreunden hochgeschätzt und in Ehren gehalten.

Das Leben von Cornelis Molenaer, genannt der schielende Neel, von Antwerpen.

Die Kunst der Landschaftsmalerei hätte allen Grund sehr erzürnt zu sein, wenn ich Cornelis Molenaer von Antwerpen mit Stillschweigen überginge, den man wegen seines Schielens gewöhnlich den schielenden Neel nannte. Denn obwohl es schon viele kunstreiche Landschaftsmaler gegeben hat, die hervorragend in der Darstellung von Bäumen und anderen Bestandteilen der Landschaft gewesen sind, so gibt es doch keinen, der eine schönere und malerischere Art hatte die Blätter wiederzugeben als er. Das

van een yeder, tuygh ick na mijn oordeel soo te wesen.
Voorts van d'ordinantien zijner Lantschappen, en achter-
uyten, heb ick niet veel te roemen: dan dat alles watmen
van hem siet, den Schilders wonder wel bevalt: doch in
beelden had by geen handelinghe. Hy wrocht op de Water-
verwers maniere, sonder maelstock, en was wonder véerdig,
werckende voor d'een en d'ander in dagh-huyr. In eenen
dagh, als men hem te voor wat had aengheleydt, maecte hy
een groot schoon Lantschap, en men gaf hem van eenen heelen
dagh eenen Daelder, t'somtijdts voor een achter-uyt, oft
grondeken seven stuyvers. Hy was seer goelijckx, en veel
Schilders ghebruyckten hem tot hun eyghen voordeel, hebbende
t'huys arm bestier, oft regement, en groote armoede, door
dat hy dranckliefdigh hem niet con wel aenstellen. De
schult (als veel gheschiedt) werdt gheleydt op de Vrouwe:
dese haelde dickwils tgelt te voren, en 't werc bleef t'huys
onvoldaen. Syn Vader is oock een ghemeen Schilder ghweest:
Welcken ghestorven wesende, leerde by zyn Stief-vader, oock
een ghemeen Schilder. C o r n e l i s is t'Antwerpen ghestorven,
zijn wercken zyn by den Const-liefdige in grooter weerden.
Daer ist gheweest een, die hem naevolghde in Landtschap,
doch noyt achterhaelde, dan wel in beelden voor by quam,
J a n N a g h e l, van Haerlem oft Alckmaer, ghestorven in den
Haegh Anno 1602.

Het leven van P i e t e r B a l t e n, Schilder
van Antwerpen.

In 't Jaer 1579. is t'Antwerpen in 't Schilders Ghildt
ghecomen P i e t e r B a l t e n, een seer goet Schilder van lant-
schap, volghende seer de manier van P i e t e r B r u e g e l,
handelend' oock fraey met der Pen: Had oock verscheyden

ist meine Ansicht, mit der ich jedoch Niemand zu nahe treten will.[34] Was ferner die Komposition seiner Landschaften und seiner Hintergründe betrifft, so habe ich zu ihrem Ruhme nur zu sagen, dass Alles, was man von ihm sieht, den Malern wunderbar gefällt. Mit Figuren jedoch wusste er nicht fertig zu werden. Er arbeitete nach Art der Wasserfarbenmaler ohne Malstock, und die Arbeit ging ihm wunderbar von der Hand. Vielfach malte er für andere im Tagelohn. In einem Tage konnte er, wenn man ihm zuvor das betreffende Bild angelegt hatte eine grosse schöne Landschaft malen. Für einen ganzen Tag gab man ihm einen Taler,[35] für einen Hintergrund oder eine kleine Landschaft manchmal sieben Stüber. Er war sehr gutmütig, und viele Maler gebrauchten ihn zu ihrem Vorteil.[36] Zu Hause hatte er nicht viel zu sagen und litt dazu grosse Armut, weil er infolge seiner Liebe zum Trunk keine Macht über sich selbst hatte. Die Schuld hieran wurde, wie es vielfach geschieht, auf seine Frau geschoben. Diese liess sich häufig das Geld von den Leuten im Voraus geben, und die Arbeit blieb zu Hause unvollendet. Sein Vater war auch Maler, aber ein unbedeutender. Als dieser gestorben war, lernte C o r n e l i s bei seinem Stiefvater, der ebenfalls ein mittelmässiger Maler war. C o r n e l i s starb zu A n t w e r p e n. Seine Werke stehen bei den Kunstfreunden in hoher Achtung. — J a n N a g e l von H a r l e m oder A l c k - m a a r, der im Jahre 1602 im H a a g starb, malte Landschaften in seiner Art, kam ihm darin jedoch nicht gleich, wohingegen er ihn in Figuren übertraf.[37]

Das Leben des Malers P i e t e r B a l t e n [38]
von A n t w e r p e n.

Im Jahre 1579 trat P i e t e r B a l t e n in die Malergilde zu A n t w e r p e n ein.[39] Er war ein sehr guter Landschaftsmaler, der sich stark an die Art P i e t e r B r e u g h e l s hielt und auch schöne Federzeichnungen machte. Er hatte verschiedene

Landen besocht, en verscheyden ghesichten nae 't leven ghe-
daen. Hy wrocht in Water en in Olyverwe, op eē schoon
en veerdighe maniere. Hy was oock goet van beelden,
makende Boeren kermissen, en derghelijcke. Syn wercken
worden oock wel begheert. Den Keyser heeft van hem een
Predicatie J o a n n i s, en in plaets van S. J a n, heeft den Keyser
doen daer in makē eenē Olyfant, so dat het nu schijnt dat
al 't volck comt den Olyfant besien, ick weet niet uyt wat
oorsaec oft om wat meeninge, dan uyt sinlijcheyt. Hy was
een goet Dichter, oft Rethorisien, en Spel-personnagie. C o r-
n e l i s K e t e l van der Goude, en hy, hebben malcander
t'somtijdts met Ghedichten en Liedekens besocht. Hy is
ghestorven t'Antwerpen.

Het leven van J o o s van Liere, Schilder
van Antwerpen.

Daer is noch geweest t'Antwerpen een seer Constigh
Landtschap-schilder in Oly en Water verwe, oock seer vast
in zyn beeldekens, en uytnemende Meester, die oock Tapijt-
patronen maeckte, ghenoemt J o o s van Liere, gheboren te
Brussel: desen is in den lesten troubel uyt de Nederlanden
vertrocken, 't schilderē verlatende, en onthiel hem te Francken-
dael, daer hy geweest is in den Raedt, een seer geschickt
Man. En alsoo hy de leeringhe C a l v i n i was toegedaen, is
ghecomen en werdt een Predicant tot Swindrecht, in 't lant
van Waes, twee mijlen van Antwerpen, alwaer syn gelijck-
gesinde vā Antwerpen oock quamen hooren prediken. Hy is
ooc aldaer gestorven, ontrent een Jaer voor 't belegh van
Antwerpen, oft ontrent Anno 1583. Syn wercken, die men
niet veel en vindt, worden in groot achten ghehouden, alsoo
sy wel verdienen.

Länder besucht und viele Veduten nach der Natur gezeichnet.
Er arbeitete auf geschickte und schöne Weise in Wasser- und
in Ölfarbe. Auch machte er gute Figuren und malte Bauern-
kirmessen u. dergl. Seine Werke sind wohlbegehrt. Der
Kaiser besitzt von ihm eine Predigt Johannis, in die er sich
an die Stelle des Johannes einen Elefanten hat hineinmalen
lassen, so dass es jetzt den Anschein hat, als ob all das
Volk herbeiströmt, um den Elefanten anzusehen.[40] Aus
welchem Grunde oder in welcher Absicht er dies getan hat,
weiss ich nicht, wenn es nicht geschah weil ihm ein welt-
licher Vorwurf lieber war.[41] Pieter war ein guter Dichter
oder Rhetoriker und Schauspieler. Cornelis Ketel van
Gouda[42] und er haben einander mehrfach mit Gedichten
und kleinen Liedern bedacht. Er starb zu Antwerpen.[43]

Das Leben des Malers Joos van Liere von Antwerpen.

Zu Antwerpen lebte ferner ein sehr kunstreicher
Landschafter, der in Öl- und Wasserfarbe malte und auch
gute kleine Figuren machte, ein vortrefflicher Meister, der
auch Gobelinkartons entwarf. Er hiess Joos van Liere
und war zu Brüssel geboren.[44] Zur Zeit der letzten Un-
ruhen verliess er die Niederlande, hing die Malerei an
den Nagel und liess sich in Franckenthal nieder, wo er,
der ein sehr brauchbarer Mann war, Mitglied des Rates
wurde.[45] Und da er ein Anhänger der Lehre Calvins
war, wurde er Prediger und kam als solcher nach Swynd-
recht im Waasland, zwei Meilen von Antwerpen,
wohin seine Glaubensgenossen von Antwerpen herüber-
kamen, um ihn predigen zu hören. Dort starb er auch,
ungefähr ein Jahr vor der Belagerung Antwerpens, d. h.
um das Jahr 1583. Seine Werke, die ziemlich selten vor-
kommen, werden, wie sie es wohl verdienen, sehr geschätzt.[46]

Het Leven van Pieter en Frans Pourbus, Schilders van Brugge.

Dat ick, aengaende 't bescheydt van de Levens der ver-
·maerde Schilders, minder ghevanghen als nae ghejaeght hebbe,
soude my met medelijden gheern vergheven wesen, als men
maer en merckte, oft en wiste, wat vlijt en moeyte ick des-
halven heb ghedaen, nae mijn, oft schier boven mijn ver-
moghen: Doch wie isser die 't al vatten oft t'zijnen wille
can volbrenghen, dat hy wel met goede meeninghe ernstigh
voorneemt? Weynig yemant. Evenwel soud' ick niet geern
eenighe der besonderste verswijgen. Daerom ick hier wil
voor oogen stellen Pieter Pourbus, welcken van oor-
sprongh oft gheboort is uyt Hollandt, van der Stadt Goude:
Doch heeft hem van jongs aen gehouden te Brugghe, alwaer
hy ghehouwt is met de Dochter van Landtsloot, als elder
verhaelt is. Hy is gheweest een goet Meester van beelden,
inventien, en conterfeyten nae 't leven. Verscheyden Tafelen
en wercken zyn van hem gheweest te Brugghe. 't Beste
werck van hem was ter Goude, in de groote Kerc, en was
d'Historie van S. Hubrecht: de binnen Tafel was een
Doopsel, daer twee Persoonē van eenē Bisschop werden ghe-
doopt, met twee die Toortsen houden, in eenen schoonen
Tempel, op de perspectijf seer wel ghedaen: In d'een deur
had hy ghemaeckt een becoringhe, daer de boose gheesten
den Sanct schatten toonen, maer wijstse van hem: Op
d'ander deur wordt hy met Vrouwen van hun becoort: Van
buyten, daer Maria de trappen op climt, en de groet Elisa-
beths, van wit en swart: Dese dingen zijn noch binnen
Delft. Hy was oock goet Cosmographus, oft Landt-meter,
en maecte voor de Heeren van den Vryen te Brugghe, eenen
grooten Oly-verwe doeck, van 't Landt van de Vryen, met
alle de Dorpen en plaetsen daer onder begrepen: Doch alsoo
hy hem te dick ghewit hadde met Lijm-verwe, en dickwils
op en afgherolt wiert, sprong oft schilferde hy te veel plaetsen

Das Leben der Maler Pieter und Frans Pourbus[47] von Brügge.

Man würde mir aus Mitgefühl gerne verzeihen, dass ich in bezug auf Nachrichten über die Lebensläufe der berühmten Maler weniger erlangt als angestrebt habe, wenn man wüsste, wie viel Fleiss und Mühe ich, soweit es in meinen Kräften stand, ja fast über mein Vermögen angewandt habe, um zu meinem Ziele zu gelangen. Doch wer ist so glücklich, dass er Alles erlangen oder nach seinem Willen vollbringen kann, was er sich in der besten Absicht ernstlich vornimmt? Wohl nur wenige! Gleichwohl möchte ich nicht gerne einige der besten Maler mit Stillschweigen übergehen. Darum will ich hier von Pieter Pourbus reden, der von Herkunft und Geburt ein Holländer ist und aus Gouda stammt.[48] Er hat sich jedoch von Kind an in Brügge aufgehalten, wo er sich, wie an einer andern Stelle erzählt wurde, mit der Tochter von Lancelot Blondeel verheiratete.[49] Er war ein guter Meister in Figuren, Kompositionen und Porträts nach der Natur. Verschiedene seiner Altartafeln und andern Werke befanden sich in Brügge. Sein bestes Werk, die Legende des hl. Hubertus, war in der grossen Kirche zu Gouda zu sehen. Das Mittelbild zeigte die Taufe zweier Personen durch einen Bischof in einem schönen perspektivisch sehr gut gemalten Tempel und zwei Fackelträger. Auf dem einen Flügel hatte er eine Versuchung dargestellt: böse Geister zeigen dem Heiligen Schätze, aber er weist sie zurück, auf dem andern Flügel wird er von ihnen mit Frauengestalten in Versuchung geführt. Auf den Aussenseiten waren Mariä Tempelgang und die Heimsuchung in Grisaille dargestellt. Diese Sachen befinden sich noch zu Delft.[50] Er war auch ein guter Kosmograph oder Landmesser und malte für den Magistrat der Freiheit Brügge auf eine grosse Leinwand in Ölfarbe eine Karte des freien Landes mit allen Dörfern und Plätzen, die dazu gehören. Doch da er den weissen Leimfarbengrund zu dick aufgetragen hatte, und die Lein-

af. Het leste dat ick van zyn werck heb ghesien, was een Conterfeytsel van den Duc d'Alençon, dat hy t'Antwerpen nae 't leven had ghedaen, en was een besonder uytnemende werck. Noyt heb ick ghesien bequamer Schilder-winckel als hy hadde. Hy is ghestorven ontrent het Jaer 1583. Frans Pourbus, zijn soon en Discipel, en naemaels Discipel van Frans Floris, is den Vader seer verre te boven ghegaen in de Const, en is wel den besten die uyt den Winckel van Floris is voort ghecomen, en was sulcx, dat Floris half wel uyt ernst t'somtijdts seyde: Dit is myn Meester, oft, daer gaet myn Meester: En was soo vriendlijck en lieflijck van omgang, dat hy de beleeftheydt self ghemeent mocht wesen. Hy is ghecomen in 't Schilder-Gildt t'Antwerpen, in 't Jaer ons Heeren 1564. Hy heeft veel schoon en heerlijcke wercken ghedaen, en uytnemende goede Conterfeytsels, daer hy een besonder schoon en lieflijcke handelinghe en manier van hadde. Hy heeft noyt ghereyst buyten s'Landts, dan ontrent het Jaer 1566. was hy van meeninghe te reysen nae Italien, en hebbe hem gesien in zijn reys-cleeren, dat hy te Gent quam oorlof nemen aen Lucas de Heere, dan alsoo hy t'Antwerpen in 't oorlof nemen en adieu segghen was, werde hy wederhouden, door dat zyn herte was gebonden met de stricken der liefden, en hy eyndlinghe vast met den Houwlijcken bandt aen de dochter van Cornelis Floris, den broeder van Frans zijn Meester. Hy was seer uytnemende van beesten te doen nae 't leven, en hebbe ghesien van hem een Paradijs met veel Dieren en boomen nae 't leven, soo datmen Peer-boomen, Appel, en Note-boomen con onderscheyden, dat (hoewel in zyn jeught ghedaen wesende) wonder fraey was. Verscheyden Altaer-tafels heb ick van hem ghesien te Ghent, in S. Jans Kerck. Voor den President Vigilius, was van hem een Tafel van een Doopsel, waer aå quam oock een deur met een besnijdenis, en meer ander dinghen: Oock verscheyden conterfeytselen. Te Audenaerde

wand häufig auf- und wieder zusammengerollt wurde, sprang
oder blätterte er an vielen Stellen ab.[51] Das letzte Werk,
das ich von ihm gesehen habe, war ein Porträt des Herzogs
von Alençon, das er in Antwerpen nach der Natur ge-
malt hatte.[52] Es war ein ganz besonders treffliches Stück.
Niemals habe ich eine geeignetere Malwerkstatt gesehen als
die seine. Er starb um das Jahr 1583.[48] Frans Pourbus,
sein Sohn und Schüler und später Schüler von Frans Floris,
hat den Vater in der Kunst weit übertroffen und ist wohl
der Beste, der aus Floris' Werkstatt hervorgegangen. Er
war so tüchtig, dass Floris manchmal halb im Ernst halb
im Scherz sagte: „Das ist mein Meister" oder „da geht mein
Meister." Er war so freundlich und liebenswürdig im Um-
gang, dass er die Höflichkeit selbst zu sein schien. Er trat
im Jahre 1564 in die Antwerpner Malergilde ein.[53] Er hat
schöne und bewunderungswürdige Werke geschaffen und her-
vorragend gute Bildnisse, die er besonders schön und an-
sprechend zu behandeln wusste. Er ist nicht ausser Landes
gereist, doch hatte er im Jahre 1566 die Absicht nach
Italien zu gehen, und ich habe ihn selbst in seinen Reise-
kleidern gesehen, wie er in Gent von Lucas d'Heere
Abschied nehmen kam. Aber als er dann in Antwerpen
war, um sich zu verabschieden und Lebewohl zu sagen,
wurde er dort zurückgehalten, da er sich von der Liebe in
Fesseln geschlagen sah und trat schliesslich mit der Tochter
von Cornelis Floris, des Bruders seines Meisters Frans
Floris, in die Ehe.[54] Er verstand es ausgezeichnet Tiere
nach der Natur zu malen, und ich habe ein Paradies von
seiner Hand gesehen mit vielen Tieren und Bäumen nach
der Natur, welch letztere so getreu wiedergegeben waren,
dass man Birn- Apfel- und Nussbäume unterscheiden konnte,
ein wunderschönes Bild,[55] obwohl er es in seiner Jugend
gemalt hatte. Verschiedene Altartafeln von ihm habe ich in
der Johanneskirche zu Gent gesehen.[56] Für den
Präsidenten Viglius hatte er eine Tafel mit der Taufe
Christi gemalt, zu der auch ein Flügel mit der Beschneidung
und anderen Darstellungen nebst verschiedenen Porträts ge-

in een Clooster, was van hem een Tafel van een dry Ko-
ninghen met Kerstnacht, en yet anders, dat al seer wel ghe-
handelt was. Te Brugge, ten huyse van zyn Vader, was
een Altaer-tafel met deuren van S. Joris, om die van Duyr-
kerck, daer sy nu ter tijdt staet: Binnen was daer S. Joris
wordt onthooft: in 't verschieten was het steken van de
Draeck, met een schoon Lantschap: In de deuren quamen
Historien van den selven Sanct, als daer men hem dwinght
tot den Afgoden, en derghelijcke dinghen, dat gewislijck een
heerlijc schoon en wel geschildert werck was, en een genoech-
saem ghetuyghnis van zyn uytnementheydt in der Const, al
en saghmen niet anders van zyn constighe handt meer.
Franciscus Pourbus was Vaen-dragher onder de Bor-
ghers van Antwerp: Op eenen tijt hadde hy hem seer verhit
met het Vendel te swieren, optreckende ter wacht: Daer
nae in de Cortegaerde ligghende, en ontfanghende een quade
locht uyt een gevaeghde vuyl stinckende gote, ging t'huys,
wert sieck, en sterf seer haestlijck, in het Jaer ons Heeren
1580. hadde zyn tweede Vrouwe, de welcke heeft voor haren
tweeden Man Hans Jordaens, een Discipel van Marten
van Cleef, wesende (soo men seght) zijnen Meester niet te
vroegh ontloopen: Want hy een uytnemende goedt Meester
is, so in beelden, als Landtschap, en Historien: oock seer
gheestigh en versierigh van veel verscheyden dinghen, als
Boeren, Soldaten, Schippers, Visschers, nachten, brandĕ, rootsen
en dergelijcke frayicheyt. Hy quam t'Antwerpen in 't Gilt
in 't jaer ons Heeren 1579. en woont teghenwoordigh te
Delft in Hollandt. Frans Pourbus heeft oock eenen soon
van zijnen naem nagelaten, die seer goet Conterfeyter is nae
'tleven.

———

hörte.[56] In einem Kloster zu Audenarde befand sich von ihm eine Tafel, die eine Geburt Christi, die heiligen drei Könige und noch etwas anderes — Alles sehr gut dargestellt — zeigte.[57] Zu Brügge, im Hause seines Vaters war einmal eine Altartafel von ihm zu sehen mit der Legende des hl. Georg, die für die Bewohner von Dünkirchen bestimmt war, wo sie zur Zeit aufgestellt ist. Das Mittelbild zeigte die Enthauptung des hl. Georg und die Tötung des Drachen in einer schönen Landschaft im Hintergrunde. Auf den Flügeln waren Szenen aus dem Leben derselben Heiligen dargestellt, z. B. wie er zur Abgötterei gezwungen werden soll und dergleichen Dinge. Gewiss ein herrliches gutgemaltes Werk und ein hinlängliches Zeugnis für seine Vortrefflichkeit in der Kunst, auch wenn man nichts weiter von seiner kunstreichen Hand gesehen hätte.[58] Frans Pourbus war Fähndrich bei der Antwerpner Bürgerwehr. Einmal hatte er sich beim Aufziehen zur Wache durch das Schwenken der Fahne stark erhitzt, und als er darauf im Wachtlokal lag, atmete er die schlechte Luft aus einer übelriechenden Gosse, die man gerade ausfegte, ein. Nach Hause gekommen wurde er krank und starb sehr schnell im Jahre des Herrn 1580.[53] Er hatte damals die zweite Frau,[59] deren zweiter Mann Hans Jordaens wurde,[60] ein Schüler von Marten van Cleef, der, wie man sagt, seinem Meister nicht zu früh entlaufen war. Denn er ist ein vortrefflicher Meister in Figuren sowohl wie in Landschaften und Kompositionen und auch sehr geistreich und erfinderisch in der Darstellung der verschiedensten Dinge und Erscheinungen, wie Bauern, Schiffer, Fischer, Nachtszenerien, Bränden, Felsen und dergleichen hübschen Sachen. Er trat im Jahre des Herrn 1579[61] in die Antwerpener Gilde und wohnt gegenwärtig zu Delft in Holland. — Frans Pourbus hat auch einen Sohn seines Namens hinterlassen, der gute Bildnisse nach der Natur malt.[62]

———

Het leven van Marcus Geerarts, Schilder van Brugghe.

Daer is oock tot een vercieringe onser schilder-const geweest te Brugghe, eenen ghetal weerdigh onder de vermaerde, gheheeten Marcus Geerarts, dat een goet Meester is geweest, die binnen Brugge en elder verscheyden wercken dede, wesende universael, oft in alles wel ervarĕ, t'zy beelden, Lantschap, Metselrijen, ordinantien, teyckenĕ, hetsen, Verlichterije, en alles wat de const mach omhelsen.   In Landtschap was hy seer aerdigh, veel hebbende de manier, van een ghehuckt pissende Vrouken erghen op een brughsken oft elder te maken.   Hy teyckende oock veel voor Glasschrijvers, en ander.   Doe in 't jaer 1566. door de nieu Predicatien, de const in stil-standt was, maeckte en hetste hy het Boeck van de Fabulen der Dieren Esopi, dat een fraey dinghen, en wel gehandelt is.   Daer te vooren hadde hy geteyckent en ghehetst in't groot de stadt van Brugge op de platte forme, en was een groote Caert, een dinghen dat ick acht niet te verbeteren is, sulcken tijdt, arbeydt, en nette aerdige perfectie daer in te sien is, en alle dinghen soo wel en ghelijck nae ghedaen.   Hy is eyndlinge ghestorven in Enghelandt.   Geern had ick geweten tijdt en ouderdom van zijnen soon, die my sulcx niet heeft willen te ghevalle doen, meenende hem niet toe te comen van zijn Vader yet loflijcx my over te schrijven.

'Tleven van Christoffel Swarts, Schilder van Munchen.

Den ghenen die in desen onsen tijdt den Peerel van gheheel Duytslant is gheweest in onse Const, dat is Christoffel Swarts, van Munchen in Beyer-landt: Desen was

Das Leben des Malers Marcus Geerarts von Brügge.[63]

Auch Marcus Geerarts von Brügge bildet eine Zierde unserer Malkunst und verdient unter die Zahl unserer berühmten Künstler gerechnet zu werden. Er war ein guter Meister, der in Brügge und an andern Orten eine Reihe von Werken schuf und universal oder in allen Zweigen seiner Kunst wohl erfahren war: in Figuren sowohl wie in Landschaften, Architekturen, Kompositionen, im Zeichnen, Radieren, Miniaturmalen usw. Er malte sehr hübsche Landschaften und pflegte häufig auf einer kleinen Brücke oder anderswo eine hockende kleine Frau anzubringen, die ein Bedürfnis verrichtete. Er zeichnete auch viel für Glasmaler und andere. Als im Jahre 1566 infolge der neuen Predigten ein Stillstand in der allgemeinen künstlerischen Produktion eingetreten war, radierte und veröffentlichte er das Buch der Tierfabeln Äsops, ein schönes gut durchgeführtes Werk.[64] Vorher hatte er einen grossen Plan der Stadt Brügge gezeichnet und radiert, eine grosse Karte, die meiner Meinung nach nicht besser gemacht werden kann, so viel Aufwand an Zeit und Arbeit und eine so feine, schöne und vollkommene Ausführung lässt sie erkennen und so gut und genau ist Alles darauf wiedergegeben.[65] Er starb schliesslich in England.[66] So gerne ich auch sein Alter und den Zeitpunkt seines Todes in Erfahrung gebracht hätte, wollte mir doch sein Sohn, den ich darum anging, diesen Gefallen nicht tun, vielleicht in der Meinung es komme ihm nicht zu, mir etwas zum Lobe seines Vaters zu schreiben.[67]

Das Leben des Malers Christoph Schwartz von München.[68]

Die Perle der Malerei von ganz Deutschland ist in dieser unserer Zeit Christoph Schwartz von München in Bayern gewesen. Er war Hofmaler der durchlauchtigen

Hof-schilder des doorluchtighen Vorsts van Beyeren. Hy is gheweest een seer uytnemende Schilder, en Coloreerder, ghelijck als seer groote heerlijcke wercken aldaer tot Munchen in den Kercken ghetuygen, te weten, in de Kerck der Jesuijten, en elder. Van zyn inventie comen uyt, door Joan Sadler ghesneden, verscheyden fraey Printen, en Passy, daer den Christus meest altijdt onder voet oft op der Aerden light, met veel ander dinghen, die ons zynen gheest in het ordineren en stellinghen der beelden ten deele voor ooghen stellen. Hy was van Goltzio t'zijnen daer wesen, Ao. 1591. met Cryons gheconterfeyt, en is ghestorven in 't Jaer 1594.

Het leven van Michiel Cocxie, uytnemende Schilder, van Mecchelen.

Van hoe groot vermoghen in sommighen is eenen edelen moedigen gheest, door lust ghedreven wesende, om anderen in Consten te boven te stijghen, heeft men wel bevonden aen den gheruchtigen Schilder Michiel Cocxie, gheboren te Mecchel in 't Jaer ons Heeren 1497. Desen heeft den ghemeenen spoor van zyn mede-borghers, dat veel slechte ghesellen waren, van jongs aen ghesocht t'overtreffen. Hy heeft gheweest een Discipel van Bernaert van Brussel, en heeft grooten vlijt om leeren ghedaen, en is ghereyst buyten s'Landts: was langhen tijdt in Italien, daer hy vlytigh was te teyckenen na Raphaels en ander dingen, heeft op't nat gheschildert, tot S. Pieters te Room in d'oude Kerck, een Verrijsnis, oock in de Duytsche Kerck S. Maria de la pace, en meer wercken die hy daer dede. Weder t'huys comende, bracht met hem een Vrouw uyt Italien, waer van hy in Italien als oock t'huys ghenochsaem verheert is gheworden, hem dickwils met haere vermaeninghen houdende vast op zijn werck, waer door sy oorsaek was dat hy een Const-

Fürsten von Bayern[69] und ein ganz hervorragender Maler und Kolorist, wie sehr grosse prächtige Werke von ihm beweisen, die sich dort in München in den Kirchen, nämlich der Jesuitenkirche[70] und an anderen Stellen befinden. Verschiedene seiner Kompositionen sind von Jan Sadeler auf schöne Weise gestochen worden, wie z. B. die Passion,[71] wo Christus fast immer auf dem Boden liegt, und noch viele andere Sachen, die uns bis zu einem gewissen Grade seine Begabung für die Komposition und für die Bewegung der Figuren zeigen. Er wurde von Goltzius, als dieser im Jahre 1591 in München war, mit dem Stift gezeichnet und starb im Jahre 1594.[72]

Das Leben des hervorragenden Malers Michael Coxcie[73] von Mecheln.

Wie viel ein edler unverzagter Geist bei Manchem vermag, wenn ihn der Ehrgeiz andere in der Kunst zu übertreffen bewegt, hat man deutlich an dem berühmten Maler Michael Coxcie sehen können, der im Jahre des Herrn 1497 zu Mecheln geboren wurde. Er hat schon von früh an versucht aus dem gewöhnlichen Trott seiner Mitbürger, die grösstenteils handwerkliche Maler waren, herauszukommen. Er war ein Schüler von Barent van Orley,[74] hat mit grossem Fleiss gelernt, ist ausser Landes gereist und war lange Zeit in Italien, wo er fleissig nach den Werken Raffaels und anderer zeichnete. In der alten Peterskirche zu Rom malte er eine Auferstehung *al fresco*. Werke in der gleichen Technik malte er in der deutschen Kirche Santa Maria dell' Anima[75] und anderwärts. Als er wieder heimkehrte,[76] brachte er eine Frau aus Italien mit,[77] die ihn sowohl in Italien wie zu Hause hinlänglich unter dem Pantoffel hatte und ihn häufig durch ihre Ermahnungen über seiner Arbeit festhielt, wodurch sie die Ursache wurde, dass er ein kunstreicher und wohlhabender

rijck en welvarende Man is gheworden. Nae deses Vrouwen overlijden hertrouwde hy, doch ghecreegh by dees tweedde gheen kinderen. Sijn eerste en besonderste werck was buyten Brussel twee oft dry mijlen, te Halsenbergh, t'hoogh Altaer-tafel, een groot stuck, wesende een Crucifix, een uytnemende constigh werck, daer menigh Constenaer dickwils uyt Brussel quam om te sien. Dit heerlijck stuck werdt in de Neder-landtsche beroerte ghevoert in Spaengien, door eenen Thomas Werry, Coopman van Brussel, en aen den Cardinael Grand-velles vercocht, om den Coningh Philips. Den selven Coopman heeft veel meer fraey dinghen uyt Nederlandt in Spaengien over ghebracht. Daer was oock van Cocxie te Brussel in Sinte-Goelen Kerck een Tafel van den sterf-dagh Mariae, dit was oock een van zijn besonderste werck, hier goeden coop, en in Spaengien seer duyr vercocht. Daer waren oock te Mecchelen van hem twee deuren aen d'Altaer-tafel van S. Lucas, waer van de binnen-tafel was van Meester Bernaert van Brussel: Dese deuren hadde den Hertogh Matthias, en vertreckende voerdese met hem uyt Nederlandt: want was ooc van het alderbeste werc van Cocxie. Daer was oock van hem in ons Vrouw Kerck t'Antwerpen d'Altaer-tafel vã Sinte Sebastiaen, voor die van den Handt-boogh, seer wel gedaen. Noch tot Sinte Goelen te Brussel, een Tafel van een Avontmael, dat oock seer goet werck was. Veel meer Tafelen en Tafereelen heeft hy gedaẽ, die in verscheyden plaetsen zijn te sien: want hy veel wercks binnen zijn lang leeven heeft ghedaen, en is tot grooten rijckdom ghecomen, hebbende binnen Mecchelen onder ander dry heerlijcke schoon huysen, oft Paleysen waren. Daer zijn van hem verscheyden Tafelẽ in wesen, die voor groot gelt niet te crijgen en zijn. Daer is gemeen gherucht, dat zijn leste dinghen zijn eerste nit te verwijten hebben: wantse so goet niet en zijn. Hy was wonder soet en vloy-ende in zijn schilderen, net en suyver in cieraten, ghevende

Mann ward.[78] Nach dem Tode dieser Frau heiratete er wieder, doch schenkte ihm die zweite Frau keine Kinder.[77] Sein erstes und bedeutendstes Werk war die Hochaltartafel zu Alsemberg, zwei oder drei Meilen von Brüssel entfernt. Es war ein grosses Bild von hervorragender künstlerischer Qualität, das den Gekreuzigten darstellte und das mancher Künstler von Brüssel aus häufig besuchte. Dieses herrliche Stück wurde zur Zeit der niederländischen Unruhen von einem brüsseler Kaufmann, namens Thomas Werry nach Spanien gebracht, wo es der Kardinal Granvella für den König Philipp kaufte.[79] Derselbe Kaufmann hat noch viele andere schöne Bilder aus den Niederlanden nach Spanien gebracht. In der St. Gudulakirche zu Brüssel ferner befand sich von Coxcie eine Tafel, die den Tod der Maria darstellte. Das war auch eines seiner hervorragendsten Werke und wurde in Brüssel billig gekauft und in Spanien sehr teuer verkauft.[80] Von seiner Hand waren auch zwei Flügel am St. Lukas-Altarwerk, dessen Mittelbild von Meister Barent van Orley[81] stammte. Diese Flügel, die ebenfalls zu den allerbesten Arbeiten Coxcies gehörten,[82] befanden sich im Besitz des Erzherzogs Matthias, und als dieser die Niederlande verliess, nahm er sie mit sich. Auch die Altartafel mit dem hl. Sebastian in der Liebfrauenkirche zu Antwerpen, ein sehr gutes Werk, war von ihm.[83] Er hatte sie für die Handbogengilde gemalt. Ferner war von ihm eine Tafel mit dem Abendmahl in der St. Gudulakirche zu Brüssel, ebenfalls ein sehr gutes Werk.[84] Er hat noch viel mehr Altartafeln und sonstige Bilder gemalt, die an verschiedenen Orten zu sehen sind; denn er hat während seines langen Lebens viel zustande gebracht. Er ist dadurch auch zu grossem Reichtum gelangt und besass zu Mecheln drei prächtige Häuser oder besser Paläste. Es sind noch verschiedene Altartafeln von ihm vorhanden, die nicht für viel Geld erhältlich sind. Man sagt allgemein, dass seine letzten Werke seine ersten nicht übertreffen, sondern ihnen sogar nachstehen. Er war wunderbar weich und flüssig in seiner Malerei, fein

eenighe Vrouw-beelden een groote welstant. Heel overvloedich van ordinantie was hy niet, behielp hem oock wel met d'Italiaensche dinghen: Waerom hy nit wel te vreden was op Jeroon Cock, doe hy in Print uytbracht de Schole van Raphael, daer hy zijn studie uyt had, en veel te pas ge-bracht in d'Altaer-tafel van den sterf-dagh Mariae tot Sinte Goelen te Brussel, het welck doe voor alle Man openbaer was. Hy had een manier, als hy wat beschoncken was, de mueren overal met colen te becrabbelen, was oock snel van gheest en behendigh yemant dapper antwoort oft een streeck metter tonghe te gheven. Hy was eens gheroepen te sien veel fraey rondt, en anders, dat een jongh Schilder van Room hadde gebracht: welcken seer zijn schouders claghende, dat het hem soo swaer was gevallen te dragen, vraeghde hy, of hy 't niet ghemacklijcker en had ghedraghen in den boesem dan soo op t' lijf, dat hem de schouderen seer deden oft swoeren. Den anderen meende, t'pack was te groot om soo in den boesem te verbergen: Maer Cocxie meende in't herdt oft in't ghedacht, dat het beter had gheweest, hadde hy beter Meester weder ghekeert, dan hem soo met ander Meesters dinghen te laden. Eyndlingh heeft hy t'Antwerp ghemaeckt eenigh werck op het Stadthuys, en vallende van de steygeringe is eenighen tijdt hier nae ghe-storven, in 't Jaer ons Heeren 1592. oudt wesende 95. Jaer.

Het leven van Dirck Barentsen, uytnemende Schilder van Amsterdam.

Als de beste Voesterlinghen, die Natuere tot onse Const crachtlijcken aenport, comen te suyghen eenighe volle oft overvloedige borsten van d'alder volmaecktste onderwijsinghe, dan bevintmen te geschieden grooten wasdom en cracht, en

und sauber in seinen Ornamenten und verlieh manchen seiner Frauenfiguren ein sehr liebliches Aussehen.[86] Sehr reich in seiner Komposition war er nicht und machte auch wohl Anleihen bei den Italienern. Darum war er auch nicht gut auf Hieronymus Cock zu sprechen, als dieser Raffaels „Shule von Athen" als Stich veröffentlichte,[87] nach der er Studien gemacht, und aus [der er viel auf dem Altarbild mit dem Tode der Maria in der St. Gudulakirche zu Brüssel verwandt hatte, was nun jedermann offenbar wurde. Er hatte, wenn er etwas angetrunken war, die Gewohnheit, die Wände über und über mit Kohle zu bekritzeln. Er war auch beweglichen Geistes und schlagfertig in seinen Antworten. Einst wurde er gerufen, eine Anzahl plastischer Sachen und andere Dinge zu sehen, die ein junger Maler aus Rom mitgebracht hatte. Und als dieser darüber klagte, dass ihm die Schultern von der schweren Last so weh täten, fragte er ihn, ob er das nicht besser in seinem Busen, als so zum Schaden seiner Schultern auf seinen Buckel mitgebracht hätte. Worauf der andere entgegnete, das Pack sei zu gross gewesen, als dass er es vorne unter seinem Wams hätte bergen können. Coxcie aber meinte im Herzen oder im Gedächtnis, und dass es besser gewesen wäre, wenn er, statt sich mit den Sachen anderer Meister zu beladen, als ein tüchtigerer Meister zurückgekehrt wäre. Als Coxcie schliesslich damit beschäftigt war, eine gewisse Arbeit auf dem Rathaus zu Antwerpen auszuführen, fiel er vom Gerüst und starb kurze Zeit darauf im Jahre des Herrn 1592, 95 Jahre alt.[88]

Das Leben des hervorragenden Malers Dirck Barentsz von Amsterdam.

Wenn Schosskinder des Glücks sich, kräftig von der Natur angespornt, auf die Malerei werfen und dazu gelangen an den vollen Brüsten vortrefflichster Unterweisung zu trinken, findet man, dass grosses Wachstum und Kraft die

sulcke werken, dat sy onder de uytnemende, en vermaertste
Schilders verdienstlijck worden gherekend. Sulcx is ghe-
schiet met D i r c k B a r e n t s e n, die Schilder geboren wesende,
noch daerenboven des grooten T i t i a e n s boesem heeft ghe-
noten: En is sulck Man gheworden, datmen sonder onwaer-
heyt mach betuyghen, dat hy wel den besondersten is, die
in Nederlandt de rechte manier van Italien heeft puer en on-
vermenght ghebracht. Hy was gheboren t'Amsterdam, in
het Jaer ons Heeren 1534. Sijn Vader was oock een taem-
lijck goet Schilder, ghenoemt dooven B a r e n t. Van hem
zijn op 't Stadthuys t'Amsterdam geschildert de gheschied-
nissen van een rasende Secte, die Ao. 1535. uyt een dul
voorneem meenden de Stadt te verheeren, seer vreemt en
schricklijck te sien, alles wel uytghebeeldt, en nae sulcken
tijdt niet qualijck ghehandelt. D i r c k wesende ontrent out
21. Jaer, reysde nae Italien, hy hiel hem te Venetien by
T i t i a e n, by den welcken hy seer aengenaem, jae als kindt
ten huyse gehouden wert, doende aldaer zijn overcomende,
oft hem versoeckende Landtsluyden, goet onthael, ghelijck
van zijn Meester hem toeghelaeten oft bevolen was. Doch
gelijck hy van edelen geest en van overtreffende verstandt
was, hadde geern zijnen Omgangh met eerlijcke Luyden van
macht, oft Gheleerde, ghelijck oock Lettercondigh, Latinist,
en wel gheleerdt was. Hy hadde in Italien groote ghemeen-
saem kennis ghehadt met den Heer van A l d e g o n d e,
welcke vriendtschap en kennis in Nederlandt oock tusschen
hun altijdt gheduerde, also dat A l d e g o n d e nemmer in
Amsterdam en quam, sonder D i r c k te besoecken, en zijn
gheselschap te ghebruycken: desghelijckx had hy groote
kennis met L a m p s o n i o, en schreven malcander dickwils
Latijnsche brieven, alsoo dat hy een seer statig en treflijck
Man van aensien was, oock een goet Musicien, spelende seer
wel op Instrumenten, die hy altijdt by hem in huys hadde.

Folge sind und solche Werke, dass sie mit Recht zu den hervorragendsten und berühmtesten Malern gerechnet werden können.   Dies war bei Dirck Barentsz der Fall, der ein geborener Maler gewesen ist und noch obendrein Tizians Unterricht genossen hat.   Er ist dadurch ein solcher Künstler geworden, dass man ohne Übertreibung von ihm sagen kann, er sei der Hervorragendste unter denen gewesen, welche die richtige Malweise rein und unvermischt aus Italien nach den Niederlanden gebracht haben.   Er war im Jahre des Herrn 1534 zu Amsterdam geboren.   Sein Vater[89] — auch ein ziemlich guter Maler — wurde der „taube Barent" genannt.   Er hat die auf dem Rathaus zu Amsterdam befindlichen Szenen aus dem Aufruhr einer rasenden Sekte gemalt, welche im Jahre 1535 die tolle Absicht hatte, sich der Stadt zu bemächtigen — seltsam und schaurig anzusehende Sachen, auf denen alles gut zum Ausdruck gebracht und für jene Zeit nicht übel durchgeführt ist.[90]   Als Dirck ungefähr 21 Jahre alt war, reist er nach Italien. Hier hielt er sich in Venedig bei Tizian auf, wo er sehr angenehm, ja wie Kind im Hause lebte, und seine nach Venedig kommenden und ihn besuchenden Landsleute gut aufnahm, was ihm von seinem Meister erlaubt oder aufgetragen worden war.   Da er edlen Geistes war und einen bedeutenden Verstand hatte, verkehrte er gerne mit angesehenen einflussreichen Leuten und mit Gelehrten, wie er denn selbst in den Wissenschaften bewandert und der lateinischen Sprache mächtig war.   Er war in Italien sehr mit dem Herrn von Aldegonde[91] befreundet gewesen, — eine Freundschaft, die auch in den Niederlanden zwischen ihnen bestehen blieb, so dass Aldegonde niemals nach Amsterdam kam, ohne Dirck zu besuchen und seine Gesellschaft in Anspruch zu nehmen.   Ebenso war er gut mit Lampsonius bekannt, und sie schrieben einander häufig lateinische Briefe, — kurz, er war ein ernsthafter und trefflicher Mann, der sich grosser Achtung erfreute, auch war er ein guter Musiker, der sehr gut auf verschiedenen Instrumenten spielte, die er stets im Hause hatte.   Als Dirck

Doe Dirck ontrent seven jaer buyten s'lants was gheweest, keerd' hy door Vranckrijck 't huys, en is t'Amsterdam ghetrouwt met een dochter, genoech van de treflijckste van Amsterdam. Doe was hy oudt 28. Jaer, en heeft doe sich selven en zyn Huysvrouw gheconterfeyt, welcke stucken zyn noch t'Amsterdam by zijn dochter, en zyn seer aerdigh, en op een schoon manier ghedaen: Ghelijck daer noch een Conterfeytsel van hem te sien is, dat hy op't leste nae hem dede. Hy heeft hem oock veel op 't Conterfeytten gehouden, doende zyn dingen op een seer veerdighe, doch welstandighe manier. Hy heeft doch eenighe schoon Altaer-tafels gemaeckt: Eerstlijck, voor de Schutters t'Amsterdam, eenen val van Lucifer, met veelderley naeckten, seer uytnemende ghehandelt: Maer werdt in de Kerck-braeck oft beeldtstorminghe ghebroken, waer van noch een stuck t'Amsterdam op den Doelen is te sien. Noch een Judith, die noch t'Amsterdam is, het besonderste stuc van al wat hy oyt heeft gedaen, wesende seer uytnemende gheschildert. Daer is oock van zijn besonderste dinghen van hem een Venus tot Leyden, ten huyse van Sybrandt Buyck. Noch is nu ter tijdt van hem een Tafel ter Goude, in 't Fraters huys, en is een Kersnacht, wonder wel op zyn Italiaensch gehandelt, en een van zyn besonderste wercken. Daer is oock van hem t'Amsterdam, ten huyse van Jaques Razet, eenen grooten doeck, als een Altaertafel in de hooghte, en is een Crucifix, met een Magdalena, onder 't Cruys aenvattende, wonder wel ghehandelt. Tot den Const-lievenden Isbrandt Willemsz. t'Amsterdam, en in meer plaetsen, zijn van hem seer schoon stucken: zijn Conterfeytselen zijn over al ooc veel. Maer van hem insonderheydt zijn seer schoon Conterfeytselen t'Amsterdam, op de Doelen, oft Schutters hoven, wesende Rotten oft gheselschappen. Eerst op de Voetbooghs Doelen een Rot, waer in een Ketelaer komt, en is wonder wel ghehandelt. Voorts op de Cluyveniers Doelen

ungefähr sieben Jahre ausser Landes gewesen war, kehrte er auf dem Wege durch Frankreich nach Hause zurück und heiratete zu Amsterdam ein Mädchen aus einem der ersten Häuser der Stadt. Damals war er 28 Jahre alt und malte sein Selbstporträt und das Bildnis seiner Frau, sehr ansprechende und auf schöne Art gemalte Stücke, die sich noch zu Amsterdam bei seiner Tochter befinden. Daselbst ist auch noch ein Selbstporträt von ihm zu sehen, das er in seinen letzten Lebensjahren gemalt hat.[92] Er hat sich überhaupt viel mit Bildnismalen beschäftigt, worin er bei bedeutender Fertigkeit gute Wirkungen zu erzielen wusste.[93] Er hat jedoch auch einige schöne Altarbilder gemalt. Das erste war ein Fall Luzifers für die Amsterdamer Bürgerwehr, ein ganz hervorragend gemaltes Bild mit vielen nackten Figuren. Dieses Werk wurde während des Bildersturmes zertrümmert. Ein Stück davon ist aber noch auf der Bürgerwehr-Herberge zu Amsterdam zu sehen.[94] In Amsterdam befindet sich von ihm ferner noch eine ganz hervorragend gemalte Judith, das bedeutendste Werk, das er je gemalt hat.[94] Zu seinen vortrefflichsten Werken gehört auch eine Venus, die sich zu Leiden im Hause von Sybrandt Buyck befindet.[94] Ferner befindet sich zur Zeit eine Altartafel von ihm zu Gouda im Hause der Fratres, die eine wunderbar gut im italienischen Stil gemalte Geburt Christi zeigt und eines seiner hervorragendsten Werke darstellt.[95] Zu Amsterdam, im Hause von Jacques Razet ist von ihm ferner eine grosse Leinwand in Hochformat wie ein Altarbild, zu sehen, welche den Gekreuzigten zeigt und Magdalena, die das Kreuz unten umfasst. Es ist ein wunderbar gemaltes Bild.[94] Bei dem kunstliebenden Isbrandt Willemsz zu Amsterdam und an vielen andern Stellen sind sehr schöne Bilder von ihm zu sehen, desgleichen auch viele Porträts von seiner Hand. Sehr schöne Bildnisse von ihm befinden sich namentlich in den Herbergen der Bürgerwehr zu Amsterdam, nämlich Rotten- oder Gruppenbilder. Da ist zunächst ein Rottenbild in der Herberge der Fussbogen-Wehr, ein wunderbar gemaltes Stück, auf dem man unter anderen einen Pauken-

een Rot, daer sy ter Tafel sitten, en eten een ghedaent van visch, die in Hollant wort Pors ghenoemt. Noch isser op S. Sebastiaens Doelē een schoon heerlijck Rot, waer in comen eenighe bruyn oude Schippers tronien, en boven op een Galerije zijnder, die eenen grooten silveren drinck-hoorn hebben, en is heerlijck en wel gedaen: Soo datmen in dit en anderen zijn wercken ziet een treflijcke Titiaensche en Italiaensche handelinghe. Hy hadde oock Titiaen gheconterfeyt, welcke tronie noch is by Pieter Isaacks, Schilder t'Amsterdam. Hy hadde oock in zijn Italiaens recht de Veneetsche spraec. Den Lant-bouw in t'velt had hy lief, doch niet gebruyckende: Maer gheenen sin ter Zee oft op t'water, anders had hy wel willen t'somtijt Haerlem oft ander Landtsteden besoecken. Hy was oock genoech te swaerlijvich om te waghen te varen. Daer is noch t'Amsterdam een oordeel met de seven wercken van barmherticheyt van hem bleven onvoldaen, en staet t'Amsterdam int Gast-huys, daer hy over is gestorven, in't Jaer ons Heeren 1592. ontrent Pincxter, oudt acht en vijftigh Jaer.

Het leven van Lucas en Marten van Valckenborgh, Schilders van Mecchelen.

Ghelijck de Water-verwe op doeck bequaem om vroylijcke Landtschappen te maecken, en sulcke haudelinghe te Mecchelen seer gemeen wesende, en veel ghebruyckt is: zijn door veel oeffenen aldaer verscheydē goede Meesters ontstaen, als elder noch verhaelt is. Onder ander, zijn daer geboren, Lucas en Marten van Valckenborgh. Ick verneem oock niet, dat sy oyt in hun jeught zijn gheweest buyten

schläger sieht.[96]   Auf der Herberge der Büchsenschützen
sieht man sodann eine Rotte an einem Tisch sitzend und eine
Art Fisch[97] essend dargestellt, die man in Holland *Pors*
(Kaulbarsch) nennt.   Auf dem St. Sebastians-Doelen
ferner befindet sich ein prachtvolles Rottenbild, auf dem einige
alte braune Schiffergesichter die Aufmerksamkeit erregen und
oben auf einer Galerie Leute mit einem grossen silbernen
Trinkhorn zu sehen sind.   Es ist ein herrliches gut gemaltes
Bild, das wie andere seiner Werke eine treffliche tizia-
nische und italienische Malweise erkennen lässt.[96]   Er
hatte auch ein Porträt von Tizian gemacht, das sich noch
bei dem Maler Pieter Isaacsz zu Amsterdam be-
findet.[98]   Wenn er Italienisch sprach hatte er einen aus-
geprägten venezianischen Akzent.[99]   Er hatte Vorliebe
für die Landwirtschaft, übte diese aber nicht aus.   Eine
grosse Scheu hatte er jedoch vor dem Reisen auf der See
oder auf dem Wasser, was ihn auch davon abhielt öfter
Harlem oder andere Städte des Landes zu besuchen, wie
er wohl wünschte; denn zum Wagenfahren war er zu be-
leibt.[100]   Ein Jüngstes Gericht nebst den Sieben Werken
der Barmherzigkeit von seiner Hand, das sich im Armen-
haus zu Amsterdam befindet,[101] blieb unvollendet; denn
er starb darüber um Pfingsten des Jahres 1592 herum,
58 Jahre alt.[102]

Das Leben der Maler Lukas und Marten van Valckenborgh von Mecheln.

Dadurch dass die Wasserfarbenmalerei auf Leinwand sich
gut dazu eignet hübsche Landschaften zu malen und diese
Art Malerei zu Mecheln eine sehr weite Verbreitung hatte,
sind dort infolge tüchtiger Übung darin verschiedene gute
Meister erwachsen, wie schon mehrfach erwähnt wurde.
Unter anderm sind dort Lukas und Marten van Valcken-
borgh[103] geboren.   Nach allem, was ich gehört habe, waren

4*

s'Landts: Maer hielden sich veel te Mecchel en t'Antwerpen,
tot der tijt van d'eerste beroerte, die in't Jaer 1566. aenving.
Doe trockē sy, met ooc Hans de Vries, nae Aken en Luyck,
alwaer sy doe veel nae t' leven deden, ghelijck langhs de
Maes en daer ontrent Luyc veel fraey ghesichten van Landt-
schap zijn. Dees voornoemde dry, ghelijck sy met de Duytsche
pijp (besonder Lucas) wel ervaren waren, vermaeckten sich,
en waren dickwils met den anderen vroylijck. Doe nu in
Nederlandt weder veranderinge viel, door dat den Prins van
Oraenghien met de Staten des Landts hun teghen den Spang-
jaers aenstelden, quamen sy weder in hun Vaderlandt. Lucas
niet alleen aerdigh in Landtschap wesende, maer oock in
cleen beelden, cleen Conterfeytselen van Oly en Verlichterije,
is hy door zijn Const gecomen in kennis van den Hertogh
Matthias, welcken uyt dees Landen vertreckende, reysde
Lucas mede tot Linz op den Danouw, al waer hy hem hiel
by den Hertogh, veel wercken doende, en is eyndlijck van
daer vertrocken, doe den Turck Hongherijen quam bekrijgen.
Lucas is daer boven in't Landt ghestorven, en Marten
te Franckfoort. Hy heeft oock eenighe sonen treflijc in onse
Const naegelaten.

Het leven van Hans Bol, Schilder van Mecchelen.

    Ghelijck als voor henen verhaelt is, dat Pieter Vlerick
ter uytnementheyt in onse Const is opghesteghen, in eē
Stadt daer veel slechte Doeck-schilders hun wesen hadden:
Soo is insghelijckx onder sulcken gheselschap oock te Mec-
chelen, daer meer als 150, sulcke Winckelen waren, opghe-
comen Hans Bol, en is daer in die Stadt uyt goeden ghe-
slachte gheboren geweest Ao. 1534. den 16en. December, en
heeft t'zijn 14. Jaer aenghevangen de Schilder-const te leeren,
te Mecchelen, by een van die ghemeen slechte Meesters, den

sie in ihrer Jugend niemals ausser Landes, sondern hielten
sich bis zur Zeit des ersten Aufstandes, der im Jahre 1566
begann, viel in Mecheln und Antwerpen auf.[104] Dann
zogen sie, und mit ihnen auch Hans de Vries,[105] nach
Aachen und Lüttich, wo sie viel nach der Natur arbei-
teten, wie denn an den Ufern der Maas und in der Um-
gebung von Lüttich viele hübsche landschaftliche Motive
zu finden sind. Und da die Drei — namentlich Lukas —
gut auf der deutschen Flöte zu blasen verstanden, vergnügten
sie sich oft damit und waren fröhlich miteinander. Als sich
die Verhältnisse in den Niederlanden, dadurch dass der
Prinz von Oranien sich mit den Staaten gegen die
Spanier verbündete, wieder änderten, kehrten sie wieder
in ihr Vaterland zurück. Lukas, der nicht allein hübsche
Landschaften malte, sondern auch in kleinen Figuren, sowie
kleinen Porträts in Ölfarbe und Miniatur Tüchtiges leistete,
machte durch seine Kunst die Bekanntschaft des Erzherzogs
Matthias und reiste, als dieser die Niederlande ver-
liess,[106] mit ihm nach Linz an der Donau, wo er bei
dem Erzherzog wohnte und viele Bilder malte.[107] Endlich,
als die Türken in Ungarn einbrachen, verliess er Linz.
Er starb im Norden des Landes[108] und Marten zu Frank-
furt.[109] Letzterer hinterliess auch einige Söhne, die treff-
liche Maler waren.[110]

Das Leben des Malers Hans Bol von Mecheln.

Oben wurde erzählt, dass Pieter Vlerick in einer
Stadt, in der viele geringe Leinwandmaler wohnten, zu einem
hervorragenden Meister in unserer Kunst geworden ist. Unter
einer ebensolchen Sippe ist zu Mecheln, wo es mehr als
150 derartige Werkstätten gab, auch Hans Bol aufge-
wachsen. Er wurde dort als Spross einer guten Familie[111]
am 16. Dezember 1534 geboren und fing dort mit seinem
vierzehnten Jahre bei einem von dem untergeordneten
Meistern,[112] bei dem er ungefähr zwei Jahre lang blieb, an

tijdt van ontrent twee Jaer, heeft hem daer nae begheven te reysen nae Duytschlandt, is ghecomen te Heydelbergh, daer hy oock den tijdt van twee Jaer heeft ghewrocht, en is eyndlinge wederom gecomen te Mecchelen, en sonder meer eenige Meesters te hebbĕ, practiseerde vast by hem selven, inventerende verscheyden ordinantien van Landtschappĕ, en anders, en is so te Mecchelen blijven woonen, makende seer aerdighe vroylijcke doecken van Water-verwe, daer in groote suyverheydt, en een goede handelinghe ghebruyckende, met een vaste en ghewisse manier van zijn dinghen aen te legghen, en op te maecken. Ick heb van hem ghesien tot mijn Cosijn M e e s t e r J a n van der Mander, nu Pensionnaris te Ghent, eenen grooten Water-verwen doeck, wesende d'Historie oft Fabel van D e d a l u s en I c a r u s, daer sy door d'open locht hun ghevanghnis ontvloghen. Daer was een Roots liggende in't water, die een Casteel gheladen hadde, die soo ghedaen was, dat het niet wel te verbeteren was, soo aerdigh en net was die Rootse bemoscht, bewassen, en met haer veel coleurkens, op een vaste manier gehandelt: desghelijckx dat oudt vreemdsche ghebouw van dat Casteel, als uyt de Roots gewassen: was wonder versierlijck. Voort was seer wel ghehandelt het verre Lantschap, en het water daer dese Roots haer in spiegelde, en in die bruynicheydt saghmen de pluymen, die uyt I c a r i vloghelen door het was-smilten gevallen waren, en dreven op 'twater seer natuerlijck. Oock waerender eenighe schoon voorgronden, en ander Lantschap: ontrent voor aen sat eenen Schaep-wachter met zijn Schapen, en wat verder eenen Acker-man aen den Ploegh, die om hoogh dit vlieghen als verwondert aensaghen, ghelijck den Text mede brenght. Veel meer Landtschappen op verscheyden ordinantien heeft hy noch ghedaen, waer van icker noch eenighe hebbe gesien: Sijn wercken waren van den Coopluydĕ seer wel begheert, en betaelt. Eyndlinge, doe Mecchelen Ao. 1572. jammerlijck van het Krijghsvolck overvallen, en gheplundert

IOANNES BOLLIUS, MECHLINIENSIS.
PICTOR.

Pictorum sedes dedit hunc Mechlinia Bollum,
Arte, nitore urbes quæ superat reliquas.
Rura, lacus aqueo quamvis sint ducta colore;
Non tamen hæc abeunt more fluentis aquæ.

die Malkunst zu erlernen. Darauf machte er sich auf die
Reise nach Deutschland und kam nach Heidelberg,
wo er ebenfalls zwei Jahre lang arbeitete, um dann schliess-
lich wieder nach Mecheln zurück zu kehren. [113] Dort
studierte er, ohne weiter die Unterweisung irgend eines
Meisters in Anspruch zu nehmen, auf eigene Hand und
schuf verschiedene Landschaftskompositionen und anderes
aus eigener Erfindung. Er behielt nun für die Folgezeit
Mecheln als Wohnplatz bei und malte dort sehr hübsche
heitere Sachen mit Wasserfarbe auf Leinwand, auf die er
grosse Sorgfalt verwandte, und die gut im Vortrag, sowie
sicher in Anlage und Durchführung waren. Ich habe von
ihm bei meinem Vetter Meister Jan van der Mander,
jetzt Pensionär zu Gent, eine grosse Leinwand in Wasser-
farben gesehen, auf welcher dargestellt ist, wie Dädalus und
Ikarus durch die freie Luft ihrem Gefängnis entfliehen. Man
sah auch einen aus dem Wasser ragenden Felsen, der ein
Kastell trug und so hübsch mit Moos und Pflanzen be-
wachsen und so sicher mit seinen vielen Färbchen bewältigt
war, dass man ihn kaum besser hätte machen können. Des-
gleichen war das alte fremdartige Kastell, das wie aus dem
Felsen herausgewachsen zu sein schien, wunderhübsch in der
Erfindung. Sehr gut behandelt war die Ferne und das Wasser,
in dem sich dieser Fels spiegelte, in dessen Schatten man
die Federn, die infolge Schmelzens des Wachses aus den
Flügeln des Ikarus gefallen waren, sehr naturwahr auf dem
Wasser treiben sah. Auch einige schöne Vordergrundpartieen
zeigte das Bild sowie anderes Landschaftliche. Irgendwo
vorne sass ein Schafhirt mit seinen Schafen und etwas
weiterhin pflügte ein Bauer, und beide blickten verwundert
nach den Fliegenden empor, wie es der Text des Mythus
will. [114] Bol hat noch viel mehr und auf mannigfache Art
komponierte Landschaften gemalt, deren ich noch eine An-
zahl zu Gesicht bekommen habe. Seine Werke wurden von
den Kaufleuten sehr gesucht und gut bezahlt. Schliesslich,
nachdem Mecheln im Jahre 1572 vom Kriegsvolk über-
fallen und jämmerlich geplündert worden war, kam er aus-

is gheworden, is t'Antwerp gecomen en berooft, en ontcleet
wesende: alwaer een Const-beminder, van Belle in Vlaender,
Anthoni Couvreur hem wel ontfangen, een heerlijcken
heeft ghecleet, soo dat hem niet en faelgeerde om zijn Conste
wille, want hy met Bias alle dinghen mede bracht. Onder
ander fraeyicheydt, die hy t'Antwerpen woonende maeckte,
dede hy van verlichterije een Boeck van alderley ghedierten,
Vogelen en Visschen, na 'tlevĕ, een dinghen dat weerdich
te sien was.   T'antwerpĕ begon hy het Doeck-schilderen heel
te verlaeten, siende datse zijn doecken cochten, en vast co-
pieerden, en ghelijck voor de zijn vercochten, en heeft hem
heel begeven te maken Lantschappen en Historikens vă Ver-
lichterije, segghende: Laetse nu op den duym fluyten, en
my dit nae doen.   Ao. 1584. vertroc hy uyt Antwerpen door
de aenstaende beroerten, en fellicheden van den Const-vyan-
digen Mars.   Hy quam te Bergen op Soom, van daer te
Dort, daer hy ontrent twee jaer woonde.   Van daer quam hy
te Delft: en eyndlinghe, in 't rijck en welvarende Amstelredam,
daer hy veel schoon en nette Verlichterykens heeft ghedaen,
als oock Amstelredam nae 'tleven, van op de Water-syde
met den Schepen, en van de Landt-zijde, seer levendich, met
oock ander gesichten van eenighe Dorpen, daer hy groot
gheldt mede won.   Van zijn constighe hant zijn noch eenighe
aerdighe Verlichterijen t'Amsterdam, by den constighen Heer
Jaques Razet, insonderheyt een Crucificx redelick groot,
daer veel werck in comt, en zijn uyterste vlijt in ghedaen
is, so in beelden, naeckten, laeckenen, Peerden, Lantschap,
en ghebouw, ghelijck het een overvloedighe Historie is, cons-
tich gheordineert, en wel ghedaen.   Groote menichte van
Printen sietmen in druck uytcomen, na zijn teyckeninghe en
inventien gedaen.   Hy is ghestorven t'Amstelredam Anno
1593. den 20en. November.   Hy hadde noyt maer een Huys-
vrouw die hy trouwde, een Weduwe wesende, daer hy gheen

geraubt und ohne Kleider nach Antwerpen,[115] wo ihn ein
Kunstfreund aus Belle in Flandern, Namens Anthoni
Couvreur gut aufnahm und prächtig kleidete, so dass ihm,
dank seiner Kunst, nichts mangelte, trug er doch gleich
Bias Alles, was er besass, bei sich. Unter anderen schönen
Sachen, die er während seines Aufenthalts in Antwerpen
machte, befand sich ein Buch, angefüllt mit allerlei nach der
Natur in Miniatur gemalten Tieren, Vögeln und Fischen — ein
Werk, das der Betrachtung wohl wert war. In Antwerpen
war es, wo er anfing das Malen auf Leinwand gänzlich auf-
zugeben, da er sah, dass man seine Leinwandbilder kaufte,
sie durch Kopieren vervielfältigte und diese Kopieen dann als
Originalwerke verkaufte, und wo er sich allein damit befasste
Landschaften und kleine Kompositionen in Miniatur zu malen,
indem er sagte: „Lasst sie jetzt auf dem Daumen pfeifen
und mir das nachmachen!" Im Jahre 1584 verliess er Ant-
werpen infolge der drohenden Unruhen und bösen Begleit-
erscheinungen des kunstfeindlichen Krieges und ging nach
Dordrecht, wo er ungefähr zwei Jahre lang wohnte. Von
dort ging er nach Delft und schliesslich nach dem reichen
und blühenden Amsterdam,[116] wo er viele feine und
schöne Miniaturbildchen gemalt hat, unter anderm auch die
Stadt Amsterdam selbst nach der Natur, von der Wasser-
seite mit den Schiffen sowohl wie von der Landseite, in sehr
lebenswahrer Auffassung, ferner die Veduten einiger Dörfer,
— Sachen mit denen er viel Geld verdiente. Einige hübsche
Miniaturen von seiner Hand befinden sich noch zu Amster-
dam bei dem kunstreichen Herrn Jacques Razet, wo-
runter besonders ein verhältnismässig grosser Crucifixus zu
nennen ist, ein in der Komposition reiches Bild, das mit
äusserstem Fleiss in Figuren, Fleischpartieen, Pferden, Land-
schaft und Gebäuden — Dinge, für welche der Vorwurf den
breitesten Spielraum lässt — durchgeführt und dazu kunst-
voll angeordnet und gut gemalt ist.[117] Nach seinen Zeich-
nungen und Kompositionen ist eine grosse Menge von Stichen
hergestellt worden.[118] Er starb zu Amsterdam am
20. November 1593.[119] Er hatte nur eine Frau, eine Witwe,

kinderen by en hadde, dan sy had een voor-kindt, gheheeten
Frans Boels, die Bols Discipel was, een oock seer nette
Lantschapkens van Verlichterije dede, is oock weynich Jaeren
na zijn Stief-vader gestorvē.　Noch hadde Bol een Discipel
Jaques Saverey van Cortrijck, die in't Jaer 1602. is
gestorven t'Amsterdam van de Pest: desen is wel zijn beste
Discipel gheweest, was seer vlijtich, doende zijn dinghen seer
net, en met grooter patientie, ghelijck noch teghenwoordich
oock doet zijn Broeder en Discipel, Roelandt Savery, die
zijn Meester in werck en Const niet ongelick en is.　Het
Conterfeytsel van Bol comt (genoech als een Epitaphium)
uyt in Print van Goltzio, seer wel gelijckende, en uyt-
nemende wel gedaen.

Het leven van Frans ende Gillis Mostart, gebroeders, en Schilders van Hulst, in Vlaender.

T'Ghebeurt nouw onder ghetalen van honderden en duy-
senden, dat Natuere twee Menschen soo ghelijck ghestaltigh
van wesen voorbrenght, oft men canse door eenighe deelen
onderscheyden.　Het teghendeel is doch gheschiet met de
tweelinghen, Frans en Gillis Mostaert, die van eender
gheboort wesende, malcander soo heel gelijck waren, datse van
hun eyghen Ouders niet en waren t'onderkennen: Sy waren,
geboren te Hulst in Vlaender, niet heel wijt van Antwerp.
Sy woondē t'Antwerpen met hun Vader, dat een ghemeen
Schilder was: doch van afcomst bestonden sy den ouden
Jan Mostaert te Haerlem, en zijn uyt Hollandt ghesproten.
Het gheschiede eens, dat Gillis zijn Vaders werck comende
besien, sat onversiens op eenen stoel, daer s'Vaders palett
op lagh.　Den Vader siende de verwen alsoo gheplackt of
ghesmetst op de pallet, hy riep Frans boven, die was on-

die ihm keine Kinder schenkte, aber einen Sohn aus erster
Ehe hatte. Dieser, Franz Boels, war Schüler von Bol,
malte auch sehr feine kleine Landschaften in Miniatur [120]
und starb wenige Jahre nach seinem Stiefvater. Ferner hatte
Bol noch einen Schüler Namens Jacques Savery [121] von
Courtray, der im Jahre 1602 zu Amsterdam an der
Pest starb. Dies ist wohl sein bester Schüler gewesen. Er
war sehr fleissig und führte seine Sachen sehr fein und mit
grosser Geduld aus, wie es auch noch gegenwärtig sein Bruder
und Schüler Roelandt Savery [122] tut, der seinem Meister
in der Art der Malerei wie in seiner Kunst nicht unähnlich
ist. Bols Porträt ist von Goltzius in der Art eines Epitaphs
gestochen worden. Es ist sehr ähnlich und ausgezeichnet
gemacht. [123]

Das Leben der Malerbrüder Frans und Gillis Mostart von Hulst in Flandern.

Es geschieht kaum einmal unter Hunderten ja Tausenden,
dass die Natur zwei Menschen hervorbringt, deren Gesichter
einander so gleich sind, dass man sie nicht durch irgend-
welche Merkmale unterscheiden kann. Dieser Fall ist aber
dennoch eingetreten, und zwar bei den Zwillingen Frans
und Gillis Mostart, die einander so durchaus glichen,
dass sie von ihren eigenen Eltern nicht auseinandergehalten
werden konnten. Sie waren zu Hulst in Flandern, nicht
sehr weit von Antwerpen geboren [124] und wohnten in
letzterer Stadt mit ihrem Vater, der ein untergeordneter Maler
war. Doch sie stammten aus Holland und waren Nach-
kommen des alten Jan Mostart zu Harlem. Es geschah
einmal, dass Gilles seines Vaters Arbeit betrachten kam
und sich ohne es zu merken auf einen Stuhl setzte, auf dem
dessen Palette lag. Als der Vater sah, dass seine Farben
auf der Palette so plattgedrückt und verschmiert waren, rief
er Frans nach oben, der aber wies keine Farbspuren auf

besmett, en haddet niet ghedaen: doe liet hy Gillis roepen, die hiel beneden raedt met den broeder, Frans had een seecker mutsken op, daer mede hy ghekent en onderscheyden was: dit Gillis opghestelt wesende, en boven comende, werdt oock suyver gheschouwt: des den Vader zijn twee sonen achtede onschuldich te wesen, en verwonderde hem seer: want hyse noyt wist t'onderkennen. Gillis die leerde de Const by Jan Mandijn den drolmaecker, en Frans by den moeylijcken Herry met de Bles, en zijn twee goede Meesters gheworden: Frans in seer fraey Landtschappen, en Gillis in beelden, bysonder wat cleë wesende. Frans plach wel zijn eyghen beelden te maecken, doch eyndlinge liet hyse maken door ander. Dese ghebroeders quamen t'Antwerp in't Schilder-gildt in het Jaer ons Heeren 1555. Frans is van haestige sieckte, noch redelijck jong wesende, ghestorven, doe hy door zijn constighe wercken geruchtigh was geworden. Sijn besonderste Discipel was Hans Soens, constich Meester, woonende te Parma in Italien, die uytmuntich in Landtschappen en cleen beelden is, en niemandt te wijcken heeft, te Room, Parma, en elder, daer van door zijn constighe handen ghetuyghnis hebbende ghelaeten. Gillis was seer constigh en versierlijck van Beelden en Historien, wonder vermaecklijck in zijnen praet, datter menigh Mensch geern by was. Hy en was niet soo heel religioos, noch oock niet goet Spaensch, heeft veel bootsen aenghericht: onder ander, hebbende ghemaeckt een Marybeelt voor eenen Spaengiaert, die hem niet wel wou betalë, gingh't met lijm-wit over strijcken, en maeckte de Maria heel wilt gehulselt, en lichtveerdigh als een Hoere: hy liet den Spaengiaert boven comen, en hem loochenen t'huys te wesen, den Spaengiaert t'stuck omkeerende, also hy't van buyten kende, oft gheteyckent hadde, siende sulcke Marybeeldt, wert heel toornigh, en liep om den Marck-graef. Dit was ten tijde van Ernestus. Gilis hadde t'wijlen t'stuck

und war es auch nicht gewesen. Darauf liess er Gillis
rufen. Dieser beriet sich unten mit dem Bruder. Frans
trug ein besonderes Mützchen, an dem er erkannt und durch
das er von seinem Bruder unterschieden ward. Dieses wurde
Gillis aufgesetzt, und als er in die Werkstatt kam, wurde
er ebenfalls rein befunden. Also hielt der Vater seine beiden
Söhne für unschuldig und wunderte sich sehr; denn er wusste
sie nicht zu unterscheiden. Gillis lernte die Kunst bei
Jan Mandyn, dem Spukmaler und Frans bei dem pein-
lich sorgfältigen Herry met de Bles, und beide wurden
gute Meister. Franz zeichnete sich besonders in Land-
schaften aus und Gillis in Figuren,[125] namentlich kleineren.
Frans malte anfänglich seine Figuren selbst, doch schliess-
lich liess er sie sich von Andern malen. Die beiden Brüder
traten im Jahre des Herrn 1555[126] in die Malergilde zu
Antwerpen ein. Frans starb schon recht früh am Schweiss-
fieber, nachdem er durch seine kunstreichen Werke gerade
berühmt geworden war.[127] Sein hervorragendster Schüler war
Hans Soens, ein kunstreicher Meister, der zu Parma in
Italien wohnt, vortreffliche Landschaften und kleine Figuren
malt und vor Niemand in Rom, Parma und sonstwo zu
weichen braucht, wie es die Werke seiner kunstreichen Hand
beweisen.[128] Gillis war sehr kunstreich und erfinderisch
in Figuren und Kompositionen und aussergewöhnlich anregend
in seiner Unterhaltung, sodass viele gerne seine Gesellschaft
suchten. Er war nicht besonders fromm und auch nicht gut
spanisch und hat manchen Scherz ausgeführt. Einmal hatte
er z. B. eine Madonna für einen Spanier gemalt, und als
dieser ihm nicht genug dafür bezahlen wollte, überstrich er
das Bild mit weisser Leimfarbe und malte die Maria mit
einem ganz unanständigen Kopfputz und leichtfertig von Aus-
sehen wie eine Dirne. Darauf liess er den Spanier in seine
Werkstatt hinaufkommen und sich verläugnen. Dieser kehrte
das Bild um, das er von hinten kannte oder mit einem
Zeichen versehen hatte,[129] und als er eine derartige Madonna
sah, geriet er in grossen Zorn und lief den Markgrafen zu
holen. Dies geschah zur Zeit des Erzherzogs Ernst.[130]

afghewasschen, laten stellen op den Esel wel afghedrooght.
Den Marck-graef comende, seyde tot Gillis: Wat hoor ick
Gillis? hier is swaricheyt van u, dat my leet is. Wat gaet
u over sulcken dingen te doen? Hy lietse boven comen, en
t'stuc sien, doe was alle dinghen wel, en den Spaengiaert
wist niet wat segghen. Gillis begon daer op zijn clachten
doen over den Spaengiaert, dat hy hem niet wilde voldoen
voor zijnen arbeydt, en daerom hem alle moeyt socht aen
te doen die hy mocht, op dat hy 'tstuck ten lesten mocht
hebben voor niet met allen, eyndlijck den Spaengiaert had al
t'onghelijck van der Weerelt. Dusdanighe bootsen zijn seer
veel van hem te vertellen: van een vechtend Avondtmael,
dat hy oock af con wasschen: van een Oordeel, daer hy hem
selven, met noch een ander van syn kennis, had geschildert
in de Helle sitten tijcktacken, en meer vreemde boerden van
hem gheseydt, hier te lang te verhalen: want mer wel een
eyghen Boeck af soude maken. In sijn sterven liet hy zyn
Kinderen de heele Weerelt achter, daer was goedts en van
als genoech in: maer sy mostent (seyde hy) sien te winnen.
Hy is gestorven in goedē ouderdom, int Jaer 1598. den
28. Decemb. Syn wercken zyn by den Const-liefhebbers
veel te sien. Daer is tot Middelborgh, by d'Heer Wijntgis,
een schoon groot stuck, daer de Heeren Schetsen, als Heeren
van Hoboke, seer statigh van dese Boeren werden ingehaelt,
wesende vol werck en beelden. Noch isser een Cruysdragher,
en een Perspeckt in der nacht, daer Petrus van den Enghel
verlost, en uyt der vangnis leydt: En verscheyden meer
ander dinghen, uytnemende wel ghedaen.

Gillis hatte inzwischen das Bild abgewaschen und gut abgetrocknet auf die Staffelei stellen lassen. Als nun der Markgraf kam, sagte er zu Gillis: „Was muss ich hören Gillis? Mir sind Beschwerden über dich zu Ohren gekommen, die mich schmerzen. Was fällt dir bei, solche Sachen zu machen!" Gillis liess die beiden heraufkommen und zeigte ihnen das Bild. Da war nun Alles in bester Ordnung, und der Spanier wusste nicht, was er dazu sagen sollte. Darauf begann nun Gillis sich seinerseits über den Spanier zu beklagen, dieser wolle ihn nicht für seine Arbeit bezahlen und suche ihm darum allen Tort der Welt anzutun, damit er das Bild schliesslich umsonst bekomme, und das Ende war, dass der Spanier in jeder Beziehung Unrecht bekam. Dergleichen Scherze von ihm lassen sich in Menge erzählen, z. B. von einem Abendmahl, bei dem man sich prügelte, das er auch abwaschen konnte; von einem Jüngsten Gericht, auf dem er sich selbst mit einem seiner Bekannten in der Hölle sitzend und Tricktrack spielend dargestellt hatte, und dergleichen Spässe mehr, die von ihm berichtet werden, aber zu lang sind, um sie hier wiederzugeben; denn man könnte wohl ein eigenes Buch damit füllen. Als er starb hinterliess er seinen Kindern [131] die ganze Welt, sie enthalte des Guten die Fülle, sie müssten nur zusehn, wie sie es gewännen. Er starb am 28. Dezember 1598 in vorgerücktem Alter. Seine Werke sind bei den Kunstfreunden in grosser Zahl zu finden. Zu Middelburg, bei dem Herrn Wijntgis ist z. B. ein schönes grosses Bild von ihm zu sehen, auf dem dargestellt ist, wie die Herren Schetz [132] als Herren von Hoboken, von den dortigen Bauern sehr feierlich eingeholt werden, eine an Einzelzügen und Figuren reiche Komposition. Ferner befindet sich dort eine Kreuzschleppung und ein Gebäude bei Nacht mit der Befreiung Petri aus dem Gefängnis durch den Engel, und noch verschiedene andere hervorragend gut gemalte Bilder.

———

't Leven van Marinus de Seeu, Schilder van Romerswalen.

Het gerucht wil qualick laten verswijghen eenen cons-
tijghen Schilder, gheheeten M a r i j n van Romerswalen, oft
M a r i j n d e S e e u. Syn wercken zyn veel gheweest in
Zeelandt. Hy hadde een veerdige handelinge op de nieuw
manier, doch meer rouw als net, by dat icker van heb ghe-
sien. Daer is tot W i j n t g i s, te Middelborgh van hem eenen
Tollenaer, sittende in zyn Contoor, wesende wel gheordineert,
en fraey gedaen. Synen tijdt van geboort oft sterven weet
ick niet, dan dat hy ten tyde van F r a n s F l o r i s zyn wesen
hadde.

Het leven van Hendrick van Steenwijck, Schilder.

Ghelijck de constighe wercken van H e n d r i c k van Steen-
wijck, by den Const-beminders niet sonder reden, om hun
weerdicheydt en deucht worden bewaert: Soo behoeft oft
betaemt wel zynen naem oock onder den goede Meesters
gherekent te worden, dewijle zyn ghedacht onsterflijck in eeren
te blijven verdient. Hy was (als ick acht) gheboren te Steen-
wijck, en een Discipel by H a n s d e Vries: Doch begaf
hem sonderlinghe te maecken Perspectiven van Moderne
Kercken, die men wonderlijcke suyver, aerdig, met seer fraey
inventien, seer wel ghehandelt, en met goet verstant en op-
merckinge van hem gedaen siet, datmen niet te hopen heeft
deses halven van yemant beter te sien. Hy hiel seer de
streke van woonen als de Valckenborghs, en de Vriese, ver-
treckende (om de wreetheydt van den Const - vyandighen
M a r s te wijcken) uyt Nederlant, en is eyndling comen

Das Leben des Malers „Marinus der Zeeländer" von Romerswael.

Sein Ruhm lässt es nicht zu den kunstreichen Maler mit Namen Marinus von Romerswael oder Marinus der Zeeländer zu verschweigen, von dem es in Zeeland viele Werke gegeben hat. Er malte geschickt auf die neue Manier, doch eher grob als fein, wenigstens nach dem zu schliessen, was ich von seinen Sachen gesehen habe. Bei Wijntgis zu Middelburg befindet sich von ihm ein Zöllner, der in seinem Kontor sitzt, ein gut komponiertes und schön gemaltes Bild. Wann er geboren oder gestorben ist, weiss ich nicht, — es ist mir nur bekannt, dass seine Blüte in die Zeit des Frans Floris fiel.[134]

Das Leben des Malers Hendrick van Steenwyck.

Gleichwie die kunstreichen Werke Hendrick van Steenwicks, mit Recht um ihres Wertes und ihrer Güte willen von den Kunstfreunden in Ehren gehalten werden, so muss auch sein Name unter denen der guten Meister genannt werden, dieweil sein Andenken ewig hochgehalten zu werden verdient. Er war — wie ich glaube — zu Steenwyck geboren und ein Schüler von Hans Vredeman de Vries.[135] Doch beschäftigte er sich hauptsächlich damit Innenansichten moderner Kirchen zu malen, die man wunderbar sorgfältig und schön, mit sehr hübschen Staffagen, sehr gut behandelt und mit grosser Überlegung und Aufmerksamkeit von ihm ausgeführt sieht, sodass man kaum erwarten kann, von irgend Jemand etwas Besseres in dieser Beziehung zu sehen. Er hielt sich im Wesentlichen an denselben Orten auf wie die Brüder Valckenborgh und de Vries und verliess gleichfalls, um der Grausamkeit des kunstfeindlichen

woonen te Franckfort op de Meyne, alwaer (ick meen) hy oock overleden is Anno 1603. hebbende naghelaten zyn Soon, die hem in dese oeffeninghe en Const cloecklijck nae stapt, maeckende oock Perspectiven, nae de ordenen der Antijck-sche Colomnen.

't Leven van Bernaert de Rijcke, Schilder van Cortrijcke.

Verdienstlijck hoeftmen in gedacht te houden Bernaert de Rijcke, schilder van Cortrijck, den welcken hadde een seer vloeyende en verdreven manier van werck, en seer be-haeghlijck, als men sien mach te Cortrijck in S. Martens Kerck, aen d'Altaer-tafel van de Cruys-broeders, wesende een Cruys-draginghe, nochtans vroegh van hem ghedaen. Naderhant heeft hy zyn handelinghe wat verandert, en na zyn meeninge wat verbetert, dat welck ick anderen oordeelen laet, oft oock soo in der daet is. Hy quam in het Antwerp-sche Gildt Anno 1561. en is aldaer ghestorven.

Het leven van Gielis Coignet, Schilder van Antwerpen.

Onder de Nederlanders, die uytnemende zyn gheweest in onse Const, van wel te connen handelen met de verwen, verdient wel te zyn ghenoemt en gerekent Gielis Coignet, Schilder van Antwerpen, den welcken heeft ghewoont by Antonis Palermo t'Antwerpen, al eer hy trock na Italien. Hy hadde eenen medegeselle, die sy hieten Stello, daer hy verscheyden wercken mede, oock binnen Terny, tusschen

Krieges aus dem Wege zu gehen, die Niederlande[136] und liess sich endlich in Frankfurt am Main[137] nieder, wo er, wie ich glaube, auch im Jahre 1603 gestorben ist. Er hinterliess einen Sohn, der ihm in diesem Zweige der Kunst tapfer nacheifert und auch Perspektiven nach den antiken Säulenordnungen malt.[138]

Das Leben des Malers Bernaard de Rijckere von Courtray.

Rühmlich muss des Malers Bernaard de Rijckere von Courtray gedacht werden, der eine sehr flüssige und vertriebene Malweise von angenehmer Wirkung hatte, wie man an der Altartafel der Kreuzesbrüder[139] in der Martinskirche zu Courtray sehen kann, einer Kreuzschleppung, die gleichwohl schon in seiner frühen Zeit von ihm gemalt wurde. Später hat er seine Manier etwas verändert und nach seiner Ansicht etwas verbessert, — doch ich überlasse es Anderen zu beurteilen, ob dem in der Tat so ist. Er trat im Jahre 1561 in die Gilde zu Antwerpen, in welcher Stadt er auch gestorben ist.[140]

Das Leben des Malers Gillis Coignet von Antwerpen.

Unter die Niederländer, die es in unserer Kunst in hervorragender Weise verstanden haben mit den Farben umzugehen, verdient Gillis Coignet, Maler von Antwerpen, wohl gerechnet zu werden, der, bevor er nach Italien zog, bei Antonis Palermo[141] zu Antwerpen gewohnt hat. Er hatte einen Gefährten, den sie Stello nannten, mit dem zusammen er verschiedene Werke ausführte, so auch in

Room en Loreten, dede een Camer met grotissen op de
Fransche vreemde wijse, en noch een Altaer-tafel op het nat
kalck. Stello bleef doodt op de brugghe van 't Casteel,
door eenen vyer-pijl, die hễ quam op de borst, in een vye-
ringhe van des Paus feest-daghen. Coignet heeft oock
Napels, Cicilien, en meer plaetsen van Italien besocht, in
Oly en op 't nat kalck verscheyden dinghen doende. Hy is
t'Antwerp ghecomen in 't Gildt oft Schilders Camer der
Violieren, Anno 1561. alwaer hy hem t'sindert heeft ghe-
houden, en veel wercken ghedaen, besonder doecken en
Tafereelen, ghebruyckende t'somtijdt Cornelis Molenaer,
oft schelen Neel, so men hem hiet, om zyn grondễ oft
achter-uytễ te doen, werckende veel voor Coopluyden, en
werdt seer vermaerdt, en gheheeten Gillis met de vleck,
om een teecken dat hy hadde op de wanghe, hayrigh als een
Muys, daer zyn Moeder in was verschooten. Hy is om den
Krijgh ten tijde van den Prins van Parma uyt Antwerpen
gheweken, en quam woonen t'Amsterdam, daer hy niet qua-
lijck met zijn Const is ghevaren: Doch om zijn ghesintheyt
oft anders is van daer vertrocken nae Hamborgh, alwaer hy
ontrent t'Jaer 1600. is ghestorven. Hy was een cortwijligh
en vrolijck Man, seer cluchtigh, en veerdigh in zijn schil-
deren, in alles ghenoech ervaeren, 'tzy beelden, lantschap,
gronden oft anders. Hadde oock een aerdighe manier van
te maken Historikens in den nacht, seer versierlijck, ge-
bruyckende veel tijt verheven verguide lichten van den
Keerssen, Fackelen, oft Lampen, dat seer natuerlijck stondt:
doch van eenighe versproocken oft berispt, meenende dat
den Schilder alles met den verwen wt te beelden behoort:
doch ander houden al goet wat den welstandt verbetert, en
d'ooge des aensienders best can bedrieghen. Van hem wert
doch met meerder reden gheclaeght, dat hy zijn Jonghers
Copien vercocht voor zijn eygen werck, wanneer hy daer soo

Terni, zwischen Rom und Loreto, ein Zimmer mit Grottesken auf die französische Art und ferner ein Altarbild *al fresco*. Stello fand den Tod auf der Engelsbrücke (in Rom) durch einen Feuerpfeil, der ihn bei der Feier eines päpstlichen Festtages in die Brust traf. Coignet hat auch Neapel, Sizilien und andere Gegenden Italiens besucht und dort in Ölfarbe und *al fresco* verschiedene Sachen gemalt. Er trat im Jahre 1561 in die Gilde oder Malerkammer zur Levkoje zu Antwerpen ein, in welcher Stadt er sich seither aufgehalten und viele Werke, namentlich Leinwand- und Tafelbilder, geschaffen hat, wobei er manchmal Cornelis Molenaer, oder wie man ihn gewöhnlich nannte: den schielenden Neel, zum Malen seiner landschaftlichen Hintergründe gebrauchte. Er arbeitete viel für Kaufleute und wurde sehr berühmt unter dem Spitznamen „Gillis mit dem Fleck", den er von einem Mal auf der Wange, haarig wie eine Maus, hatte. Seine Mutter war nämlich vor seiner Geburt heftig über eine Maus erschrocken. Um dem Kriege — zur Zeit des Prinzen von Parma — aus dem Wege zu gehen, verliess er Antwerpen [142] und liess sich in Amsterdam nieder, wo er mit seiner Kunst nicht schlecht fuhr. [143] Doch zog er wegen seiner kirchlichen Richtung oder aus anderen Gründen [144] wieder fort und begab sich nach Hamburg, wo er um das Jahr 1600 gestorben ist. [145] Er war ein kurzweiliger und fröhlicher Mann, dem seine unterhaltenden Bilder leicht von der Hand gingen, und der in Allem — Figuren, Landschaft, Hintergründen und anderen Dingen — hinlänglich bewandert war. Er hatte auch eine hübsche Art sehr gut erfundene Nachtszenen zu malen, wobei er vielfach das Licht von Kerzen, Fackeln oder Lampen durch dick aufgetragenes Gold wiedergab, was sehr naturwahr aussah, doch von Einigen, die der Meinung waren, der Maler müsse Alles mit seinen Farben ausdrücken, getadelt wurde. Andere halten jedoch Alles für gut, was die Wirkung verbessert und das Auge des Beschauers am besten zu täuschen vermag. Mit mehr Grund wird ihm zum Vorwurf gemacht, dass er die Kopieen seiner Schüler als seine eigenen Ar-

wat aengedaen hadde. Onder al zijn Discipulen was den
soon van eenen Claes Pietersz. Gout-smit t'Amsterdam,
welcken heel slincx was, en een uytnemende begin hadde:
dan dat te jammeren is, storf jongh van een uytteerende
sieckte, ghelijck oock dede zijn oudsten broeder, die oock
goet begin hadde.

Het Leven van Jooris Hoefnaghel, Schilder en Poeet, van Antwerpen.

Een beter ghewente bevind' ick by ons Nederlanders,
als wel by ander volcken in ghebruyck te wesen, dat de
Ouders, of sy schoon machtigh van rijckdom zijn, hun kin-
deren veel tijdts vroegh oft in hun jeught laten leeren eenighe
Const oft Ambacht, het welck besonder in tijt van krygh, en
vervluchten wonder wel te pas can comen: wät wy oock be-
vinden, dat de quade avontuer oft ongheluck van dese
Weereldt minder macht heeft over de Const, als over den
rijckdom, en dat de Const, die men in zijn jeught heeft ghe-
leert, dickwils den uytersten plicht-ancker in den noot, en
eë troostlijcke toevlucht wort, om d'ellendige schipbreuck
van de perssende armoede voor te comen. Dit heeft wel
bevonden waerachtich te wesen den seer gheestighen Jooris
Hoef-naghel van Antwerpen, welcken was gheboren in't
Jaer 1545. van seer rijcke Ouders, die hem tot Coopman-
schap, teghen de natuere worstelende, aendrongen: want
zijn gantsche oft aldermeeste gheneghentheydt tot de Schilder-
const streckende, niet mochten lijden, dat den Jonghen t' huys
oft in't Schoole dede, 't ghene hem de Moeder natuere sta-
dich gheboodt, en niet laten en con. Was hem in de Schole
van den Meester 't papier benomen, hy vergaderde het mul
oft zant op den vloer, en trock daer in met een steck oft

beiten verkaufte, sobald er nur eine Kleinigkeit daran gemacht hatte. Zu seinen Schülern[146] gehörte der Sohn eines Amsterdamer Goldschmieds Namens Claes Pietersz, der ganz linkshändig war und zu den grössten Hoffnungen berechtigte. Leider starb er jung an einer auszehrenden Krankheit, ebenso wie sein ältester Bruder, der ebenfalls viel versprach.

Das Leben des Malers und Poeten Joris Hoefnaghel von Antwerpen.

Unsere Niederländer zeichnen sich, finde ich, durch eine gute Gewohnheit, die unter ihnen verbreitet ist, vor anderen Völckern aus, indem nämlich die Eltern, auch wenn sie über grossen Reichtum verfügen, ihre Kinder häufig schon früh irgend eine Kunst oder ein Handwerk lernen lassen, was namentlich in Kriegs- und Fluchtzeiten von grösstem Nutzen sein kann, — sehen wir doch, dass Unglück und Wechselfälle dieser Welt weniger Macht über die Kunst als über den Reichtum haben, und dass die Kunst, die man in seiner Jugend gelernt hat, häufig zum Rettungsanker in der Not und zu einer tröstlichen Zuflucht wird, um sich vor dem kläglichen Schiffbruch der drückenden Armut zu bewahren. Diese Wahrheit erfuhr auch der sehr begabte Joris Hoefnaghel, der im Jahre 1545[147] von sehr reichen Eltern[148] geboren wurde, die gegen seine Natur ankämpfend einen Kaufmann aus ihm machen wollten. Denn obwohl seine Neigung sich durchaus oder doch hauptsächlich der Malkunst zuwandte, wollten sie doch nicht leiden, dass der Knabe zu Hause oder in der Schule das tue, wozu ihn Mutter Natur beständig drängte und was er nicht lassen konnte. Nahm ihm der Lehrer in der Schule das Papier fort, so fegte er den Staub oder Sand auf dem Boden zusammen und zeichnete mit einem Stöckchen oder dem Finger hinein, und zu Hause verbarg er sich auf dem Speicher, um mit Kreide

vinger: t'huys verborghen op solder met crijt. En hadde een reys op een planck met de een handt zyn ander gheconterfeyt. Twelck siende een gesant van den Hertogh van Savoyen, ten huyse van den Vader gheherberght wesende, sprack ten besten, so dede den School-meester, soo dat H o e f-n a g h e l t'zy weynich oft veel hem tot het teyckenen mocht veronledighen. Hy werdt oock gheoeffent in de Letter-const oft studie, in welcke hy oock goeden gheest hadde, en is een seer geleert Man, en een goet Poeet geworden. Doe hy nu hem begaf tot reysen, en landen te besoecken, maeckte hy een heel groot Boeck, van al wat hy over al seldsaems vondt oft sagh, soo van Landt-bouw, Wijn-perssen, Water-wercken, manieren van levĕ, Houwlijcken, Bruyloften, danssen, feesten, en derghelijcke ontallijcke dingen: hy was over al doende, hy teyckende alle Steden, en Casteelen nae 't leven, alderley cleedinghen en drachten, ghelijck in een Boeck te sien is, die met ghedruckte Steden uyt coemt, daer men siet by die op de schilderaghtighste maniere ghedaen zyn, zynen naem H o e f n a g h e l gheschreven. Te Calis Malis in Spaengien werden hem van een Nederlantsch Schilder aldaer ge-sonden alderley Water-verfkens in een doose besloten, waer-mede hy de Stadt Calis seer aerdigh conterfeyte, en was 't eerste dat hy met .Verwe ghehandelt hadde. Doe hy weder in Nederlandt was ghekeert, veel vreemdicheydt, oock alderley gheconterfeytte vreemde Dieren, gheboomt, en anders mede brenghende, hadde eenigh onderwijs van H a n s B o l ver-creghen. Eyndlinghe t'Antwerp woonende, verloor al wat hy in zijn Coopmanschap hadde: Want hy met den Vader t'samen handelde in Juweelen, en hadde voor veel duysenden verborghen in eenen put, met wetenschap van een dienst-maecht en zyn Vrouw, door welcke de Spaensche Soldaten dit al in hun roovighe handen creghen, in den roof, die men noemt de Spaensche furie. Hier naer is H o e f n a g h e l met A b r a h a m O r t e l i u s, vermaerdt Landt-beschrijver, gereyst na Venetien: en comende t'Ausborgh by de Heeren Fouckers, aldaer wel onthaelt wesende, wert hun gheraden te gaen

zu zeichnen. Einmal hatte er auf einer Planke mit der einen Hand seine andere abgezeichnet. Als dies ein Gesandter des Herzogs von Savoyen sah, der im Hause seines Vaters logierte, legte er ein gutes Wort für ihn ein; dasselbe tat auch der Schulmeister, so dass Hoefnaghel die Erlaubnis erhielt, sich, soviel er wollte,[149] mit Zeichnen zu beschäftigen. Er wurde auch in der Sprachkunde unterrichtet, wofür er ebenfalls gute Begabung zeigte, und wurde ein sehr gelehrter Mann und ein guter Poet. Als er sich nun auf Reisen begab, um fremde Länder zu besuchen, legte er sich ein sehr umfangreiches Buch an, in das er Alles aufnahm, was ihm merkwürdig erschien; Landbau, Weinkeltern, Wasserwerke, Sitten und Gebräuche, Hochzeitsfeste, Tänze, Festlichkeiten und zahllose ähnliche Dinge. Er zeichnete überall Städte und Kastelle nach der Natur nebst allerlei Trachten, wie man aus einem Buch ersehen kann, in dem Städtebilder veröffentlicht worden sind, von denen die am malerischsten aufgefassten den Namen Hoefnaghel zeigen.[150] Nach Calis Malis[151] in Spanien wurden ihm von einem niederländischen Maler Wasserfarben aller Art in einer Büchse verschlossen gesandt, womit er die Stadt Calis sehr hübsch abmalte. Das war das erste, was er mit Farben gemacht hatte. Als er mit vielen merkwürdigen Sachen, auch Zeichnungen nach allerlei fremden Tieren, Bäumen usw. wieder in die Niederlande zurückgekehrt war, erhielt er noch einigen Unterricht von Hans Bol. Als er sich endlich in Antwerpen niedergelassen hatte, verlor er sein ganzes Kaufmannsgut. Er handelte nämlich zusammen mit seinem Vater mit Juwelen und hatte für viele Tausende davon in einem Brunnen verborgen und zwar unter Mitwissen einer Dienstmagd und seiner Frau,[152] durch welche die spanischen Soldaten bei der Plünderung, die unter dem Namen die „spanische Furie"[153] bekannt ist, das ganze in ihre räuberischen Hände bekamen. Darauf reiste Hoefnaghel mit dem berühmten Geographen Abraham Ortelius nach Venedig, und als sie nach Augsburg zu den Fuggers[154] kamen, wo sie gut aufgenommen wurden, riet man ihnen nach München

sien de Const-camer van den Hertogh van Beyeren tot
Munchen. Dus daer ghereyst met eenen Recommandatie-brief
van dese Heeren, heeftse den Hertogh alles laten sien, en
ghevraeght aen Hoefnaghel, of hy niet en hadde van zijn
Const. Desen liet den Hertogh sien, zijn en zijns eersten
Huysvrouwen Conterfeytsel, en noch een stucxken met
beestghens en boomkens, van Verlichterije, op pergamijn.
Doe sy in hun Herbergh waren, sondt den Hertogh door zijn
Hofmeester, oft ander Heer vraghen, wat Hoefnaghel be-
gheerde voor dat Verlichteryken van de beestgens, dewijl hy
de tronikens niet wouw quijt wesen. Hoefnaghel, die
hem noyt had uytghegheven voor een Schilder, noch laten
voorstaen yet te konnen, was schromig daer van yet te willen
eysschen: Dan Ortelius hem moet ghevende, eyschte self
voor hem een hondert gouden Croonen, die hem den Hertogh
stracx heeft ghegheven, en begheert dat hy daer in zijnen
dienst soude blijven, 't welck hy consenterende te doen, als
hy weder quam uyt Italien. Den Hertogh gaf oock twee
hondert goude Croonen, op dat zyn Huysvrouw uyt Neder-
landt quam, welcke Hoefnaghel wederkeerende te Munchen
heeft gevondē. Dus heeft Hoefnaghel door zijn Const
ghevonden beter als hy socht: want hy was comen op avon-
tuer, om te Venetien hem soecken gheneeren met Factorie,
oft Maeckelaerschap te bedienen. Hy is met Ortelius ooc
gecomen te Room by den Cardinael Pharnees, welcken
Ortelio vraeghde, wat Hoefnaghel voor een was, soo
dat den Cardinael werdt laten sien de twee verhaelde Conter-
feytselkens van Verlichterije: Des den Cardinael hem geern
by hem had ghehouden, en wouw hem een duysent gulden
Jaer-gheldt gheven. Dan hy veronschuldighde hem, seggende:
zijn woort wech te hebben ghegheven aen den Hertogh van
Beyeren, t'welck den Cardinael Const-liefdig wesende, en in
zijn dinghen groot behaghen hebbende, leet was, oft bedroefde,
dewijl hy nu most missen den seer uytnemenden Verlichter

zu gehen und die Kunstkammer des Herzogs von Bayern[155] anzusehen. Sie folgten diesem Rat und begaben sich, mit einem Empfehlungsbrief von diesen Herren versehen, dorthin. Der Herzog liess sie alles sehen und fragte Hoefnaghel, ob er nichts von seinen Arbeiten bei sich habe, worauf dieser ihm sein eigenes und seiner ersten Frau Bildnis uud noch ein kleines Bildchen auf Pergament mit Tieren und Bäumen in Miniaturmalerei zeigte. Als sie wieder in ihrer Herberge waren, schickte der Herzog seinen Hofmeister oder einen anderen Herrn, um zu fragen, wieviel Hoefnaghel für das Miniaturbildchen mit den kleinen Tieren verlange, da er die kleinen Bildnisse nicht hergeben wollte. Hoefnaghel, der sich weder als Maler ausgegeben noch sich eingebildet hatte, etwas in der Malerei zu können, scheute sich etwas dafür zu verlangen. Ortelius ermunterte ihn aber und forderte selbst für ihn hundert Goldkronen, die ihm der Herzog sofort gab, wobei er zugleich den Wunsch aussprach, Hoefnaghel möchte in seinen Dienst treten, was dieser nach seiner Rückkehr aus Italien auch tun wollte. Der Herzog gab auch zweihundert Goldkronen, damit er seine Frau aus den Niederlanden kommen lasse, und als Hoefnaghel wieder zurückkehrte, fand er sie vor. So hatte es Hoefnaghel durch seine Kunst besser gefunden als er es gesucht; denn er war auf's Geradewohl ausgezogen, um den Versuch zu machen sich in Venedig durch eine Anstellung in einer Faktorei oder im Maklerdienst seinen Unterhalt zu gewinnen. Er kam mit Ortelius auch nach Rom[156] zum Kardinal Farnese, der Ortelius fragte, was Hoefnaghel sei. Als ihm darauf die beiden genannten Miniaturporträts gezeigt wurden, hätte er ihn gern bei sich behalten und wollte ihm ein Jahrgeld von 1000 Gulden geben. Hoefnaghel aber entschuldigte sich und sagte, er habe dem Herzog von Bayern sein Wort verpfändet. Dies tat dem Kardinal, der ein grosser Kunstfreund war und an Hoefnaghels Arbeiten grossen Gefallen fand, sehr leid, umsomehr als er jetzt auch seinen vortrefflichen Miniaturmaler Don Giulio da Corvatia missen musste, den sie bei ihrer Ankunft

zijnen Don Julio da Corvatia, welcken sy daer comende saghen zijnen constighen edelen gheest Gode opgheven. Hoef-naghel van Room en Venetien weder comende, begaf hem in dienst van den Hertogh, daer hy groote provisie van hadde, eñ fluweelen cleet, en schoonen mantel s'Jaers. Oock gaf hem Ferdinandus Hertogh van Insbroeck twee hondert Florijnen, dat zijn vier hondert guldñ s'Jaers, acht Jaer lang: binnen welcken tijt hy hadde aenghenomen te verlichten een seer schoon geschreven Misboeck. Hier maecte Hoefnaghel als die gheestich, gheleert, en seer vindigh was, op de canten, in de letters, oft daer de plaets was, alderley beteyckeninghe, aenwijsinghe, en beduytselen oft sinnekens, op t'ghene daer neffens gheschreven was, dat met alderley aerdicheydt en cleen Historikens uytbeeldende, en leverde dñ Boec t'eynden acht besproken Jaren al voldaen, soo heel uytnemende ghe-daen, en soo vol werck, datmen verwonderen mocht, hoe yemant binnen al zijn leven soo veel dinghen met handen soude moghen maecken. Hier voor gaf hem den Hertogh van Insbroeck twee duysent gouden Croonen, en een gouden Keten van een hondert goudñ Croonen. Noch maeckte Hoefnaghel voor den Keyser Rudolphus vier Boecken, een van alle viervoetighe Dieren, den anderen van de cruy-pende, den derden, van de vlieghende, en den vierden, van de swemmende oft Visschen, en hadder voor in specien duy-sent goude Croonen. Hy hadde oock verlicht een Boeck, van den besten Schrijver van der Weerelt gheschreven, we-sende Exemplaren van verscheyden stoffe, waer by hy alle beduytselen seer versierigh hadde te weghe ghebracht, seer schoon en lustigh om sien. Hier mede quam hy in des Keysers dienst, wel zijn gheloont, en met heerlijck Jaer-gheldt voorsien. In dees Landen weet ick weynig van hem te wijsen, dan tot Jaques Razet t'Amsterdam, een seer aerdig stucxken weerdigh te bewaren. Hoefnaghel om t'Hofsche onrust te schouwen, quam woonen te Weenen:

seinen kunstreichen edlen Geist in Gott aufgeben sahen. [157]
Als Hoefnaghel von Rom und Venedig zurückgekehrt
war, [158] trat er in den Dienst des Herzogs, der ihm jährlich
ein grosses Einkommen nebst einem sammtenen Gewand und
einem schönen Mantel einbrachte. Auch gab ihm Ferdinand,
Herzog von Innsbruck acht Jahre lang 200 Florinen —
das sind 400 niederländische Gulden — jährlich, binnen
welcher Zeit er es übernommen hatte, ein sehr schön ge-
schriebenes Messbuch zu illuminieren. Die Ränder, Initialen
und sonstigen freien Stellen dieses Buches schmückte Hoef-
naghel, der ein talentvoller, gelehrter und sehr erfindungs-
reicher Mann war, mit allerlei auf den Text bezüglichen
Illustrationen und Sinnbildern sowie mannigfaltigem Beiwerk
und lieferte das Ganze am Schluss der acht Jahre fix und
fertig und so vortrefflich ausgeführt und voller Miniaturen
ab, dass man sich wundern konnte wie Jemand selbst während
seines ganzen Lebens so viele Dinge mit seinen Händen
zuwege zu bringen vermochte. [159] Für dieses Werk gab ihm
der Herzog von Innsbruck 2000 Goldkronen und eine
goldene Kette im Werte von 100 Goldkronen. Ferner malte
Hoefnaghel für den Kaiser Rudolph vier Bücher: das
erste mit allen Vierfüsslern, das zweite mit den Reptilien,
das dritte mit den fliegenden Tieren und das vierte mit den
Fischen, wofür er tausend Goldkronen bekam. [160] Er hatte
auch ein Buch illuminiert, das von dem besten Schreiber
der Welt geschrieben war und Beispiele für verschiedene
Wissensgebiete [161] enthielt, wobei er alle bildlichen Erläu-
terungen sehr verständnisvoll zum Ausdruck gebracht hatte. [162]
Es war sehr schön und unterhaltend anzusehen. Durch diese
Arbeit kam er in des Kaisers Dienst, wurde reich belohnt
und erhielt ein bedeutendes Jahrgeld. In den Nieder-
landen kann ich ausser einem sehr hübschen Stückchen
bei Jaques Razet zu Amsterdam, das wert ist in Ehren
gehalten zu werden, kaum etwas von seiner Hand nachweisen.
Um der höfischen Unruhe zu entgehen, liess sich Hoef-
naghel in Wien nieder: denn er, der immer sehr lern-
begierig und wissensdurstig war, blieb bis tief in die Nacht

Want hy altijdt seer leer en weet-lustigh was, s'nachts veel
waeckende, en ghemeenlijck s'morghens ten vieren op, altijdt
onledigh, soo met versen, C a r m i n a, oft yet anders te
maken, waer in hy oock seer gheestich was, en soo dapper
in zijn Latijn, dat hy een Latijns Boeck voor hebbende,
t'selve soo heel ras, in Nederlandtsch las, als oft Nederlandts
geweest hadde. Hy was een seer goet-aerdich en mildt Man,
die alles met goet bescheyt en welsprekentheydt wist te ver-
tellen, en seggen. Hy is overleden in't Jaer 1600. oudt
55. Jaer. Hy heeft naeghelaten eenen soon J a q u e s H o e f-
n a g e l, in de Schilder-const uytnemende en hervaren wesende.

Het leven van A e r t M i j t e n s, Schilder van Brussel.

Ghelijck de cracht van eenighen verschen dranck soo
gheweldich is, dat hy openinghe soeckende, t'vat doet barsten,
en uytloopt: also gaet het toe met Menschen, daer van jonghs
in is eenen overvloedighen en cloeckē geest, die niet en can
verborghen blijven. Het welck oock is geschiet en bevonden
aen den seer cloecken en gheestighen Schilder A e r t M i j t e n s,
die in Italien, daer hy meest zijn Const gheoeffent, en zijn
wesen ghehadt heeft, wierdt gheheeten R e n a l d o, dan de
Latijnsche seggen A r n o l d u s. Hy is van in zijn jeught uyt-
nemende yverigh gheweest, om tot volcomenheydt in de Const
te moghen comen: Niet alleen met schilderen en teeckenen,
maer oock met af te gieten of t'leven: Als oock te halen
buyten Brussel van t'ghericht eenen dooden, daer een belach-
lijcke clucht gebeurde. Want hy hebbende een ander van
zijn doen, die oock de konst toeghedaen was, tot zyner hulp,
welcken hem volghde op de leere, die altijdt aen de galgh
stondt, en soudē den Dief ophoudē tot hy hem afghesneden
hadde, om dan t'samen af te brengen, liet desen den Dief

hinein wach und stand gewöhnlich Morgens um vier Uhr
auf, stets beschäftigt entweder Gedichte, für die er auch
grosse Begabung hatte, oder etwas anderes zu machen. Auch
war er ein so guter Lateiner, dass er ein lateinisches Buch
so schnell niederländisch lesen konnte, als wäre es nieder-
ländisch gewesen. Er war ein sehr gutherziger und frei-
gebiger Mann, der sehr klug und beredt zu sprechen wusste.
Er starb 55 Jahre alt im Jahre 1600 und hinterliess einen
Sohn Namens Jacques Hoefnaghel, der in der Malkunst
sehr erfahren ist.[163]

Das Leben des Malers Aart Mytens von Brüssel.[164]

Wie die Kraft manchen jungen Tranks so gewaltig ist,
dass er Befreiung suchend das Fass zum Bersten bringt und
ausläuft, so geht es auch mit Menschen, in denen von Jugend
an ein übersprudelnder kraftvoller Geist wohnt, der nicht im
Verborgnen zu bleiben vermag. Dies war auch der Fall bei
dem sehr tüchtigen und begabten Maler Aart Mytens, der
in Italien, wo er zumeist gelebt und seine Kunst ausgeübt
hat, Rinaldo — die Lateiner sagen Arnoldus — genannt
wurde. Von Jugend an zeigte er einen ausserordentlichen
Eifer es in der Kunst zur Vollkommenheit zu bringen, und
zwar nicht allein im Malen und Zeichnen, sondern auch in
Herstellen von Abgüssen nach dem lebendigen Objekt und
sogar indem er ausserhalb Brüssels einen Toten vom Hoch-
gericht holte, bei welcher Gelegenheit es zu einem komischen
Intermezzo kam. Er hatte nämlich einen Kollegen zur Hülfe
mitgenommen, der hinter ihm die Leiter, die stets am Galgen
lehnte, hinaufstieg und den Dieb so lange halten wollte, bis
Aart ihn abgeschnitten hätte, damit sie ihn dann zu zweit

los voelende vallen, meende uyt verschricktheydt, dat hy
hem te lijwe wouw om quaet te doen: Des hy af sprongh,
oft haestlijc af liep, en haestede hem vollen loops nae der
Stadt: Aert yverich in zyn stuc, liep hem dapper na. Het
boersche Marct-volck siende het verbaest vluchten, en ernstigh
volghen, bekeven Aert, en sochten hem te schutten, mee-
nende hy hem vervolghde om uyt toornicheydt yet quaets
te doen. Eyndlinghe hem achter halende, bestrafte zyn ver-
baest wech loopen, segghende: 't Is u gheen ernst, ghy sult
nemmer leeren, en derghelijcke woorden. Des hy hem weder
willich maecte, en brachten dit doot lichaem in eenen sack
t'huys. Den Vader dit vernemende, bekeef dĕ soon, segg-
hende: Wat hebdy gemaeckt? hem voorhoudende de misdaedt
en swaricheydt van sulcks te doen. Het welck hy veront-
schuldighde met zijnen leer-lust die hy hadde, om de leden
der Menschen lichamen te verstaen. Dit gingh den Vader
by den besondersten Burgher-meester, van zyn vriendtschap
oft kennis, als een dinghen dat te gheschieden mocht wesen,
effen maken. Aert is heel jongh in Italien gecomen, en
schilderde veel by eenen Anthoni Santvoort, die men
hiet den groenen Anthonis, te Room, maeckende veel
Maria Magior op Coper, en hadde veel omgang met Hans
Speeckaert. Daer nae te Napels ghecomen, wrocht by
eenen Nederlander, Cornelis Pijp ghenoemt. Hier nae
ghehouwt wesende, maeckte veel Altaer-tafels, Historien, en
Conterfeytselen, seer cloeck en cluchtigh van Oly-verwe.
Hier in veel iaer volhert, veel Discipulĕ tot Meesters ge-
maeckt hebbende, als dat zyn wercken in veel Kercken van
Napels en door 't heel Coningrijck en ander Landtschappen
waren verspreydt. Syn lieve Vrouwe overleden, en vier zyn
kinderen tot de Best-moeder bestelt hebbende, quam zyn
vrienden te Brussel en zyn Broeder in den Haegh besoecken.

ARNOLDUS MYTENUS. BRUXELL.

Hærent parietibus monumenta ingentia sacris
Arnolde Italiæ, que recreant animos.
Ornas Italiam: primúm te ornaverat illa.
Te Belgam laudans Itala terra colit

hinunterschaffen könnten. Als dieser aber den Dieb fallen
fühlte, liess er ihn los, in seinem Schrecken meinend,
er wolle ihm zu Leibe, sprang von der Leiter und rannte
so schnell er konnte der Stadt zu. Aart aber, der nicht
von seinem Vorhaben ablassen wollte, lief ihm voll Eifer
nach. Als die Bauern, die zu Markt gingen, diese angst-
volle Flucht und die ernstliche Verfolgung sahen, schalten
sie auf Aart und suchten ihn zurückzuhalten, in der Meinung
er verfolge den Andern, um ihm ein Leids zu tun. Als er
ihn dann endlich eingeholt hatte, machte er ihm Vorwürfe
wegen seines schreckhaften Ausreissens und sagte: „Dir ist
nicht Ernst mit der Sache! Du wirst es nie zu etwas bringen!"
und Ähnliches. Damit beruhigte er ihn wieder, und sie
brachten den Toten in einem Sack nach Hause. Als Aart's
Vater dies hörte, schalt er seinen Sohn aus und sagte: „Was
hast du gemacht!" und hielt ihm das Unrecht und die Trag-
weite solchen Tuns vor. Aart aber entschuldigte sich mit
seiner Lernbegier und seinem Wunsch die Glieder des mensch-
lichen Körpers zu verstehen. Der Vater ging darauf zum
ersten Bürgermeister, mit dem er befreundet oder bekannt
war, um die Angelegenheit als eine Sache, mit der es nicht
viel auf sich hatte, in's Gleiche zu bringen. Aart kam sehr
jung nach Italien und malte in Rom viel bei einem ge-
wissen Anthoni Santvoort, den man den „Grünen
Antonis" nannte,[165] wo er viele Kopieen des Marienbildes
von Santa Maria Maggiore[166] auf Kupfer machte, und
verkehrte viel mit Hans Speeckaert.[167] Hierauf ging er
nach Neapel und arbeitete dort bei einem Niederländer
Namens Cornelis Pijp.[168] Darauf verheiratete er sich und
malte viele Altartafeln, Historienbilder und Porträts sehr gut
und charakteristisch in Ölfarbe. Dies tat er viele Jahre, während
welcher er eine grosse Anzahl Schüler zu Meistern heranbildete,
so dass schliesslich seine Werke in vielen Kirchen Neapels
zu sehen und durch das ganze Königreich und andere Land-
schaften verstreut waren. Als seine Frau, die er sehr liebte,
gestorben war und er seine Kinder bei der Grossmutter unter-
gebracht hatte, reiste er nach Brüssel um seine Freunde

Te Napels herkeert wesende, troude zyn Meester Cornelis
Pijps Weduwe. Doe heeft hy ghemaeckt een ons Vrouwen
Hemelvaert, met veel Enghelen, en d'Apostelen, meerder als
't leven, in welck hy hem dapper en wel heeft ghequeten,
en staet in een Kerck buyten Napels. Noch vier Euange-
listen, verscheyden van malcanderen, binnen Napels. Onder
ander Altaer-tafels, is van hem een tot S. Lowijs, by 't
Paleys van den Viceroy te Napels, van S. Catharina,
alsoo den brandt in de raders slaet, en een splinter een van
de Rackers oft Pynighers is raeckende, alwaer den Constighen
Schilder seer eyghentlijck heeft uytghebeeldt met open keel
een crijtende bevreestheydt, oock een groote verbaestheydt onder
den omstandt te Peert en te voet. Noch in deselve Kerck is van
heem een Altaer-tafel van S. Maria del Secors, slaende met
eenen cluppel een Duyvel, die onder haer leydt, met noch ander
Figuren en Enghelen daer by, alles wel dapper en cloeck ghehan-
delt. Hier naer door onbescheydenheyt zyner tweedder Huys-
vrouwe en haer kinderen, trock woonen op zyn self, met zijn kin-
deren en ghesellen, schilderende cloeckmoedig verscheydē veel
groote stucken, besonder twee, die na Abruzzo ghevoert
wierden, een de dry Coninghen, en 't ander de Besnijdenis,
seer heerlijck en cierlijck ghedaen wesende. Eyndlinghe trock
hy met zyn kinderen tot Abruzzo en Aquila, met hem
voerende een stuck op doeck, daer Christus ghecroont werdt
in der nacht, het welck hy hadde begonnen. Tot Aquila,
heeft hy onder ander dinghen ghemaeckt een boven al uyt-
nemende groot stuck op doeck, een heel vack van een Kerck
beslaende, wesende een Crucifix, vol groote Personnagiē en
werc, wonder versierlijck gheordineert en gheschildert: Doch
met groote ongheleghentheyd op een leere en derghelijcke
onghemack, dat een dinghen is om alle Constenaers te doen

und nach dem Haag, um seinen Bruder zu besuchen. Wieder
nach Neapel zurückgekehrt, heiratete er die Witwe seines
Meisters Cornelis Pijp. Damals hat er eine Himmelfahrt
Mariä mit vielen Engeln und den Aposteln, überlebensgross
gemalt, ein Werk, das er tapfer und gut zu Ende geführt
hat, und das in einer Kirche ausserhalb Neapels[169] zu
sehen ist. Ferner malte er die in Neapel befindlichen
Einzelbilder der vier Evangelisten. Unter andern Altartafeln
seiner Hand befindet sich eine mit der Darstellung des Mar-
tyriums der hl. Katharina in der Ludwigskirche[170] bei
dem Palast des Vizekönigs. Man sieht das in Brand geratene
Rad und wie ein Splitter davon einen von den Henkers-
knechten trifft, dessen schreckerfülltes Schreien der kunst-
reiche Maler ebenso charakteristisch dargestellt hat wie das
allgemeine Erstaunen der Umstehenden zu Pferd und zu Fuss.
In derselben Kirche befindet sich von ihm eine Altartafel
mit der S. Maria del Soccorso, die mit einem Knüppel
auf einen Teufel einschlägt, der unter ihren Füssen liegt,
nebst anderen Figuren und Engeln um sie herum, Alles
tüchtig und überzeugend gemalt.[171] Hierauf sah er sich
durch das Verhalten seiner Frau und ihrer Kinder veranlasst
mit seinen Kindern und Gesellen eine getrennte Wohnung
zu beziehen, wo er unverdrossen verschiedene sehr grosse
Bilder malte, namentlich zwei prächtige ansprechende Stücke,
die nach Abruzzo geführt wurden, und von denen das eine
die Anbetung der Könige, das andere die Beschneidung dar-
stellte. Schliesslich zog er mit seinen Kndern nach Abruzzo
und Aquila, wobei er ein angefangenes Leinwandbild —
eine nächtliche Dornenkrönung — mit sich führte. Zu
Aquila hat er unter anderen Werken ein über die Maassen
grosses Stück auf Leinwand gemalt, das eine ganze Wand
einer Kirche einnahm und eine Kreuzigung darstellte, die
voll grosser Figuren und reich an Einzelzügen sowie er-
staunlich erfunden in der Komposition und gut in der Malerei
war. Doch war die Bewältigung mit grossen Schwierigkeiten
verbunden und nur mittels einer Leiter und anderer Un-
bequemlichkeiten möglich gewesen, eine Arbeit wahrlich, ge-

verschricken en verwonderen. Van hier te Room ghecomen
wesende, heeft 't verhaelde stuck van de Crooninghe, met
noch eenighe ander, voldaen. En also hem aenbesteedt was
een groot heerlijck stuck in't nieu werck van S. Pieters
Kerck te maecken, waer in hy wouw toonen, wat een Neder-
lander in onse const vermocht. Nae dat hy zijn oudste dochter
hadde besteldt te Houwlijck, is hy te Room ghestorven, in't
jaer ons Heeren 1602. T'verhaelde stuck van de Crooninge
is noch t'Amsterdam by Bernardt van Somer, Schilder, die
de Dochter heeft ghetrouwt, en is wonder cloeck ghehandeldt,
heel afghescheyden van de ghemeen Nederlandtsche maniere,
soo dat hy is geweest een treflijck Meester, die den Italianen
heeft spaerlijcker doen verhalen, dat Nederlanders gheen
handelinge in beeldē hebben, oft heeftse stoffe ghenoech ge-
gheven en oorsaeck sulckx te swijghen, oft maetlijcker van
ons te spreecken.

Het leven van Joos van Winghen, uytnemende Schilder, van Brussel.

Op dat de Hoflijcke stadt Brussel, in onse Const soude
hebben in desen onsen tijdt een dobbel eerlijcke vercieringhe,
soo is neffens den verhaelden constighen Aert Mijtens,
uyt haer oock ontstaen den uytnemenden en gheestighen
Schilder Joos van Winghen: desen is gheboren geweest te
Brussel, in't Jaer ons Heeren 1544. en vlytigh om leeren
wesende, is oock gereyst in Italien, en heeft by eenē Car-
dinael te Room ghewoont vier Jaer. Doe hy in Nederlant
en in zijn Vader-stadt Brussel was wederom ghekeerdt, is hy
eyndlijck Schilder gheweest van den Prince van Parma.
Hy heeft binnen Brussel verscheyden fraey stucken ghemaeckt,

eignet allen Künstlern Schrecken und Staunen einzuflössen.
Von hier ging er nach Rom, wo er die erwähnte Dornen-
krönung nebst einigen andern Bildern vollendete. Er hatte
auch den Auftrag erhalten in dem neuen Bau der Peters-
kirche ein grosses prächtiges Bild zu malen, und wollte
darin zeigen, was ein Niederländer in der Malerei ver-
mag. Aber nachdem er seine älteste Tochter verheiratet
hatte, starb er zu Rom. Dies geschah im Jahre des Herrn
1602. Die erwähnte Dornenkrönung befindet sich noch zu
Amsterdam und zwar bei dem Maler Barent van
Somer,[172] der Aarts Tochter geheiratet hat. Sie ist
wunderbar grosszügig und auf ganz andere Art als auf die
gewöhnliche niederländische gemalt, ein Beweis dafür,
dass er ein trefflicher Meister gewesen ist, dem es zu danken,
dass die Italiener seltener behaupten, die Niederländer
könnten keine guten Figuren malen; denn er hat ihnen Ur-
sache genug gegeben über diesen Punkt zu schweigen oder
doch massvoller über uns zu sprechen.

Das Leben des hervorragenden Malers Joos van Winghen von Brüssel.

Damit die Hofstadt Brüssel auf dem Gebiete der
Malerei unserer Zeit eine doppelte ehrenvolle Zierde besitze,
ist aus ihr neben dem eben erwähnten kunstreichen Aart
Mytens auch der ausgezeichnete begabte Maler Joos van
Winghen hervorgegangen, der dort im Jahre des Herrn
1544[173] geboren wurde. Er hat fleissig studiert, ist in Ita-
lien gereist und hat zu Rom vier Jahre lang bei einem
Kardinal gewohnt. Als er wieder in die Niederlande und
in seine Vaterstadt Brüssel zurückgekehrt war, wurde er
schliesslich Maler des Prinzen von Parma.[174] Er hat in
Brüssel eine Anzahl schöner Bilder gemalt, namentlich eine
Attartafel in der Gudulakirche oder — wie einige meinen —

besonder een Altaer-tafel tot S. Goelen te Bruessel, oft
(soo eenighe meenen) in een Kerck tot de Celle broers,
wesende een Avondtmael, daer Pauwels de vries de Met-
selrije in ghedaen soude hebben: dit Avontmael, indien datter
geen twee van zijner handt en zijn, is een seer uytnemende
werck, en 'tbeste dat in Nederlandt van hem te sien is.
Noch is te Brussel tot een Doctoor, Meester Jan Mijtens,
van hem een seer schoon stuck, daer Sampson 'thayr
afgesneeden wordt. Noch in een ander Borghers huys is van
hem een seer aerdighe Pauli bekeeringhe. Doe nu Joos
het hert uyt den Lande, en in zijn plaetse by den Prins van
Parma hadde ghesteldt en ghelaeten Octavium van Veen,
is hy ghecomen met zijn ghesin te Francfoort, ontrent het
Jaer 1584. Hier heeft hy oock eenige seer fray stucken
ghemaeckt, besonder een het uytnemenste, een groot stuck,
den sin wesende het benouwde Belgica, een naeckte Vrouwe,
staende ghekettent aen een Roots, boven welcks hooft comt
ghevloghen den tijdt, die haer comt verlossen, en heeft be-
gonnē een keten los doen: onder licht de Religie met den
Bybel, wesende vertreden van Tyrannije, die als een Krijghs-
man is ghestelt, en met een sweert in de handt. Twee
stucken van eenderley Historie, op verscheyden ordinantien,
heeft hy oock seer uytnemende ghedaen, te weten, daer
Apelles conterfeyt de uytnemende schoon Campaspe,
en van de Liefde gheprickeldt wort. Een van dese stucken
is tot Hannauw, een nieu Stadt, vier mylen van Franckfoort,
tot een Coopman, Daniel Forreau, een groot Const-be-
minder: By den selven is oock de verhaelde Belgica.
De ander Historie van Apelles is by den Keyser. Noch
is van hem te Francfoort, tot eenē Const-liefdighen Doctoor,
een seer fraey stuck van een Andromeda, alwaer oock
noch zijn verscheyden fraey Conterfeytselen nae 't leven.
Tot Middelborgh, by Melchior Wijntgis, is van hem een
Historie van Pyneas, daer twee naeckte boeleerende door-
steecken worden, een groot en seer heerlick stuck, met

in einer Kirche der Zellbrüder,[175] nämlich ein Abend-
mahl, ein Bild, in welches Paul de Vries[176] die Archi-
tektur hineingemalt haben soll. Dieses Abendmahl — wenn
nicht zwei Bilder dieses Themas von seiner Hand existieren —
ist ein ganz hervorragendes Werk und das beste, das in
den Niederlanden von ihm zu sehen ist. Ferner befindet
sich zu Brüssel bei einem Doktor, Meister Jan Mytens,
ein sehr schönes Bild von ihm, das Simson, dem die Haare
abgeschnitten werden, zeigt.[177] In dem Hause eines anderen
Bürgers ist ferner eine sehr schöne Bekehrung Pauli von
ihm zu sehen. Nachdem Joos Otto van Veen[178] als
Stellvertreter beim Prinzen von Parma zurückgelassen hatte,
verliess er das Land und kam mit seiner Familie nach Frank-
furt. Dies geschah um das Jahr 1584.[179] Hier hat er
auch einige sehr schöne Bilder gemalt. Das hervorragendste
davon war eine Allegorie, die das bedrückte Belgien in einer
nackten, an einen Felsen gekettet stehenden Frauengestalt
darstellte, über deren Haupt die geflügelte Zeit schwebt, um
sie zu befreien und bereits eine Kette zu lösen begonnen
hat. Am Boden liegt die Religion mit der Bibel, nieder-
getreten von der Tyrannei, die als Krieger mit einem Schwert
in der Hand dargestellt ist.[180] Er hat auch zwei hervor-
ragende Bilder gleichen Inhalts, doch verschieden in der
Komposition gemalt, nämlich Apelles, der die wunderschöne
Kampaspe malt und in Liebe zu ihr entbrennt.[181] Eines
dieser Bilder befindet sich zu Hanau, einer neuen Stadt,
vier Meilen von Frankfurt entfernt, bei einem Kaufmann
namens Daniel Forreau, einem grossen Kunstfreund. Bei
diesem befindet sich auch die eben besprochene Allegorie.
Das andere Apellesbild befindet sich im Besitze des
Kaisers.[181] Ferner sind von ihm zu Frankfurt, bei
einem kunstliebenden Doktor, eine sehr schöne Andromeda
nebst verschiedenen schönen Porträts nach der Natur[182] zu
sehen. Bei Melchior Wijntgis zu Middelburg befindet
sich von ihm ein Bild mit der Szene wie Pinehas das nackte
buhlende Paar durchbohrt, ein grosses prachtvolles Stück
mit lebensgrossen Figuren.[183] Ferner befindet sich von ihm

beelden als 't leven. Noch is t'Amsterdam by C o r n e l i s
v a n d e r V o o r t een groot stuck van hem, wesende ghelijck
een J u s t i t i e, die d'onnosel beschermt van Tyrannije, oft
soo eenighen sin. Voorts comen van zijn teyckeninghe uyt
verscheyden geestighe Printen, een Nachtbancket, met een
Mascarade, een laet de Kinderen tot my comen, eenen P a u l u s
Tapijt werckende, vier van t'Vrouwen bedroch, Crucifix, en
ánder, waer aen te sien is zijn ordinerē en vloeyende geest
inde aerdicheyt der beelden. Weynich doch goede schilderije
is van hem te siē: want hy niet veel wrocht, zijnde geern
by gheselschap, doch geen dronckaert, maer met een kan
Wijns sitten coutende, hadde zijn vermaeck den tijt door te
brenghen. Hy heeft naeghelaten eenen soon, en zijn Dis-
cipel, gheheeten J e r e m i a s, oudt ontrent 18. Jaer, den
welcken een groot begin van wel colorerē heeft, hebbende
onlanghs oock gheleerdt by F r a n c i s c o B a d e n s t'Amsterdam.
J o o s van Wingen is gestorven te Franckfoort, Anno 1603.
oudt 61. Jaer.

Het leven van M a r t e n d e V o s, vermaert Schilder, van Antwerpen.

Onder de ghene die Antwerpen, en ons Nederlandt, in
de Schilder-const gheruchtigh hebben ghemaeckt, hoeft men
niet achter te stellen den vermaerden en constighen Schilder
M e r t e n d e V o s, van Antwerpen, die van in zijn Jeught
hem vlijtigh tot de Const heeft begheven. Italien, Room,
Venetien, en ander Landen besocht hebbende, is ghecomen
in't Gildt t'Antwerpen in't Jaer 1559. Sijn Vader, P i e t e r
d e V o s, quam in 't Gildt t'Antwerpen Anno 1519. P i e t e r,
de Broeder van M a r t e n, was oock een uytnemende goet
Schilder. Veel heerlijcke schoon wercken heeft M e r t e n
ghedaen, hebbende een veerdighe handt, aerdigh en lustigh

MARTINUS VOSSIUS, ANTVERPIAN.
PICTOR .

Qui se offert oculis, Martinus Vossius ille :
Cujus erat frater pictor, et ipse pater.
Arte sic Martinus sane est Hemskerkius alter.
Nam simili ductu pinxit uterque, modo.

bei Cornelis van der Voort zu Amsterdam ein grosses
Bild, das die Justitia darstellt, welche die Unschuld vor der
Tyrannei schützt, oder etwas ähnliches.[184]   Nach verschie-
denen seiner Zeichnungen sind vortreffliche Stiche hergestellt
worden, z. B.: ein nächtliches Gelage mit einer Maske-
rade;[185] Lasset die Kindlein zu mir kommen;[186] Paulus als
Teppichmacher;[187] vier Blätter Frauenlisten;[188] eine Kreu-
zigung[189] und andere, an denen sein Kompositionstalent und
seine reiche Begabung für die schöne Auffassung der Figuren
zu erkennen ist.   Seine Bilder sind gut, aber gering an Zahl;
denn er arbeitete nicht viel, da er gerne in Gesellschaft war.
Er war aber kein Trinker, doch machte es ihm Vergnügen
bei einer Kanne Wein seine Zeit mit Plaudern hinzubringen.
Er hat einen jetzt ungefähr 18 Jahre alten Sohn namens
Jeremias hinterlassen, der sein Schüler war.[190]   Dieser
gibt schöne Beweise seiner Befähigung zum Koloristen und
war unlängst auch bei Frans Badens[191] zu Amsterdam
in der Lehre.   Joos van Winghen starb, 61 Jahre alt,
im Jahre 1603 zu Frankfurt.

Das Leben des berühmten Malers Marten de Vos von Antwerpen.

Unter denjenigen, die Antwerpen und unsere Nieder-
lande in der Malerei berühmt gemacht haben, muss nicht
zuletzt der berühmte und kunstreiche Maler Marten de Vos
von Antwerpen genannt werden, der sich von Jugend an
fleissig auf die Kunst geworfen hat.[192]   Nachdem er in Ita-
lien gewesen, wo er Rom, Venedig[193] und andere Ge-
genden besucht hatte, trat er im Jahre 1559[194] in die Maler-
gilde zu Antwerpen ein.   Sein Vater, Pieter de Vos, trat
im Jahre 1519 der Antwerpner Gilde bei.[194a]   Pieter,
Martens Bruder, war auch ein hervorragend guter Maler.[195]
Marten hat viele prachtvolle Werke geschaffen: er hatte
eine geschickte Hand, und in der koloristischen Behandlung

zijn dinghen colorerende: heeft oock veel uytnemende Conter-
feytselen nae t'leven ghedaen. Sijn ordinantien der Historien,
manier, en steldtselen der beelden, en in summa, zynen gheest,
bewijsen overvloedich de Printen, die van hem door ver-
scheyden Plaet-snijders uytcomen, en in sulck ghetal, dat hy
in de veelheydt den anderen M a r t e n, te weten H e m s k e r c k,
te boven gaet, oft ten minsten ghelijck is: want hy was seer
overvloedigh, veerdigh, en vast in zijn teyckenen: en was
een seer statigh, groot, en swaerlijvigh Man. Hy is ghe-
storven nu in dit Jaer 1604. in goeden ouderdom.

———

seiner Bilder war er schön und heiter. Er hat auch viele
hervorragende Bildnisse nach der Natur gemalt.[196] Seine
Gabe figürliche Szenen zu komponieren, seinen Stil, seine
Auffassung der Figuren, in Summa seinen Geist, beweisen
zur Genüge die Stiche, die von verschiedenen Stechern nach
seinen Zeichnungen — und zwar in solcher Anzahl — an-
gefertigt worden sind, dass er darin den andern Marten,
nämlich Marten Heemskerck übertrifft oder ihm doch
zum mindesten gleichkommt;[197] denn er war ein sehr pro-
duktiver, geschickter und sicherer Zeichner. Er war ein sehr
stattlicher, grosser und schwerer Mann und starb in diesem
Jahre 1604[198] in vorgerücktem Alter.

Hier volghen nu de levens der vermaerde levende Nederlandtsche Schilders.

Het leven van Hans Fredeman de Vries, Schilder van Leeuwaerden.

Nae dat ick nu hebbe beschreven het leven van den vermaerde doorluchtige Nederlantsche schilders, der welcker leef-draet afgesponnen, oft door Atropos afghesneden is, en soo veel ick vermochte haer de namen heb ontruckt, om 'tgerucht haer onthout oft gedacht-camer eeuwigh mede te vercieren: so sal mijn vlyt ernstigh strecken de tegenwoordich levende daer oock by te voeghen, ghelijck ick alree hebbe verhaelt eenighe Discipulen, oft sonen van overleden vermaerde edel gheesten, die ick voorts laete berusten, om dat icker weynig ander bescheyt van hebbe. Ick acht wel, dat mijnen volgenden arbeyt van den onbedachten eenichsins berispighen aenstoot sal onderworpen zijn, hoewel (ick om sulcx te vermijden) mijn best wil doen, om den selven te wapenen met waerhe yt en maetlijckheyt, in den Constenaers Persoonen en wercken te loven na verdiensten. En indien ick my erghens na yemants oordeel in d'overvloedicheydt vergrijpe, dat sal my vergheven, en de goede gunst oft te cleen kennis op den hals gheschoven wesen: verhopende dat hem oock op t'slecht ghecraeck van mijn hoogh verheeffende Pen, niemandt onmaetlijck in zijnen gheest opstijgen sal, oft hem verwaendlijck verheffen, op 'tgeen hem maer eenen tijdt langh is gheleent, ghelijck voor henen verhaeldt is van den Jonghen oft Pagie,

Hier folgen nun die Lebensbeschreibungen der berühmten lebenden niederländischen Maler.

––––

Das Leben des Malers Hans Vredeman de Vries von Leeuwarden.

Nachdem ich die Lebensläufe der berühmten vortrefflichen niederländischen Maler, deren Lebensfaden abgesponnen oder durch Atropos abgeschnitten ist, beschrieben und, soweit ich konnte, der Parze die Namen entrissen habe, um die Erinnerungshalle des Ruhmes auf ewig damit zu schmücken, soll mein Fleiss nun ernstlich darauf bedacht sein, die gegenwärtig lebenden Meister anzureihen, wie ich denn bereits einige Schüler oder Söhne verstorbener berühmter glänzender Geister aufgezählt habe, auf die ich fernerhin nicht zurückkomme, da ich nicht viel mehr von ihnen weiss. Ich bin darauf gefasst, dass der nun folgende Teil meiner Arbeit den Unbedachten einigen Anlass zum Tadel geben wird, obwohl ich — Solches zu vermeiden — mein Bestes tun will, um ihn mit Wahrheit und Mass zu wappnen und die Persönlichkeiten und Werke der Künstler nach Verdienst zu loben. Und wenn ich mich irgendwo nach Meinung des Einen oder Andern durch Überschwänglichkeit vergreifen sollte, möge man mir das verzeihen und es auf Rechnung ehrlichen Wohlwollens oder zu geringer Kenntnis setzen. Auch hoffe ich, dass sich Niemand dem armseligen Gekritzel meiner lobsingenden Feder gegenüber allzu hochmütig bezeige und eitel auf das etwas einbilde, was ihm nur auf kurze Zeit geliehen ist, wie jener Knappe oder Page, von dem oben erzählt

7*

die op zijns Heeren Peerdt sittende hem verheft, en moetet
doch haest den Meester overleveren oft laten. Wie van
neder ghemoet is neffens zijn wetenschap, sal door zijn weten-
schap hem wetende bewijsen, t'zy watmen hem, oft van hem
seght, ghelijck A t h o n i   C o r e g g i o,   A n d r e a s   d e l   S a r t o,
en meer ghedaen hebben, die men qualijck oft niet con wijs-
maecken datse yet conden oft groote Meesters waeren. De
hooghmoedighe sullen altijdt den opvarenden roock van veel
laetendunckenheydt openbaeren, of hun vyer geblasen wort
oft niet. Dan 'tis te verwonderen, dat de beste Meesters
somtyden sulck van aert zijn, die door hun hoogh verstandt
verstandigher behoorden wesen: maer den overvloet des
gewins brenght hun dickwils soo veel windt in't seyl, datse
't Compas verliesende geen streke en houden: gelijck den
ouden Z e u x i s, die in de groote Olympische ghemeen ver-
gaderinge proncte, met eenen Mantel daer zynen naem op
stondt gheborduert in gulden Letters. Oft ghelijck A t h a e-
n e u s in zyn 12. boeck vertelt van P a r a s i u s, dat hy hem
selven had aenghedaen eenen Purperen rock, en een gulden
Croon opghestelt, en ghewent was te schrijven, als hy eenigh
werck had voldaen, een dusdanig veers oft ghedicht:

    Dit heeft ghemaeckt een Man wellustigh in zijn leven,
    Die deuchtsaemheyt bemint, en eerlijck houdt verheven,
    Parasius een Man, wiens Vader-landt eersaem
    't Vermaerd' Ephesen is, 'k wil oock mijns Vaders naem
    Evenor swijghen niet, van wien ick ben becleven,
    Natuerlijck Grieck, en Prins der Schilders wel bedreven.

Dit wil doch qualijck over een comen, te weten, de deughde
eeren en lieven, en wellustigh oft dertel te leven: Nochtans
roemde hy meer als van Menschlijcke dinghen: Maer dat
hy in't eylandt Lindo hun H e r c u l e m hadde gheschildert, en
voor ooghen gestelt, ghelijck hy hem in zynen slaep hadde
ghesien, so hy met dusghe versen te kennen gaf:

    Sulck Godt, als dickwils my Parasio wel eer
    Al slapende verscheen, siet ghy hier min noch meer.

wurde, der auf seines Herren Pferde sitzend sich überhebt und es doch gleich darauf wieder seinem Gebieter überlassen muss. Wer bei all seinem Können bescheidenen Sinnes ist, wird sein Können durch die Tat beweisen, was man auch zu ihm oder von ihm sagen mag, wie dies Antonio da Correggio, Andrea del Sarto u. a. mehr getan haben, die man schwer oder gar nicht zu der Überzeugung bringen konnte, dass sie etwas könnten oder grosse Meister seien. Die Hochmütigen werden stets den aufsteigenden Rauch ihrer Aufgeblasenheit offenbaren, mag man nun ihr Feuer anblasen oder nicht. Er ist aber erstaunlich, dass selbst die besten Meister manchmal von diesem Fehler nicht frei sind, wo man doch meinen sollte, dass ihr überlegener Verstand sie auch in dieser Beziehung vernünftiger machen müsste. Das Übermass des Gewinns gibt ihnen jedoch häufig zu viel Wind in die Segel, sodass sie ausser Kurs geraten, wie der alte Zeuxis, der bei den Olympischen Spielen mit einem Mantel prunkte, auf dem sein Name in goldenen Lettern gestickt stand, oder wie Parrhasius, der sich, wie Athenaeus in seinem 12. Buch erzählt, selbst ein Purpurgewand anzog und ein goldenes Diadem um's Haupt legte, und wenn er ein Werk vollendet hatte, gewohnt war Verse wie die folgenden darunter zu schreiben:

Dies hat ein Mann geschaffen, der in Freuden lebt und die Tugend liebt und ehrt, — Parrhasius, dessen berühmtes Vaterland das ehrwürdige Ephesus ist. Euenor ist seins Vaters Name. Ein Grieche ist er von Geburt und der Maler Fürst.

Das lässt sich doch schwer vereinigen: die Tugend ehren und lieben und wollüstig oder üppig leben. Und gleichwohl rühmte er sich übermenschlicher Dinge, sogar dass er für die Bewohner der Insel Lindos den Herakles so gemalt habe, wie er ihn im Traume gesehen, was er in folgenden Versen aussprach:

Genau so wie der Gott mir, dem Parrhasius, einst im Schlafe oft erschien, seht ihr ihn hier.[199]

Wt alle Philosoophsche Scholen volgde hy A r i s t i p p u m,
als een voorsteller aller vrolijckheydt oft wellust, en was oock
niet droeflijck in zijn werck: maer ghelijck T h e o p h r a s t u s
in't Boeck van de gheluckicheydt verteldt, sat al schilderende
blijdlijck en sang. Dâ was op zijn Const wonder hoogh dra-
ghende, eersuchtigh boven maten, op zijn wetenschap roe-
mende met dusghe woorden:

Nu segh ick, dat den eyndt van deser Const is vonden:
Maer t'onverwinlijck eyndt my hier houdt vast ghebonden,
Dat ick niet verder magh, dus heeft en yeder Mensch
T'geen hy te claghen heeft, oft niet en gaet nae wensch.

Van zijn groote volcomenheydt in de Const is voor henen
in zijn leven verhaelt: Dan om zijn prachticheyt noch te
bewijsen, ghelijckmen t'zijnen tijden droegh schoenen met
verscheyden lederen stricken doorvlochten, hadde P a r a s i u s
de zijne doen maken, en droeghse van goudt. En ick acht
wel dat men desen Man qualijck met schrijven oft segghen
tot een neder cleen ghevoelen zijns selfs hadde connen
brenghen, dewijl hy sulck van aert was, en sich selfs sulcken
grooten Meester te wesen kende, die (als verhaelt is) den
moedighen Z e u x i s had overtroffen. Nu zijnt doch niet al
P a r a s i j, die sich oock seer prachtig uytstellen, en over al
voort doen, t'welc niet so licht te verbeteren als wel te be-
lacchen is. Daerom vaer ick dan met mijn dus verre ghe-
bracht werck vrylijck voort, beginnende aen den oudtsten der
vermaerde Schilders, die ick nu weet noch te leven, den welcken
het in zijn jeught is toegegaen, ghelijck het met meer jonghers
is gheschiedt, die de Teycken-const aenvanghende, niet we-
ten waer toe hun de Natuere heeft beroepen, oft wat deel sy
eyghentlijck te verkiesen hebben, om uytnemende te worden.
Dat is soo gheschiet met H a n s de V r i e s, welcken was ghe-
boren te Leeuwaerden in Vrieslandt, in't Jaer ons Heeren
1527. Sijn Vader was een Hooghduysch, Conastabel oft Bus-
schieter onder den Krijgh-oversten I e r r i c h S c h i n c k. Vries

Von allen philosophischen Schulen sagte ihm die des Aristippus am meisten zu, der die Fröhlichkeit oder Wollust predigte, und er war darum auch nicht schwermütig in seinen Werken, sondern war, wie Theophrast in seinem Buche vom Glück erzählt, wenn er sass und malte, vergnügt und sang. Er war ausserordentlich stolz auf seine Kunst, ehrgeizig über die Massen und rühmte sein Können mit folgenden Worten:

Das Ende dieser Kunst ist, sage ich, gefunden, und leider hält mich die unüberschreitbare Grenze hier zurück. Ich kann nicht weiter. So hat ein jeder Mensch zu klagen, dass sein Sehnen nicht gestillt wird.

Von seiner grossen Vollkommenheit in der Kunst wurde oben in seiner Lebensbeschreibung berichtet. Zum Beweise seiner Prachtliebe aber diene noch Folgendes: Man trug zu seiner Zeit Schuhe, die mit einer Anzahl Lederriemen durchflochten waren, Parrhasius aber trug seine Riemen aus Gold gefertigt. Und ich glaube, dass man diesen so gearteten Mann schwerlich durch Wort oder Schrift zur Geringschätzung seiner selbst hätte bringen können, wusste er doch, dass er ein so grosser Meister war, dass er — wie berichtet — sogar den grossen Zeuxis übertroffen hatte. Nun ist aber nicht Jeder ein Parrhasius, der höchst prächtig daherkommt und sich überall in den Vordergrund drängt, etwas, was leichter lächerlich zu machen als zu bessern ist. Darum fahre ich nun unbekümmert in meiner soweit gediehenen Arbeit fort und beginne mit dem ältesten der berühmten Maler, die ich noch am Leben weiss, und dem es in seiner Jugend so gegangen ist wie noch mehr jungen Leuten, die, wenn sie zu Zeichnen anfangen nicht wissen, wozu die Natur sie berufen hat, oder auf welches Gebiet der Kunst sie sich eigentlich werfen sollen, um bedeutende Meister zu werden. So ging es also auch Hans de Vries, der im Jahre des Herrn 1527 zu Leeuwarden in Friesland geboren wurde. Sein Vater war ein Deutscher und Konstabler oder Kanonier unter dem Kriegsobersten Georg Schenck.[200] Hans de Vries, der

op de Const ghestelt te Leeuwaerden, by een Schilder van
Amsterdam, R e y e r G e e r i t s e n genoemt, meende te worden
een Glas-schrijver. Als hy by desen vijf Jaer was geweest,
quam te Campen by des Stadts Schilder, eē slecht geselle,
daer hy niet con toenemē, en is na twee Jaren ghetrocken
in Brabant te Mecchelen, daer hy veel tijdt siec was, veel
wesende ghewent op Water-verwe. Hier en t'Antwerp was
hy doende aen de Triumph-bogen Ao. 1569. doe Keyser
C a r e l met zijn soon P h i l i p s daer is ghecomen. Hier ver-
dient hebbende eē deel gelt, quam weder in Vrieslant, tot
Collum, daer hy schilderende eē Tafel van Oly-verwe, vondt
een Kist-maker oft Schrijnwerker, die hadde de Boecken van
S e b a s t i a e n S e r l i u s oft V i t r u v i j, uytgegevē door P i e t e r
K o e c k: dese schreef Vries nacht en dagh vlijtich uyt, so
den grooten als den cleenen. Quam weder van daer te Mec-
chel by een Schilder, gheheeten G l a u d e D o r i c i, welcken
hem liet maecken verscheyden dinghen daer Metselrijen in
quamen. Hem was ooc doen volmaken een Tafereel van
Perspectiven, daer eenen C o r n e l i s van Vianen was over
gestorven, desē hadde redelijck verstandt van dese dinghen,
doch op eē swaer maniere: dit merckende, dede Vries sulcke
vlijt in dees Const, dat hyse metter tijt te wege bracht met
een lichter en doenlijcker manier. T'Antwerpen gecomē
wesende, maeckte voor W i l l e m K e y een Perspect, als een
houten portael, in zijnē Hof. Daer naer tot G i l l i s H o f m a n,
op een plaets tegen over een poort, maeckte hy een groot
Perspect, als een doorsien in eenen hof. Hier mede werden
namaels bedroghen eenige Duytsche Edelluyden, en den Prins
vau Oraengien, meenende dat het een natuerlijck ghebouw
en doorsien was. Hy teyckende voor J e r o o n C o c k ver-
scheydē ordinantiē van Metselrien, een van 14. stucken, Per-

IOANNES VREDEMANNUS FRISIUS.
LEOVARDIENSIS.
Pictorum summus, celebrat quos Optica virtus.
Friso: probant artem Regia tecta tuam.
Cum tua sint Opera hæc varii subnixa Columnis,
Spectabit longo tempore pos teritas. ——

zu Leeuwarden zu einem Maler aus Amsterdam, Namens Reijer Gerritsen,[201] in die Lehre gegeben wurde, gedachte Glasmaler zu werden. Als er bei diesem Meister fünf Jahre lang gewesen war, kam er nach Kampen zum Stadtmaler, einem Stümper,[202] bei dem er nichts hinzulernen konnte und ging dann nach zwei Jahren nach Mecheln in Brabant, wo er häufig krank war und sich viel mit der Wasserfarbenmalerei beschäftigte. Hier und zu Antwerpen arbeitete er an den Triumphbogen, die im Jahre 1549[203] anlässlich des Einzugs Kaiser Karls V. und seines Sohnes Philipp errichtet wurden. Als er dort etwas Geld verdient hatte, kam er wieder nach Friesland und zwar nach Kollum, wo er — beschäftigt ein Bild in Ölfabe zu malen — einen Möbelschreiner fand, der die Bücher von Sebastiano Serlio oder Vitruv, herausgegeben von Pieter Koeck, besass. Diese schrieb er Tag und Nacht fleissig aus, die grossen sowohl wie das kleine.[204] Von dort kam er wieder nach Mecheln[205] zu einem Maler Namens Claude Dorizi,[206] der ihn verschiedene Sachen malen liess, in denen architektonische Motive vorkamen. Er hatte dort auch eine Perspektive zu vollenden, über der ein gewisser Cornelis van Vianen[207] gestorben war. Dieser hatte ziemlich viel von der Sache verstanden, doch eine zu umständliche Art des Vorgehens gehabt. De Vries erkannte dies und gab sich solche Mühe mit der Bewältigung der Perspektive, dass er sie schliesslich auf eine leichtere und einfachere Art zu Stande brachte. Als er nach Antwerpen[208] gekommen war, malte er für Willem Key[209] in dessen Garten eine Perspektive, die ein hölzernes Portal vortäuschte. Darauf malte er für Gillis Hofman an einer einem Tor gegenüberliegenden Stelle eine grosse Perspektive, die einen Durchblick in einen Garten fingierte. Hierdurch liessen sich später einige deutsche Edelleute und der Prinz von Oranien[210] täuschen, welche meinten, es handle sich um ein wirkliches Gebäude und einen wirklichen Durchblick. Er zeichnete für Hieronymus Cock verschiedene Serien architektonischer Kompositionen, nämlich eine von 14 Stücken:

spectiven, Tempels, Hoven, Paleysen, en Salen. Ten tweeden, 26. stucken, insiende en van boven siende Paleysen, uÿt- wendigh en inwendigh. Ten derden, Ovalen, Perspecten, met de Puncten in't midden, voor de Inlegghers. Ten vierden, Sepulturen, ontrent 24. stucken. Voor Geerart de Jode een Fonteyn-boeck: noch een Boeck van Architecture, van de vijf Colomnen, en elcker Colomne wercken vijfmael. Noch voor Philips Galle ordinantië van Hoven, Gangen, en groen waghens, op de Perspectijf, met doolweghen. Noch om den selven, voor Kist-maeckers, alderley schrijnwerck, van Portalen, Koetsen, Tafelen, Bufetten en derghelijcke, in Per- spectijf. Voor Pieter Balten een Boexken, ghenoemt Theatrum de vita humana, op de vijf Colomnen, eerst beginnende aen de Composita tot de Tuscana, dat was den ouderdom, en soo voort tot de Melancolia, de doodt, wesende een Ruwijne: hier mede waeren uytghebeeldt in ses deelen de ouderdommen des Menschelijcken levens. Hy heeft noch ghemaeckt Spoelgen, Compartimenten, Grotissen, en Cieraten, dat alles wel beloopt tot 26. Boecken. In't jaer 1570. doe s'Keysers Dochter nae Spaengien treckende quam binnen Antwerpen, lieten d'Hooghduytschen hem maecken een Arck Triumphael en most in vijf daghen veer- digh wesen, t'welck hy met grooter vlijt te wege bracht, hier voor gaf hem de Natie 60. Rijckxdaelders. Doe werdt van Duc d'Alba afghelesen het Pardoen, en met eenen trock Vries om zijn vryheydt met zijn ghesin nae Aken, daer wo- nende meer als 2. jaer, ven daer te Luyck een Jaer en half: van daer, alsoomen van vrede sprack, door den Graef van Swartzenborgh, trock weder nae Antwerpen, en creegh stracx te Brussel te schilderen, voor den Tresorier Aert Molcke- man, een Somerhuys in Perspectijf, daer versierende onder

Perspektiven, Tempel, Hoefe, Paläste und Säle;[211] dann eine zweite von 26 Stücken: von oben gesehene Paläste von innen und aussen;[212] ferner eine dritte, bestehend aus Ovalen und Perspektiven mit dem Augenpunkt in der Mitte für Anfertiger von Intarsien bestimmt;[213] endlich eine vierte bestehend aus ca. 24 Blättern Grabmäler.[214] Für Gerard de Jode zeichnete er ein Buch mit Fontänen[215] und ein Buch mit Architekturen nach den fünf Säulenordnungen und zwar jede Ordnung in fünf verschiedenen Anwendungen;[216] für Philipp Galle Entwürfe von Höfen, Gängen, Gartenterrassen in Perspektive und Labyrinthe;[217] für denselben ferner, zum Gebrauche für Möbelschreiner allerlei Entwürfe für Tischlerarbeiten wie Portale, Bettstellen, Tische, Buffets und dergleichen, ebenfalls perspektivisch;[218] für Pieter Balten[219] ein kleines Buch, betitelt Theatrum de vita humana gemäss den fünf Säulenordnungen beginnend mit der Composita bis zur Toscana, die das Alter vorstellt und so fort bis zur Melancolia oder dem Tod, der durch eine Ruine dargestellt wird. Dazu kamen in sechs Blättern die menschlichen Lebensalter.[220] Ferner hat de Vries noch Spolien,[221] Inschrifttafeln, Grottesken und Ornamente[222] gezeichnet — alles in allem handelt es sich um zirka 26 Bücher. Im Jahre 1570, als des Kaisers Tochter[223] auf dem Wege nach Spanien nach Antwerpen kam, bestellten die Deutschen einen Triumphbogen bei ihm, der innerhalb von fünf Tagen fertig sein musste. Er brachte dies durch grossen Fleiss zu wege und erhielt dafür von der Kolonie 60 Reichstaler. Um diese Zeit wurde vom Herzog von Alba die Amnestie verkündet,[224] und sofort verzog de Vries um seine Freiheit besorgt mit seiner Familie nach Aachen, wo er mehr als zwei Jahre wohnte; von dort ging er nach Lüttich, wo er anderthalb Jahre blieb, und von dort, als man vom Frieden, geschlossen durch den Grafen von Schwartzenberg,[225] sprach, wieder nach Antwerpen. Er bekam auch sogleich den Auftrag für den Schatzmeister Aart Molckeman in Brüssel ein Gartenhaus in Perspektive zu malen. Dieses zeigte unter anderm eine

ander een open deur, waer in, in't afwesen vā Vries, Pieter
Breughel vindende hier de reetschap, hadde gemaect eenen
Boer met een besegheldt hemde, vast doende met een Boe-
rinne, waerom seer gelacchen, en den Heer seer aenghenaem
was, die 't om groot gheldt niet hadde laeten uytdoen. Mid-
deler tijdt raeckten door Mons. de Bours de Spaengiaerden
t'Antwerpen van het Casteel, en werdt de Borgherije in
handen ghegheven: doe werdt Vries aengenomen in Stadts
dienst over alle Fortificatien, en was hier tot de beleghe-
ringhe door Parma, en den overgangh tot 't Jaer 1586.
Doe vertrock hy met zijn ghesin, met recommandatie, door
Franckfoort nae Bruynswijck, by den Hertogh: hier was hy
tot t'jaer 1589. dat Hertogh Julius overleet. Dus Vries
van t'Hertoghs Hof Wolvenbuttel vertroc, en quam in de
stadt Bruynswijck, daer maeckende een Taefel tot een be-
graefnis. Anno 1591. quam hy t'Hamborgh, daer hy onder
ander heeft gheschildert in S. Pieters Kerck, in een Ca-
pelle, voor een Juwelier Jacob Moor, zijn begraefnis, een
groot Perspectijf, daer Christus, Duyvel, Doodt, en Helle
heeft onder voeten. Onder comen twee half open staende
deuren, daer veel om wordt verwedt: want men sieter of
men sagh door een Portael op eenen trap. Onder ander
eenen Poolschen Wewode, oft Hertogh, opperste Hofmeester
des Conings, souder wel duysent Poolsche gulden om ver-
wedt hebben, dat het een natuerlijcke open deur was. Ander
verwedden een ghelach biers, een ton boter, en derghelijcke:
wenschende de verliesers dat des schilders handen mochten
bedreckt wesen. In dees selve Capelle, op dit selve stuc op
doeck ghedaen, hadde hy gemaeckt onder een oversteeckende
Cornice, die met twee termē was onderhoudē, welcke men
van hout ghesneden soude meenen, had hy ghemaeckt, een
hanghende Lampe, van onder op te sien: en alsoo 't vast
hoogh is meent t'volck datter natuerlijck een brandende Lampe

täuschend gemalte offene Türe, in welcher Pieter Breughel
in Abwesenheit von de Vries mit Hülfe von dessen be-
reitliegendem Malgerät einen Bauern mit hinten beschmutztem
Hemd malte, der eifrig mit einer Bäuerin agierte. Das erregte
grosses Gelächter, und der Schatzmeister hatte eine solche
Freude daran, dass er es nicht um viel Geld hätte auslöschen
lassen. Mittlerweile wurden die Spanier durch Mr. de Bourse
gezwungen das Kastell von Antwerpen zu räumen,[226] das
in die Hände der Bürger fiel. Da kam de Vries in den
Dienst der Stadt und wurde über alle Befestigungsanlagen
gesetzt.[227] In dieser Stellung blieb er bis zur Belagerung
und Einnahme der Stadt durch Parma im Jahre 1586.[228]
Darauf verzog er, versehen mit einem Empfehlungsschreiben
samt seiner Familie und begab sich über Frankfurt an
den Hof des Herzogs von Braunschweig. Hier blieb er
bis zum Jahre 1589, in dem der Herzog Julius starb. Dann
verliess er Wolfenbüttel, wo der Herzog residierte und
ging nach Braunschweig, wo er ein für eine Grabstätte
bestimmtes Bild malte. Im Jahre 1591 kam er nach Ham-
burg, wo er unter anderem in einer Kapelle der Petri-
kirche[229] für einen Juwelier namens Jakob Moor eine
für dessen Grabstätte bestimmte grosse Perspektive malte,
die Christus zeigt, unter dessen Füssen Teufel, Tod und
Hölle liegen. Unten sieht man zwei halboffenstehende Tür-
flügel, die zu vielen Wetten Veranlassung gaben; man sieht
oder sah dort nämlich durch ein Portal auf eine Treppe.
Unter anderem soll ein polnischer Woiwode oder Herzog,
Oberhofmeister des Königs, tausend Gulden gewettet haben,
dass es eine wirkliche offene Tür sei. Andere wetteten um
ein Gelage Bier, eine Tonne Butter u. dergl., wobei die Ver-
lierenden wünschten, der Maler möchte Kot an die Hände
kriegen. In eben dieser Kapelle und auf demselben Lein-
wandbilde hatte er unter einem vorspringenden Kranzgesims,
das von zwei Karyatiden gehalten wurde, die man als Holz-
schnitzerei anzusprechen geneigt war, eine hangende von
unten gesehene Lampe gemalt. Und da sie hoch oben an-
gebracht ist, meinen die Leute, dass dort in der Tat eine

hangt: waerom veel verliesende wedders hem quamen ghelijck beschelden, dat hy hun hadde doen verliesen, t'welck hy ver-saeckte, segghende: Waerom sy ghewedt hadden. Te Dant-zick op t'Hof, zijn van hem gheschildert by Orpheum alle de partijdighe Dieren by malcander: Want het is een drinck-plaets, daer men vrede moet houden, en de droncke beesten niet mogĕ vechten. Doe was Vries daer in Stadts dienst. Op de nieuw Raedt-camer zijn oock van hem acht stucken Perspecten, met Historien van de Regeringhe. Eerst, Jus-titia en Injustitia. Tweest, Consilium. Derdst, Pietas, in eenen Modernen Tempel. Vierdst, Concordia. Vijfst, Libertas. Sest, Constantia. Sevenst, het Oordeel. Achtst, een stuck, datmen des Somers stelt in de schoorsteen, met een Perspect van eenen boog: hier in sit op trappen de Reden, en eenĕ Hont nae t'leven voor de Trouwe. Dese houden hier binnen gevangen Discordiam, Seditionem, Traditionem, Calumniam falsam, Invidiam, en alle quaet gespoock. Van Dantzick te Hamborgh weder ghe-comen, maeckte voor d'Heer Hans Lomel een Galeryken in eenen hof, met een doorsien van groenicheydt: recht teghen over de Galerije, in't self Hof, een houten schutsel, een Prospect van een opstaende deur, toonende eenen Vijver met Swanen, en onder gheschildert de Boomstammen, welcker toppen natuerlijck men boven t'schutsel siet, wort van velen met verwonderen gesien. Voor den selven Heer, in een Camer teghen eenen platten solder, zijn van hem op eenen doeck te sien in't vercorten verscheyden Pylers oft Balusters, rustende rontom op de lijsten, en draghen een hoogher vier-cante solderinge met viercantighe percken Grotissen, in't midden noch hebbende een verdiepinghe opwaerts te sien. Van Hamborgh quam Vries te Praga, alwaer zijn soon Pauwels oock in dese Const een uytnemende Meester we-sende, maeckte voor den Keyser eenen platten solder op

brennende Lampe hangt, und viele, die infolgedessen ihre
Wette verloren hatten, kamen zu de Vries und machten
ihm Vorwürfe, dass er sie habe verlieren machen, worauf er
ihnen entgegen hielt, warum sie denn gewettet hätten. Zu
Danzig im Artushof sind von ihm alle einander feind-
lichen Tiere in friedlichem Verein um Orpheus dargestellt;[230]
denn das ist ein Ort, wo man den Becher lüpft und Frieden
halten muss und die trunkenen Tiere nicht raufen dürfen.
De Vries befand sich dort damals in städtischen Diensten.
In dem neuen Rathaussaal sind von ihm acht Perspektiven
mit Allegorieen auf die Regierung zu sehen: erstens Gerech-
tigkeit und Ungerechtigkeit, zweitens Besonnenheit, drittens
die Frömmigkeit in einem modernen Tempel, viertens Ein-
tracht, fünftens Freiheit, sechstens Beharrlichkeit, siebentens
das Jüngste Gericht, achtens ein Bild, das man im Sommer
vor den Kamin stellt. Hier sieht man durch eine Arkade
hindurch auf Treppenstufen die Vernunft sitzen mit einem
nach der Natur gemalten Hund als Sinnbild der Treue. Diese
halten dort drinnen Zwietracht, Aufruhr, Verrat, Verleumdung,
Neid und alle bösen Dinge gefangen.[231] Als de Vries von
Danzig wieder nach Hamburg zurückgekehrt war, malte
er für den Herrn Hans Lomel in einem Hof eine kleine
Galerie mit einem Durchblick auf Grünes und dieser Galerie
gerade gegenüber in demselben Hof eine hölzerne Schutzwand,
auf der sich eine offenstehende Tür zeigte, durch die man
einen Teich mit Schwänen sah, und unten waren die Stämme
der Bäume gemalt, deren Wipfel man in Wirklichkeit über
die Schutzwand hinausragen sah — ein Werk, das viele mit
Bewunderung betrachteten. Für denselben Herrn bemalte er
die flache mit Malleinwand überspannte Decke einer Kammer[232]
mit einer Anzahl verkürzter Pfeiler oder Baluster, die rundum
auf dem Gesimse ruhten und eine höhere viereckige Decke mit
ebensolchen mit Grottesken ausgemalten Feldern trugen, welche
in der Mitte noch einmal überhöht war. Von Hamburg
ging de Vries nach Prag, wo sein Sohn Paul,[233] der
in dieser Kunst gleichfalls ein hervorragender Meister war,
für den Kaiser eine 200 Fuss lange und 80 Fuss breite

doeck, twee hondert voeten lang, en tachtigh breedt, ver-
hoogende t'verwelfsel met vercortende Pijlers, vercierende
t'welfsel met Grotissen, in't midden brengende een groot
open rondt al op zijn steke. Noch in een ander Salette,
eenen platten solder, alles op den punct. Hier waren ghe-
schildert de twaelf Maenden, en't midden een groot rondt,
Juppiter met den blixem, vā onder op te sien, gelijck alles
is van onder op te sien, Pylers, Boomen, en huysen, op de
Perspectijf. Pauwels ter begheerte van den Keyser maeckte
noch in de Salette een Perspect met een doorsiende Galerije,
in eenen Hof met een Fonteyne, alwaer den Keyser als hem
vergissende dickwils meende door heen te gaen, en quam
dickwils sien schilderen.   Daer is oock in de Kerc een Altaer-
tafel, met binnen een Verrijsnis, van Hans van Aken: en
in d'een deur, van Spranger de dry Marien: en d'ander,
een Emaus, van Joseph Switser. Dees deuren gesloten,
heeft Vries uytwendigh gheschildert een Perspect, latende
eerst de deuren glat effen maecken, bracht neffens de sluy-
tende vergaderinghe eenen viercanten Pijler datmen geen ver-
gaderinghe can sien, t'welck den Keyser met verwonderen
wel beviel. Noch heeft Vries gheordineert verscheyden
Fonteynen voor zyn Majesteyt, en Camers, waer in hy mocht
stellen zijn schilderijen in orden, en te maken dat hy mocht
gaē over al in zijnen Hof bedeckt, sonder te connen zijn
gesien. Van Praga quam Vries weder te Hamborgh, en
maeckte doe in Sinte Pieters Kerck noch twee groote
stucken: T'een, daer Christus van de Phariseen wort uyt
dē Tempel gestooten: t'ander teghen over, daer Christus
de Coopers en vercoopers uytjaeght. Van Hamborgh, door
wijsmaken, en raden van Gillis Coignet, quam Vries
t'Amsterdam, mede brenghende eenen Babelschen thoren,
daer hy veel werck in ghedaen, en zijn ghesicht door had

Deckenmalerei auf Leinwand ausführte und zwar so, dass er
das Gewölbe durch verkürzte Pfeiler erhöhte, die Wölbung mit
Grottesken verzierte und in der Mitte eine grosse runde Öffnung
anbrachte, — alles genau perspektivisch. In einem anderen
kleineren Saal malte er eine ebenfalls genau perspektivische
Decke. Hier waren die zwölf Monate dargestellt, und in der
Mitte befand sich ein grosses Rundbild mit dem blitzbe-
wehrten Jupiter verkürzt gesehen, wie überhaupt alles: Pfeiler,
Bäume und Häuser perspektivisch verkürzt gegeben ist. Auf
Wunsch des Kaisers malte Paul in dem kleinen Saale noch
die perspektivische Darstellung einer Galerie, die einen Durch-
blick auf einen Garten mit einem Springbrunnen gewährte,
welche der Kaiser, irregeführt, mehrmals durchschreiten
wollte. Er kam häufig dem Maler bei der Arbeit zuzusehen.
In der Kirche dort befindet sich auch eine Altartafel, deren
Mittelbild eine Auferstehung von Hans van Akens Hand,
deren einer Flügel die drei Marieen von Sprangers, und
deren anderer die Jünger auf dem Wege nach Emmaus von
Joseph dem Schweizer[235] zeigt. Aussen auf diese
geschlossenen Flügel hat de Vries, nachdem sie erst glatt
und eben gemacht worden waren, eine Perspektive gemalt
und zwar so, dass neben die Schliessspalte ein viereckiger
Pfeiler kam, so dass man die Vereinigungsstelle der Flügel
nicht sehen konnte. Dies gefiel dem Kaiser ausserordentlich.
Ferner hat de Vries für den Kaiser noch verschiedene Fon-
tänen komponiert und Räume gebaut, in denen er seine
Gemälde geordnet aufhängen konnte, und es bewerkstelligt,
dass er überall an seinem Hof durch bedeckte Räume
und ungesehen gehen konnte. Von Prag ging de Vries
wieder nach Hamburg, wo er in der Petrikirche noch
zwei grosse Bilder malte; — das eine: Christus von den
Pharisäern aus dem Tempel gestossen, das zweite; Christus
treibt die Händler und Käufer aus dem Tempel. Von
Hamburg ging er auf Anraten und Zureden von
Gillis Coignet[236] nach Amsterdam, wohin er einen
babylonischen Turm mitbrachte, ein Bild reich an Einzelzügen,
durch das er seine Augen sehr geschädigt hatte, und das

ghebroken, welcken nu soude wesen tot eenen Pieter Over-
lander t'Amsterdam. Van Amsterdam trock Vries met
ghesin in den Haegh woonen, van daer weder te Hamborg,
hy heeft nu Ao. 1604. uytgheven een seer schoon Boeck
van Metselrije, waer in comen tot vijftigh stucken, hebbende
daer aen doende gheweest van in t'belegh van Antwerpen,
soo ondertusschen: Oock hebben hem gheholpen zijn sonen
Pauwels, en Salomon. Oock is hier by een seer leer-
lijcke claer onderwijsinge. Pauwels voornoemt, hebbende
verscheydē Landen en Steden besocht, woondt noch t'Amster-
dam, seer cloecklijck doende in de selve Consten van Met-
selrije, en Perspectiven, schilderende van Oly-verwe veel
schoon Tempelen en Kercken, soo wel Antijck als Moderne,
en alderley ghebouw. Den anderen soon Salomon, was
oock een goet Meester, en starf in den Haegh, dit Jaer 1604.

Het leven van Joannes Stradanus, uytnemende Schilder, van Brugge.

Ons Nederlantsche Belgica, met de Steden haer Doch-
ters, en heeft gheen cleen oorsaeck hardlijck te bekijven de
gierighe bloemvoerende schoone Florencen, datse haer ont-
houdt niet alleen de bloem in de Const van Sculptura,
den Nederlandtschen Joan de Bolognie: Maer oock den
uytnemenden Hans vander Straet, Schilder van Brugge in
Vlaender, die sy als loose Circe, smeeckende Calypso,
oft tooverighe Alcina, uyt zijn Vaderlant houdende, by
haer laet grijs en wit worden, gheneghen wesende oock zijn
doot ghebeendt tot haren roem verborgen te bewaren. Brugghe,
die hem voortbracht, en daer t'eerste licht zijn ooghen is
verscheenen, behout evenwel soo veel roem, dat hy haer
Borgher oft inboorling is, het welck hy is gheworden in't
Jaer ons Heerē 1536. en also ick verstae, oorspronglijck uyt
t'hoog edel doorluchtig huys van de kinderen van der Straet,

sich jetzt bei einem gewissen Pieter Overlander zu
Amsterdam befinden dürfte.[237] Von Amsterdam siedelte
de Vries mit seiner Familie nach dem Haag über und von
dort wieder nach Hamburg. Er hat jetzt, im Jahre 1604
ein sehr schönes Architekturbuch veröffentlicht, das gegen
50 Blatt enthält, und mit dem er die ganze Zeit von der
Belagerung Antwerpens ab beschäftigt gewesen war. Seine
Söhne Paul und Salomon haben ihm dabei geholfen. An-
gefügt ist auch eine sehr lehrreiche, klare Unterweisung.[238]
Der genannte Paul wohnt, nachdem er verschiedene Länder
und Städte besucht hat, noch zu Amsterdam,[239] wo er
auf sehr tüchtige Weise dieselbe Kunst der Architektur und
Perspektive betreibt und in Ölfarbe viel schöne Tempel und
Kirchen nach antiker wie moderner Art und allerlei andere
Gebäude malt. Der zweite Sohn, Salomon, war auch ein
guter Meister. Er starb in diesem Jahre 1604 im Haag.

Das Leben des hervorragenden Malers Johannes Stradanus von Brügge.

Unsere belgischen Niederlande und ihre Töchter,
die Städte, haben keine geringe Ursache ernstlich auf das
gierige blumenreiche schöne Florenz zu schelten, enthält
es ihnen doch nicht allein die Blume von Skulpturas Kunst,
den Niederländer Jean de Bologne,[239] vor, sondern
auch den ausgezeichneten Hans van der Straet, Maler
von Brügge in Flandern, den es als listige Kirke,
flehende Kalypso oder zauberische Alcina von seinem Vater-
lande fernhält, bei sich grau und weiss werden lässt und sich
zum Ruhme auch seine Gebeine in seinen Mauern zu be-
wahren wünscht. Brügge, das ihn hervorgebracht hat, und
wo seine Augen zuerst das Licht erblickten, behält trotzdem
den Ruhm, dass er sein Bürger oder sein Kind ist, was er
im Jahre des Herrn 1536[240] wurde. Er stammt, wie man
mir sagt, aus dem hochedlen durchlauchtigen Hause der

welcker geslacht uytgeroyt, verstroyt, oft in vercleeninghe is comen, om datse Ao. 1127. in S. Donaes Kerck te Brugghe, ombrachten Carel de Goede, 13[en]. Graef, en 19[en]. Forestier vā Vlaender, als een die't Graefschap onwetlic soude hebben beseten. Hans dan, diemen veel Stradanus noemt, hebbende vā in Vlaender eē taemlick goet begin in onse const, is gereyst in Italien, en hebbende voor zijn woonplaets vercoren Florencen, heeft aldaer veel schoon werckē op't nat en van Oly-verwe gedaē. Hy heeft oock Vasarij in de sale van des Hertogen Paleys, en in veel meer plaetsen, een groote hulp ghedaen, en is door veel sulcke schoon oorsakē een uytnemende veerdig meester gewordē. Hy heeft te Florencen in de kerck van Nunziata, gedaen een groot heerlijck stuck, wesende een Crucifix, daer de Krijgsknechten onder ander oock de spongie in een edick-vat nat maken oft doppen, gelijc dees ordinantie ghesneden is, en in Print uytcomt. Voor den Hertogh heeft hy geteyckent veel patroonen van Tapijten, soo van de krijgē des Hertogen Cosmij, en veelderley jachten, seer aerdigh en versierlijck van ordinantien, ghelijck wy dese dingen door Philips Galle, en ander, veel sien uytcomen. Ghelijckmen oock siet tweederley Passiē, veelderhande Peerden, ghestaltigh nae den aerdt van verscheyden Landen: Oock neffens Hemskercken begonnen wercken der Apostelē het heel gevolg, en veel meer ander dingen, welcke die ons ghenoeghsaem aenwijs doen, en getuyghnis geven zijnen overvloedigen cloecken geest, so in't ordineren der Historien, als in't stellen en toemaecken zijner beelden, met alderley omstandicheden der Const. Hy is nu dit jaer 1604. een vry geselle van 74. jaren, en een cierlijck lit in d'Academie van de Teycken-const binnē Florencen, levende in eenen stillen gerusten staet. En indien ons toecomender tijdt Italien oft Hetrurien zijn lichaem onthoudē moet, soo sal Vlaender ten minsten haer ghetroosten, sulck een besonder Bruggeling te hebben ghehadt, die 'tschoon Florencen met de bloemen zijner werckē noch schoonder wesen heeft toeghelanght.

van der Straet, deren Geschlecht ausgerottet oder doch
verstreut wurde und herunter kam, weil es im Jahre 1127 in
der St. Donatianskirche zu Brügge Karl den Guten,
dreizehnten Grafen und neunzehnten Forestier von Flandern
als unrechtmässigen Inhaber der gräflichen Gewalt umge-
bracht[241] hatte. Nachdem also Hans, den man vielfach
Stradanus nennt, in Flandern nicht übel als Maler debü-
tiert hatte,[242] ging er nach Italien, und nachdem er
Florenz[243] zum Wohnsitz gewählt hatte, malte er dort
viele schöne Werke *al fresco* und in Ölfarbe.[244] Er ist auch
dem Vasari bei den Malereien im Saale des herzoglichen
Palastes und an vielen andern Stellen eine grosse Hülfe ge-
wesen[245] und infolge vieler derartiger schöner Gelegenheiten
ein hervorragender und geschickter Meister geworden. Er
hat zu Florenz in der Annunziatakirche eine grosse
herrliche Kreuzigung gemalt, auf der die Kriegsknechte unter
anderm auch den Schwamm in einem Fass Essig anfeuchten[246]
— eine Komposition die auch als Stich veröffentlicht wurde.[247]
Für den Herzog hat er viel Gobelinpatronen gezeichnet: Dar-
stellungen der Kriege des Herzogs[248] sowohl wie verschie-
denerlei Jagden.[249] Viele dieser sehr schönen und gut er-
fundenen Kompositionen kennen wir aus den Stichen von
Philipp Galle und andern. Auch sind von ihm zwei Passions-
serien[250] und eine Reihe von Pferden verschiedener Rasse[251]
bekannt, auch die ganze Fortsetzung der von Heemskerck
begonnenen *Acta Apostolorum*[252] und noch viele andre Sachen,
die uns ein hinreichendes Zeugnis geben von seinem sowohl
in der Komposition figürlicher Szenen wie in der Bewältigung
des Bewegungsinhalts, der Gewänder und des Beiwerks seiner
Figuren so reichen und verständnisvollen Geiste. Er ist jetzt
— im Jahre 1604 — ein Junggeselle von 74 Jahren[240] und
eine Zierde der Akademie der Zeichenkunst zu Florenz, wo
er still und ruhig lebt. Und wenn uns dereinst Italien oder
Etrurien seine sterbliche Hülle vorenthalten muss, so kann
sich Flandern wenigstens damit trösten einen so vortreff-
lichen Brügger gehabt zu haben, der das schöne Florenz
durch die Blumen seiner Werke noch mehr verschönt hat.

'Tlevē van Gillis van Conincxloy, Schilder van Antwerpen.

Van twee oft dry verscheyden Italiaensche Schrijvers, heb ick ghesien so t'saemspraeck als anders beschrijvinge, daer gehandelt wort vā de twee constē, Schilderen, en Beeltsnijden, welcke de overtreffenste is, en brengē tot voordeel van onse Const voort, dat den schilder alles maeckt, wat de ooge des Menschen met dē gesichte can begrijpen, den Hemel, de locht, verscheydē veranderingen vā weder, de Son somtijt haer stralen door de wolcken op den steden, berghen en dalen aflatende, t'somtijt doncker, wolkigh reghen, haghel, sneeuw, alle verscheydenheydt van groenen, in boomen en velden, als den lacchenden Lenten 't ghevoghelt tot singhen aenhitst en verweckt, dat den Beeldthouwer in zyn steen onmooghlijck te doen valt, met meer ander redenen, bewijsende 't Schilderen een bevallijcker oft meerder Const te wesen, als 't Beeldthouwen. Dit souden helpen bevestigen oft winnen, de constighe wercken van den uytnemenden Lantschap-maecker Gillis van Conincxloy, van Antwerpen, die van zyn Vader en Moeders sijde is van haver t'haver (so men seght) uyt de Const ghesproten. Hy is ghebooren t'Antwerpen in't Jaer ons Heeren 1544. den 24en. Januarij. Syn Ouders waren van Brussel. Hy heeft de const aenvangen te leeren by Pieter, den soon van den ouden Pieter van Aelst, te deele door kennis: want den ouden Pieters Huysvrou was de Suster van Conincxloys Moeder, van daer quam Conincxloy by een ander Meester, gheheeten Lenaert Kroes, die van Beelden en Landtschap wrocht van Water en Oly-verwe. Doe gingh hy woonen en cocht syn costē by Gillis Mostaert, werckende voor sich selven. Hier naer is hy gereyst na Vranckrijc, Parijs, Orliens, en meer plaetsen besoeckende, meenende na Italië te reysen: dan also hem een Houwlijck was voorghehouden, quam en

Das Leben des Malers Gillis van Conincxloo von Antwerpen.

Bei zwei oder drei verschiedenen italienschen Schriftstellern habe ich sowohl in Dialogform wie in anderer die Frage behandelt gefunden, welcher von den beiden Künsten: Malerei und Skulptur, der Vorrang gebühre. Zu Gunsten unserer Kunst wurde beigebracht, dass der Maler alles darstellt, was die Augen des Menschen zu umfassen vermögen: Himmel, Luft samt ihren Veränderungen, wenn die Sonne ihre Strahlen durch die Wolken auf Städte, Berge und Täler herabsendet, oder wenn es dunkel und wolkig ist, regnet, hagelt oder schneit, ferner alle Abstufungen von Grün an Bäumen und Feldern, wenn der lachende Lenz die Vögel zum Singen bringt, — lauter Dinge, die der Bildhauer in seinem Stein unmöglich zur Darstellung bringen kann, wozu noch andre Gründe zum Beweise, dass die Malerei eine ansprechendere oder höhere Kunst sei, als die Bildhauerei, kamen. Dies können die kunstreichen Werke des hervorragenden Landschaftsmalers Gillis van Conincxloo von Antwerpen bekräftigen, der von Vaters- und Muttersseite Künstlerblut in den Adern hat. Er wurde am 24. Januar des Jahres 1544 zu Antwerpen geboren. Seine Eltern stammten aus Brüssel.[253] Er lernte zuerst bei Pieter, dem Sohne des alten Pieter van Aelst[L209] und zwar teilweise infolge verwandtschaftlicher Beziehungen; denn die Frau des alten Pieter war die Schwester von Conincxloo's Mutter.[L175] Von dort kam Conincxloo zu einem andern Meister, Namens Lenaert Kroes,[254] der Figuren und Landschaften in Wasser- wie in Ölfarbe malte. Hierauf ging er zu Gillis Mostaert wohnen, wo er für seine Kost bezahlte und für sich selbst arbeitete. Darauf reiste er nach Frankreich, wo er Paris, Orleans und noch andere Orte besuchte, und die Absicht hatte nach Italien zu gehen. Da ihm aber ein Heiratsvorschlag gemacht wurde, ging er nach Antwerpen und trat dort in die Ehe.[255] In Ant-

troude t'Antwerpen, daer hy hem stadich heeft gehouden, en
alle des stads beroerten onderstaen, tot der tijdt datse is be-
leghert gheworden, doe quam hy in Zeelandt meenende in
Vranckrijck reysen, om zyn goedt dat hy daer hadde te ver-
coopen, dan bleef in Zeelandt, en is met zyn ghesin uyt de
Nederlanden vertrocken, en ging woonen te Franckendael in
Duytschlandt, daer hy was den tijdt van thien Jaer, en is
van daer comen woonen t'Amsterdam, alwaer hy noch tegen
woordich is.   Hy heeft in zynen tijdt veel schoon wercken
ghedaen t'Antwerpen: Onder ander een groot stuck voor dē
Coning van Spaengien.   Noch voor den Jongeling in zyn
huys, buyten Antwerpen, een stuck 16. voeten lang, doch de
Jongheling stervend eert volmaeckt was, cochtet meester
Jacob Roelandts Advocaet in den uytroep, en lietet voort
opmaecken: en was een heerlijck schoon Landtschap.   Hy
wrocht oock veel voor den Coopluyden, die zijn dingen hier
en daer vervoerden.   S'ghelijckx te Franckfoort oock, voor
besonder Heeren en Coopluyden, oock eenighe stucken voor
den Keyser makende.   T'Amsterdam is van hem een seer
schoon groot stuck, tot de Heer Abraham de Marez.
Oock tot Jan Ycket, eenen grooten heerlijcken doeck, daer
Marten vā Cleef de beelden in heeft ghemaeckt, en is een
uytnemende aerdigh Landtschap, met heerlijcke boomen, ver-
schiet, en voorgronden, en een goede ordinantie.   Noch is
van hem te Naerden tot d'Heer Burghman Claesz. van
hem eenen schoonen doeck, met een seer aerdigh Landtschap,
met beeldekens en beestkens, van Marten van Cleef.   Tot
Cornelis Monincx te Middelborgh in Seelant, is oock
van hem een heerlijck Lantschap op Penneel, voor een
schoorsteen in zijn beste en schoonste Camer: oock tot
Melchior Wijntgis, eenen grooten doeck, en twee ronden.
T'Amsterdam by Herman Pilgrim, by Hendrick van Os,
en meer ander const-lief hebbers in ander Landen en Steden,

ÆGIDIUS CONINCXLOY, ANTVERPIAN
PICTOR.

Pingere rura, lacus, silvas, animalcula, fontes
Cura tibi. pascunt mirificé hæc oculos.
Te duce nunc pingunt alii campósque lacúsque :
Te Fauni, Nymphæ, te Dryadésque canunt

werpen hat er sich dann auch ständig aufgehalten und alle
Unruhen, welche die Stadt in Mitleidenschaft zogen, mit
durchgemacht bis zur Zeit der Belagerung. Dann aber ging
er nach Zeeland in der Absicht nach Frankreich zu
reisen, um die Habe, die er dort zurückgelassen hatte, zu
verkaufen, blieb jedoch in Zeeland und verliess später mit
seiner Familie die Niederlande, um nach Frankenthal[45]
in Deutschland überzusiedeln, wo er sich zehn Jahre lang
aufhielt. Von dort zog er nach Amsterdam, wo er noch
gegenwärtig lebt.[256] Er hat seiner Zeit in Antwerpen
viele schöne Bilder gemalt; unter anderm ein grosses Stück
für den König von Spanien. Ferner für den Herrn
Jonghelincx in dessen Hause ausserhalb Antwerpens
ein Bild von 16 Fuss Länge. Als Jonghelincx aber starb,
bevor das Bild vollendet war, kaufte es Meister Jakob
Roelandts, Advokat, auf der Auktion und liess es fertig
machen.[257] Es handelte sich um eine herrlich schöne Land-
schaft. Er arbeitete auch viel für die Kaufleute, die seine
Werke überallhin ausführten. Ebenso malte er zu Frank-
furt Bilder für hochstehende Persönlichkeiten und Kaufleute,
auch einige Sachen für den Kaiser.[258] Ein sehr schönes
grosses Bild von ihm befindet sich zu Amsterdam bei dem
Herrn Abraham de Marez. Auch bei Jan Nicquet ebenda
ist ein grosses herrliches Leinwandbild von ihm zu sehen,
eine hervorragend schöne Landschaft mit prächtigen Bäumen,
Fernen und Vordergründen von trefflicher Komposition, in
die Marten van Cleef die Figuren gemalt hat. Ferner
befindet sich zu Naerden bei dem Herrn Burghman
Claesz von ihm eine schöne Landschaft auf Leinwand mit
kleinen Figuren und Tieren von Marten van Cleef. Bei
Cornelis Monincx zu Middelburg in Zeeland ist von
ihm ebenfalls eine herrliche auf Holz gemalte Landschaft zu
sehen, die vor einem Kamin in seinem besten und schönsten
Zimmer steht. Auch bei Melchior Wijntgis befinden sich
eine grosse Leinwand und zwei Rundbilder von ihm. Her-
man Pilgrim und Hendrick van Os zu Amsterdam
und viele andere Kunstfreunde in andern Ländern und Städten

is zijn dingen verdienstlijc in weerden ghehouden. Want om cort maecken, en mijn meeninghe van zijn constighe wercken te segghen, soo weet ick dees tijdt geen beter Landtschapmaker: en sie, dat in Hollandt zijn handelinghe seer begint naeghevolght te worden: en de boomen, die hier wat dorre stonden, worden te wassen na de zijne, so veel als sy goelijcx moghen, hoewel het sommige Bouwers oft Planters noch noode souden bekennen.

Het leven van Bartholomeus Sprangher, uytnemende Schilder van Antwerpen.

Nademael de Nature somtijdĕ (doch seldsaem) door bysonder hantreyckinghe van een milde Hemelsche instortinghe, eenighe gheesten soo volcomen ghedaente en cracht gheeft, om in onse oeffeninghe, tot groot wel bevallen, en als sonder arbeydt te baren soo heel aenghenaem edel vruchten, daer ghemeenlijck ander swaerlijck quellende den ooghen, niet als wanschapen moeylijcke dinghen voorstellen: Soo schijnt en blijct mercklijck, dat het Coningrijck onser Schilder-const alleenlijck sulcke te deel wort, die daer natuerlijck als erfghenaem toe zijn gheboren: dat welcke licht waer te maken is met het over-een-comende exempel, van den overtreffenden Const-ryckĕ Antwerpschen S p r a n g h e r: Want Natuere hem van in zijn vroeghe Jeucht verwe en Pinceelen, jae de schoon P i c t u r a self met vriendlijck toelacchen stadich aengheboden en toeghelangt heeft, welcke P i c t u r a hem oock gheern heeft aenghenomen en ghetrouwt, hem voor Houwlijck goet opdraghende de Gratien. En ghelijck de loflijcke vermaerde stadt Antwerpen, haer selven van over langhen tijdt heeft heerlijck ghemaeckt, en verciert, met veel blinckende edel gheesten voort te brenghen, is oock aldaer den 21[en]. Maert, op den Palmsondagh, in't Jaer 1546. van een eerlijck gheslacht gheboren gheweest B a r t h o l o m e u s S p r a n g e r. Sijn

halten seine Sachen mit Recht hoch in Ehren. Um in Kürze meine Meinung über seine kunstreichen Werke auszusprechen, so weiss ich zur Zeit keinen besseren Landschaftsmaler, und ich sehe auch, dass seine Auffassung in Holland sehr viele Nachfolger zu finden beginnt und die Bäume, die hier etwas dürr standen, so schön es geht, nach Art der Seinen zu wachsen anfangen, wenngleich manche von ihren Pflanzern das nur ungern zugeben dürften.

Das Leben des hervorragenden Malers Bartholomäus Sprangers von Antwerpen.

Dieweil die Natur manchmal — doch selten — durch besonderen Einfluss eines himmlischen Segens einzelnen Menschen eine so vollkommene Begabung verleiht, dass sie in unserer Kunst zu allgemeinem Wohlgefallen und gleichsam mühelos so ausserordentlich anziehende edle Früchte hervorbringen, während andere gewöhnlich angestrengt ihre Augen quälen und doch nichts als missgestaltete mühselige Dinge zutage fördern, so zeigt es sich deutlich, dass das Königreich unserer Malkunst allein solchen zuteil wird, die dafür von Natur als Erben geboren sind. Dies lässt sich leicht durch das Beispiel des hervorragenden, kunstreichen Antwerpners Sprangers beweisen; denn die Natur hat ihm seit seiner frühen Jugend beständig Farbe und Pinsel, ja die schöne Pictura selbst mit freundlichem Lächeln dargeboten, und Pictura hat sich auch freudig mit ihm verbunden und ihm als Heiratsgut die Grazien mitgebracht. Und wie die löbliche berühmte Stadt Antwerpen schon seit langer Zeit zu ihrer höchsten Zierde so viele glänzende, edle Geister hervorgebracht hat, ist sie auch die Vaterstadt von Bartholomäus Sprangers geworden, der dort am 21. März des Jahres 1546 — es war der Palmsonntag — als Sohn eines ehrenwerten Geschlechts geboren wurde. Sein Vater hiess Joachim

vader hiet Joachim Spranger, zijn Moeder Anna Roe-
landtsinne. Sijn Vader was een vroom, treflijc en ver-
nuftich Man, die de Weereldt vast doorsien, veel Landen
besocht, in Italien en Room verscheyden Jaren gewoont hadde,
en is met zijns Vader Broeder zijn Oom, die een Coopman
binnen Room was, in zijn jeucht geweest in Africa: Daer
zijnen Oom zijnen handel trock drijven, doe Keyser Carolus
de vijfde voor Thunis was. Sijn Vader dan te Room langhe
ghewoondt hebbende, hadde met verscheyden Schilders uyt
Nederlandt, als te weten, met Michel Coxie, Schilder van
Mecchelen, en ander veel omgangs, en kennis, so dat hy de
Teycken-const niet heel oncondigh en was. Bartholomeus
zijnen derden soon, doe hy mocht zijn ghecomen tot zijn
12. Jaren ouderdoms, was soo gheneghen tot teyckenen, dat
hy nerghen Papier ledigh liet, niet vry gevende zijns Vaders
Hant-boec, alwaer hy neffens t'schrift zijns Vaders handels,
alles vol Krijgsknechten, Tromslaghers, en derghelijcke
teyckende, waerom den Vader onverduldich wesende, heeft
Bartholomeus gheroepen, wel wetende dat het zijn werck
was, en dat d'ander twee broeders tot sulckx niet gheneyght
waren, heeft hem (misschien yet anders in't hooft hebbende)
dapper gheslagen: maer also den Vaderlijcken toorn over
den kinderen niet gheduerich is, verbijstert op de straet co-
mende, ontmoette hem een Schilder, zijn oudt bekent Vriendt,
ghenoemt Jan Mandijn, van Haerlem in Hollandt, welcken
op zijn Jeronimi Bos, aerdich was van soo drollicheden
te maken, hebbende Jaerlijcx van der stadt Antwerpen onder-
houdt: desen heeft hy den handel vertelt, en is van stonden
aen met den Schilder veraccordeert, dat den Jonghen des
anderdaeghs by hem soude comen, dewijl hy gheenen Jonghen
hadde, het welck gheschiede, en alsoo den Schilder alree tot
goeden ouderdom was ghecomen, en den Jonghen Sprangher
daer achthien maenden by was geweest, is den Man over-
leden, en den Jonghen den Vader weder t'huys ghecomen.
Maer alsoo Gillis Mostart des Vaders goeden bekenden

Spranger, seine Mutter Anna Roelandts. Sein Vater war ein frommer, trefflicher und vernünftiger Mann, der viel von der Welt gesehen, in Italien — hauptsächlich in Rom [259] — verschiedene Jahre gewohnt hatte und in seiner Jugend mit seinem Oheim väterlicherseits, der Kaufmann in Rom war, in Afrika gewesen war, wohin dieser Handel treiben ging, als Karl V. Tunis belagerte. Während seines langen Aufenthalts in Rom wurde Sprangers' Vater mit verschiedenen niederländischen Malern bekannt und verkehrte viel mit ihnen, wie z. B. mit dem Maler Michiel Coxcie von Mecheln [260] und anderen, so dass er der Zeichenkunst nicht ganz fremd gegenüberstand. Als Bartholomäus, sein dritter Sohn, ungefähr zwölf Jahre alt war, legte er eine solche Neigung zum Zeichnen an den Tag, dass er nirgends ein leeres Blatt Papier sehen konnte und nicht einmal das Rechnungsbuch seines Vaters respektierte, sondern neben den geschäftlichen Notizen seines Vaters alles mit Kriegsknechten, Trommelschlägern u. dergl. vollzeichnete. Sein Vater, der hierin keinen Spass verstand, liess ihn rufen, wohl wissend, dass er der Urheber war, da die beiden anderen Brüder keine Neigung zu dergleichen zeigten, und verabreichte ihm — da er vielleicht auch etwas anderes mit ihm im Sinne hatte — eine tüchtige Tracht Prügel. Aber der väterliche Zorn über die Kinder pflegt nicht von langer Dauer zu sein, und als der alte Spranger noch ganz aufgeregt auf die Strasse kam und ihm ein Maler, sein alter Freund Jan Mandyn [261] von Harlem in Holland, begegnete, der nach Art des Hieronymus Bosch allerlei groteskkomische Sachen malte und von der Stadt Antwerpen eine jährliche Pension bezog, erzählte er ihm das Vorgefallene und traf sofort mit ihm ein Übereinkommen, dass der Knabe am folgenden Tage zu ihm, der gerade keinen Lehrling hatte, kommen solle. Und so geschah's. Mandyn, der schon hochbejahrt war,[262] starb aber, nachdem Bartholomäus 18 Monate bei ihm gewesen war, und der Knabe kehrte wieder in das väterliche Haus zurück. Aber da Gillis Mostart[263] ein guter Bekannter seines Vaters war, brachte

was, bestelde hy den Jonghen by Fransoys Mostart zijnen broeder, den welcken oock binnen veerthien daghen van haestigher sieckt is ghestorven, en Sprangher sonder Meester ghebleven. Doe is hy by toedoen van voornoemden Gillis aengenomen voor twee Jaren by eenen Edelman Cornelis van Dalem, dien zijn Ouders t'schilderen uyt lust, en om tijt verdrijf hadden laten leeren, en hadde behaghen in dat weynich den Jonghen binnen de veerthien daghen tot Fransoys had ghedaen. De twee Jaren voleyndt, wierdt weder voor ander twee Jaren by den selven Edelman aenghenomen, alwaer den Jonghen niet dan al te goede daghen hadde, dewijl den Meester selden oft weynich schilderde, bracht Sprangher den tijdt door veel met lesen verscheyden Boecken, Historien, en Poeterien die daer veel waeren: Want of hy schoon niet en wrocht, dat was den Meester even veel, als hy maer verwe en reedtschap in orden vondt, als hem lust tot schilderen aen quam: zijn Meesters handelinge was te maecken Rootskens, en Landtschappen, waer in ander, te weten Gillis Mostart, oft Joachim Bueckelaer, de beeldekens maeckten. De leste twee Jaer oock voleyndt, Sprangher bevindende in de Const daer weynich ghevordert te hebben, en hebbende eenen wan-lust, datmen altijt by anderen den beelden most laten maecken, sonder datmen op zijn eyghen handt een werck con ten eynde brenghen, werdt heel des sins neerstich te leeren, op dat hy ten minsten soo veel van beelden waer, dat hy in zijn Landtschappen niemandts hulp soude behoeven. T'gheviel dat t'Antwerpen hem onthiel een Duytsch van Spiers, ghenoemt Iacob Wickran, een Discipel van den constighen Bocxbergher, en Sprangher met hem vriendschap hebbende, en ghemeensaem raedt ghepleeght gaf hem raedt, soo haest zijnen tijdt uyt waer, by den Vader te keeren, en die weynich Maenden van November 1564. tot den eersten Maert 1565. (op welckem sy t'samen hadden voorghenomen te vertreeken) hem vlijtich te begheven tot

er ihm bei seinem Bruder Frans Mostart unter, der jedoch
vierzehn Tage darauf ebenfalls, und zwar am Schweissfieber
starb,[127] so dass Sprangers abermals ohne Meister war.
Darauf kam er auf Verwendung des genannten Gillis auf
zwei Jahre zu einem Edelmann namens Cornelis van
Dalem,[264] den seine Eltern das Malen zum Vergnügen und
Zeitvertreib hatten lernen lassen, und der Freude an den
paar Sachen fand, die der Knabe innerhalb der 14 Tage, die
er bei Frans Mostart zugebracht, gemacht hatte. Als die
zwei Jahre zu Ende waren, nahm ihn derselbe Edelmann für
zwei weitere Jahre an. Er hatte dort nur allzugute Tage;
denn da der Meister selten oder wenig malte, brachte
Sprangers einen grossen Teil seiner Zeit mit dem Lesen
verschiedener Bücher geschichtlichen und poetischen Inhalts
hin, die sich dort in grosser Anzahl befanden. Denn es war
Van Dalem ziemlich gleichgültig, ob Sprangers arbeitete
oder nicht, wenn er nur Farben und Malgerät in Ordnung
fand, wenn ihn die Lust zum Malen anwandelte. Er malte
Felspartieen und Landschaften, in welche andere, nämlich
Gillis Mostart oder Joachim Bueckeleer[265] die
Figürchen hineinmalten. Als die letzten beiden Jahre auch
zu Ende waren, fasste Sprangers, der erkannte, dass er
wenig Fortschritte in der Kunst gemacht habe und einen
Widerwillen gegen den Ausweg hatte, sich die Figuren stets
von einem anderen malen lassen zu müssen und kein Werk
auf eigene Hand zu Ende bringen zu können, ernstlich den
Entschluss fleissig zu lernen, damit er mindestens soviel vom
Figurenmalen begriffe, dass er in seinen Landschaften ohne
fremde Hilfe zurecht zu kommen vermöge. Der Zufall wollte,
dass sich zu Antwerpen ein Deutscher aus Speyer
namens Jakob Wickram,[266] aufhielt, ein Schüler des
kunstreichen Bocksperger,[267] und dass Sprangers mit
ihm Freundschaft schloss. Sie berieten gemeinsam und
Wickram gab ihm den Rat, sofort nach Beendigung seiner
Lehrzeit zu seinem Vater zurückzukehren und die wenigen
Monate von November 1564 bis zum 1. März 1565 — an
welchem Tage sie sich auf Reisen zu begeben beabsichtigten —

teyckenen. Welcken raedt S p r a n g h e r nae quam, nemende
nae des Jonghen Duytschen raedt, om niet veel tijdt ver-
liesen, slechs kool en krijt, conterfeytende op blaeuw papier
de Printen van P a r m e n t i u s, en F l o r i s, om de gheesticheydt
wille, en voort by sich selven soeckende, so met hoogen en
diepen yet t'inventeren: want desen zijne macker versekerde
hem, dat het hem gelucken soude. S p r a n g h e r in weynigh
weken hebbende ghemaeckt aldus verscheyden ordinantien,
was in meeninghe eenigh van desen te schilderen: doch alsoo
den tijdt quam, die hy t'geselschap had belooft, om te ver-
trecken nae Parijs, mocht niet eens besoecken, hoe dat het
hem met de verwe ter hant soude gaë. Aldus uyt Antwerp
vertreckende, en te Parijs gecomen, werdt bestelt by den
Schilder van s'Coninghs Moeder, een goet Verlichter, gheheeten
M a r c u s, welcken eenighen tijt was gheweest te Room by
D o n J u l i o. Hier dede S p r a n g h e r niet als Conterfeytsels
maken nae s'Meesters crijons, den tijt van ses weken. Desen
M a r c u s bewoonde een groot huys met witte muyren, als
Edelman betamen mocht: Ten leet niet langh aen, of dese
muyren en waren al swart van de kole, en vol groote en
cleë beelden gheschetst, van den solder tot den vloer. Des
M a r c u s om dat hy wel sagh, en verstaen had, dat S p r a n -
g h e r geen lust en hadde stadich Conterfeytselkens te maken,
liet by hem comë den ghenen die hem daer bestelt hadde,
segghende: Dat het beter waer hem by eenigh Meester te
bestellen, daer hy van Historien en beelden mocht wercken,
toonende de muyren alsoo beteyckent, en seyde, al was zijn
huys passelijck groot, dat het voor den Jonghen te cleen
was. T'welck S p r a n g h e r verteldt wesende, vondt op den
selven dagh een ander Meester, een fijn deghelijck Man:
maer in de Const een gemeen Schilder. S'morghens worde
S p r a n g h e r van desen Meester een ghepremuert Penneel
voorghestelt, ontrent ses palmen hooge, verwe en Pinceelen,

fleissig mit Zeichnen auszufüllen. Diesen Rat befolgte Sprangers und nahm, ebenfalls auf Anraten des jungen Deutschen, um nicht viel Zeit zu verlieren, nur Kohle und Kreide und kopierte auf blauem Papier die Stiche nach Parmegiano und Floris, um deren geistreicher Auffassung willen und versuchte dann selbständig etwas in Licht und Schatten Richtiges zu erfinden; denn sein Genosse versicherte ihn, dass ihm dies glücken würde. Nachdem Sprangers in wenigen Wochen auf diese Weise verschiedene Kompositionen fertiggestellt hatte, wollte er sich daran machen, einige davon zu malen; da jedoch der Zeitpunkt nahte, an dem er seinem Versprechen gemäss mit seinem Freunde nach Paris reisen sollte, konnte er nicht einmal mehr den Versuch machen, wie er mit der Farbe zurechtkäme. Als er also Antwerpen verlassen hatte und nach Paris gekommen war, nahm ihn der Maler der Königinmutter, ein guter Miniaturist namens Markus,[268] der eine Zeitlang in Rom bei Don Giulio (Clovio)[157] gewesen war, als Lehrling an. Hier machte Sprangers sechs Wochen lang nichts anderes als Porträts nach den Crayons seines Meisters. Dieser Markus bewohnte ein grosses Haus mit weissen Mauern, das eines Edelmannes würdig war, und es dauerte nicht lange, da waren alle Wände ganz schwarz von Kohle und vom Speicher bis zum Hausflur mit grossen und kleinen Figuren vollgezeichnet. Da nun Markus wohl sah und begriff, dass Sprangers kein Vergnügen daran fand, immer nur kleine Porträts zu machen, liess er jenen, der ihn zu ihm in die Lehre gebracht hatte, kommen und sagte zu ihm, es sei besser, Sprangers zu einem Meister zu bringen, bei dem er Figuren und ganze Kompositionen malen könne, und damit zeigte er ihm die vollgezeichneten Wände mit dem Bemerken, wenn sein Haus auch ganz hübsch gross sei, so sei es für den Jungen doch zu klein. Als dies Sprangers erzählt wurde, suchte er sich am gleichen Tage einen anderen Meister und fand ihn in einem feinen und trefflichen Mann, der jedoch ein schlechter Maler war. Am anderen Morgen gab dieser Meister Sprangers ein präpariertes Malbrett von ungefähr sechs handbreit

en alle dingen veerdich, en seyde hem, hy soude daer op maecken eenige Historie van devotien. Sprangher, die noyt hadde Historie gheschildert, noch ghecopieert, vondt hem seer verleghen, hem ghelatende, niet te verstaen, ghelijck hy oock de Fransche spraeck qualijck verstont, waerom den Meester een kist ontsloot, en langhder uyt dry Printen, seg-ghende: Maeckt een van dese Historien, doch uyt uwen gheest, en gaende uyt den winckel liet hem daer alleen. Sprangher schromende sach rontom en siende eenighe Penneelen van den Meester gheschilderdt die seer slecht waren, begòn moedt grijpen, makende een ordinantie op blaeu papier met kole en crijdt, nae zijn ghewente, wesende een verrijsnis Christi, met den Graf-wachters daer by, begon te dootverwen: en alsoo de daghen langh waren, liep niet lang aen, oft ten was opghedaen, tot groot beweghen van den Meester, welcken (als gheseydt is) was swack in de Const. En alsoo eenighe Nederlantsche Schilders quamen sien, begonden dit so seer onmatich te prijsen, dat den Sprangher hem selven begon in zynen moet te verheffen, en hem van latendunckenheydt ghekittelt voelende, doe hy noch dry oft vier Penneelen gheschildert hadde, wouw niet langher daer blijven, maer vertrecken nae Lions, met 't ghe-selschap daer hy mede ghecomen was: Oorsaeck was, dat hy hem vondt in achtinge en weerden ghehouden boven Schilders die ouder waren als hy, en dat hem den Meester wouw al door te wercken geven, soo maeckte hy zyn gis-singhe, dat hem over al sulcks soude gheschieden, nam zyn afscheydt van den Meester, hem bereydende tot de reys na Lions: Maer alsoo hy hem een weynich qualijck bevoelde liet hem een Ader openen en laten in den slincken erm, sonder met yemandts raedt te leven, en is soo met zijn ghe-selschap ghegaen in 't Kaetspel, en benderende ghebruyckte alst te pas quam oock den slincken ghelaten erm, den welcken door 't vermoeyen werdt heel gheswollen, en vierich ontsteken, dat hem van de pijne een swaer Cortse quam 'tovervallen, soo dat het met den erm verschenen stondt

Höhe, nebst Farben, Pinseln und was sonst noch erforderlich war und sagte ihm, er solle einen religiösen Vorwurf darauf malen. Sprangers, der noch nie dergleichen gemalt oder kopiert hatte, geriet in grosse Verlegenheit und tat, als verstehe er nicht, wie er denn auch die französische Sprache schlecht verstand. Darauf schloss der Meister eine Truhe auf, entnahm ihr drei Stiche und sagte: „Mach eines von diesen Themen, aber aus deinem Kopf!" worauf er die Werkstatt verliess und ihn dort allein liess. Sprangers, dem durchaus nicht zuversichtlich zu Mut war, blickte rundum, und als er einige von dem Meister auf Holz gemalte Bilder, die sehr schlecht waren, entdeckte, begann er Mut zu schöpfen und entwarf, wie er es gewohnt war, auf blaues Papier mit Kohle und Kreide eine Auferstehung Christi mit den Grabwächtern, fing darauf an sie zu untermalen, und da die Tage lang waren, war er auch bald fertig damit, zur grossen Überraschung des Meisters, der — wie gesagt — schwach in seiner Kunst war. Und als einige niederländische Maler das Bild ansehen kamen und es über den grünen Klee lobten, begann Sprangers sich etwas einzubilden, und nachdem er noch drei oder vier Bilder gemalt hatte, kitzelte ihn der Hochmut, und er wollte nicht länger bei diesem Meister bleiben, sondern mit dem Genossen, mit dem er nach Paris gekommen war, nach Lyon reisen. Denn da er sich höher geachtet und geschätzt fand als Maler, die älter waren als er, und der Meister ihm dauernd Arbeit geben wollte, glaubte er, dass es ihm überall so gehen werde, und so verabschiedete er sich von seinem Meister und bereitete sich für die Reise nach Lyon vor. Da er sich aber etwas unwohl fühlte, liess er sich, ohne irgend Jemands Rat einzuholen am linken Arm zur Ader lassen, worauf er mit seinem Genossen Ball spielen ging und beim Schlagen, wenn es sich so traf, auch den linken zur Ader gelassenen Arm gebrauchte, der infolge dieser Anstrengung stark anschwoll und sich entzündete, so dass Sprangers infolge der Schmerzen in ein schweres Fieber verfiel und es den Anschein gewann, als würde die Sache mit dem Arm übel ablaufen. Er musste

qualijck af te loopen, en is aldus langhe tijdt te bedde cranck
ghebleven, tot dat het den Vader t'Antwerpen quam te weten,
en schreef aen een Coopman te Parijs, datmen zijnen Soon,
soo haest hy wat beter waer, te waghen soude weder t'Ant-
werpen schicken. Spranger dit verstaende, te eergierigh
om soo haest t'huys te comen, haestede hem te meer uyt
het bedde, en half ghenesen stelde hem op de reyse nae
Lions, denckende schier altijdt den waghen achter hem te
hebben, die hem t'Antwerpen wilde brenghen. Te Lions
wesende, quamen strackx hem daer vinden in de Herberghe
een oft twee Schilders, die hem te wercken aenboden: maer
Sprangher in zijn meeninghe van veel te connen ghestijft
wesende, vertrock den derden dagh nae Mylanen toe,
denckende dat hem de Meesters over al derghelijckx souden
comen bidden: maer den armen Jonghen vondt hem bedroghen.
Want te Mylanen aenghecomen wesende, was dry weecken
daer in de Herberge, en die niet en quamen als voor heenen
waeren de Schilders: En dat argher was, en con nergen te
wercken vinden, verteerende al het ghene dat hy hadde.
Daer toe voeghde hem noch een arger teghenspoet,
dat hem in de Herberghe quam vinden een zijn landts-
man, die bedrieghlijck hem gheveynsde, dat hy cort-
linghe veel ghelt 'tontfangen hadde: Also dat Sprangher
in de Herbergh al vast voor hem betaelde, op belofte dat
desen hem niet alleē t'verschotē weder keeren, maer daeren-
boven veel leenen soude. Maer doe hy bevondt, dat Spran-
ghers buydel al uytgeput was, is hy op eenen morghen vroe-
gher opghestaen als Sprangher, en sonder hem goeden dagh
te bieden, oft oorlof te nemen, met Spranghers Mantel,
wembaeys, en eenich ander dinghen, is vertrocken, en heeft
t'sindert altijdt vergheten weder te keeren. Den armen
Sprangher, die nu eerst begon te hervaren sommigher
eyghen Landtsluyden ontrouw en arghlistigheydt, hem vin-
dende in een vreemdt Landt sonder ghelt, sonder Mantel,
sonder werck, en daer toe in den Winter, en niet connende
de Italiaensche spraeck, vondt hem onversiens wonderlijck

infolgedessen lange krank zu Bett liegen, was schliesslich seinem Vater in Antwerpen zu Ohren kam, der an einen Kaufmann in Paris schrieb, man möge seinen Sohn, sobald es ihm etwas besser gehe, zu Wagen nach Antwerpen zurückschicken. Als Sprangers dies hörte, beeilte er sich, da er zu ehrgeizig war, sobald wieder nach Hause zurückzukehren, noch mehr, wieder aus dem Bett heraus zu kommen und machte sich, erst halb genesen, auf die Reise nach Lyon, wobei er fast beständig den Wagen hinter sich zu hören meinte, der ihn nach Antwerpen bringen sollte. Kaum war er in Lyon so suchten ihn auch schon ein oder zwei Maler in der Herberge auf, die ihm Arbeit anboten; aber Sprangers, der vollkommen überzeugt war viel zu können, reiste schon am dritten Tage nach Mailand weiter, im Wahne, dass ihn die Meister überall auf diese Weise bitten kommen würden. Aber der arme Junge fand sich getäuscht. Denn in Mailand angekommen, wartete er drei Wochen in der Herberge, aber wer nicht kam, das waren die Maler. Und was noch schlimmer war, er konnte nirgends Arbeit finden und verzehrte seine ganze Baarschaft. Dazu wiederfuhr ihm ein noch böseres Missgeschick, indem ihn in seiner Herberge ein Landsmann aufsuchte, der ihm vorspiegelte, er würde in Kürze eine grosse Summe Geldes erhalten, so dass Sprangers auf sein Versprechen hin, er würde nicht nur das Vorgeschossene wieder erhalten, sondern obendrein eine beträchtliche Summe geliehen bekommen, in der Herberge immer für ihn bezahlte. Als Jener aber merkte, dass Sprangers Beutel leer war, stand er eines schönen Morgens früher auf als Sprangers und verschwand, ohne ihm guten Morgen zu sagen oder Abschied von ihm zu nehmen, unter Mitnahme von dessen Mantel, Wamms und einiger andrer Sachen und vergass bisher wiederzukehren. Der arme Sprangers, dem nun erst ein Licht über die Falschheit und Arglist mancher seiner Landsleute aufzugehen begann, und der sich in einem fremden Lande ohne Geld, ohne Mantel, ohne Arbeit und noch dazu im Winter fand und der italienischen Sprache nicht mächtig war, fühlte sich plötzlich wunderbar

van de waensucht oft latendunckenheydts sieckte ghenesen,
soo dat oock zyn ooghen van self kennis gheopent zynde,
bevondt hem weynich te connen, en daer door in't ongheval
ghecomen te wesen, om dat hy niet con van Lijm-verwe oft
Water-verwe schilderen, oft op den muer: Want den derden
dach zyner aencoemst was een hem tot sulcken eynde comen
aensoecken, twelck hy niet dorf bestaen, als die sulcks noyt
hadt besocht noch ghesien.   Doch vondt eyndlinge oorsake
te woonen, voor eenighe weynich weken, by eenen Mylaen-
schen Edelman.   Hier nae hem vindende een jongh Schilder
van Mecchelen, voeghde hem Sprangher in zijn gheselschap,
om leeren Waterwerf-doecken schilderen, den tijdt van twee
oft dry maenden.   Doe Spranger ontrent acht maenden
hem te Mylanen onthoudē hadde, vertrock hy van daer na
Parma, alwaer hy hem voeghde by den seer constighen
Schilder Bernardo Suwari, Discipel van den seer ver-
maerden Anthonio van Coredzo: Doch alree een oudt
Man wesende.   Hier verbont hy hem twee Jaren voor wey-
nigh loon, alleen om wat te moghen leeren: maer 't gheviel,
dat Sprangher nae dry maenden met s'Meesters soon in
questie is ghevallen, 't welck gheschiede op de Cuopula,
oft Lanteern-thoren, van de Kerck van onse Vrou van Stec-
chata, daer sy alleen hun twee besloten waren, en van nie-
mandt ghehoort mochten worden, en gaven malcander rasende
verhit so veel en bet slaghen, meer als een ure langh, datse
vermoeyt en half vernieldt neder vielen, d'een hier en d'ander
daer.   Sprangher, doe hy een weynigh asem had ghe-
creghen, clom wat hoogher op de steygheringhe, daer zynen
Mantel en Pongiaert was, dede hem aen, en half doot van
dorst, sagh vast om hem, en werdt te sien eenen kalck-eemer,
waer in boven op 't kalck stondt claer, doch van de kracht
des kalcks groenachtich water: En soo het mid-soomers
was, en datter niet anders en was te drincken, settede den
mont daer aen, en dronc soo veel als zynen dorst hem docht
te vereysschen.   Doe most Sprangher afcomende passeeren

von der Krankheit seiner Einbildung und seines Hochmuts genesen und fand, da ihm auch seine Augen durch die Selbsterkenntnis geöffnet waren, dass er wenig könne und dadurch in diese üble Lage gekommen sei, dass er nicht mit Wasser- oder Leimfarbe oder *al fresco* zu malen verstand. Denn am dritten Tage nach seiner Ankunft war Einer gekommen, um ihn zu diesem Zwecke anzuwerben, worauf er nicht eingehen durfte, da er dergleichen weder versucht noch gesehen hatte. Doch fand er endlich Gelegenheit für ein paar Wochen bei einem mailändischen Edelmann zu wohnen. Als er darauf einen jungen Maler aus M e c h e l n fand, schloss er sich ihm an und lernte bei ihm zwei bis drei Monate lang Wasserfarbenbilder auf Leinwand malen. Nachdem sich S p r a n g e r s ungefähr acht Monate in M a i l a n d aufgehalten hatte, ging er von dort nach P a r m a, wo er sich zu dem sehr kunstreichen Maler B e r n a r d i n o i l S o j a r o[269] begab, der ein Schüler des hochberühmten A n t o n i o d a C o r r e g - g i o, aber schon ein alter Mann war. Hier verpflichtete er sich auf zwei Jahre für geringen Lohn, allein um etwas zu lernen. Nach drei Monaten geschah es aber, dass S p r a n g e r s mit dem Sohne seines Meisters in der Kuppel oder Laterne der Kirche M a d o n n a d e l l a S t e c c a t a, wo sie beide ganz allein eingeschlossen waren und Niemand sie hören konnte, in Streit geriet und sie sich dort länger als eine Stunde in höchster Wut prügelten, bis sie gänzlich erschöpft und halb tot zu Boden fielen, der Eine hierhin, der Andre dorthin. Nachdem S p r a n g e r s wieder ein wenig zu Atem gekommen war, stieg er die Leiter etwas höher hinauf in einen Raum, wo sein Mantel und sein Dolch sich befanden. Er zog den Mantel an und halbtot vor Durst sah er sich in der Runde um und entdeckte einen Kalkeimer, in welchem über dem Kalk das Wasser klar, doch infolge des Einflusses des Kalks grünlich gefärbt stand. Und da es mitten im Sommer war, und er nichts Anderes zum Trinken fand, setzte er die Lippen an den Eimer und trank so viel wie sein Durst ihm zu erfordern schien. Beim Abstieg musste S p r a n g e r s dann durch denselben Raum hindurch, in dem sie einander so

door de selve stantie oft Camer, daer sys malcander so
dapper hadden ghegheven, alwaer hy door gingh sonder eenigh
belet, want den anderen hadde oock zyn deel ghenoech ge-
hadt, en gheen van beyden was meer tot slaghen lustigh:
Maer aleer den Sprangher wel beneden was, werdt hy be-
spronghen met een groote bevinghe van een grouwlijcke
Cortse: Want de gifticheydt van het kalck zyn werck dede,
soo dat Spranger meer als dry weken te bedde lagh om
te sterven, ten huyse van een ghemeen Schilder: want
Sprangher keerde noyt weder in s'Meesters huys. Doe
hy daer hadde helpen maecken eenige triumphelijcke bogen,
ter eeren der blijde incoemst van de Princesse van Portegael
in Parma, is hy stracks vertrocken nae Room, alwaer ghe-
comen, voeghde hem by een ghemeen Schilder, daer hy was
den tijdt van ses weken. Van daer quam hy te woonen by
den Eerdsbisschop van Maximi, daer hy was ontrent veer-
thien daghen, en also hem ongheleghen was daer langer te
blijven, voeghde hy hem by eenen Schilder, een Jonghman
van Doornijck, gheheeten Michiel Gioncoy, te Doornick
nu corts overleden. By desen was hy ontrent ses maenden,
en hadde daer gemaeckt eenighe Lantschapkens, (alsoo hy
daer op zyn selven wrocht) en onder ander een seer versier-
lijck Tooverijken, in een Ruwijne, als een Coloseum, daer
Vrouwen op den besem vloghen, ende derghelijck ghespoock,
als in eenen nacht. Dese dinghen waren voor eenen Sr.
Joan Spindolo Bankier: maer alsoo sy met den selven
niet en deden, ontmoeten sy den seer vermaerden Verlichter
Don Julio Clovio, welcke die cocht voor hem, en betaelde.
Don Julio, also hy woôde int Paleys van den beminder
van alle deuchtsaem edel gheesten, den Cardinael Farnese,
liet dit Tooverykĕ hem sien, wien het wonderlijck wel beviel.
Don Julio dede zyn best om Spranger daer by hem te
houden. Den Cardinael desghelijcx, daer op de Camer van
Don Julio ghecomen, begheerde oock dat Sprangher
soude blijven by zijnen Don Julio, hy wilde hem daer zyn
part als Edelman zyner Tafel bestellen, op dat hy hem ghe-

tüchtig zugesetzt hatten, und er ging hindurch ohne irgend
wie gehindert zu werden; denn der Andere hatte auch sein
reichliches Teil abbekommen, und keiner von Beiden hatte
mehr Lust zur Fortsetzung der Prügelei. Aber bevor S p r a n -
g e r s noch ganz unten war, erfasste ihn ein heftiges Zittern,
der Vorbote eines bösen Fiebers; denn die Giftigkeit des
Kalks tat ihre Wirkung, und die Folge war, dass S p r a n g e r s
länger als drei Wochen sterbenskrank zu Bette lag, und zwar
im Hause eines untergeordneten Malers; denn er kehrte nicht
wieder in seines Meisters Haus zurück. Nachdem er noch
an einigen Triumphbogen zu Ehren des feierlichen Einzuges
der Prinzessin von P o r t u g a l[270] in P a r m a hatte malen
helfen, ging er sofort nach R o m. Dort angekommen begab
er sich zu einem obskuren Maler, bei dem er sich sechs
Wochen lang aufhielt. Dann nahm er Wohnung bei dem
Erzbischof M a s s i m i, wo er ungefähr vierzehn Tage blieb.
Länger dort zu bleiben passte ihm nicht, und so begab er
sich zu dem Maler M i c h i e l J o n c q u o y,[271] einem jungen
Mann aus T o u r n a y, der jetzt kürzlich in seiner Vaterstadt
gestorben ist. Bei diesem war er ungefähr sechs Monate
und malte dort — er arbeitete da nämlich auf eigne Rech-
nung — einige kleine Landschaften, unter anderm eine sehr
hübsch erfundene nächtliche Spukszene in einer Ruine, die
Ähnlichkeit mit dem Kolosseum hatte, mit Hexen, die auf
dem Besen durch die Luft ritten und dergleichen spukhaften
Dingen. Diese Sachen waren für einen Bankier Namens
G i o v a n n i S p i n d o l o bestimmt, aber da die beiden mit ihm
nicht handelseinig wurden, zeigten sie sie dem berühmten
Miniaturisten D o n G i u l i o C l o v i o,[157] dem sie begegneten,
und dieser kaufte sie für sich. D o n G i u l i o, der im Palaste
des Freundes aller tüchtigen edlen Geister, des Kardinals
F a r n e s e wohnte, zeigte diesem das Hexenbildchen, und es
gefiel ihm ganz ausserordentlich. D o n G i u l i o tat Alles,
um S p r a n g e r s dort bei sich zu behalten. Ebenso wünschte
auch der Kardinal, der auf D o n G i u l i o s Zimmer gekommen
war, dass S p r a n g e r s bei seinem D o n G i u l i o bleibe und
wollte ihn sogar unter die Edelleute seiner Tafel aufnehmen

selschap hiele.   Sprangher antwoorde sulcks dancklijck aen
te nemen, en soude seer gheern sulckx nacomen: maer ver-
onschuldichde hem, om dat hy had beloofd, en zyn woordt
ghegheven een goedt deghelijck Jongh Schilder, te weten,
Michiel, die gheen inventie en hadde, te gaen helpen schil-
deren 't hoog Altaer, vack, en verwelf daer aen, in de Kerck
van S. Orest, gelijck den Sprangher namaels dede, ma-
kende op 'tvack een Avontmael, en in't welfsel de vier Euan-
ghelisten: Doch Sprangher seyde alleen, in eenigh oort
buyten Room. Waer op de Cardinael vraegde, waer? En
alsoo hy antwoorde tot S. Orest, seyde den Cardinael, den
bergh van S. Orest, en al 't volck was zyn, daer waer soo
geen belanck by, hy soude dat wel af maecken: Doch alsoo
den Cardinael vertrock nae Caprarolo, trock Sprangher
met Michiel tot Mont S. Orest. Den voornoemden
Spindolo dede den Sprangher Peerden tot de reys: want
hem quelde dat hy 't tooveryken hem niet en had afghecocht,
en dat hem Sprangher had belooft aldaer te S. Orest
een ander te maecken, dat veel beter soude wesen, ghelijck
Sprangher dede, tot een groot wel bevallen van den Heer
Spindolo, welcken aldaer in gheselschap van ander Edel-
luyden te Peerde quam hem besoecken. Daer was Spran-
gher den tijdt van vier maenden. Te Room comende, hadde
een heerlijck onderhoudt by den doorluchtighen Cardinael
Farnese, woonende daer dry Jaer in't Paleys van S. Lau-
rens in Damas. Eyndlinghe alsoo Sprangher van den
Cardinael was ghesonden tot zijn vermaert Palleys tot Cap-
rarolo, een cleen dagh-vaert van Room, te maecken eenighe
Landtschappen op 'tnat kalck, liet den Cardinael hem onver-
siens weder ontbieden. Te Room ghecomen, gheleyde hem
den Cardinael by den Paus Pius de vijfde. Daer ghecomen,
ginghen den Cardinael en Don Julio t'samen zijn Hey-
licheyt, een corts daer naer wert oock Sprangher doen
binnen comen: welcken hebbende de voeten des Paus ghe-
cust, en de Benedictie ontfanghen, naer eenighe woorden en
redenen, aengaende een stuck, dat zijn Heylicheyt begeerde

damit er ihm Gesellschaft leiste. Sprangers erklärte das Anerbieten mit Dank anzunehmen, entschuldigte sich aber, er habe einen braven jungen Maler — nämlich Michiel Joncquoy, der keine Erfindungsgabe hatte — fest versprochen die Hochaltarwand und das anschliessende Gewölbe in der Kirche von S. Oreste malen zu helfen, — was Sprangers später auch tat, indem er auf die Wand ein Abendmahl und auf das Gewölbe die vier Evangelisten malte — aber Sprangers sagte nur: in einem Ort ausserhalb Roms, worauf der Kardinal fragte: „Wo denn?" Und als er die Antwort erhielt: „in S. Oreste", sagte er, der Berg von S. Oreste[272] und alles Volk dort gehöre ihm, die Sache sei nicht so wichtig, er würde sie schon in's Reine bringen. Als der Kardinal nach Caprarola[273] reiste, ging Sprangers mit Michiel nach dem Monte S. Oreste. Der oben genannte Spindolo gab Sprangers die Pferde für die Reise, er ärgerte sich nämlich, dass er ihm das Hexenbildchen nicht abgekauft hatte, und Sprangers hatte ihm versprochen ihm dort in S. Oreste ein anderes, noch viel besseres zu malen, was er auch zur grossen Zufriedenheit des Herrn Spindolo tat, der ihn dort in Gesellschaft anderer Edelleute zu Pferde besuchen kam. Sprangers hielt sich daselbst vier Monate lang auf. Wieder nach Rom zurückgekehrt führte er ein äusserst angenehmes Leben bei dem durchlauchtigen Kardinal Farnese und wohnte drei Jahr lang im Palast von San Lorenzo in Damaso.[274] Endlich, als Sprangers vom Kardinal nach dessen berühmtem Palaste zu Caprarola, eine kleine Tagereise von Rom gesandt worden war, um dort einige Landschaften *al fresco* zu malen, liess der Kardinal ihn ganz unerwartet wieder zurückkommen und führte ihn, als er wieder in Rom eingetroffen, zu Papst Pius V.[275] Im päpstlichen Palast angekommen, gingen der Kardinal und Don Giulio zusammen zu seiner Heiligkeit, und kurz darauf wurde auch Sprangers hereingerufen. Er küsste dem Papst die Füsse, empfing den Segen und wurde nach einer kurzen Besprechung über ein Bild, das seine Heiligkeit von ihm gemalt haben wollte, zum

te hebben van hem ghemaeckt, werdt S p r a n g h e r daer voor
des Paus Schilder aenghenomen, en heerlijcke wooninghe be-
steldt in Belvideer, recht boven 't Beeldt van den L a o c h o n,
alwaer hy een stuck maecte van het Oordeel, ses voeten
hoogh, op een coper plaet, vol werck, datter vijf hondert tro-
nien in quamen, het welck noch te sien is in't Clooster tot
den Bosch tusschen P a v i a en A l e x a n d r i a, op de Sepul-
tuer van P i u s Q u i n t u s, en dit was ghemaeckt binnen
veerthien maenden. Hier naer, alsoo V a s a r i schier den
S p r a n g h e r in onghenade had ghebrocht by zijn Heylicheydt,
segghende, hem te wesen eenen Jonghen, die niet veel en
paste te doen, en den tijt onnutlijck door bracht vingh S p r a n -
g e r aen te toonen zijn neersticheyt, maeckende op een coper
plaet, een vel papier groot, een Hofken in der nacht, en
presenteerdet den Paus, het welck hem seer wel beviel,
alsoo dat hy begheerde dat S p r a n g h e r de heele Passie
soude maecken op de selve forme, hem bevelende dit stuckx-
ken vervolghens te teyckenen, op dat hy sach ofse hem be-
haghen souden: T'welck den S p r a n g h e r niet gheern en
dede, noyt hebbende anders gheteyckent als met kool en
crijt, heeft het doch den Paus te ghevalle ghedaen op blaeu
papier oft van wit en swart, tot twaelf stucken: Dus bracht
den Paus S p r a n g h e r eerst aen het teyckenen metter Pen,
als daer toe gedronghen. Doe nu S p r a n g h e r het leste
stuck, te weten, de Verrijsnis, teyckende, is den Paus ghe-
storven: Vant doe hy t'Hofken sagh, was S p r a n g h e r voor
zijn bedde gheroepen, om dat hy sieck was. Van dese
stuckxkens heb ick eenighe ghesien, en waren verwonderlijck,
en seer Meesterlijck ghehandeldt metter Pen en gewasschen:
Oock heefter den Keyser noch eenighe van. Doe nu den
S p r a n g h e r soo grooten oorsaeck ontvallen was, is zijnen
aengheboren lust vernieuwt, om groote dinghen te maecken.
Het eerste groot stuck van hem in ghemeen plaetse, was tot
S. L o w i j s in de Fransoysche Kerck, op den muyr van Oly-
verwe eenen Sinte A n t h o n i s, Sinte J a n B a p t i s t e,
Sinte E l i s a b e t h, en boven in de Locht een Mary-beeldt

päpstlichen Maler ernannt und erhielt eine prächtige Wohnung
im Belvedere angewiesen, gerade über dem Standort der
Laokoongruppe. Hier malte er auf einer Kupferplatte von
sechs Fuss Höhe ein Jüngstes Gericht, ein Bild reich an
Einzelzügen, auf dem man 500 Köpfe zählen konnte, und das
noch im Kloster del Bosco zwischen Pavia und Alessan-
dria über dem Grabmal Pius V. zu sehen ist.[276] Seine
Fertigstellung hatte vierzehn Monate beansprucht. Hierauf
fing Sprangers, nachdem wenig daran gefehlt hatte, dass
er beim Papste durch Zutun Vasaris, der behauptete, er
wäre ein junger Mensch, der nicht viel leiste und seine Zeit
vergeude, in Ungnade gefallen wäre, an seinen Fleiss zu
zeigen und malte auf eine Kupferplatte von der Grösse eines
Bogens Papier einen Garten von Gethsemane bei Nacht und
präsentierte das Bild dem Papste. Dieser fand so grosses
Gefallen daran, dass er wünschte Sprangers möge die
ganze Passion im gleichen Format ausführen, ihm aber be-
fahl die Serie zunächst zu zeichnen, damit er sehen konnte,
ob sie ihm gefallen würde. Dieser Befehl war Sprangers
nicht sehr angenehm, da er noch niemals anders als mit
Kohle und Kreide gezeichnet hatte. Doch zeichnete er das
Ganze dem Papst zu Gefallen auf blaues Papier in zwölf
Stücken *en grisaille*. So brachte der Papst Sprangers
gleichsam gegen dessen Willen dazu mit der Feder zu zeichnen.
Als nun Sprangers das letzte Bild, nämlich die Aufer-
stehung, zeichnete, starb der Papst;[275] denn schon als er die
Gethsemaneszene ansah, lag er krank im Bett, an das er
Sprangers hatte rufen lassen. Von diesen Blättern habe
ich einige gesehen, sie waren erstaunlich und sehr meister-
haft mit der Feder gezeichnet und laviert; auch besitzt der
Kaiser noch einige davon. Als nun dieser gewichtige Hinde-
rungsgrund für Sprangers in Fortfall gekommen war, er-
wachte in ihm seine angeborene Neigung grosse Sachen zu
malen auf's Neue. Das erste grosse Stück von ihm an
öffentlicher Stelle waren die Figuren des hl. Antonius, Jo-
hannis des Täufers und der hl. Elisabeth in Ölfarbe auf die
Mauer gemalt und darüber in der Luft eine Maria mit Engeln,

met Enghelen, dat een seer aerdich werck, en wel ghedaen
was.   Daer nae tot Sinte Jan by Porta Latina, een his-
torie van sinte Jan in d'Oly, beeldē wat minder als t'levē,
t'is t'hoogh Altaer, en is van Oly-verwe op doec, seer wel
geordineert en geschildert. Voorts in een Kercxken, by
Fonteyne de Treves, wesende een S. Anna in't Kinder-
bedde, beelden als half het leven, is oock een Altaer-tafel
op doec, een seer schoon inventie, en heerlijck, met ver-
scheyden actien van Vroukens, die met Maria met t'nieuw
boren kindeken doende zijn: boven comt in de wolcken den
Vader met Enghelen: dit selve comt in druck. Ick heb oock
ghesien, dat Sprangher dit stuck onder handen hadde.
Dit zijn de groote stucken die hy in Room dede: Maer daer
te vooren heeft hy menichte van cleen stucxkens ghedaen,
de welcke soo haest vercocht als ghedaen waren. Doch
t'sindert t'overlyden van den Paus, in wiens dienst hy had
gheweest 22. maenden, had hy vast zijnen tijt verlooren: want
hy hem doe begaf te woonen by een jongh Nederlants tref-
lijck Coopman, zijnen goeden Vrient, die wat op t'wilt ghe-
went was, soo dat Sprangher eenighe Jaeren niet veel
goets en dede, dan zijn lusten volghen, niet veel werckende,
dan als hem tot sulckx den ghemeenen middel, te weten,
gelt ontbrack. Noyt en weet ick, dat hy sich selven 'thooft
ghebroken heeft met yet nae het fraey dinghen (dat te Room
overvloedich is, soo Antijcken, als Schilderijen, oft anders)
veel te teyckenen. Ick meen hy noyt bladt papier te dier
oorsaeck en heeft vuyl gemaeckt, een dinghen seer te ver-
wonderen: soo dat hy vertreckende van Room nae Oosten-
rijck, gantsch geen Const in packen te voeren en hadde, met
veel meerder ghemack draghende alles vast in zijnen boesem.
My ghedenckt, doe de Gravinne van Arembergh te Room
was, dat hy voor een Edelman een van haer Jofvrouwen con-
terfeytte by onthoudt, dat voor een yeghelijck kenlijck seer

in der Kirche S. L u i g i d e' F r a n c e s i,[277] ein sehr schönes und gut ausgeführtes Werk. Darauf malte er für die Kirche San Giovanni in Oleo[278] das Hochaltarbild in Ölfarbe auf Leinwand, ein sehr gut komponiertes und gemaltes Bild mit etwas unterlebensgrossen Figuren, das die Legende von St. Johannes im siedenden Öl darstellte. Ferner malte er ein Hochaltarbild auf Leinwand, eine Wochenstube der hl. Anna darstellend, für ein Kirchlein bei der Fontana Trevi, ein Bild mit ca. halblebensgrossen Figuren, sehr schön in der Erfindung und vortrefflich in den verschiedenen Bewegungen der Frauen, die sich mit Maria, dem neugeborenen Kinde, beschäftigen. Oben in den Wolken sieht man Gott Vater mit Engeln. Diese Darstellung ist auch gestochen worden.[279] Ich habe S p r a n g e r s an diesem Bilde arbeiten sehen. Dies sind die grossen Werke, die er in R o m malte. Aber vorher hatte er eine Menge kleiner Bilder geschaffen, die ebensoschnell verkauft wie gemalt waren. Doch seit dem Tode des Papstes, in dessen Diensten er 22 Monate gestanden hatte, hatte er sehr viel Zeit verloren; denn er zog damals zu einem vortrefflichen jungen n i e d e r l ä n d i s c h e n Kaufmann, seinem guten Freund, der ein etwas ungebundenes Leben führte, so dass S p r a n g e r s einige Jahre lang nicht viel anderes tat als seinem Vergnügen nachgehen und nur dann etwas arbeitete, wenn er Geld zur Bestreitung der Kosten seiner Passionen brauchte. Es ist mir nicht bekannt, dass er sich den Kopf damit zerbrochen hätte eifrig nach den schönen Dingen, an denen R o m so überreich ist, nämlich antiken Überresten, Malereien und dergleichen, zu zeichnen. Ich glaube, dass er nicht ein einziges Blatt Papier zu diesem Zwecke geopfert hat, was sehr in Erstaunen setzen muss, so dass, als er R o m verliess, um nach Österreich zu reisen, sein Gepäck durch keine einzige Zeichnung beschwert wurde und er, was für ihn eine viel grössere Annehmlichkeit, alles fest in seiner Erinnerung mit sich trug. Ich erinnere mich, dass er, als die Gräfin A r e n b e r g[280] in R o m war, für einen Edelmann eine ihrer Begleiterinnen aus dem Gedächtnis porträtierte und zwar so ähnlich, dass sie für jeder-

wel gheleeck, waer van hy wel betaelt, en den verliefden
Edelman wel te vreden en vernoeght was, waer by des
Spranghers goede memorie af te meten is.   Doe Sprang-
gher soo tot yet groots te doen geneycht was, en de voor-
verhaelde Altaer-tafels hem seer gheruchtich hadden ghe-
maeckt, quam haer selven hem aenbiedē een oorsaeck, dat
hoogher ghedachtnis Keyser Maximiliaen de tweede, heeft
doen schrijven aen den seer uytnemenden Jan de Boloigne
Nederlander, Beeldthouwer van den Hertogh van Florencen:
Dat hy zyn Majesteyt soude schicken twee Jonghers, een
Schilder en Beelthouwer, die ghenoechsaem waren hem te
dienen in groote werken en gebouwen.   Waerom Bologne,
hebbende Sprangher voorhenē gekent in Room, en met
hem veel ghemeensaem gheweest, in Belvideer in't Paus
Paleys, heeft hy hem daer toe vercoren, en verordineert voor
den Schilder, en voor den Beeldthouwer eē die doe ooc te
Room was, en zyn Discipel, den seer uytnemenden, seldsamen
constigen Jonghman, Hans Mont, Beeldthouwer, gheboren
te Ghent in Vlaender, een vā de alderbeste edel geesten der
Weerelt, den welcken den sonderlinghen oorsaecker was, dat
Sprangher bewillichde daer henen te trecken: Want dat
is een ghewis dinghen, dat sonder Hans Mont, hy noyt
van Room waer vertrockē, meenende en vast voor ghenomen
hebbende eenmael hem tot studeren te begheven, eer hy ver-
trecken soude: Maer bedenckende dat hy sulcken mede-
gheselle hadde, dat hy met hem oover al practiseren mocht,
werdt hy eensdeels ghenoech tot de Reyse beweeght.   D'ander
oorsaeck, die Sprangher ghenegen maeckte te vertrecken,
was den lust tot groote wercken, die by den Keyser souden
vallen te doen, om dat, wat men te Room in openbaer plaet-
sen te maecken heeft, men schie rom een stuck Broodts doen
moet: Nademael yeder Jongman hem soeckt eenen Naem te
maecken met Altaer-tafels te schilderen.   En hoewel Spran-
gher dae toe oock lust had, en oock tot groot ghewin, niet
uyt giericheyt, dan om zijn ghneniet daer van te hebben, als
die ghewent was van zijn cleen dingen over betaelt te worden
(als verhaeldt is.)   Doe nu nae eenighe maenden hem ghelt

mann erkennbar und der verliebte Edelmann damit sehr zu-
frieden und darüber erfreut war und ihn reichlich belohnte.
Hieraus kann man abnehmen, ein wie gutes Gedächtnis
S p r a n g e r s hatte.   Nachdem ihn die oben genannten grossen
Altarbilder sehr berühmt gemacht hatten, kam seiner Neigung
sich an umfangreiche Arbeiten zu wagen, der Umstand ent-
gegen, dass Kaiser M a x i m i l i a n II. glänzenden Angedenkens
an den ausgezeichneten N i e d e r l ä n d e r J a n d e B o l o g n e,[239]
Bildhauer des Herzogs von F l o r e n z schreiben liess, er
möge ihm zwei junge Künstler, einen Maler und einen Bild-
hauer schicken, die fähig[281] seien in seinem Dienste umfang-
reiche Werke zu schaffen und Gebäude auszuschmücken.
D e B o l o g n e, der S p r a n g e r s seinerzeit in R o m kennen-
gelernt hatte, und im B e l v e d e r e im päpstlichen Palaste
viel mit ihm zusammen gewesen war, wählte ihn als Maler
und als Bildhauer einen, der damals auch in R o m und sein
Schüler war, nämlich den sehr hervorragenden und selten
kunstreichen jungen Bildhauer H a n s M o n t,[282] geboren zu
G e n t in F l a n d e r n, einen der allerbesten Edelmenschen
der Welt, der auch die eigentliche Ursache war, dass S p r a n-
g e r s einwilligte nach W i e n zu gehen.   Denn das ist gewiss, dass
er ohne H a n s M o n t R o m nicht verlassen hätte, da er sich
fest vorgenommen hatte, sich, bevor er die ewige Stadt ver-
liesse, endlich einmal an's Studieren zu machen.   Doch bewog
ihn einmal die Erwägung, einen derartigen Genossen zu
haben, mit dem er überall zusammenarbeiten konnte, schon
genügend zur Reise, und andererseits kam noch seine Sehn-
sucht grosse Sachen auszuführen, die es beim Kaiser zu be-
wältigen geben sollte, hinzu; denn was man zu R o m an
öffentlichen Orten zu malen hat, muss man beinahe um ein
Butterbrod machen, da sich jeder junge Mensch durch das
Malen von Altarbildern einen Namen zu machen sucht.
S p r a n g e r s hatte dazu freilich auch Lust, doch wollte er
ausserdem einen guten Gewinn davon haben, nicht etwa aus
Habgier, sondern um sich das Leben damit zu versüssen,
war er doch gewohnt, für seine kleinen Sachen reichlich
bezahlt zu werden, wie erzählt wurde.   Nachdem er nun

tot de reys gedaen was, vertrock hy met zyn Medegheselle uyt Room int Jubilee Jaer 1575. en quamen alsoo tot Weenen in Oostenrijck. Doe den Keyser op den Rijckxsdagh was te Reghensborgh, alwaer zynen soon Rodolphus de tweede was gecroont Roomsch Coningh. Nae weynigh Maenden den Keyser te weenen comende, dede zyn Keyserlijcke Majesteyt Hans Mont maecken eenighe Modellen van was, en poteerde, en Sprangher eenighe teyckeninghen, en stuckxkens Schilderije, en ordineerde hem te schilderen een verwelf, in eenen Thoren van het nieuw gebouw buyten Weenen, geheeten dē Fasangarten. Het eerste dat Spranger voor den Keyser Maximiliaen maecte, ondertusschen doe hy besich was met teyckenen, om 't werck tot Fasangarten, was een coperken in de lengde, daer Christus op het Cruys genaghelt, zynde, wordt opgherecht, het scopus brenghende in't verschiet, met veel ander bywerck, wesende een seer versierlijcke aerdighe ordinantie. Hy maeckte oock een Epitaphie, wesende een Verrijsnis, dat welcke staet in's Keysers Hospitael te Weenen. Naer eenighe maenden keerde zyn Majesteyt tot Reghensburg, alwaer Rudolphus de tweede werdt vercoren Roomsch Keyser. Weynich tijdt daer nae, te weten, Anno 1576. in October, is uyt dit leven tot een beter verscheyden den Keyser Maximiliaen, latende van hem een heerlijcke en salighe gedachtenisse by een yeghelijck. Terwijlen hadden Hans Mont en Sprangher ghewrocht in het nieuw ghebouw, en ghemaeckt groote beelden van Stucco, ontrent acht voeten hoog, en oock soo groote beelden gheschildert op 't nat kalck, met oock eenighe Historien, met beelden wat minder als 't leven, en oock eenighe Historien van half rondt. Daer nae quam des Winters coude aen, en met eenen de tijdinghe van het overlijden van den goeden Keyser, en twee oft dry daghen daer na, Brieven aen hunnen betaelder te Weenen, dat hy in alder voeghen soude acht nemen, dat den Schilder en Beeldthouwer, die van Room waren gedaen comen, niet en souden vertrecken, tot dat den nieuwē Keyser te Weenē quam. Dus werden sy wel ghetracteert en alle Maenden betaeldt. Den Sprangher maeckte hier nae een stucxken passelijcken groot, daer Mercurius in den Raedt der Goden

einige Monate später Geld zur Reise ausbezahlt erhalten
hatte, verliess er — es war im Jubeljahre 1575 — mit seinem
Genossen Rom, und so kamen sie nach Wien in Öster-
reich. Der Kaiser war damals gerade auf dem Reichstag
zu Regensburg, wo sein Sohn Rudolph II. zum römischen
König gekrönt wurde. Als er wenige Monate darauf nach
Wien zurückgekehrt war, lies er Hans Mont einige Modelle
aus Wachs und Ton anfertigen und Sprangers einige
Zeichnungen und kleine Malereien und befahl ihm ausserdem
ein Gewölbe in einem Turm des neuen Gebäudes ausserhalb
Wiens, der Fasangarten genannt, auszumalen. Das erste,
was Sprangers für Kaiser Maximilian malte, während
er mit Zeichnungen zu dem Werk in Fasangarten be-
schäftigt war, war die Aufrichtung des an's Kreuz genagelten
Christus, in der Verkürzung gesehen, eine sehr gut erfundene
schöne Komposition mit vielem Beiwerk auf einer kleinen
oblongen Kupfertafel. Er malte auch ein Epitaphbild, nämlich
eine Auferstehung, die im kaiserlichen Hospital zu Wien auf-
gestellt ist. Einige Monate darauf kehrte seine Majestät nach
Regensburg zurück, wo Rudolph II. zum römischen Kaiser
gekrönt wurde. Kurze Zeit darauf, nämlich im Oktober 1576
ging Kaiser Maximilian aus diesem Leben in ein besseres
ein und hinterliess bei Jedermann eine unauslöschliche Er-
innerung. Inzwischen hatten Hans Mont und Sprangers
in dem neuen Gebäude gearbeitet und grosse ungefähr acht
Fuss hohe Figuren aus Stuck gemacht und ebensogrosse *al
fresco* gemalt, ferner einige Szenen, deren Figuren etwas
unter Lebensgrösse waren, und auch einige Reliefs. Dann
kam der Winter mit seiner Kälte und zugleich die Nachricht
von dem Hinscheiden des guten Kaisers und zwei oder drei
Tage darauf Briefe an ihren Zahlherren zu Wien mit der
Weisung unter allen Umständen dafür zu sorgen, dass der
Maler und der Bildhauer, die man von Rom hatte kommen
lassen, nicht fortgingen, bevor der neue Kaiser nach Wien
komme. Daraufhin wurde gut für sie gesorgt, und sie er-
hielten jeden Monat ihre Bezahlung. Hierauf malte Spran-
gers ein mittelgrosses Bild, das darstellte, wie Merkur

Psyche brenght, het welck met een aerdigh doorsien der wolcken uytnemende wel gheordineert, en wel ghedaen was. Noch op een koperken een Room, een sittende Vrou met den Tyber-Godt, Wolvin, en twee kinderkens: Het eerste, dat den nieuwen Keyser Rodolpho wert ghepresenteert. Item, noch een Mary-beeldt, met eenige beeldē by, seer lief-lijck gecoloreert. Nae ses Maenden dat den Keyser vercoren was, quam den tijdt dat zyn Majesteyt soude doen te Weenen zyn blijde Incomst, waerom de Heeren van der Stadt aen Sprangher versochten te hebben ghemaeckt op de oude Bouwer-marct, een groote Arche Triumphael. Hier van maecte Hans Mont d'ordinantie en teyckeninghe, want hy in Architectura seer hervaren, en tot sulckx ghenoech-saem was. Hier toe maeckte hy oock eenighe groote beelden van acht oft neghen voeten hoogh, eerst opgheraemt van hort hoy ghebonden, en daer nae met pot-eerde: voor aen, aen weersyden, quamen Keyser Maximiliaen en Rodolphus, beyde nae 't leven, en onder ander beelden eenen staenden naeckten Neptunus, dat een uytnemende Beeldt was, doende een geweldige schoon heerlijcke Actitude. Boven op de Arche over een open rondt maeckte hy een Peert Pegasus, om dat daer de Musijcke in 't passeren des Keysers was ghe-ordineert: dit Peert was tweemael als 't levē, staende op een seer groote hoogte, alle de beelden van aerde wesende, werden gheschildert wit van Oly-verwe, datse glans hadden als wittē Marber. Sprangher maeckte de Schilderije, te weten, als geel coper, Historien over een comende op eenighe deuchden, beelden die ondertusschen stonden, te weten, op Justitie, Wijsheyt, en derghelijcke, wesende Moderne His-torien, en Antijcke, alles seer constigh en uytnemende ghee-stigh gedaen: Oock eenige kinders meerder als 't leven, van verwe, die seer schoone Actien deden. Het was een seer groot werck, hoogher als die hooghe huysen op de Marckt, want de Heeren van Weenen wilden alleen een by-

Psyche in den Rat der Götter bringt, hervorragend in der Komposition und gut in der Ausführung mit einem schönen Durchblick durch die Wolken.[283]   Ferner malte er auf eine kleine Kupferplatte eine R o m a: eine sitzende Frauengestalt mit dem Tiber-Gott, der Wölfin und den beiden Kindern. Dies war das erste Bild von ihm, welches dem neuen Kaiser R u d o l p h vorgeführt wurde.[284]   Ferner malte er damals noch eine von einigen Figuren umgebene Maria, ein Bild, das sehr ansprechend in der Farbe war.[285]   Sechs Monate nach der Kaiserwahl sollte der feierliche Einzug seiner Majestät in W i e n stattfinden.   Darum stellte der Magistrat der Stadt an S p r a n g e r s das Ersuchen einen grossen Triumphbogen auf dem alten B a u e r m a r k t zu errichten.   Hierfür machte H a n s M o n t den Entwurf; denn er verstand sehr viel von Architektur und eignete sich sehr zu dergleichen.   Weiter fertigte er auch einige grosse acht bis neun Fuss hohe Figuren an, die aus einem mit Heu umwundenen Gerüst bestanden, das darauf mit Ton überzogen wurde.   An den beiden Vorderseiten kamen die Figuren der Kaiser M a x i m i l i a n und R u d o l p h — beide nach der Natur — zu stehen und unter andern Statuen auch ein stehender nackter Neptun, ein hervorragendes Bildwerk von imposanter prachtvoller Haltung.   Oben auf den Bogen über eine runde Öffnung setzte er einen Pegasus, weil sich dort die Musik beim Vorüberziehen des Kaisers hören lassen sollte.   Dieses Pferd war doppelt lebensgross und stand in bedeutender Höhe. Alle diese Tonfiguren wurden mit weisser Ölfarbe überzogen, so dass sie glänzten wie weisser Marmor.   S p r a n g e r s führte die Malereien aus, nämlich antike und moderne Szenen, die sich auf einige Herrschertugenden wie Gerechtigkeit, Weisheit und dergleichen bezogen, welche durch zwischen diesen Szenen stehende Figuren verkörpert wurden, — alles in Nachahmung von Bronze sehr kunstreich und ausserordentlich geistreich ausgeführt.[286]   Auch einige überlebensgrosse gemalte Putten in schönen Stellungen gehörten dazu. Es war ein sehr umfängliches Werk, höher als die hohen Häuser am Markt; denn der Magistrat von W i e n wollte ein

sonder heerlijck werck maecken, en dat te verwonderen is,
was alles voleyndt in achtentwintich dagen, niet teghenstaende
grooten hinder van den reghen, als my wel bekent is: Want
my S p r a n g h e r daer ontboodt te helpen, van Chrems, daer
ick doende was in den Gods-acker, in Fresco te Schilderen.
Hier na, alsoo den nieuwen Keyser met den eersten de
Const niet seer toegedaen was, en dese twee Constenaers,
en ghesellige vrienden, niet wetende waer voor dat sy daer
ginghen, is den Keyser vertrocken nae Lintz, en gheboodt
dat een van beyde soude 'tHof volghen, en den anderen te
Weenen bleve, verwachtende wat orden zyn Majesteyt hem
soude gheven. Soo dat H a n s M o n t 't Hof volghde, en
S p r a n g h e r te Weenen is ghebleven: Dus is 't Hof eynd-
linghe ghecomen te Praghen, alwaer H a n s M o n t eenighe
maenden wesende, en siende hem soo gheleydt, ghelijck als
by de neuse, so men de buffels doet, (na manier van spreecken)
en dat hy tot gheen besluyt oft resolutie en con ghecomen,
verliesende 't ghedult, vertrock sonder yet te seggen, oft
zijn leven meer weder te keeren: En het lest dat van hem
gehoort wordt, is, dat hy in Turckien soude wesen, oft een
Turck gheworden, wis een uytnemende jammer, om de
Const, en om zynen overtreffenden gheest, en groote schoon
maniere die hy toonde in zijn wercken, welcke beloofden en
gaven van hem teecken, dat hy gheen Beeldthouwer van
ouden noch nieuwen tijdt soude hebben gheweken, indien hy
oorsaec hem te oeffenen hadde moghen hebben in bysonder
wercken. Hy is van jonghs aen mijnen bekenden vriendt
gheweest, was seer goet-aerdich, en vernuftigh: maer onbe-
leeftheyts vyant, en somtijden te onlijdsaem, daer doch die
't Hof volghen, wel een stalen gheduldicheydt souden be-
hoeven te hebben. S p r a n g h e r dit te Weenen hebbende
verstaen, was daer in bedroeft, en heeft oock des Keysers
dienst verlaten, aennemende eenighe wercken voor bysonder
Heeren, twelck hy van te vooren niet hadde willen doen, en
hadde voor hem ghenomen dese ghedaen hebbende, oock te
gaen soecken elder zyn avontuere: Maer nae desen is ghe-

ganz besonders grossartiges Werk errichten. Und was das
Wunderbare dabei ist: Alles war in 28 Tagen vollendet, un-
geachtet der grossen Behinderung durch den Regen, wie
ich aus eigner Erfahrung weiss; denn S p r a n g e r s berief
mich dorthin von K r e m s, wo ich auf dem Friedhof Fresko-
malereien auszuführen hatte, um ihm zu helfen. Der neue
Kaiser, der zunächst der Kunst nicht sehr zugetan schien,
so dass unsere beiden Künstler und guten Freunde nicht
wussten, warum sie eigentlich da waren, zog dann nach L i n z
und gebot, dass Einer von den Beiden dem Hofe folgen und
der Andre in W i e n bleiben und warten solle, was für Auf-
träge der Kaiser ihm erteilen würde. Und so folgte H a n s
M o n t dem Hof, während S p r a n g e r s in W i e n blieb. Der
Hof ging schliesslich nach P r a g, und nachdem H a n s M o n t
dort einige Monate geharrt hatte, fühlte er sich sozusagen
an der Nase herumgeführt, wie man es mit den Büffeln tut,
und als er sah, dass er zu keiner Klarheit kommen könne,
verlor er die Geduld, reiste ab, ohne etwas zu sagen und
kehrte nie mehr zurück. Das Letzte, was man von ihm
hörte, ist, dass er sich in der T ü r k e i aufhalten und sogar,
dass er Muselmann geworden sein soll, gewiss ein ausser-
ordentlicher Jammer für die Kunst und für seinen über-
ragenden Geist und die grosse schöne Auffassung, die er in
seinen Werken zeigte, welche versprachen und bewiesen, dass
er keinem Bildhauer alter oder neuer Zeit hätte zu weichen
brauchen, wenn er Gelegenheit gehabt hätte seine Kraft an
bedeutenden Aufgaben zu erproben. Er war von Kind an
mein naher Freund, war sehr gutmütig und klug, aber ein
Feind schlechter Behandlung und manchmal zu ungeduldig,
während doch Jene, die in Hofdienst stehen, über eine stäh-
lerne Geduld verfügen müssen. Als S p r a n g e r s in W i e n
die Nachricht von der Abreise seines Genossen erhielt, war
er sehr betrübt und verliess ebenfalls den Dienst des
Kaisers[287] und nahm einige Aufträge von seiten vornehmer
Herren an, was er bis dahin nicht hatte tun wollen. Und
er hatte sich vorgenommen nach Erledigung dieser Arbeiten
gleichfalls fortzugehen und sein Glück wo anders zu ver-

comen te Weenen des Keysers opper Camerling, den Heer
R o n f f, den welcken geseydt wat des S p r a n g e r s voornemen
was, liet hem by hem roepen: Hem ghebiedende van 's
Keysers wegen, dat hy zyn schickinghe niet soude maken
van te vertrecken: Maer dat hy passen soude veerdigh te
wesen, teghen dat hy van Weenen te Praghen ontboden
soude worden, het welck gheschiede: En te Praghen co-
mende, wert nae eenighe Maenden van nieuws in s' Keysers
dienst aengenomen, met heerlijcke provisie. Doe nu S p r a n-
g h e r hem vast in s' Keysers dienst bevondt te wesen, nam
oock vastlijc voor hem te trouwen en huys te houden, we-
sende doch met zyn eerst aencomen te Praghen heel toe-
ghedaen, en door liefde onderworpen Dienaer van een deucht-
same jonge Dochter van veerthien Jaren, welx Moeder uyt
Nederlandt, en den Vader uyt een Hooghduytsche Zee-stadt,
een rijck Coopman oft treflijck Juwelier was. En 't gheluck
voeghde, dat dese jonghe Dochter den S p r a n g e r oock met
weder liefde te draghen, goede hope gaf. Des werdt van
wegen des Keysers, en des Opper-camerlinghs doen comen
den Vader en hem wiert van zyn Majesteyts weghen de
dochter gheeyscht te Houwlijck voor den S p r a n g e r: welcken
eysch so veel vermocht, dat den Vader (wetende de toe-
gheneghentheyt van zyn dochter) bewillighde: Doch met be-
spreck, dat den S p r a n g h e r de Bruyloft soude vertrecken
noch twee Jaren, om de Jonckheyt van de Dochter. Dit
werdt soo gheconsenteert: Maer S p r a n g h e r wist met den
Vader en Moeder so te maecken, dat syse hem gaven t'eynden
thien maenden, en hielden de Bruyloft, terwylen dat den
Keyser te Weenen was. Het eerste groot werck dat S p r a n-
g h e r doe dede te Praghen, en van hem in 't openbaer te
sien is, is gheweest den ghevel van zyn huys, uyt den ghelen,
als van Coper, gheschildert. Boven om hoogh comen kin-
derkens groot als 't leven: Op de rechter syde, daer sy
schilderen, en teyckenen: op de slincke syde, daer sy beeldt-
houwen, en teeckenen. In 't midden eenen vlieghenden
M e r c u r i u s, als 't leven. Onder comen Lunettē. Onder
dit verwelf comt de F a m a. Int midden, en daer onder, een

suchen. Inzwischen kam jedoch der oberste Kammerherr des Kaisers, der Herr Rumpff[288] nach Wien, und als er von Sprangers Absicht hörte, liess er ihn zu sich rufen und befahl ihm im Namen des Kaisers seine Absicht abzureisen aufzugeben und sich bereit zu halten einem Ruf von Wien nach Prag Folge zu leisten, der auch erfolgte. Und einige Monate nachdem er in Prag angekommen war, wurde er von neuem in den Dienst des Kaisers berufen und erhielt ein glänzendes Gehalt. Als sich Sprangers nun sicher im Dienste des Kaisers wusste, nahm er sich auch fest vor zu heiraten und einen Hausstand zu gründen, war er doch gleich nach seiner Ankunft in Prag in Liebe zu einem tugendsamen jungen Mädchen von 14 Jahren entbrannt, dessen Mutter eine Niederländerin war und dessen Vater — ein reicher Kaufmann oder trefflicher Juwelier — aus einer deutschen Seestadt stammte.[289] Und das Glück wollte, dass dieses junge Mädchen Sprangers durch Gegenliebe Hoffnung gab. Darauf wurde der Vater auf Veranlassung des Kaisers und des obersten Kammerherren kommen gelassen und seine Tochter im Namen des Kaisers von ihm zur Ehe mit Sprangers begehrt, mit dem Erfolge, dass er, denn ihm war die Neigung seiner Tochter nicht verborgen geblieben, einwilligte, doch unter der Bedingung, dass Sprangers die Hochzeit, um der grossen Jugend des Mädchens willen, noch zwei Jahre aufschiebe, was auch zugestanden wurde. Aber Sprangers verstand es den Vater und die Mutter dahin zu bringen, dass sie ihm das Mädchen schon nach Ablauf von 10 Monaten gaben, worauf sie Hochzeit machten, während sich der Kaiser in Wien aufhielt. Das erste grosse Werk, dass Sprangers damals in Prag schuf, und das an öffentlicher Stelle zu sehen ist, ist der mit Malereien in Bronzefarbe geschmückte Giebel seines Hauses. Oben in der Höhe sieht man lebensgrosse Putten, die auf der rechten Seite mit Malen und Zeichnen auf der linken mit Bildhauen und Zeichnen beschäftigt sind. In der Mitte sieht man einen lebensgrossen fliegenden Merkur. Darunter brachte er Lünetten an, und in der Mitte unter diesen Bogen sieht

Vrouwen beelt, R o m a, staende op eenen cloot, die van den
A d e l a e r gedragen wiert, welken A r e n t comt tot onder in
de Frijse. De Frijse is voort vervult met ghevanghenen, en
wapen-roof, oft Spoelgien: aen beyde de hoecken van de
Frijse staê twee groote beelden, van acht voeten hoogh, d'een
eenen H e r c u l e s, d'ander een J u s t i t i e: In midden onder
de Frijse comt een kindeken, grooter als 't leven, ghecolo-
reert, houdende een E p i t a p h i e. Dit alles is heerlijck aen
te sien, de beelden wonderlijck verheffende, en schoon van
actituden. Daer is noch van S p r a n g e r te Praghen in de
Nieu-stadt, tot S. G i l l i s, een E p i t a p h i u m, met beelden
soo groot als t'leven, eenen C h r i s t u s, met Duyvel en Doot
·onder voet, oock aen weersijden Engelen, dat een goet werck
is. Voorts is in de Kerck van S. T h o m a s een S i n t e S e-
b a s t i a e n van hem gheweest, met beelden van dry oft vier
voeten hoogh, met Schutters, die voor aen meerder comen.
Desen S e b a s t i a e n heeft den Keyser, nae dat hy daer on-
trent dry oft vier Jaer hadde ghestaen, gheschoncken aen
den Hertog van Beyeren, en S p r a n g h e r heeft in de plaetse
eenen anderen ghemaeckt, en in beyden is te sien een seer
aerdighe roerentheydt der beelden. Daer nae maeckte hy
een J u s t i t i a, met eenighe kinderkens daer by, welcke
S p r a n g h e r op t'Raedt huys heeft gheschoncken. Noch
heeft S p r a n g h e r ghemaeckt een groot stuck, welck is een
Altaer-tafel, tot de Paters de Jesuiten, wesende ons Vrouwen
Hemel vaerdt, beelden sevê voetê groot, met de twaelf Apos-
telen, en Enghelen, wesende een uytnemende goet werck. In
d'oude Stadt in't Clooster van S. J a c o b, is van hem eenen
S. J a c o b, en S i n t e E r a s m u s in Bisschops cleederen,
groot als t'leven, over eyndt staende, en in't verschieten daer
hy ghemarteriseert, en de darmen uyt wordt ghewonden, oock
een seer goet werck. Voorts tot S. M a t h i a s, een Kerckx-
ken by S. J a n, daer is van S p r a n g e r eê E p i t a p h i u m,
voor zijn Huysvrouwen Vader nae zijn overlijden gedaen, en
is een Verrijsnis C h r i s t i, beelden als t'leven, den C h r i s-
t u s wesende wel van het best ghecoloreert dat den S p r a n-
g h e r veel ghedaen heeft: den C h r i s t u s wort den mantel op

man die Fama und unter ihr Roma, eine Frauengestalt auf einer Kugel, die von einem Adler getragen wird, welcher bis unten an den Fries reicht. Letzterer wird gebildet aus Gefangenen und Trophaeen oder Spolien, und an seinen beiden Ecken stehen zwei grosse, acht Fuss hohe Figuren: Herkules und Justitia. Mitten unter dem Fries endlich folgt ein über-lebensgrosser farbig gehaltener Putto, der eine Tafel hält. Dies Alles ist herrlich anzusehen, die Figuren sind wunder-bar plastisch und schön bewegt. Ferner ist in der St. Ägidiuskirche in der Prager Neustadt ein Epitaph von Sprangers, das in lebensgrossen Figuren den über Teufel und Tod triumphierenden Christus mit Engeln zu beiden Seiten zeigt, ein gutes Werk.[290] Ferner befand sich in der Thomaskirche ein hl. Sebastian von ihm mit Figuren von 3 bis 4 Fuss Höhe, von denen die Schützen im Vordergrunde am grössten sind.[291] Diesen Sebastian hat der Kaiser, nachdem er dort ungefähr drei bis vier Jahre aufgestellt gewesen war, dem Herzog von Bayern ge-schenkt,[292] und Sprangers hat dafür einen andern geliefert. Die Figuren in beiden Bildern sind sehr hübsch in der Bewegung. Hierauf malte er eine von einer Anzahl Putten umgebene Justitia, die er auf's Rathaus stiftete. Ferner hat er noch ein grosses Altarblatt für die Jesuitenkirche gemalt, eine Himmelfahrt Mariä mit den zwölf Aposteln und Engeln, ein hervorragend gutes Werk mit Figuren von sieben Fuss Höhe. Im St. Jakobskloster[293] in der Altstadt sieht man von ihm ein Bild mit dem hl. Jakob und dem hl. Eras-mus im Bischofsornat, lebensgrosse aufrechtstehende Figuren. Im Hintergrunde sieht man, wie der hl. Erasmus gemartert wird, indem ihm die Eingeweide aus dem Leibe gewunden werden. Ebenfalls ein sehr gutes Werk. Zu St. Matthias ferner, einem Kirchlein bei der Johanneskirche, befindet sich ein Epitaph von Sprangers' Hand, das er für den Vater seiner Frau nach dessen Tode gemalt.[290] Es stellt eine Auferstehung Christi dar mit lebensgrossen Figuren. Der Christus darauf ist koloristisch vielleicht das Beste, was Sprangers gemalt hat. Der Mantel Christi wird von einem

gheheven van een Enghel-kint, groot als t'leven: op weersijden
sitten Prianten, te weten, zijn Huysvrouwen Vader en Moeder:
boven op 't Frontesprijt comen twee kinders van rondt, ghe-
daen van den Const-rijcken A r i a e n d e F r ij s: int Fronte-
sprijt comt den Vader ghecoloreert.   Dese verhaelde stucken
zijn van S p r a n g h e r in openbaer plaetsen te sien, ander veel
zijn by den Keyser: want zijn Majesteyt is soo tot der Const,
en tot S p r a n g h e r s dinghen gantsch gheneyght gheworden.
T'gheschiede in't Jaer 1582. dat den Keyser te Weenen we-
sende, S p r a n g h e r ontboodt van Praghen te vertrecken, om
zijn Majesteyt te comen vinden op den Rijcksdag tot Aus-
borgh, daer is S p r a n g h e r met zijn Vrouw en ghesin ghe-
comen, en van daer weder met den Keyser tot Weenen.
Van doe voort wou den Keyser niet meer dat S p r a n g h e r
t'huys wrocht, als voorhenen, maer in de Camer, daer zijn
Majesteyt ghewoon was zijn vermaecken te hebben: soo dat
S p r a n g h e r in teghenwoordicheydt des Keysers begon te
wercken, met groot bevallen en lust zijner Majesteyt. Van
daer te Praghen ghekeert wesende, volherde S p r a n g h e r
altijt in s'Keysers Camer te wercken, waer door ghecomen
is, dat niemandt weynich oft niet van zijn dingen heeft
moghen hebben, dewijl hy gheen werck-gesellẽ en hiel, en
niet en wrocht dan met lust, en dewijl hem Godt soo veel
versien had, dat hy om broots wille niet behoefde arbeyden,
soo leyde hy alleen daer op toe, zijnen Keyser te voldoen,
en te behaghen, werckende in zijn Camer, daer zijn Majesteyt
veel teghenwoordich was, en dit gheduerde ontrent seventhien
Jaren. En alsoo hy niet wel ghenatureert en was tot een
Hovelingh, dewijle sulcke behoeven onbeschaemt te wesen,
soo heeft hy noyt connen hem voeghen moeylijcken yet veel
te begheeren, waer by ghecomen is dat hy weynich heeft
ghecreghen: Dan dat heeft hy hem te beroemen, dat hy
van zijnen Keyser altijdt heeft ghehadt alle genade oft gratie
die hy ghevordert heeft.   De ghedult heeft nochtans hem ten
lesten gunstich gheweest, en vruchten ghebracht: want het
is gheschiet in't Jaer 1588. dat de Keyserlijcke Majesteyt te
Pragen, door zijn goedertierenheyt, aen een volle Tafel, in

lebensgrossen Engelkinde aufgehoben.[294] Zu beiden Seiten knieen betend der Vater und die Mutter von Sprangers' Frau. Oben über dem Frontispiz sind zwei skulpierte Putten von der Hand des kunstreichen Adriaen de Vries angebracht, und im Frontispitz sieht man das gemalte Bildnis des Vaters.[295] Das sind die Werke von Sprangers, die an öffentlichen Stellen zu sehen sind, viele andere befinden sich im Besitze des Kaisers; denn seine Majestät fand allmählich grossen Geschmack an der Kunst und an Sprangers' Werken. Im Jahre 1582 liess der Kaiser, der in Wien war, Sprangers die Weisung zukommen, Prag zu verlassen und ihn auf dem Reichstage zu Augsburg zu treffen. Sprangers begab sich mit seiner Frau und seinem ganzen Hausstand dorthin und ging von dort mit dem Kaiser nach Wien. Von da ab wollte der Kaiser nicht mehr, dass Sprangers zu Hause arbeite wie bisher sondern in dem Raum, in dem der Kaiser sich die Zeit zu vertreiben pflegte, und so begann er in Gegenwart des Kaisers zu dessen grossem Vergnügen zu arbeiten. Als er von dort nach Prag zurückgekehrt war, fuhr er weiter fort in dem Gemache des Kaisers zu malen, und so kam es, dass wenig oder nichts von seinen Sachen für Andere zu bekommen war, dieweil er keine Malgesellen hielt und nur arbeitete, wenn er Lust dazu verspürte. Und da ihn Gott so reich beschenkt hatte, dass er nicht für seinen Lebensunterhalt tätig sein musste, so war seine einzige Sorge seinen Kaiser zu befriedigen und ihm Vergnügen zu bereiten, und so arbeitete er ungefähr 17 Jahre lang in dem ihm angewiesenen Raum und häufig in Gegenwart des Kaisers. Da er aber nicht sehr zu einem Höfling geschaffen war — solche müssen nämlich unverschämt sein — konnte er es nur schwer über sich gewinnen, etwas beharrlich zu begehren, was zur Folge hatte, dass er wenig bekam. Doch kann er sich rühmen von seinem Kaiser stets jede Gnade und Gunst, die er sich erbeten, bewilligt erhalten zu haben. Seine Geduld hat ihm aber zuletzt gute Früchte getragen; denn im Jahre 1588 liess ihm der

teghenwoordicheydt van alle Officieren zijnen Majesteyt, hem
aen den hals liet hangen een gouden Ketten dry dobbel om-
gaende, met Keyserlijck bevel die altijdt te draghen, t'welck
ghewis de meeste ghenade en eere was, die S p r a n g h e r
mocht gheschiedt hebben: waer mede den Keyser niet alleen
den S p r a n g e r, maer oock de Schilder-const vereerde. Oock
hadde zijn Majesteyt eenighen Jaren te vooren te Praghen
op eenen Landt-dagh in teghenwoordicheydt van allen Landt-
heeren, op Keyserlijck bevel aenghenomen als Landt-saet den
S p r a n g h e r, en met alle vryheydt van Edeldom begaeft,
oock t'samen al t'gheslacht oft afcomst der S p r a n g h e r s.
Doe heeft S p r a n g h e r by zijnen naem laten voeghen den
aenhang van den Schilde, welcken toenam over menichte vã
Jaren zijn Voorders plachten te voeren: want het alsoo daer
in't Landt t'ghebruyck is, dat yemant die in graet van Adel
wort aenghenomen, moet soo eenen bynaem •neffens zijnen
eersten toenaem voeghen laten: des machmen hem nu heeten,
d'Heer B a r t h o l o m e u s S p r a n g h e r van den Schilde,
welcken van den Schilde met het woordt Schilderen wel over
een comt, dewijle van het Schilderen der Schilden 'twoort
schilderen oorsprong heeft, waer van elder breeder verhaelt
is. Nu aengaende wat wercken den S p r a n g h e r voor zijn
Majesteyt eyghentlijc gedaen heeft, waer lang te verhalen:
want die stucken so groot als cleen, zijn een groot getal.
Oock heeft den S p r a n g h e r voor zijn Majesteyt ghemaeckt
eenighe Verlichterijen, daer in hy een goet Meester is, waer
van ick te ghetuyghen hebbe, soo veel mijn oordeel vermach,
en heb ick noyt gheen beter Verlichterije ghesien, als ick te
Room van hem heb ghesien, wesende een Historie daer de
Gheleerden over het Sacrament disputeren, en noch eenighe
ander dinghen. Oock heeft S p r a n g h e r somwijlen eenighe
dinghen (doch weynich) onder tusschen voor vrienden ghe-
daen. Ten lesten heeft hem den Keyser vryheyt ghegheven
en verlof, aensiende S p r a n g e r s ouderdom, dat hy in sijn
huys hem onthoude, met bespreck, hy altijts yet maecke groot
oft cleen, eenich dinghen voor zijn Majesteyt, ghelijck hy
daghelijckx doet, nu de Const meer als oyt toeghedaen we-

Kaiser zu Prag bei einem Festbankett in Gegenwart seines ganzen Hofes in seiner Gnade eine dreifache goldene Kette um den Hals hängen mit dem Befehl sie immer zu tragen, gewiss die grösste Gnade und Ehre, die Sprangers widerfahren konnte, und durch die der Kaiser nicht allein ihn, sondern auch die Malkunst ehrte. Auch hatte ihn der Kaiser einige Jahre zuvor zu Prag auf einem Landtag in Gegenwart aller Grossen des Landes unter die Landsassen aufgenommen und ihm alle Privilegien des Adels für sich wie für alle seine Nachkommen verliehen. Damals hat Sprangers seinem Namen den Zusatz van den Schilde anfügen lassen, ein Zuname, den seine Vorfahren vor vielen Jahren zu führen pflegten; denn es ist dort zu Lande üblich, dass Jemand, der geadelt wird, seinem ersten Zunamen einen derartigen Beinamen anhängen lässt. Und so kann man ihn jetzt den Herrn Bartholomäus Sprangers van den Schilde nennen. Dieses van den Schilde stimmt gut überein mit dem Wort *schildeven*, dieweil das Wort *schildeven* vom Bemalen der Schilde herkommt, wovon an einer anderen Stelle des breiteren berichtet wurde.[296] Was nun die Werke anlangt, die Sprangers speziell für seine Majestät geschaffen hat, so würde es zu weit führen sie aufzuzählen; denn die grossen und kleinen Bilder machen eine grosse Anzahl aus.[297] Auch hat Sprangers für den Kaiser einige Miniaturen gemalt. Er ist darin ein guter Meister, was ich — soweit mein Urteil eben reicht — bezeugen kann; denn ich habe niemals bessere Miniaturen gesehen als einen Disput der Gelehrten über das Sakrament und noch einige andere Sachen[298] von ihm, die mir in Rom zu Gesicht kamen. Sprangers hat auch hie und da, während er im Dienste des Kaisers stand, einige wenige Bilder für Freunde gemalt. Schliesslich gab ihm der Kaiser mit Rücksicht auf sein Alter die Erlaubnis bei sich zu Hause zu arbeiten, doch unter der Bedingung, dass er jederzeit irgend ein Bild, sei es gross oder klein für ihn unter Händen habe, eine Bedingung, der Sprangers auch täglich entspricht, der jetzt der Kunst mehr denn je zugetan seine verlorene

sende, zijn selven beclaghende van den verloren tijdt, om dat
hem ooghen, leden en beenen, niet ten besten willen dienen,
hoe wel dat de teghenwoordighe dinghen van hem gedaen,
altijdt (nae yeders oordeel) de laetste de beste zijn. Wy
hadden hier in onse Nederlanden wel gewenscht veel van
zijn dinghen te sien, ghelijck hy aen den goeden Liefhebber
d'Heer Pilgrim zijnen goeden Vriendt een uytnemende gra-
celijck stuck heeft cortlinghe ghesonden, van een Venus,
alwaer Mercurius Cupido leert lesen, wonderlijck ghe-
ordineert, en gheschildert, en is van allen verstandighen be-
hoorlijck en te rechten hoogh ghepresen. Aengaende zijn
teyckenen, daer weetmen zijns ghelijck niet, soo uytnemende
aerdich hy de Pen handeldt, en hier in volgh ick oock het
oordeel van die het Pen-handelen boven anderĕ bekent is,
besonder Goltzij, die my gheseyt heeft, niemandt zijns ghe-
lijck te weten: Alsoo wy verscheyden dinghen hier te Lande
ghesien hebbĕ, bysonder dat heerlijc en wonder wel gheor-
dineert bancket der Goden, oft bruyloft van Psyche, welck
de gheleerde hant en constigh graef-ijser Goltzij in't licht
gebracht heeft Anno 1585. daer men (so veel het ordineren
belangt) siet, hoe aerdigh het in groppen verdeeldt is, en
hoe een yeder zijn ampt oft dienst doet en bediendt: Want
Herculus de door-wachter is, de Muses de speel-lieden
zijn met Apollo, Ceres t'Hof-meesterschap bedienĕde,
Bacchus over den Wijn ghestelt, en elck in't zijn, voort
elck beeldt om te gracelijckst actie doende: Van welck den
Sprangher altijdt een bysonder onghemeen gave heeft laten
blijcken, die nerghen elder soo te sien is.   Aengaende zijn
coloreren, heb ick hem t'zynen hier wesen in Nederlandt
wel hooren vertellen, dat dewijl hy langhen tijdt daer by den
Keyser alleen was gheweest, sonder yemandt neffens hem te
hebben, daer hy eenich voorbeeldt van welverwen sagh, daer
op so geen besonder acht en hadde, dan eyndlingh siende
eenighe dinghen van Joseph Hijns Switser, en Hans van
Aken, die hun dinghen soo seer uytmuntich met de verwen

Zeit beklagt, nun da ihm Augen und Glieder nicht mehr wie
sonst dienen wollen, obgleich — nach Jedermanns Urteil —
von den Sachen, die er jetzt macht, immer das letzte Werk
das beste ist. Wir hätten gewünscht hier in den N i e d e r -
l a n d e n viel derartige Arbeiten von ihm zu sehen wie das
ausserordentlich anmutige Stück, dass er kürzlich dem grossen
Kunstfreund Herrn P i l g r i m, seinem guten Freund, gesandt
hat, ich meine Venus mit Merkur, der den Cupido lesen
lehrt, ein wunderbar angeordnetes und gemaltes Bild, das
von Allen, die etwas davon verstehen, nach Gebühr höch-
lich gerühmt wird. Als Zeichner weiss man seines Gleichen
nicht, so hervorragend schön arbeitet er mit der Feder, und
hier schliesse ich mich auch dem Urteil Jener an, die für
ihre Federzeichnungen vor andern bekannt sind, besonders
dem von G o l t z i u s, der mir sagte, er kenne Niemand, der
ihm gleichkomme. Wir haben hier zu Lande ja verschiedene
Zeichnungen von ihm gesehen, vor allem das herrliche, wunder-
bar komponierte Götterbankett, oder die Hochzeit der Psyche,
welche die kundige Hand und der kunstreiche Grabstichel
von G o l t z i u s im Jahre 1585 wiedergegeben haben.[299]
Hieran sieht man — was die Komposition betrifft, — wie
hübsch das Ganze gruppiert ist, und wie ein Jeder sein Amt
oder seinen Dienst versieht; denn Herkules ist der Torwart,
die Musen nebst Apoll sind die Musikanten, Ceres ist die
Hofmeisterin, Bacchus der Mundschenk und so weiter, und
jede Figur bewegt sich dabei auf das anmutigste, wofür
S p r a n g e r s stets eine ganz besonders ausgeprägte Gabe ge-
zeigt hat, die nirgends anders in dieser Weise sich findet.
Was sein Kolorit anlangt, so habe ich ihn, während seiner
Anwesenheit in den N i e d e r l a n d e n, erzählen hören, dass
er darauf während der langen Zeit, die er beim Kaiser allein
arbeitete, ohne Jemand neben sich zu haben, der ihm als
Vorbild für gute farbige Behandlung hätte dienen können,
nicht besonders geachtet habe, als er jedoch schliesslich
einige Arbeiten von J o s e p h   H e i n t z,[235] einem Schweitzer,
und H a n s   v o n   A a c h e n[300] gesehen, die ihre Sachen mit
Hülfe der Farben so ganz vortrefflich zur Darstellung brachten,

deden toonen, werdt hy heel anders te coloreren: want siet, dese maeckten dat hun dinghen wonderlijcken stonden, en veel in d'ooghe waeren. Het heeft doch van aenvangh altijdt een besonder Apellische gratie in al zijn dinghen ghespeelt, welcke nu verselt met de Dochter van Mars en Venus, Harmonia, door t'overeencomen van wel verwen, en vast cloec versierich teyckenen, is zijn Venussche Pictura aen 'tminste Toffel-craken niet te berispen, veel min te overtreffen. Alsoo dat den Sprangher wel verdient in so weerdighen graet aenghenomen te wesen by den Roomschen Caesar, die Const-liefdich als den grooten Alexander, oock zijnen Apelles heeft. Sprangher, doe hem nu 't nae hem treckich Vaderlandt door lust langhe en veel gewenckt hadde eens af te comen, heeft het ten lesten bewillight, en is Anno 1602. in Nederlandt ghecomen, daer hy den tijt van 37. Jaeren uyt was gheweest, een jongh uytghegaen. En ghelijck hy op eenighe Rijcksdaghen, niet (soo hy wel mocht) op des Keysers, maer eyghen groote costen was ghereyst, schonck zijn Maje-steyt hem tot de Nederlandtsche reys duysent gulden. In Nederlant comende, is hy by die van de Const over seer welcom en vriendelijck ontfanghen gheweest. T'Amsterdam hebben de Heeren hem vereert met des Stadts kannen Wijns. Te Haerlem, hebben die van de Const hem, en hy weder hun, eerlijck en jonstich vergast. Die van Trouw moet blijcken, d'oude Camer van Rethorica, vereerden hem over tafel met eê Tafel-spel oft Comedie, ten love van de Schilder-const, en hebben hem so welcom gheheeten. Sijn geselschap was ons soet, en zijn afscheyt smertich. Hy in zijn Vader-stadt Antwerpen oock met grooter blyschap over al ontfanghen geworden, en is van daer nae Colen, en voorts wederom te Praghen t'huys ghecomen: alwaer hy hem noch daeghlijcx met lust vlijtich in de Const is oeffenende. Nu alsoo hem den Sprangher alleen vindt, en zijnen ouden dagh begint aen te comen, hebbende verlooren op dees

habe er begonnen ganz anders mit den Farben umzugehen.
Denn diese brachten es zuwege, dass ihre Sachen wunderbar
plastisch erschienen und stark in die Augen sprangen. Es
hat jedoch von Anfang an stets eine besondere apellische
Grazie in seinen Sachen gewaltet, und nachdem diese jetzt
durch eine eben so schöne Farbengebung und eine sichere
geist- und erfindungsreiche Zeichnung mit der Harmonie, der
Tochter des Mars und der Venus vereint ist, kann man
seiner herrlichen Malerei nicht die mindeste Illusionstörung
zum Vorwurf machen, viel weniger noch sie übertreffen. So
hat Sprangers es denn wohl verdient bei dem römischen
Kaiser, der, kunstliebend wie der grosse Alexander, auch
seinen Apelles hat, so zu hohen Ehren zu gelangen. Nach-
dem ihm nun sein Vaterland, das sich nach ihm sehnte,
lange und viel gewinkt hatte, es einmal aufzusuchen, willigte
Sprangers endlich ein und kam im Jahre 1602 in die
Niederlande, denen er 37 Jahre lang ferngeblieben war,
und die er jung verlassen hatte. Und da er auf einige
Reichstage nicht — wie er wohl gewünscht hätte — auf des
Kaisers, sondern auf eigene Kosten, die nicht unbeträchtlich
waren, gereist war, schenkte ihm seine Majestät für die
niederländische Reise 1000 Gulden. Als er in die Nieder-
lande kam, wurde er von den Künstlern überaus willkommen
geheissen und aufs freundlichste empfangen. Der Magistrat
von Amsterdam spendete ihm den Ehrenwein, und zu
Harlem bewirteten ihn die Künstler auf ehrenvolle und
freundschaftliche Weise, und er sie desgleichen. Die Mitglieder
der alten Rhetorikerkammer Trouw moet blijcken[301]
ehrten ihn nach dem Mahl mit einer Komödie zum Lobe
der Malkunst und hiessen ihn damit willkommen. Seine
Gesellschaft war uns lieb und sein Abschied schmerzlich.
In seiner Vaterstadt Antwerpen wurde er ebenfalls überall
mit grosser Freude empfangen und ist von dort nach Köln
gereist und dann wieder in sein Heim in Prag zurück-
gekehrt, wo er sich noch täglich mit Lust und Fleiss der
Kunst widmet. — Jetzt aber, da Sprangers sich allein sieht
und das Alter sich geltend zu machen beginnt, bedürfte er

Weerelt zijn seer lieve deuchtsaem Huysvrouw en kinderen, behoefde hem wel een vriendlijcke constighe Medea, die hem weder jongh tooveren conde: doch soo hy 't soo niet gheraden vindt, sal de Const van selfs vermaeckelijck wesende, hem tot een Huysvrouw blyven, en daghelijckx verjeuchden in haer tijdt-roovende lustige oeffeninghe, en zijn wercken sullen als der Michel Agnels hem tot Kinderé verstrecken, die zijnen naem in den Tempel der Fame d'onsterflijckheyt sullen opofferen, en daer doen schrijven, tot eerlijcke eeuwighe ghedachtnis, dat hy eenen Paus en twee Keysers aenghenaemen dienst, met verwe en Pinceel uytnemende constich te handelen, ghedaen heeft.

Het leven van Cornelis Ketel, uytnemende Schilder, van der Goude.

Men bevindt onder de Jeught eenighe, die in't aenvangen onser schilder-const, teghen de Natuere aenloopende, gestuyt worden, datse niet en connen voortcomen, wat vlijt sy doen. Ander zijnder, die Natuere gonstigh is te brenghen tot volcomenheydt, dan zijn haer al t'ondancbaer, door dat Ouders rijckdom hun inbeeldt een vaste hope, van met de gheesselen der armoede en behoeflijckheydt niet te zijn ghedreven tot den arbeydt, en wetende dat hun den cost gheboren is, willen hun selven niet pijnighen, om hunnen gheest behulpich te wesen. Het zijnder oock, die hun Natuere oft goeden geest al te veel betrouwen oft oplegghen, sonder met neersticheydt te baet te komen, soo dat sulcke tot geenen loffelijcken eyndt gheraecken. Maer die de handt reyckende Natuere met stadighen vlijt leer-lustigh voet houden en versellen, die ghenutten eyndlijck met vreuchden de vruchden

wohl, da er seine innig geliebte tugendsame Frau[289] und
seine Kinder auf dieser Welt verloren hat, einer freundlichen
zauberkräftigen Medea, die ihn wieder jung zu machen ver-
möchte. Doch da er sich nicht wieder verheiraten will, soll
die Kunst, die ja selbst herzerfreuend ist, ihm eine Frau er-
setzen und ihn täglich durch die zeitvertreibende Beschäf-
tigung mit ihr verjüngen, und seine Werke sollen ihm, wie
es bei Michelangelo der Fall, die Stelle von Kindern
vertreten und seinen Namen im Tempel der Fama der Un-
sterblichkeit weihen und dort zu ewigem ehrenvollem Ge-
dächtnis verzeichnen lassen, dass er einen Papst und zwei
Kaiser durch die ausserordentlich kunstreichen in ihrem
Dienste geschaffenen Werke seines Pinsels erfreut hat.[302]

Das Leben des hervorragenden Malers Cornelis Ketel von Gouda.

Man findet unter den jungen Leuten einige, die, indem
sie sich auf die Malerei werfen, gegen ihre Natur handeln
und infolgedessen auf Hindernisse stossen, so dass sie trotz
aller Anstrengungen keine Fortschritte zu machen vermögen.
Anderen hat die Natur alles gegeben, um sie zur Vollkommen-
heit gelangen zu lassen, doch wissen sie ihr nicht den ge-
ringsten Dank dafür, indem der Reichtum ihrer Eltern sie
mit der sicheren Hoffnung erfüllt, dass sie nicht durch die
Geisseln der Armut und Bedürftigkeit zur Arbeit gezwungen
werden können, und im Bewusstsein, dass ihr Lebensunterhalt
ihnen gleichsam angeboren ist, wollen sie sich nicht quälen,
um ihren Gaben entgegenzukommen. Andere wiederum gibt
es, die allzusehr auf ihre Natur oder ihre Begabung ver-
trauen, ohne ihr durch Fleiss zu Hülfe zu kommen, so dass
es kein gutes Ende mit ihnen nimmt. Aber diejenigen,
welche die dargebotene Hand der Natur ergreifen und durch
beständigen Fleiss lernbegierig mit ihr Schritt halten, ernten

van den voorhenen gheleden arbeydt, ghelijck het velen ghe-
schiedt en wel bekent is, dat hier in't gheluck den voorsich-
tighen is toeghevallen.   Dit sal my oock niet versaecken den
Poeetlijcken Schilder Cornelis Ketel, welcken van jonghs
aen sonderlinghe neersticheydt om leeren toeleyde: want doe
hy maer en was elf Jaren oudt, hem voelende door de ghe-
neghentheyt de Schilder-const te leeren ghedronghen, had hy
syn eerst onderwijs by een zyn Oom, een taemlijck Schilder,
hebbende doch meerder wetenschap en oordeel, als handelinghe.
Ketel hier in vlijt te boven gaende alle Jonghers van den
heelen Winckel, gaf een Glaes-schrijver Dirck Pietersz.
Crabeth, zyn Ooms goeden vriendt wesende, den jonghen
goeden moet, siende zynē ernst so groot om leeren, seg-
ghende: Dit wil een van de hondert worden, die tot vol-
comenheyt comen. Dit versterckte Ketel zyn hope, en
maeckte hem vyerigher in't teyckenen uyt den geest en
conterfeyten, oock zyn eyghen vindinghen te Schilderen. Hy
is gheboren ter Goude, in't Jaer 1548. Sondaegs voor Palm-
sondagh. Doe nu Ketel 18. Jaer out was, quam hy by
Anthonis Blocklandt te Delft, en woonde daer een Jaer,
welck was 't Jaer 1565. In't Jaer 1566. trock hy na Parijs in
Vranckrijck, en quam te Fonteyne Bleau, doe hy had ver-
nomē, datter eenighe Jonghe Nederlanders, Jeroon Vrancks,
Aper Fransen, Hans de Mayer, en Denijs van Wtrecht,
t'samen practiseerden, by dese werdt hy gheern in ghesel-
schap ghenomen, en leerden t'saem om strijdt, met grooter
vrolijckheydt en eendracht, tot dat na eenighe Maenden den
Coningh zijn Hof daer quam houden, doe mosten sy ver-
trecken, des quam Ketel weder te Parijs, en cocht zijn
costen tot s'Coninghs Glaes-maker, Mr. Joan de la Hame,
daer hy een eyghen Camer hadde, Schilderende van Histo-
rien: Maer alsoo te Parijs van s'Conings wegen een sterck
ghebodt was ghedaen, dat alle vreemde, die daer gheen twee
Jaer hadden gewoont, en van onder 't gebiedt des Conings

CORNELIUS KETEL, GOUDANUS.

Primus sic á Luca Leidano pictor sabetur
Goudanus, Bataui gloria uter que soli.
Quam bene conueniant, docuit, Pictura, Poesis:
Qua pinxit, orius sic finxerat ingenio.

endlich mit Freuden die Früchte der vorher geleisteten Arbeit. Das wissen viele, deren Voraussicht hierin vom Glück belohnt worden ist, aus eigener Erfahrung. Darin soll mich auch der Dichter-Maler Cornelis Ketel nicht Lügen strafen, der von Kind an einen besonderen Fleiss auf das Lernen verwandte. Denn kaum elf Jahre alt erhielt er, da er sich durch seine Neigung veranlasst fühlte, die Malkunst zu erlernen, seinen ersten Unterricht bei einem Oheim, einem leidlichen Maler, der jedoch über mehr Wissen und Urteil als Können verfügte. Als Ketel hier alle Schüler der ganzen Werkstatt an Fleiss übertraf, ermunterte ihn ein Glasmaler namens Dirck Pietersz. Crabeth,[303] ein guter Freund seines Oheims, der seinen grossen Lerneifer mit Befriedigung sah, indem er sagte: „Das will einer von den Hundert werden, die es zur Vollkommenheit bringen." Das gab der Hoffnung des Knaben neue Nahrung und feuerte ihn noch mehr an aus dem Kopfe und nach der Natur zu zeichnen und auch eigene Kompositionen zu malen.[304] Er wurde im Jahre 1548, am Sonntag vor Palmsonntag zu Gouda geboren. Als Ketel achtzehn Jahre alt war, kam er zu Anthonis Blocklandt[305] nach Delft und wohnte dort ein Jahr: dies war das Jahr 1565. Im Jahre 1566 ging er nach Paris in Frankreich und kam nach Fontainebleau, nachdem er erfahren hatte, dass dort einige junge Niederländer: Hieronymus Francken,[306] Aper Franssen,[307] Hans de Maeyer[308] und Denijs van Utrecht[309] zusammen arbeiteten. Er wurde bereitwillig in ihre Gesellschaft aufgenommen, und sie lernten zusammen um die Wette in grosser Fröhlichkeit und Eintracht, bis nach einigen Monaten der König seinen Hof dorthin verlegte. Da mussten sie denn Fontainebleau verlassen, und so kam Ketel wieder nach Paris und gab sich in Pension bei dem Glasmacher des Königs, Mr. Jean de la Hamée,[310] wo er eine eigene Kammer inne hatte und figürliche Szenen malte. Als jedoch in Paris im Namen des Königs ein strenger Erlass erging, des Inhalts, dass alle Fremden, die aus dem Herrschaftsgebiete des Königs von Spanien stammten und nicht zwei

van Spaengien waren, mosten op lijfstraef vertreckĕ, om datter veel gevluchte uyt Nederlandt waren, 't zy om 't beeldt-stormen, Religie, oft dergelijcke, soo dat Ketel ongheraden vondt daer te blijven: Des hy met eenen ontgaende de Parijssche moort, is gecomen in Hollandt, met meeninghe de reyse noch eens te vervatten na Vranckrijck oft Italien: Doch den tijdt om 't onveylich reysen woudt niet lijden, so dat hy ontrendt ses Jaren is ghebleven in zyn gheboort-Stadt Goude, alwaer veel soete te welsingende Syrenekens hem seer toeghedaen waren, makende hem ten besten eenighe vryagie Liedekens. Doch alsoo door den Krijgh daer van schilderen niet te doen viel, vertrock Anno 1573. nae Enghe-landt, en quam te Londen, ten huyse van een Beeldt-snijder en Architect zyn Lantsman, zijn Ooms groot vrient en kennis, die hem vriendtlijck ontfingh niet willende dat hy elder soude wesen. Hier zynde, vercocht eenighe stucken, die hy in't Landt had ghedaen, en quam in kennis van den Oosterlinghen, daer hy veel voor creeg te doen van conterfeyten na 'tleven. Hier quam hy in Houwlijck met zyn teghenwoordighe Huys-vrouw, die uyt Hollant ontboden wesende te Londen is ghe-comen, en woonden daer ontrent acht Jaer, veel wercks hebbende van conterfeyten, maer gheen Historien, dar doch zynen gheest altijdt was toe ghenegen: des maeckte hy een stuck op doeck met beelden meerder als 't leven, wesende een beduydinghe, hoe Sterckheyt van Wijsheyt en Voor-sichticheydt wort verwonnen, welck hem afcocht een treflijck Jongman, Engels Coopman, ghenaemt Mr. Pieter Hachten, die 't verschonck aen d'Heer Christoffel Hatten, die hoogh Cancelier is gestorven. Anno 1578. conterfeyte Ketel de Coninginne van Enghelandt nae 't leven: haer Majesteyt sat te ghevalle van den hoog geboren graef van Hertfort, op 't huys te Hantworth, daer sy by d'Hertoginne van Sommersit, Moeder des selvĕ Graefs, ten eten was. Ketel conterfeytte oock den Graef van Oxfoort, geboren hoogh Camerlingh, met noch veel meer groote Heeren van den Adel, met

Jahre in Paris gewohnt hatten, die Stadt bei Todesstrafe zu
verlassen hätten — es befanden sich dort nämlich viele, die
sich wegen Teilnahme am Bildersturm, wegen ihres Glaubens
oder aus ähnlichen Gründen hingeflüchtet hatten — hielt es
Ketel nicht für geraten, dort zu bleiben und entrann so
der Pariser Mordnacht.[311] Er wandte sich nach Hol-
land in der Absicht, die Reise nach Frankreich gelegent-
lich zu wiederholen oder nach Italien zu gehen. Doch da
das Reisen zu jener Zeit nicht sicher war, blieb er ungefähr
sechs Jahre in seiner Geburtsstadt Gouda, wo viele süsse,
allzulieblich singende kleine Sirenen ihm sehr zugetan waren
und ihn mehrfach in Liebesliedchen andichteten. Doch da
es dort infolge des Krieges nichts zu malen gab, reiste er
im Jahre 1573 nach England und kam nach London in
das Haus eines Bildhauers und Architekten, eines Lands-
mannes von ihm und guten Freundes seines Oheims, der ihn
freundlich aufnahm und nicht wollte, dass er anderswo wohne.
Hier verkaufte er einige Bilder, die er in England gemalt
hatte und wurde mit den Hansaleuten bekannt, deren er
viele nach der Natur porträtieren musste. Hier heiratete er
seine gegenwärtige Frau,[317] die aus Holland entboten
nach London kam, wo sie ungefähr acht Jahre wohnten,
und er viele Porträts zu malen hatte, aber keine figürlichen
Kompositionen, wo zu es ihn doch stets zog. Darum malte
er auch ein Bild mit lebensgrossen Figuren auf Lein-
wand, eine Allegorie, welche die Überwindung der Stärke
durch Weisheit und Vorsicht darstellte und ihm von einem
vortrefflichen jungen englischen Kaufmann namens M. Peter
Hachten abgekauft wurde, der sie dem Herrn Christoph
Hatton,[313] der als Lordkanzler starb, schenkte. Im Jahre
1578 porträtierte Ketel die Königin von England[314] nach
der Natur. Ihre Majestät sass dem hochgeborenen Grafen
von Hertford zu Gefallen im Schlosse zu Hanworth,
wo sie bei der Herzogin von Somerset,[315] der Mutter
des Grafen, zur Tafel war. Ketel porträtierte auch den
Grafen von Oxford,[316] erblichen Grosskammerherrn und
noch viel mehr Herren des hohen Adels nebst Frauen und

Vrouwen en Kinderen, eenighe ten voeten uyt soo groot als 'tleven. In't Jaer 1581. vertrack hy uyt Enghelandt nae Hollant, en quam woonen t'Amsterdam, daer hem veel voor quam te conterfeyten nae 'tleven. Onder ander, een Corporaelschap van Schutters leverde hy op de Cleuveniers Doelen, waer van Capiteyn was Herman Rodenborgh Beths, daer hy sich selven ooc in conterfeyte in profijl. Dese staen of sy stonden op een Galerije, so datter en plaets van Colomnen comen eenige seer aerdige termen, die wat verheven en uytgesnedē zijn, en daer op seer verheven geschildert, so dat het een ongemeen manier en aerdige gedaent van Lijsten is. De tronien met goet gelijcken, steldselen der beelden, zijden, en cleeren, zijn uytnemende ghehandelt. Onder comen eenighe sinnekens van wit en swart, en twee staende Figuerē, als van Coper, wesende Mars en Vulcanus. Hier by om den sin te verstaen heeft hy dusch ghedicht ghevoeght:

> Ghy wreede Mars, laet af van bloed'ghe daden,
> Vulcanus, ghy, van wapens meer te smeden,
> D'wijl onder voet ghebonden zijn dees quaden,
> Haet, Eyghen baet, Nijdt, Tweedracht vol onvreden.

Ketel heeft oock gheordineert en gheschildert twee gheestlijcke Moralen oft sinneckens: een, daer de Deughden verwinninge hebben over d'Ondeughden, dit hiet hy de Triumphe der Deught. T'ander was, daer d'Ondeughden zege hebben over de Deughden, gheheeten triumphe des Ondeugts. Dese stucken heb ick ghesien tot eersamen Heer Joan van Wely t'Amsterdam, seer aerdich gheschildert: De uytbeeldinghen deser deughden en ondeughden wonder gheestigh en versierlijck wesende, van allen omstandt en byvoeginghe, nae den aert en wesen elcker Personagie, oock gheestigh en fraey gheordineert. Tot verclaringhe deser, zijn van hem dees ghedichten:

Kindern, einige davon lebensgross in ganzer Figur.[317]   Im Jahre 1581 verliess er England und ging nach Holland, wo er sich in Amsterdam niederliess.[318]   Dort hatte er viele Bildnisse nach der Natur zu malen.   Unter anderem malte er für den Colveniers-Doelen eine Korporalschaft Büchsenschützen, deren Kapitän Herman Rodenburg Beths war.[319]   Auf diesem Bilde stellte er sich auch selbst im Profil dar.   Diese Leute stehen oder standen auf einer Galerie, die an Stelle von Säulen einige sehr hübsche, in ziemlich flacher Bildhauerarbeit gehaltene Karyatiden zeigt, die sich daneben sehr plastisch — diesmal aber gemalt — wiederholen, sodass sie eine sehr ungewöhnliche und gut aussehende Art Rahmen bilden.[320]   Die sehr ähnlichen Köpfe, die Stellungen der Figuren, die Seidenstoffe und Kleider sind hervorragend zur Darstellung gebracht.   Im unteren Teile des Bildes sieht man einige kleine Allegorien *en grisaille* und zwei stehende Bronzefiguren: Mars und Vulkan.[321]   Zur Erklärung des Sinnes hat der Maler folgende Verse hinzugefügt:

Lass ab, du schrecklicher Mars von deinen blutigen Taten, und du Vulkan lass ab vom Waffenschmieden, dieweil euch zu Füssen die Friedlosen: Hass, Eigensucht, Neid und Zwietracht gefesselt liegen.

Ketel hat auch zwei moralische Allegorieen komponiert und gemalt.   Die eine, die er den Triumph der Tugend nannte, zeigte den Sieg der Tugenden über die Laster, die andere, welche der Triumph des Lasters hiess, zeigte den Sieg der Laster über die Tugenden.[322]   Diese sehr schön gemalten Bilder habe ich bei dem ehrsamen Herrn Jan van Weely zu Amsterdam gesehen.   Diese Tugenden und Laster sind durch das ganze attributive Beiwerk wunderbar geistreich und erfinderisch ihrem Wesen nach charakterisiert und auch vortrefflich komponiert.   Zur Erklärung der beiden Bilder hat Ketel folgende Gedichte gemacht:

Triumphe des *Deughts*.

Den Nijdt, de Tweedracht, Strijdt, en wreede Ty-
rannije,
Hier ligghen onder voet, in crachten heel verflout:
Daer Wijsheyt 't Landt regheert met goede Policie,
Justitia besorght den Vrede staende houdt,
Oock daermen Liefd' en Trouw int openbaer aenschouwt,
En hat d'een d'ander kust, omhelst in vriendschaps toonen,
Daer Liefd' van haer uyt seyndt haer Vruchten menichfout,
Met Palm en Lauwren groen, om Deught daer mede
croonen,
Hier sietmen Waerheyt reyn in't alderhooghste woonen,
Die siet door Sterckt en Maet haer rijcke werdt vermeert
In't helder clare Licht, tot hare Deughts verschoonen.
Wel 't Rijck daer Ootmoedt staegh des Waerheyts
Wetten eert.

Triumphe des *Ondeughts*.

Alwaer de Helsche Nijdt haer vrucht Tweedracht
schuyft voort
Door doncker Wolcken swart des Onverstandts met list,
Die met haer Pijlen werpt de Deughden soo verstoort,
Gherechticheyt oock quetst, dat sy hier wort ghemist,
Daer leydt de Waerheyt naeckt ghevallen door den Twist,
En wort van Tyrannije in't lijf seer fel ghesteken,
Waer Oorlogh in den mist des Boosheyts toegherist,
Ghereet staet met zijn Sweert, om wreedlijck hem te wreken
Dan over Trouw' en Liefd', die vallend' moeten breken,
Haer Vruchtkens jongh en teer ontschieten haer in schandt,
De Wijsheyt, Policije, en Vrede zyn gheweken.
Wee 't Rijck daer Boosheyt heeft ghenomen d'overhandt.

Ontrent 't Jaer 1584. heeft Ketel oock ghemaeckt een op-
siende Paulus, soo groot als 'tleven, tot aen de knien, naer
'tleven van Rutger Jansz. ghedaen voor Hans Ophoghen.
Voor wiens Broeder Thomas Ophoghen hy deselve noch
eens maecte, met noch vijf beelden daer toe, te weten:
Petrus beclaghende dat hy Christum versaeckt hadde:

Triumph der Tugend.

Neid, Zwietracht, Streit und grimme Tyrannei liegen hier am Boden in ihrer Kraft gebrochen, wo Weisheit mit guter Polizei das Land regiert, wo Gerechtigkeit besorgt den Frieden erhält, wo man Liebe und Treue öffentlich sehen kann und den einen den anderen küssen und freundschaftlich umarmen sieht, wo Liebe ihre mannigfaltigen Früchte und grüne Palmen und Lorbeeren spendet, um die Tugend damit zu bekränzen. Hier sieht man die reine Wahrheit in höchster Höhe wohnen, die durch Stärke und Mass zur Verschönerung ihrer Tugend ihr Reich sich im hellen klaren Licht vermehren sieht. Wohl dem Reich, wo Demut stets der Wahrheit Gesetze ehrt!

Triumph des Lasters.

Wo der höllische Neid seine Tochter, die Zwietracht, durch dunkle Wolken des Unverstands mit List vorwärts schiebt, die mit ihren Pfeilen die aufgestörten Tugenden verfolgt und auch die Gerechtigkeit verwundet, so dass man sie hier missen muss, da liegt die Wahrheit nackt, vom Streit gefällt, und wird von der Tyrannei auf's grausamste in den Leib gestochen. Wo der Krieg, von der Bosheit Nebel umringt, mit seinem Schwert bereit steht, um sich grausam an Treue und Liebe zu rächen, die fallend zugrunde gehen müssen, und deren junge und zarte Sprossen in Schande erwachsen, da sind Weisheit, Polizei und Friede gewichen. Wehe dem Reich, da die Bosheit die Oberhand gewann!

Um das Jahr 1584 malte Ketel auch einen aufwärtsblickenden Paulus, ein lebensgrosses Kniestück, für Hans Ophoghen. Hierzu hatte ihm Rutger Jansz.[323] gesessen. Für den Bruder des ersteren, Thomas Ophoghen malte er diesen Paulus noch einmal und dazu noch fünf andere Figuren, nämlich: Petrus, die Verläugnung Christi beklagend; die

De bekeerde Sondersse Magdalena: de Publicaen: Saul
vallende in zyn sweerdt: Judas hem selven verhanghende:
Welcke ses stucx noch zyn tot Dantzick, ten huyse van den
voorschreven Thomas Ophoghen, en zijn in allen deelen
der Const seer wel ghehandelt, en heerlijck gheschildert.
In 't Jaer 1589. leverde hy noch een Corporaelschap op de
Handtbooghs-Doelen, daer Capiteyn af was Dirck Roosen-
crans, alsoo groot als 't leven, al over eynde staende, seer
heerlijck gheschildert, en cierlijck om aensien, met oock een
nieuw inventie van een lijst. De Conterfeytselen die hier
en daer van hem zyn, zijn seer veel en wel ghedaen. Onder
ander een ten voetē uyt als 'tleven, voor eenen Hoopman
Neck, desghelijcks zijn Vrouw. Maer dinghen boven al ver-
wonderlijck zyn eenighe Conterfeytselen, die heel suyver en
net van hem zyn ghedaen: Eerstlijck, eenen Andries
Vrericksen: Tweedst, eenen Jan Lammersen, hebbende
in een hand eenen Oraengien-appel: Derdst, Secretaris Haen:
Vierdst, een Goutsmit, een tronie half als 'tleven. Dit syn
al Amsterdammers. Vijfst, een Venetiaen, die t'Amsterdam
een heerlijck groot schip liet maecken, en was een Magni-
fico, ghenoemt Francesco Morosini, dit was een uyt-
nemende heerlijcke tronie: en maeckte daer eene tegen,
anders om, met den vingheren sonder Pinceel, die oock seer
wel geleeck. Sest, een seer wel ghedaen tronie, wesende 't
Conterfeytsel van Vincent Jacobsen de Wijn-peyler van
Amsterdam, met eenen goeden Franckfoorder Rijnsche Wijn
in de handt, uytnemende suyver, welcke oock haren welstandt
van verre niet en weyghert. Sevenst, een Portugheessche
Dochter. Achtst, eenen Simon Lock Amsterdammer. Dit
Conterfeytsel, dat t'uytnemenste van al is, is nu in den Hage
tot Procureur Lock. Onder veel ander schoon Conterfeyt-
selen van hem ghedaen, heeft onder handen twaelf Apostelen
met den Christus, tronien, grooter oft also groot als 't
leven, en zijn conterfeytselen van eenighe Schilders en Const

reuige Sünderin Magdalena; den Zöllner; Saul, der sich in sein Schwert stürzt, und Judas, der sich erhängt. Diese sechs Bilder befinden sich noch zu D a n z i g im Hause des genannten T h o m a s O p h o g h e n und sind in jeder Beziehung vortrefflich dargestellt und prachtvoll gemalt. Im Jahre 1589 lieferte er noch eine Korporalschaft und zwar für die Herberge der H a n d b o g e n w e h r, mit dem Kapitän D i r c k R o s e n c r a n s, lebensgrosse stehende Figuren, prachtvoll gemalt und hübsch anzusehen, das Ganze in einem neuartigen Rahmen.[324] Diese Porträts von seiner Hand, die sich hier und dort befinden, machen eine hübsche Anzahl aus und sind sehr gut gemalt. Unter anderm malte er einen Hauptmann N e c k[325] und ebenso dessen Frau in Lebensgrösse und ganzer Figur. Aber über die Massen erstaunlich sind einige sehr sorgfältig und fein von ihm ausgeführte Bildnisse, nämlich erstens das eines gewissen A n d r i e s V r e r i c k s e n, zweitens eines gewissen J a n L a m m e r s e n, der eine Orange in der Hand hält, drittens eines Sekretärs H a e n; viertens der halblebensgrosse Kopf eines Goldschmieds — alles A m s t e r d a m e r, — fünftens eines Venezianers, der in A m s t e r d a m ein prachtvolles grosses Schiff bauen liess; es war ein vornehmer Herr Namens F r a n c e s c o M o r o s i n i,[326] dessen Kopf ganz ausserordentlich schön gemalt war. K e t e l machte noch ein Gegenstück dazu mit den Fingern, ohne Pinsel, das ebenfalls sehr ähnlich war. Sechstens ein sehr gut ausgeführter Kopf, nämlich das Bildnis von V i n c e n t J a c o b s e n, Weinvisierers von A m s t e r d a m mit einem tüchtigen Römer Rheinwein in der Hand, ein ausserordentlich sorgfältig ausgeführtes Porträt, das auch von Ferne einen ausgezeichneten Eindruck machte.[327] Siebentens das Bildnis eines portugiesischen Mädchens; achtens das eines A m s t e r d a m e r s Namens S i m o n L o c k. Dieses Porträt, das das hervorragendste von allen ist, befindet sich jetzt im H a a g im Besitz des Prokurators L o c k. Ausser vielen anderen Bildnissen hat er Christus und die zwölf Apostel unter Händen, überlebensgrosse oder lebensgrosse Köpfe, welche sehr gut aufgefasste und gut gezeichnete Porträts

toeghedane, seer aerdigh ghehandelt en goet van teyckeninghe. Onder ander isser oock de tronie van seer Const-rijcken Beeldtsnijder H e n d r i c k de Keyser, Bouw-meester der stadt Amsterdam, seer wel ghelijckende. Noch heb ick met myn wel bevallen ghesien 12. Apostel tronien, met de handen groot als 't leven, van hem seer cloeck ghehandelt, en zyn tot Parijs ten huyse van J a c o b K e t e l zyn Neef, Ingenieur van den Coningh van Vrancrijck, een wonder Man in zijn Const, die oock te Mijlanen in s'Conings van Spaengien dienst is gheweest. K e t e l ghelijck hy van Natueren een Voester- lingh der M u s e s is, heeft oock gelijckende den ouden T i - m a n t h e s veel heymlijcke verstanden in zijn wercken te weghe ghebracht, en sin-rijcke beduydtselen te kennen ghe- gheven. Eerstlijck, een ordinantie in teyckeninghe, uyt- wijsende drye oorsaecken, waerom alle Consten gheleerdt worden. Hier neffens tot verclaringhe is van hem dit ghedicht:

Dry dinghen yeder meest te leeren Const beweghen,
T'een Geldt is, tweede Eer, en 'tderde Liefd' tot Const,
Die Geldt soeckt, giericheyt hier op den wegh comt teghen,
Beledt zijn voortgangh hem, dies hy maer leert op 'trondst.

Maer die nae Eere staet, verwerft wat meerder Jonst,
Midts ydel glory can ten Consten boom toeleyden:
Dan soo hy om de vrucht, niet om den boom begonst,
Hy onrijp plocken sal geen recht ghenot van beyden.

Die d'aengheboren lust den wegh hier gaet bereyden,
En staegh met vlam de Liefd' daer toe drijft voort met cracht,
Van dees sal neersticheyt noch patiency scheyden,
Waer door in arbeyt hy tot Consten werdt ghebracht,
Wiens oefningh naemaels Faem met Geldt en Eer versacht.

Gheluck v e r w e c k t *Nijdt.*
Afgonstigh H a e t en N i j t, en A c h t e r c l a p uyt spijt,
Hen teghen F a m a setten:
T'g h e r u c h t vlieght nochtans voort, dies elck een siet en hoort
Van yegh'lijcx werck ghetuyghen:
Doch W a e r h e y t met den T y d t, in 't licht comt, oft wat lijdt,

einer Reihe von Malern und Kunstfreunden darstellen. Unter anderm befindet sich auch der Kopf des sehr kunstreichen Bildhauers Hendrick de Keyser,[238] Baumeisters der Stadt Amsterdam, darunter, der sehr ähnlich ist. Ferner habe ich mit Wohlgefallen von ihm zwölf lebensgrosse sehr gut ausgeführte Apostelbrustbilder nebst Händen gesehen, die sich zu Paris, im Hause seines Neffen Jacob Ketel befinden, des Ingenieurs des Königs von Frankreich, eines in seiner Kunst wunderbar erfahrenen Mannes, der auch zu Mailand im Dienste des Königs von Spanien gestanden hat. Ketel, der von Natur ein Liebling der Musen ist, hat auch, wie der alte Timanthes eine Menge sinnreicher und bedeutungsvoller Allegorieen geschaffen. Einmal z. B. hat er eine Komposition gezeichnet, welche die drei Gründe zeigt, um derentwillen alle Künste gelernt werden. Zu ihrer Erklärung hat er folgendes Gedicht gemacht:

Drei Dinge sind es, die zumeist dazu veranlassen, die Kunst zu erlernen: erstens Gewinn, zweitens Ehre, drittens Liebe zur Kunst. Dem, der Gewinn damit erstrebt, tritt die Habgier auf seinem Wege entgegen und hindert sein Fortschreiten, so dass er nur ganz oberflächlich lernt.[329] Aber wer nach Ehre strebt, kommt etwas weiter, indem eitler Ehrgeiz zum Baum der Kunst immerhin führen kann. Doch wenn er nach der Frucht nicht nach dem Baume selbst trachtet, wird er sie unreif pflücken und keinen rechten Genuss von beiden haben. Jener aber, dem angeborene Lust den Weg zur Kunst bereitet, und den sie allezeit mit heisser Liebe und Kraft darauf vorwärts treibt, dem wird es weder an Fleiss noch an Geduld fehlen, durch welche er in Arbeit zur Kunst geleitet wird, und Ruhm und Geld und Ehre wird später seines Schaffens Lohn.

Glück erweckt Neid.

Missgünstiger Hass, Neid und ärgervolle Verläumdung verbünden sich gegen den guten Ruf. Gleichwohl nimmt der Ruhm, den Jedermann von eines jeden Werk Zeugnis ablegen sieht und hört, seinen Weg; denn wenn sie auch leidet kommt die Wahrheit mit der Zeit doch an's Licht,

Geen dingh can 't haer beletten.
Dies N ij d t t'hert knaeght ghestoort, de S p i n fenijn uyt coort,
Daer B i e k e n s Honigh suyghen.

Dit sinneken van den Boom der Consten, was ooc van
hem noch beduyt op eenen gheestlijcken sin, het was in Brabant
gesonden, en is noch t'Hamborgh, tot d'Heer D o m e n i c u s
van Uffele, in de grueningh-straet, daer het den lichten dagh,
en den Const-hongerigen oogen, maer te veel in een kist
onthouden wort. K e t e l heeft oock ter begheerdt van R a p h a e l
S a d e l e r geteyckent een sinneken, daer midden M u s i c a,
P i c t u r a, en P o ë s i a, sit de Liefde met een brandend'
hert by eë Fonteyn, haer gesicht na de schilderije, en 'tgehoor
tot de Musijcke keerende. Op de Fonteyn sit met een kin-
deken uytghebeelt Genegentheyt, dat water pist, hebbende by
hem Subtijlheyt, met der slange beduyt, en bewijst met veel
aerdige omstandicheydt, de liefde te wesen de Fonteyn der
Consten. Dit selve drijft hy noch op eenen geestlijcken sin:
des in den boven back der Fonteynen met Seraphinnen hoof-
den gheciert, uyt welcke Lof-geester monden t'Fonteyn-water
der Consten (als tot Godes prijs) vlietet. En de wijl der
Constnaers aert en begeerte streckt tot hoogheyt, eer en
prijs, is dese begheerlijcheyt uytgebeelt met Louwer-crans en
Palm-tack. Onder ander sit P i c t u r a, en Schildert de
Historie van I c a r u s en D a e d a l u s, om de maethoudicheydt
den Constnaeren in latendunckenheyt voor te houden: om
dit perck comt oock eeñ boort, en begrijpt in hem vier
beelden. Neersticheyt, spinnende, met eenen Oyvaer, by
hebbende sweepen en spooren. Ten tweeden, Arbeyt, met
spa, hamer, Ossen-huydt, en dorsvlegels. Ten derden, Ver-
duldicheydt, met een Voghel-koyken met een Voghelken in,
by hebbende een Lam, en Sant-looper, achter haer hanghen
de boeyen. Ten vierden, isser t'Gebruyck oft Oefninghe, met
eenen pijl in de hant, die sy worpt door eenen Ring, den
eenen voet hebbende op een uyr-glas, achter hanghen hant-

und nichts kann sie daran verhindern. Hiedurch verstört
nagt der Neid am Herzen: die Spinne bricht Gift aus,[330]
wo Bienen Honig saugen.

Dieser kleinen Allegorie vom Baume der Kunst legte
er auch noch einen religiösen Sinn unter.[331] Sie wurde nach
Brabant gesandt und befindet sich jetzt in Hamburg bei
dem Herrn Dominikus van Uffele in der grünen Strasse,
wo sie in einer Truhe dem Tageslicht und den kunstbegierigen
Augen nur zu viel entzogen wird. Ketel hat auch auf
Wunsch Raphael Sadelers eine kleine Allegorie gezeich-
net, welche die Liebe inmitten von Musik, Malerei und Poesie
mit einem brennenden Herzen bei einer Fontäne sitzend und
ihr Antlitz der Malerei, ihr Ohr der Musik zuwendend zeigt.
Auf der Fontäne sitzt als Kindlein dargestellt die Neigung
und pinkelt Wasser und hat neben sich die Feinheit, ver-
sinnbildlicht durch eine Schlange. Hiermit und mit vielem
anderen hübschen Beiwerk beweist Ketel, dass die Liebe
die Quelle der Kunst ist. Dieser selben Allegorie gibt er
noch einen religiösen Sinn, indem er das obere Becken der
Fontäne mit Seraphsköpfen verziert und aus den Mündern
dieser Lob-Geister das Quellwasser der Künste — gleichsam
zu Gottes Preis — fliessen lässt. Und dieweil Art und Be-
gehren der Künstler nach Anerkennung, Ehre und Preis geht,
ist dies Begehren durch Lorbeerkranz und Palmzweig ange-
deutet. Unter den andern Figuren sitzt die Malerei und malt
die Geschichte von Ikarus und Daedalus, um den Künstlern
das Masshalten im Hochmut nahezulegen. Das Ganze wird
von einer Umrahmung eingefasst, die vier Figuren einschliesst:
erstens den Fleiss, spinnend und umgeben von einem Storch,
Peitschen und Sporen; zweitens die Arbeit mit Spaten, Ham-
mer, Ochsenhaut und Dreschflegeln; drittens die Geduld mit
einem Vogelkäfig und einem kleinen Vogel darin, mit einem
Lamm und einer Sanduhr neben sich und Ketten, die hinter
ihr hängen; viertens die Übung mit einem Pfeil in der Hand,
den sie durch einen Ring zu werfen trachtet, den einen Fuss
auf eine Sanduhr gesetzt und Handbogen, die hinter ihr

boghen. By elck deser Beelden hanghen twee brandende Lampen, als uyt een grotissich loof-werck spruytende. Hier wort bewesen, dat Oeffeninghe metter tijt volcomen wort, en dat door vier uyterlijcke middelē de voorgemelde crachten hen licht openbaeren, ghelijck alle Consten door dees ver-eenighde Deuchden te voorschijn comende, lichten zijn op der Aerden. Hy heeft noch gheschildert een sinneken van lack en wit, een volwassen naeckt Man, treet met eenen voet op 't hooft van een Ossen-huydt, met den anderen op een graef, schrijdende over eenen ancker, welcken hy metter hant by den ring ophout, heeft ooc een sweep en twee sporen, en op den erm een Vrouw ghelaven, en als in zijn ghewelt, met haer wesende de const beduyt, die in haer hoogh opghe-gheven rechter handt heeft eenen Lauwer-crans, daer den Man oock met zijn rechter handt, houdende een doorschoten brandende hert, om aengheraken nae reyckt: De Vrouwe rust met den teenen op eenen Sandt-looper, welcken heeft aen d'een zyde eenen dagh-vloghel, en aen d'ander eenen nacht, oft Vleermuys vloghel, en wijst met haer slincke hant op een lammeken, dat om hoogh siet nae de Const: een knie-lende Jonghsken houdt den eenen erm om den Hals van het Lam, met d'ander handt opnemende een Pallet met verwen, als gheneycht de schilderconst met gedult te leeren: aen d'ander zyde van de schrijdende Postuere, die op den rugghe wort ghesien, leyt eenen jongen, vattende met d'eē hant eenē Ossen-hoorn, met d'ander een Musijck Boeck, geneghen een Musicien te worden, hebbende by hem alderley Musijck-tuygh. In de Locht comen aen d'een zijde twee kinderkens, het een den Gheest, t'ander Lust beduydende, dese drijven t'vlammigh hert tot neersticheydt, 'twelck sweep en spooren beduyden, die den Man in de hant heeft: aen d'ander zyde van verre compt oock eenen ghebooghden C u p i d o, die 't pijlken in 't hert gheschoten heeft. In het verschieten sietmen eenige

hangen. Bei jeder dieser Figuren hangen zwei brennende Lampen, die gleichsam einem grotteskenartigen Laubwerk entspriessen. Es soll damit gesagt werden, dass Übung mit der Zeit Vollkommenheit bringt, und dass die obengenannten Kräfte sich bei Anwendung jener vier äusserlichen Mittel leicht offenbaren, wie ja alle Künste durch die Vereinigung dieser Tugenden in Erscheinung treten und die Welt erleuchten.[332] — Er hat ferner eine kleine Allegorie *en grisaille* gemalt: einen erwachsenen nackten Mann, der mit einem Fuss auf den Kopf einer Ochsenhaut, mit dem andern auf einen Spaten[333] tritt und über einen Anker hinwegschreitet, den er mit der Hand am Ring lüpft. Er hält auch eine Peitsche und zwei Sporen und trägt — gleichsam in seiner Gewalt — eine Frau auf dem Arm, welche die Kunst vorstellen soll und in ihrer hochgehobenen Rechten einen Lorbeerkranz hält, nach dem der Mann, ebenfalls mit seiner rechten Hand, die ein durchschossenes brennendes Herz hält, greift. Die Zehen der Frau berühren eine Sanduhr, die auf der einen Seite einen Tagvogel-Flügel und auf der andern einen Nachtvogel- oder Fledermaus-Flügel zeigt, und sie weist mit der linken Hand auf ein Lämmchen, das zu der Kunst emporblickt. Ein knieender Knabe schlingt den einen Arm um den Hals des Lammes und nimmt mit der andern Hand eine Palette mit Farben auf, um zu zeigen, dass er Neigung habe die Malkunst mit Geduld zu erlernen. Auf der andern Seite der schreitenden Figur, die von rückwärts gegeben ist, liegt ein Knabe, der mit der einen Hand ein Ochsenhorn und mit der anderen ein Notenbuch hält und geneigt scheint ein Musiker zu werden; neben ihm liegen allerlei Musikinstrumente. In der Luft sieht man auf der einen Seite zwei Genien, von denen der eine den Geist, der andere die Lust bedeutet; diese ermuntern das brennende Herz zum Fleiss, welcher durch die Peitsche und die Sporen versinnbildlicht wird, die der Mann in der Hand hält. Auf der andern Seite sieht man in der Ferne einen Kupido mit Bogen, der den Pfeil in das Herz geschossen hat. Im Hintergrunde erblickt man einige Ruinen, die auf Rom, die Stätte

Ruwijnen, aenwijsende Room te wesen de studeer-plaets der Schilder-jeught. Dit stucxken is te sien tot Amsterdam by den Const-liefdigen Heer Secretaris H a e n. Tot verclaringhe is van hem dit ghedicht:

De Hope sal o jeucht u niet ontrijven,
Dus arbeydt vry lydtsamigh met den tydt,
Soo Geest en Lust u hert ghestadich drijven
Tot Neersticheyt, ghy cryght al 'tgeen ghy vrydt.

Daer is oock van hem seer constigh geschildert een groot stuck van de naeckte Waerheyt, in ghedaente van een schoon Vrouw, slapende op een seer schoon Antijcksche cierlijcke Koetse, oft slaepstede aen 'thooft hebbende in een claerheydt eenen Seraphin, betekenende de deugt. De vermomde Loghen uytghebeeldt als eenen Satyr, boven een Mensche, onder een Bock ghelijckende, climt in ghedaent der Waerheydt op 't bedde, wiens Mom-aensicht wordt door de cracht van des Waerheyts Deught afghestooten: dese is uytghebeeldt in ghe-daente van een sterck Man met Arents vlogelen, gelijckende den Tijdt, de Loghen druckende de schouderen, dat hy haer schijnt de lenden te breecken: dit stuck is oock t'Amsterdam. Hier op dit ghedicht:

De naeckte Waerheyt vry mach hier gherust wel slapen,
Ghemerckt de clare Deught ghestadich by haer waeckt,
Want of schoon Loghen schalck haer listigh meent betrapen,
Hy vindt hem haest belet: want Deughts cracht hem op maeckt,
Die hem soo druckt en plet, dat hem den rugghe craeckt.

Noch isser in de selve Stadt van hem, in de Calverstaet, in't Hof van Hollandt, tot Meester C l a e s, een sinneken, een stuck gheschilderdt en seer wel ghecoloreert. Op dese meeninghe:

T'vernuft ontwapent van den Wijn,
Van Venus, en van Gheldts begheeren,
Door het Misbruyck (een oudt fenijn)
Ghecleedt wort met Sotinne cleeren.

des Studiums für die Maler-Jugend hinweisen sollen.[334] Dies Bildchen ist zu A m s t e r d a m bei dem kunstliebenden Herrn Sekretär H a e n. Zur Erklärung hat K e t e l folgendes Gedicht gemacht:

Die Hoffnung wird dich, o Jugend, nicht verlassen, drum arbeite nur geduldig und scheue keine Zeit! Wenn Geist und Lust dein Herz beständig zum Fleisse treiben, so wird dir alles, was du nur begehrst.

Ferner ist von ihm ein sehr kunstreich gemaltes grosses Stück mit der nackten Wahrheit in Gestalt einer schönen Frau, die auf einem sehr schönen, zierlichen, antiken Ruhelager schläft, an dessen Kopfende in hellem Glanze ein Seraph steht, der die Tugend versinnbildlicht. Die als Wahrheit maskierte Lüge, dargestellt als Satyr, oben einem Menschen und unten einem Bock gleichend, steigt auf das Bett, aber die Maske wird ihr durch die Kraft der Wahrheit abgerissen, welche dargestellt ist in der Gestalt eines starken Mannes mit Adlerflügeln, der aussieht wie die Zeit, und der die Lüge an den Schultern niederdrückt, so dass es scheint, als zerbräche er ihr die Lenden. Dieses Bild befindet sich ebenfalls in A m s t e r d a m. Hierauf geht folgendes Gedicht:

Die unverhüllte Wahrheit mag hier ruhig schlafen, dieweil die lichte Tugend ständig bei ihr wacht; denn wenn auch die Lüge sie mit List zu überraschen meint, so sieht sie sich doch schnell verhindert; denn die Kraft der Tugend entlarvt sie und drückt sie so zusammen, dass ihr das Rückgrat bricht.

Ebenda befindet sich ferner in der K a l v e r s t r a a t, im H o f v o n H o l l a n d, bei Meister C l a e s eine kleine gemalte Allegorie von K e t e l, die sehr gut in der Farbe ist und folgenden Sinn hat:

Vom Wein,[335] von Venus und von Geldgier entwaffnet wird die Vernunft durch den Missbrauch — einem alten Gift — in eine Närrin umgewandelt.

Hier is uytghebeelt t'Vernuft, als een weerloose verwonnen Vrouw, ontbloot van haer Wapenen, als Helm, Schilt, en Lance, ligt onder voet, door het misbruyck van Vrouw, Wijn en Gheldt, te weten: Venus sittende met eenen bandt, gestrickt hebbende t'Vernuft aen den voet: achter haer staet Cupido, oft t'begeeren, welcken treckende de pees van zijnen boogh des dryvoudighen onmaets, mickt op 't Vernuft. Bacchus met een vergulde kruyck in d'een handt, in d'ander een Cristalijn glas met rooden Wijn, schijnt t'Vernuft te prickelen, boven haer vermogen te drincken, de reflectie des rooden wijns schaduwende op haer voorhooft. Weynich voorder is Giericheyt doende, uyt een rijckelijcke kist een Stockbeurs nemende, op 't decksel is uytghebeeldt Midas, die alles wat hy aenroert gout maeckt. T'misbruyck, als een oudt Satyr in't doncker, treckt t'Vernuft een Sots-cap aen. Daer is oock tot den voor-verhaelden Secretaris Haen, van Ketel een seer schoon stuck van de seven Deughden. Noch is van hem een Morael op 't Spreeckwoordt, T'begheeren heeft gheen rust, uytghebeeldt aldus: De Mensch schrijdende over eenen grondtloosen put, wordt de ooghen verblindt van het vleesch: achter hem wast het seer gheneeslijck cruyt Peton, waer onder aen de wortel light een nieuw boren kindt, welck cruydt 't leven der Zielen beduydt: Voor hem wast 't vergiftighe cruydt Napellis: onder aen de wortel een doodts-hooft, beduyt de doot der Zielen, 't welck is het tijdtlijcke goet, daer de Mensch so seer om woelt, dat hy het toecomende ter salicheyt dienende versuymt: de lachende Fortuyn, in haer seyl hebbende den Godt des Rijckdoms, uytstortende alles wat den Mensch nae 't vleesch begeeren om wenscht, is hem te wille: dan t'onversadigh begheeren, staende met eenen voet op een onrust, heeft gheen rust. Tot verclaringhe zyn van hem dees veerskens:

Een   woelend'   aerdtsche   Mensch   door 't vleesch   is   soo
                                                              verblendt,
Dat hy gheen Godt en kent, derhalven 't quaet hem lust,
En wenscht oock menich wensch, vernoeghloos sonder endt,
Of hem 't gheluck al seynt, 't begheeren heeft gheen rust.

Hier ist die Vernunft dargestellt als eine infolge Miss-
brauchs von Weib, Wein und Geld wehrlose, überwundene,
ihrer Waffen: Helm, Schild und Lanze beraubte Frauengestalt.
Venus sitzt nämlich da und hält einen Fuss der Vernunft in
einer Schlinge verstrickt fest; hinter ihr steht Kupido, oder
das Begehren, der die Sehne seines Bogens der dreifachen
Unmässigkeit spannt und auf die Vernunft zielt.   Bacchus, mit
einem vergoldeten Kruge in der einen und einem Krystallglas
voll roten Weins in der anderen Hand, scheint die Vernunft
zu ermuntern über ihr Vermögen zu trinken.   Der Reflex
des roten Weins spielt über ihre Stirne.   Ein wenig weiter
sieht man die Habgier aus einer reichgefüllten Truhe, auf
deren Deckel Midas dargestellt ist, der alles, was er berührt,
zu Gold macht, eine Börse nehmen.   Im Schatten gewahrt
man den Missbrauch, dargestellt als alter Satyr, der der Ver-
nunft eine Narrenkappe aufsetzt. — Bei dem oben erwähnten
Sekretär H a e n sieht man noch ein sehr schönes Bild von
K e t e l, das die sieben Tugenden darstellt.   Ferner stammt
von ihm eine allegorische Illustration des Sprüchworts: „Die
Begierde hat keine Ruhe": Dem Menschen, der über einen
grundlosen Brunnen schreitet, verbindet das Fleisch die Augen.
Hinter ihm wächst das sehr heilkräftige Kraut P e t u m,[336]
welches das Leben der Seele bedeutet, und unter dessen
Wurzel ein neugeborenes Kind liegt.   Vor ihm wächst das
giftige Kraut N a p e l l i s mit einem Totenschädel unter der
Wurzel, welches den Tod der Seele bedeutet und das zeitliche
Gut ist, nach dem der Mensch so sehr trachtet, dass er
darüber das zukünftige und zur Seligkeit führende versäumt.
Die lachende Fortuna, die den Gott des Reichtums auf ihrem
Segel trägt, streut alles aus, was die fleischliche Begierde den
Menschen nur wünschen lässt, aber die unersättliche Begierde,
die mit einem Fusse auf einen Nachtfalter steht,[337] hat keine
Ruhe.   Zur Erklärung hat K e t e l folgende Verse gemacht:

Ein ruheloser, irdischer Mensch wird durch das Fleisch
so blind gemacht, dass er Gott nicht mehr kennt; darum ist
ihm das Böse eine Lust, und unersättlich wünscht und
wünscht er ohne Ende, und wenn ihm das Glück auch alles
sendet, so hat sein Begehren doch keine Ruhe.

Tot bewijs, zijn oock van verre te sien de Poeetsche Helle-pijnen, als die van Tantalus, Sisyphus, Ixion, Tityus, en Danaïdes. Noch is ter selver plaets een Morael, waer van 't ghedicht aldus luydet:

Climt Syons bergh hoogh op, cloeck met voorsichticheyt,
Met d'oud' Ervarentheydt gaet wijslijck hier te rade,
Door Kinder bobbels wort te gheener tijdt verleydt,
Of u is d'ydel Waen, en niet de daedt bereydt:
Die Manlijck is bedaeght vercrijght van Godt ghenade,
Als Jongheydt mist en valt, tot eyghen schand' en schade.

Dewijl ick van verscheyden sinnekens heb verhaelt, behoef niet te verswijghen zijnen Deught-spieghel, die van hem door Sanredam uytcomt in Print, wesende een sin-rijcke inventie, bestraffende d'ondanckbaerheydt des arghen Mensches, welcke de Son ontfangende, de weldaet al bytende qualijc loont, daer de danckbaerheydt de Maen ontfanghende; sulcks eeuwigh, om wel verghelden, in ghedacht behoudt en druckt. Hier by zyn overvloedighe beduydtselen, ghelijck sulcks in de Print ghesien mach worden. Daer by coemt tot verclaringe dussche meeninghe oft ghedicht:

De Deught bewesen hier, het oprecht danckbaer herte,
Hoe weynigh die oock zy, wordt 'tgheener tijdt verghesten:
Maer d'ondanckbaere Mensch verkeert haest 'twit in't swerte:
Die sulck een vrindlijck cust, wort vinningh weer ghebeten,
Men doet d'ondanckbre goet, noch willen sy 't niet weten.

Ghelijck dan Ketel versierigh van eenen voort-telighen gheest schijnt gedreven te wesen, heeft verscheyden voornemens en lusten in hem bevoelt, in oft beneffens onse Const, welcke hy gehoorsaem is gheworden, om daer (sonder yemandts naedeel) zyn sinlijckheydt in te voldoen. Eerstlijck, Ao. 1595. drongh hem 'tgheneghen te bootseren oft wercken van aerde, en maeckte uyt eenen clomp een grop beelden, te weten, vier naeckte Mannekens, de dry hebbende eenen

Zur Bekräftigung sind in der Ferne die Unterweltstrafen der antiken Mythologie, nämlich die des Tantalus, Sisyphus, Ixion, Tityus und der Danaiden zu sehen. — Am gleichen Orte befindet sich noch eine moralische Allegorie, zu der die Verse folgendermassen lauten:

Klimm Zions Berg mit kluger Vorsicht empor, zieh weislich die alte Erfahrung zu Rate, lass dich durch Kindertand zu keiner Zeit verleiten, sonst wartet deiner nur eitler Wahn und keine Wirklichkeit. Wer männlich strebt, dem leuchtet Gottes Gnade, wenn die Jugend zu ihrem Schaden und zu ihrer Schande irrt und fällt.

Da ich von verschiedenen Allegorien Ketels berichtet habe, darf ich seinen Tugendspiegel nicht verschweigen, den Saenredam gestochen hat. Diese sinnreich erfundene Allegorie geisselt den Undank des bösen Menschen, der die Sonne empfangend diese Wohltat mit Beissen übel lohnt, während die Dankbarkeit, die den Mond empfängt, dies ewig in der Erinnerung behält und sich einprägt, um sich gegebenen Falls erkenntlich zu zeigen. Die Komposition zeigt noch eine Fülle bedeutungsvollen Beiwerks, wie aus dem Stich ersehen werden kann. Zur Erklärung sind folgende Verse beigefügt.[338]

Das aufrichtig dankbare Herz wird, wie es hier beweist, keine Gabe, wie gering sie auch sei, vergessen. Aber der undankbare Mensch verkehrt gleich weiss in schwarz. Wer einen solchen freundschaftlich küsst, wird grimmig dafür gebissen. Man erweist den Undankbaren Gutes, doch erkennen sie es nicht an.

Ketel, dem ein erfindungsreicher fruchtbarer Geist keine Ruhe zu lassen scheint, verspürte allerlei Neigungen und beschäftigte sich mit verschiedenen Versuchen auf dem Gebiete der Malerei und ausserhalb derselben, um — zu Niemands Nachteil — seinen inneren Drang zu befriedigen. Zuerst veranlasste ihn im Jahre 1595 der Wunsch zu bossieren oder in Ton zu arbeiten aus einem Tonklumpen eine kleine Gruppe von vier nackten Männern zu modellieren, von denen drei den

aen handen en voeten ghebonden, ghelijck of daer mede waer ghemeent den ghenen, die sonder Bruyloft-cleet wesende was gheworpen in d'uyterste duysternisse: want 't schijnt sy hem uyt hun ermen willen werpen. Dese vier beelden doen seer aerdighe actien, comen seer gheheel, en zyn op zynen winckel te sien, een dinghen dat allen Const-verstandighen, oock den besten Beeldtsnijders hoogh verwonderen toelangt. T'sindert heeft hy hem oock met het bootseren van wasch, in zijn schilderen en teyckenen beholpen, het welck by d'Italianen ghebruyckt, en voorderlijck is. Het volgende Jaer ving hy aen heel nette Conterfeytselen te maecken, twelck hem oock wonderlijc wel is geluckt, ghelijck aen de verhaelde conter-feytselen is ghebleken, en noch ghesien can worden. In't Jaer 1599. quam hem in den sin eenen lust te Schilderen, sonder Pinceelen metter handt, welck by velen wort gehouden voor eenen belachlijcken wanschapen lust, gelijck gemeen is by eenige bevruchte Vrouwen, die vreemden, rouwen, oft ongekoockten cost tot spijse te gebruycken geluste. Doch om maetlycker hier van te spreken, soo is seer te verwon-deren, dat het hem soo wel gheluckt is, en datter geen wan-schapen Vruchten van zyn ghecomen. Het eerste dat hy dede, was zijn eyghen conterfeytsel, welck hy op verscheyden manieren dede, en geleeck soo wel oft beter, als een ander met reetschap gedaen, en stont wel uyter hant. Dees proef ghedaen, voer voort, en maeckte voor Const-liefdighen Sr. Hendrick van Os t'Amsterdam, eenen Democritus en Heraclitus, hem self int beelt Democriti, ter begheerte van desen van Os, conterfeytende, en staet seer wel en gloeyende uyt der handt. Onder ander Conterfeytselen dus ghedaen, wesende besich met het Conterfeytsel van d'Heer Morosini, nae het nette met den vingheren te Schilderen, quam den Pinceel-maker op den aengangh, welcken hem wenschte aen elcken vingher een Exter-oogh: Want hy was

vierten, an Händen und Füssen gefesselten, halten. Ge-
meint scheint hier der Gast, der ohne hochzeitliches Kleid
kam und in die äusserste Finsternis hinausgeworfen wird;[339]
denn es sieht so aus als wollten sie ihn weit von sich
werfen.[340] Diese vier Figuren, die sehr hübsch in der Be-
wegung sind und jede störende Überschneidung vermeiden,
sind auf seiner Werkstatt zu sehen und setzen alle Kenner,
auch die besten Bildhauer in kein geringes Erstaunen.[341]
Seitdem hat er sich auch mit dem Bossieren in Wachs als
Hülfsmittel für sein Zeichnen und Malen beschäftigt, wie
dies bei den Italienern gebräuchlich und förderlich ist.
Im folgenden Jahre begann er sehr feine Porträts zu malen,
was ihm auch wunderbar glückte, wie es die oben erwähnten
Bildnisse dargetan haben, und wie man es auch jetzt noch
sehen kann. Im Jahre 1599 kam ihm in den Sinn ohne
Pinsel mit der blossen Hand zu malen, was von vielen für
eine lächerliche abgeschmackte Grille gehalten wird, ähnlich
der Lust mancher schwangerer Frauen seltsame, rohe oder
ungekochte Dinge zu verzehren. Doch um massvoller hier-
von zu sprechen: es ist sehr erstaunlich, dass es ihm so gut
geglückt ist und keine missgestalteten Früchte das Ergebnis
waren. Das erste, was er in dieser Art machte, war sein
Selbstbildnis, das er in verschiedenen Auffassungen aus-
führte, und das ebenso ähnlich oder ähnlicher war als ein
anderes, das mit dem üblichen Gerät ausgeführt war.[342]
Aus einiger Entfernung wirkte es sehr gut.[343] Nach dieser
Probe fuhr er fort und malte für den kunstliebenden Herrn
Hendrick van Os zu Amsterdam einen Demokrit und
einen Heraklit, wobei er auf Wunsch des Kunstfreundes sich
selbst in dem Demokrit wiedergab. Dieses Bild ist aus einiger
Entfernung gesehen[343] von sehr guter und leuchtender Wir-
kung. Als er, nachdem er noch andere Porträts auf diese
Art gemalt hatte, gerade anfing das Bildnis des Herrn
Morosini nach dem fein durchgeführten oben erwähnten
Exemplar mit den Fingern zu malen, kam der Pinselmacher
darüber hinzu und wünschte ihm an jeden Finger ein Hühner-
auge; denn er war der Einzige, der durch ein solches Ver-

alleen die door sulck ghebruyck te cort comen soude. Eê
Man woonende in der Mosco, liet hem oock dus conterfeyten,
om dat te toonen den grooten Vorst, daer hy seer ghemeen
mede was.   Noch conterfeyte hy den Admirael der Moluyc-
sche Schipvaert Sr. Wolfaert Hermans, seer wel ghe-
lijckende: s'ghelijcks den uytnemenden Beeld-snijder de Keyser,
voorhenen van hem met den Pinceelen tot een Apostel ghe-
daen.   Hy heeft oock ghedaen met duym en vingheren dry
tronien, een Maria en S. Jan, met eenen Salvator,
hebbende op 'thooft een doorn Croon, wonder net en suyver
ghedaen, besonder het bloet, en boven al de vloeyende tranen
uyt den ooghen, dat het onmoghelijck schijnt, sonder reet-
schap te zyn ghedaen.   Nu dat noch vreemder, Anno 1600.
werdt hem voor te comen te schilderen sonder handê, met
syn voeten, of hy daer van yet te weghe mocht brenghen.
Dit heeft velen vergheefs tot lacchen en spotten verwect,
meer als 't voorgaende, om dat de voeten daer toe noch on-
bequamer zijn, en so tot arbeyden niet verordineert: maer
hier can doch niemandt by verhindert worden, als den Pinceel-
maecker (als verhaeldt is:) en wat yemandt soo uyt zyn sin-
lijckheyt doet, behoordemen niet qualijck te nemen noch te
duyden, datmen dinghen die ondoenlijck schijnen toont doen-
lijc te wesen, en dat een handeloos Const-verstandig Schilder
soude connen hem behelpen.   Het zyn doch eenighe, die om
hun behendicheydt te toonen, wel derghelijcke onghewôon
dingen bestaen en doen: Eenighe schieten met 't Roer op
den rugghe, oft verkeert, en raken daer sy op micken.   Ick
laet staen, dat eenighe loopen op touwen, daer de aerde
nochtans bequamer toe is.   Eyndlinghe, stel ick tot verant-
woordingh' en onschult, sonderlinghe de wercken die soo ge-
daen zyn, datmen die uyter handt siende, soude meenen,
datse met handt en reedtschap waren ghedaen.   D'eerste
proef was den Godt van het swijghen, Herpocrates, 't
welck hem wel geluckte, de myne van 't swijghen wel treffende,

fahren zu kurz kam. Ein Mann aus Moskau liess sich auch auf diese Weise porträtieren, um das Bild dem Grossfürsten zu zeigen, mit dem er sehr befreundet war. Ferner porträtierte er so den Admiral der Molukkenflotte, Herrn Wolfart Hermansz [344] sehr ähnlich, ebenso den hervorragenden Bildhauer de Keyser, den er vorher mit den Pinseln als Apostel gemalt hatte. Er hat auch mit Daumen und Fingern drei Köpfe gemalt: Maria, Johannes und den *Salvator mundi* mit der Dornenkrone, der wunderbar fein und sauber ausgeführt war, namentlich das Blut und mehr als alles andere die den Augen entströmenden Tränen, von denen es unmöglich scheint, dass sie ohne Pinsel gemalt sind. Was aber noch seltsamer ist — im Jahre 1600 kam ihm in den Sinn auch ohne Hände und mit den Füssen zu malen, um zu sehen, ob er auch auf diese Weise etwas zuwege bringe. Dies hat Viele ungerechtfertigterweise zum Lachen und zum Spott gereizt, noch mehr als das Malen mit den Fingern, weil die Füsse dazu noch weniger geeignet und zu solcher Arbeit nicht geschaffen sind. Aber hierdurch kann doch Niemand weiter als der Pinselmacher (wie erzählt) geschädigt werden. Und man sollte das, was Jemand so aus seiner Neigung heraus tut, nicht übel aufnehmen noch missdeuten, wenn er zeigt, dass Dinge, die unmöglich scheinen, gleichwohl möglich sind und dass ein kunstverständiger Maler ohne Hände sich auf diese Weise würde behelfen können. Gibt es doch gar manche, die um ihre Geschicklichkeit zu zeigen dergleichen ungewöhnliche Dinge ausführen. Einige schiessen z. B. indem sie das Gewehr auf dem Rücken anlegen oder umgekehrt halten und treffen das, worauf sie zielen, ganz abgesehen von Jenen, die auf dem Seil laufen, wo sich doch die Erde besser dazu eignet. Im Übrigen braucht man die Werke sich ja nur selbst rechtfertigen zu lassen, die so gemalt sind, dass man, wenn man sie aus einiger Entfernung sieht, glauben sollte, sie seien mit der Hand und den Pinseln gemacht. Die erste Probe in dem neuen Verfahren war der Gott des Schweigens Harpokrates, und sie glückte ihm, indem er den Ausdruck des Schweigens gut traf, und ebenso gut ge-

als oock den lachenden en schreyenden Philosooph. Dese
verhaelde dinghen doende, heeft altijdt seer sorghvuldigh ghe-
weest, gheen dinghen met ander lidt oft reedtschap te willen
aenroeren, dan alleen met 'tghene hy dat voor had te doen, als
van velen can worden ghetuyght. Het hebben verscheyden
Heeren hier in behagen gehadt. Den Hertogh van Nemeurs
cocht dĕ schreyendĕ Philosooph, om de vremdicheydt: want
hy oock de Const door lust somtijden oeffent. Een Poolsche
Graef, Andreas Lescinski, Graef van Leschno ghe-
heeten, heeft van hem oock eenighe tronien met den voet.
Nu wil ick niet verswijghen, hoe hy heeft gheschildert op
verscheydĕ wijsen voor zijn huys: aen de rechter syde van
den ghevel, Democritus, en Heraclitus, met een werelt
tusschen beyden, dede hy met den rechter voet: Op de
slincke syde, Momus en Zoylus, met den slincke voet:
int midden recht boven den ingangh des huys, comt den
snel-vlieghenden Tijd, becranst met Roosen, in d'een handt
een seysen oft sickel, in d'ander een Sandt-looper, versel-
schapt met twee vliegende kinderen, het een Verstandt, t'ander
den Gheest beduydende, om dat door Gheest en Verstandt
metter Tijdt alle Consten voort comen: dits sonder Pinceel
ghedaen, met de slincke handt: dese verhaelde stucken zijn
de beelden soo groot als 'tleven, en met de verwen oft van
coleuren. Daer tusschen staen twee stucken van uyt den
coper: 't ghene op de rechte syde van den Tydt, is, daer
Pictura schildert met de handen en met de voet: 't Ander
op de slincke syde, is 't lacchende Ghedult, sittende op een
Aenbeelt aengevochten van Valscheyt, die met dry pijlen
teffens schiet, te weten, afgunst, achterclap, en laster: Nij-
dicheydt treckt haer by de vlechten des hayrs schricklijck
over rugghe: Den vinnighen Haet hist op haer eenen rasen-
den Hondt, om te verslinden: Dootlijck-ghewelt, een Man
met een doots-hooft, uyt wiens ooghen vlieghen viervlammen,
beteyckent de groote sterft binnen Amsterdam, in't Jaer 1602.

langen ihm der lachende und der weinende Philosoph. Als
er die genannten Bilder malte, war er allezeit sorgfältig
darauf bedacht, sie niemals mit einem andern Glied oder
Gerät anzurühren als mit jenem allein, mit dem er das be-
treffende Bild auszuführen beabsichtigte, wie von vielen be-
zeugt werden kann. Verschiedene hohe Herren haben an
diesen Sachen ihr Vergnügen gehabt. Der Herzog von
Nemours[345] erwarb den weinenden Philosophen um der
Kuriosität willen; denn er beschäftigt sich auch selbst manch-
mal zum Vergnügen mit der Kunst. Ein polnischer Graf,
Andreas Leczinski, Graf von Leschno besitzt auch
einige mit dem Fuss gemalte Köpfe von ihm. Nun will ich
auch erzählen, in wie verschiedener Weise er bei der Be-
malung seines Hauses vorgegangen ist: Auf die rechte Seite
des Giebels malte er Demokrit und Heraklit durch eine Welt-
kugel getrennt, mit dem rechten Fuss, auf die linke Seite
Momus und Zoïlus, mit dem linken Fuss. In der Mitte, ge-
rade über dem Eingang des Hauses, sieht man die schnell
enteilende rosenbekränzte Zeit, in der einen Hand eine Sense
oder Sichel, in der andern eine Sanduhr; sie wird begleitet
von zwei fliegenden Genien, von denen der eine den Ver-
stand, der andre den Geist vorstellen soll, indem durch Geist
und Verstand mit der Zeit alle Künste sich entwickeln. Diese
Allegorie ist ohne Pinsel mit der linken Hand gemalt. Die
bisher genanten Figuren sind lebensgross und in den natür-
lichen Farben gegeben. Den Zwischenraum füllen zwei Kom-
positionen, die Bronze imitieren: auf der rechten Seite der
Zeit ist die Malerei dargestellt, wie sie mit den Händen und
dem Fusse malt,[346] auf der linken Seite die lächelnde Ge-
duld auf einem Ambos sitzend, wie sie von der Falschheit
angegriffen wird, die mit drei Pfeilen zugleich, nämlich:
Missgunst, Verläumdung und Schmähung auf sie schiesst.
Der Neid zerrt sie an den Flechten ihres Haares heftig nach
rückwärts und der grimmige Hass hetzt einen wütenden Hund
auf sie, damit er sie anfalle. Die Macht des Todes, ein Mann
mit einem Totenkopf, aus dessen Augenhöhlen Feuerflammen
brechen, deutet auf das grosse Sterben in Amsterdam, im

in welck Jaer dit wiert ghemaeckt. Dees grouwsaem ge-
drochten schijnen 't Ghedult te willen vernielen: 't welck sy,
hebbende een Lammeken in den erm, en een cruysken in
d'handt, al lacchende verdraeght, 't ghesicht nae den Hemel
als tot haeren Schepper hebbende. Eer ick noch eyndighe,
wil noch eenighe zyner Sinnekens hier voorstellen. Het is
eens gheschiedt, dat een Edelman, d'Heer van Wulp, op
hem versocht yet te hebben gheteyckent in zijnen stam oft
vrindt-boeck, stracks wetende de conditie des selven Edel-
mans, ordineerde en teyckende een Edelman, sittende op een
hupsch Peerdt, hebbende op zyn handt een Valck, en een
Jonghvrouw achter hem, en voor hem loopende eenen Wint-
hondt: In't verschiet eenen Boer, met zyn ghebouw en
Koeyen, daer by voeghende een ghedicht:

Ghenoechlijck is en soet ter Weerelt het bywesen
Van uytghelesen schoon bevallijcke Jonghvrouwe,
Een moedich dravend' Peerdt wort om zijn deucht ghepresen,
Oock eenen Jacht-hondt fraey om zijn rasheyt en trouwe:
Den Landtman heeft zyn lust in Koeyen en ghebouwe:
Wie sal verwondren dan, dat Edelman eerweerdt
Siet gheeren een schoon Vrouw, een Jacht-hondt, en hupsch Peert?

Hier by voeghde Ketel noch een sinneken, waer in hy
te kennē gaf de verborghen meeninghe van 't voorgaende, en
was dus uytghebeeldt. Daer sat een jongh naeckt Vrouken
met een Sots-cap op 't hooft, barende een kindeken op de
schoot van een Jonghling, schoon van aensicht, maer achter
wast een Doodts-hooft, hebbende beneden eenen Schorpioen-
steert, waer mede hy 't Vrouken hem omhelsende, van achter
stack in haer syde: want zynen naem was Dootlijck pe-
rijckel, 't Vroukens naem Sotte jongheydt: 't Vroedt-
wijf, die 't kindt Wulpscheydt uyt de geboorte nam, hiet,
Yet schijnende Idelheydt. Verder, daer Sotte Jong-
heydt met haer kindt op den erm scheen gaen spelen, quam
Tijdts ervarentheydt, haer 't kint ontreckende. Verder
laghen als een open Mossel twee schulpen, daer neffen sat het
Manlijck verstandt, als een Philosooph, met een rijsken

Jahre 1602, dem Entstehungsjahre diese Malereien hin. Diese grausamen Ungeheuer scheinen die Geduld vernichten zu wollen, was diese, ein Lämmchen im Arm und ein kleines Kreuz in der Hand lächelnd mit zum Himmel, wie zu ihrem Schöpfer, erhobenem Antlitz erträgt. Bevor ich schliesse, will ich hier noch einige seiner Allegorien aufführen. Es traf sich einmal, dass ein Edelmann, der Herr van Wulp ihn ersuchte ihm etwas in sein Stammbuch oder Album amicorum zu zeichen. Ketel, der den Stand jenes Edelmannes kannte, zeichnete sofort einen Edelmann auf einem hübschen Pferde, mit einem Falken auf der Hand und einer jungen Frau [347] hinter sich nebst einem vorauflaufenden Windhund, dazu einen Bauern mit seinem Feld und Kühen im Hintergrunde. Hierzu fügte er folgendes Gedicht:

Angenehm und süss ist auf der Welt die Gesellschaft einer auserlesen schönen, jungen Frau. Ein mutig trabendes Pferd wird um seiner Kraft willen gepriesen, auch ein schöner Jagdhund um seiner Schnelligkeit und Treue. Der Landmann hat seine Freude an Kühen und Landbau. Wen soll es dann verwundern, dass ein Edelmann gerne ein schönes Weib, einen Jagdhund und ein hübsches Pferd sieht?

Hierzu fügte Ketel noch eine Allegorie, in der er den verborgenen Sinn des Vorhergehenden zu erkennen gab, und die folgenden Inhalt hatte: Eine junge nackte Frau mit einer Narrenkappe auf dem Kopfe sass, ein Kind gebärend, auf dem Schosse eines Jünglings, der ein schönes Antlitz hatte, dessen Hinterkopf jedoch ein Totenschädel war, und der unten einen Skorpionenschwanz zeigte, mit dem er die Frau, die ihn umhalste, in die Seite stach; denn sein Name war Todesgefahr und der Name der Frau Törichte Jugend. Die Hebamme, mit deren Hilfe das Kind Wollust zur Welt kam, hiess Leere Eitelkeit. Weiterhin sah man, wie die Erfahrung der Törichten Jugend, die anscheinend mit ihrem Kind auf dem Arm spielen ging, dasselbe entriss. Weiterhin ferner lagen zwei Schalen wie eine offene Muschel; daneben sass der Männliche Verstand von Aussehen wie ein Philosoph

in d'hant, waer mede hy 't kindt weder dede cruypen in de schulp. Tot verclaringhe was dusch ghedicht:

De Sotte jongheyt staegh hier niet als Wulpscheyt
                                      baerdt,
Yet schijnend' ydelheyt comt haer daer in te hulp,
En s'Doots perijckel fel omhelst sy onbeswaert,
Tot s'Tijts ervarentheyt wech neemt den Wulpschen aerdt,
En door Manlijck verstandt doet cruypen in zyn schulp:
Want wie hem Manlijck draecht, die is recht Heer van Wulp.

Dit werdt in den Haghe van velen behaeglijck belacchen, en gheruchtich: oock by den Prins van Orangien. Een schoon stuck, van seven voeten groot, heeft Ketel oock ghemaeckt, voor den Burgermeester Cornelis Florissen van Teylinghen, wesende een oudt Morael, daer den Tijdt de Waerheydt brenght aen den dagh. Ter liefden des Const-liefdighen Jaques Razet t'Amsterdam, maeckte hy op zyn avijs oft devise, Na dit een beter, een ghe-schildert Morael, met dusch een ghedicht:

Ghelyck een dulle Zee de Weerelt eyslijck Razet,
Dies sit in anghst en noot vast aen een yser veter
Ghipijndt Lijdtsaemheydt, die gheenen noot verbaset,
Of storm viervout schoon op haer gheweldigh blaset,
T'Herts levend' Sterck Gheloof weet, Godt is gheen'
                                      vergheter,
De Stantvastighe Hoop 'haer wijst Nae dit een beter.

Noch heeft Ketel twee cleyne stucxkens voor Razet ghemaeckt: Het een is een Mary-beeldeken, met een kin-deken, 't welck de borst weyghert, en valt nae 't cruys, 't welck hem van een Enghel voorghehouden werdt. Het ander, een cleyn stuckxken, daer Christus op een steen sit, met twee weenend' Engelkens besyden hem: Dat welck Razet verhandelt heeft aen de Jode, en is tegenwoordich t'Ant-werpen. Eyndlijck heeft Ketel nu gheschildert sonder reedt-schap een groot stuck ghenoech als 't leven, een naeckt Beeldt met een Ossenhuydt om, en in de handt een hamer,

mit einem kleinen Reis in der Hand, mit dem er das Kind veranlasste, wieder in die Muschel zu kriechen. Die Erklärung gab folgendes Gedicht:

Die Törichte Jugend bringt stets nur Wollust zur Welt, die Leere Eitelkeit kommt ihr darin zu Hilfe. Unbekümmert umarmt sie die grause Todesgefahr, bis die Erfahrung die wollüstige Art beseitigt und sie mit Hilfe des Männlichen Verstandes wieder in ihre Muschel kriechen lässt; denn wer sich als Mann erweist, der ist wirklich der Wollust Herr.[348]

Hierüber wurde im Haag herzlich gelacht, wo diese Allegorie schnell bekannt wurde, so auch bei dem Prinzen von Oranien. Ketel hat auch ein schönes, sieben Fuss langes Bild für den Bürgermeister Cornelis Florissen van Teylinghen[349] gemalt, das den alten Spruch: Die Zeit bringt die Wahrheit an das Licht, illustriert. Für den Kunstfreund Jacques Razet zu Amsterdam malte er eine Allegorie auf dessen Devise: „Nach diesem ein Besseres" [Leben] und fügte folgendes Gedicht hinzu:

Ob auch die Welt wie eine tolle See schrecklich rast,[350] sitzt doch inmitten von Angst und Not, von eisernen Banden gehalten, unerschütterlich die Ergebung, wenn auch vierfacher Sturm gewaltig auf sie einbläst. Des Herzens lebendig starker Glaube weiss, dass Gott sie nicht vergisst, und die standhafte Hoffnung verheisst ihr: Nach diesem ein Besseres [Leben].

Ausserdem hat Ketel noch zwei kleine Bildchen für Razet gemacht. Das eine zeigt eine Maria mit dem Kinde, das die Brust verschmäht und nach dem Kreuz greift, das ihm von einem Engel hingehalten wird.[351] Das andere Bildchen zeigt Christus auf einem Stein sitzend mit zwei weinenden Engeln zur Seite. Dieses wurde von Razet an de Jode[352] verkauft und befindet sich zurzeit in Antwerpen. Endlich hat Ketel jetzt ein grosses Bild ohne Pinsel gemalt, nämlich eine ungefähr lebensgrosse nackte Figur mit einer Ochsenhaut bekleidet und einem Hammer in

beduydende gheduerighen Arbeydt.   Òver zyn hooft vlieghen
twee kinderen, het een den Gheest, en het ander Lust: Den
Gheest blaest 't ghedacht, van sonder Pincelen, met handē
en voeten te schilderen, in de Memorie.   Het tweedde kindt,
't welck Lust is, comende uyt de ghedachten voort, prickelt
met een penneken in de herssenen, wijsende op eenen
Spieghel, te verstaen ghevende, dat sulck voornemen door
verstandt en ghesicht soude te weghe worden ghebracht.
Liefde, hebbende een vlamme vyers in de rechter hant, schijnt
tot 'twerck te dryven, met de slincke handt het herte nopende
met eenen gouden pijl, die Yver beteeckent.   't Verstandt
stiert de voet in't schilderen, met hulp van 't ghesicht, 't
welck de Spieghel beduydt, midts 't Verstandt tot sulcks niet
sonder ghesicht, noch 't ghesicht sonder Verstandt yet ver-
magh.   P i c t u r a houdende 't Penneel op haren schoot, op
de slincke handt 't Pallet met verwen, ghedooght dat Nij-
dicheydt met de voet gheschildert wort, welcke Nijdt haer
hert schynt te knaghen van spijt.   P i c t u r a is verselschapt
met Neersticheydt, en Lijdtsaemheydt, oft Patientie, die te
verstaen gheven, datse in gheduerighen arbeydt veel connen
te wege brenghen met den Tijdt, die oock in't selve stuck
niet versuymt is, vlieghende hem te vertoonen, met in d'een
hant een uyr-glas, in d'ander een sickel.   Tot verklaringhe
is van hem dit ghedicht:

> Waer Gheest en Lust de hers'nen terghen,
> Met vlam en pijl de Liefde werckt,
> En t'ondersoeck den Mensche verghen,
> 't Ondoenlijck doenlijck men bemerckt.
>
> Ghedult en Vlijt in arbeydt staegh,
> 't Verstandt gheoeffent openbaren,
> Met hulp van 't Oogh, des lusts behaegh,
> Of handt en voet Pinceelen waren.
>
> Pictura siet laet toe en lijdet,
> Dat met de voet gheschildert wordt
> Invidy boos, die 't al benijdet,
> Haer herte knaeght van spijt en mordt.

der Hand, mit der die anhaltende Arbeit gemeint ist. Über ihrem Haupte fliegen zwei Genien: der Geist und die Lust. Der Geist flösst ihr den Gedanken ein ohne Pinsel mit den Händen und den Füssen zu malen. Die Lust, die aus den Gedanken entsteht, kitzelt ihr mit einer kleinen Feder das Hirn und weist auf einen Spiegel, damit andeutend, dass ein solches Vorhaben durch Verstand und Gesicht zur Ausführung gebracht werden muss. Liebe, mit einer Feuerflamme in der rechten Hand, scheint zur Arbeit zu drängen, indem sie das Herz mit einem goldenen Pfeil, den sie in der Linken hält, und der Eifer bedeutet,[353] anspornt. Der Verstand leitet den Fuss beim Malen mit der Hilfe des Gesichts, das durch den Spiegel angedeutet wird, da der Verstand so etwas nicht ohne das Gesicht und das Gesicht nicht ohne den Verstand auszuführen vermag. Die Malerei mit einem Malbrett auf dem Schoss und der Palette mit Farben in der linken Hand, erlaubt, dass der Neid mit dem Fuss gemalt wird, und dieser Neid sieht aus, als zernage er sich das Herz vor Ärger. In Gesellschaft der Malerei sieht man Fleiss und Geduld, die zu verstehen geben, dass sie durch anhaltende Arbeit mit der Zeit, die der Maler ebenfalls nicht versäumt hat auf diesem Bilde fliegend mit einer Sanduhr in der einen und einer Sichel in der andern Hand darzustellen, viel zu Wege bringen können. Zur Erklärung hat K e t e l folgendes Gedicht gemacht:

Wo Geist und Lust das Hirn anspornen, wo Liebe mit Pfeil und Flamme wirkt, wo grübelnder Verstand den Menschen ermuntert, sieht man das Unausführbare ausführbar werden. Geduld und Fleiss offenbaren in steter Arbeit mit Hülfe des Auges und der Schaffenslust den geübten Verstand, ob nun Hand oder Fuss die Pinsel waren. Die Malerei sieht und lässt zu, dass hier mit dem Fuss der böse Neid gemalt wird, der dies Alles beneidet und sich vor Ärger das Herz zernagt.

Besluyt.

Den Vliegher met zyn sickel dreyght
Op 't Onversiens elck af te maeyen,
Dus die tot winst hier is gheneyght,
Neemt waer den tijdt bequaem om saeyen.

Deught verwint.

Dit is wel het uytnemende sonder reetschap van hem
ghedaen: De Nijdichheyt is alleen met den voet ghedaen:
het ander met den vingheren en duym. Sonderlinghe is te
verwonderen van de groote netheydt, die men siet aen de
'vlieghende kinderen, daermen hun gedaenten en naeckten siet
gheschildert in den Spieghel van den Tijdt. Summa, is heel
uytnemende en verwonderlijck, en is voor den Const-lievenden
Heer Willem Jacobsen t'Amsterdam. In de Frijse van
't groote stuck, sonder Pinceelen gheschildert, staet oock een
ghedicht, als of de Schilderije selve dit seyde:

Siet teghen de costuymen, met vinghers, voet en duymen,
    ben ick gheschildert heel,
Doen Ketels lust my maeckte, in gheener wijs ghenaeckte,
    my borstel noch Pinceel.

Ketel heeft oock corts ghedaen een Judith, een beeldt
meer als half lijf, en als 't leven, doch met reetschap, seer
wel gecoloreert en cierlijck ghedaen, wesende voor den Const
liefdigen Heer Christoffel Dircksen Pruys tot Amster-
dam. Een zijner besonderste wercken is te Dantzick, en is
een Danaë met den gulden reghen, beelden als 't leven, en
een groot stuck. Ick meen deselve ordinantie tot zynen huyse
noch is te sien, hanghende in den voor-vloer: Waer van
een clucht te vertellen is van eenē boer, die dit stuck in't
voorby gaen sagh, vraeghde aen d'Huysvrouw van Ketel om
de schilderatie te mogen bekijcken: want hy meende dat hy
hem des verstondt, en hadder goeden sin aen, seggende:
Vroutgen, cont ghy dit aldus makē? ghy sult den cost wel

Beschluss:

Die fliegende Zeit mit ihrer Sichel droht Jeden ganz unversehens hinzumähen, darum verpasse, wer ernten will, die Zeit der Aussaat nicht!

Tugend siegt.[354]

Dies ist wohl das hervorragendste Bild, das er ohne Pinsel gemalt hat. Der Neid allein ist mit dem Fuss gemalt, alles Andere mit den Fingern und den Daumen. Besonders erstaunlich ist die grosse Feinheit der Malerei, die man an den fliegenden Genien wahrnimmt, deren nackte Gestalten von dem Spiegel der Zeit aufgefangen werden. Kurz und gut, es ist ein ganz ausgezeichnetes und erstaunliches Werk, und es ist für den kunstliebenden Herrn Willem Jacobsen zu Amsterdam bestimmt.[355] Im Fries dieses grossen Werks stehen folgende ebenfalls ohne Pinsel gemalte Verse, in denen Ketel das Bild selbst sprechen lässt:

Seht ich bin gegen allen Brauch ganz mit Fingern, Fuss und Daumen gemalt. Als Ketels Lust mich malte, nahte mir in keiner Weise irgend welcher Pinsel.

Ketel hat kürzlich auch eine Judith, lebensgross und etwas mehr als Halbfigur, gemalt, doch mit dem Pinsel; sie ist sehr gut in der Farbe und zierlich durchgeführt. Sie ist bestimmt für den kunstliebenden Herrn Christoffel Dircksen Pruys zu Amsterdam. Eines seiner hervorragendsten Werke befindet sich in Danzig. Es ist ein grosses Bild mit lebensgrossen Figuren und stellt Danaë, die den goldenen Regen empfängt, dar. Eine gleichartige Komposition ist, glaube ich, noch im Vorraum von Ketels Hause zu sehen. Hierbei fällt mir eine spasshafte Geschichte von einem Bauern ein, der dies Bild im Vorbeigehen sah und Ketels Frau bat, die Malerei genauer ansehen zu dürfen. Er bildete sich nämlich ein etwas davon zu verstehen. Das Bild gefiel ihm auch recht gut, und er sagte: „Frauchen, kannst du das auch so machen? Es dürfte da nicht schwer halten reich zu werden."

crijghen: Staende aldus speculerende, seyde voort. Ick wedde ick rade wat dese schilderatie beduydt, 't is d'Enghelsche groet, daer den heylighen Engel ons lieve Vrouw de boodt-schap brenght, en roemde vast op zyn goet oordeel en ver-standt: eenen vliegenden C u p i d o siende voor den Enghel: En de D a n a ë, die op een schoon cierlijcke bedstede light naeckt met de beenen van een, voor de M a r i a, en trock also met al zyn grof verstant even wijs henen. Hier mede laten wy nu 't leven van K e t e l in des Almoghenden ghenaedighe handen, en zyn wercken (die der Consten halven veel lichter te ver-achten, als met waerheydt te berispen oft verbeteren zyn) der verstandighen oordeel en loflijcken gheruchte bevolen, als wesende een goet Meester, die in alle deelen der Consten, oock in Metselrije, Geometrije, Symmetrije, en Perspective, oock in de gheestige Poeterije oft Dicht-const, is wel ervaren. Onder ander goede Discipulen die hy heeft ghehadt, was eenen I s a a c O s e r i j n, gheboren tot Coppen-havĕ: desen had eerst 't huys sonder Meester op zyn selven yet geschil-dert, zyn Beste-vaer oft derghelijcke, maer was op teyckenen niet ghewent. Tot K e t e l s comende, liet hem K e t e l, soo hy selfs verstondt, teyckenen een Print, uyt de forcen oft wercken van H e r c u l e s, die C o r t hadde gesneden, comende nae F l o r i s. Welck ghedaen, liet hem dat self noch eens doen met syn onderwijs, en liet hem zyn becrosen stelsel doortrecken: Doe was dit verwonderlick van het groot schil tusschĕ 't voorgaende, en de ghelijckheydt der Printen, so dat hy strax aen 'tschilderen werdt ghesteldt. Dry Jaer daer gheweest zynde, trock te Venetiĕ, was daer een Jaer, oock ontrent so veel tijdt te Room. Weder comende, was sulck gheworden, datmen van hem hadde moghen verhopen te sien het uyterste vermoghen in onse Const: Dan is, 't huys ghe-comen wesende, cortlijck jongh gestorven van een heete Cortse. Doe hy den Coningh van Denemarck hadde so groot

Und nachdem er sich die Sache eine Weile betrachtet hatte, meinte er: „Ich wette, ich errate, was das Bild darstellen soll, — es ist der Englische Gruss, da der heilige Engel unserer lieben Frau die Botschaft bringt", und er tat sich viel auf sein gutes Urteil und seinen Verstand zu Gute.[356] Einen fliegenden Amor sah er für den Engel an und die Danaë, die auf einem schönen zierlichen Bett nackt mit geöffneten Beinen liegt, für die Maria. Und ebenso klug wie zuvor ging dieser Mann mit seinem groben Verstand weiter. Hiermit überlassen wir nun das Leben Ketels den gnädigen Händen des Allmächtigen und seine Werke (deren Kunst viel leichter zu verachten als mit Recht zu tadeln oder zu übertreffen ist) dem Urteil der Verständigen und einem ehrenvollen Ruhme; denn er ist ein guter Meister, der in allen Teilen der Kunst, auch in Architektur, Geometrie, Symmetrie und Perspektive und dazu in der geistreichen Dichtkunst wohl erfahren ist.[357] Unter andern guten Schülern, die Ketel gehabt hat, befand sich ein gewisser Jacob Oserijn,[358] der aus Kopenhagen stammte. Dieser hatte zuerst zu Hause ohne Meister auf eigne Hand etwas gemalt, — seinen Grossvater oder sonst Jemand,[359] hatte aber keine Übung im Zeichnen. Als er zu Ketel kam, liess ihn dieser, wie er es selbst wünschte,[360] ein Blatt aus den Taten des Herkules, die Cort nach Floris gestochen hatte, nachzeichnen. Als dies geschehen war, liess er ihn dasselbe noch einmal und zwar unter seiner Leitung machen und darauf seine Zeichnung ohne die Quadrierung[361] durchpausen. Da war es nun erstaunlich die grosse Verschiedenheit zwischen dieser Zeichnung und der ersten und ihre Übereinstimmung mit dem Stich zu sehen, und so wurde er gleich zum Malen zugelassen. Nachdem er drei Jahre bei Ketel gewesen war, ging er nach Venedig, wo er sich ein Jahr aufhielt. Ungefähr ebenso lang blieb er auch in Rom. Als er wieder zurückkehrte, war er so weit gekommen, dass man von ihm die allerhöchsten Leistungen in der Malerei hätte erwarten dürfen, aber er ist kürzlich jung an einem hitzigen Fieber gestorben, nachdem er in seine Heimat zurückgekehrt war

als hy was geconterfeyt: doch maer ghedootverwt. By zyn
Meester K e t e l, zyn noch van hem noch te sien eenighe
dinghen, die seer aerdigh zyn.

Het leven van G u a l d r o p   G o r t z i u s, gheseydt G e l d r o p, Schilder van Loven.

Gelijck als ick wel meer mach hebben verhaelt, dat het
conterfeyten nae 't leven, wel het meeste deel van werck is,
dat den jonghe Schilders, oft ander in dese Landen voor valt,
en dat om die oorsaeck, en om 't ghewins wille, veel hun
daer toe meest, oft gants veronledighen: So ist oock toe-
ghegaen met den wel schilderenden G u a l d r o p   G o r t z i u s,
die men in 't ghemeen noemt G e l d r o p. Desen is gheboren
gheweest binnen de Stadt van Loven in Brabant Anno 1553.
den welcken gecomen tot ontrent zijn 17. oft 18. Jaren, Ant-
werpen in de Schilder-const seer gheruchtich wesende, is
daer zynen aenvangh van leeren comen doen, by F r a n s
V r a n c k s van Herentals: Van daer door des Meesters
overlijden, oft anders, by den vermaerden F r a n c i s c u s
P o u r b u s, daer hy onder ander uytnementheydt in de Const,
een overtreflijcke schoon voorbeeldt hadde, van te conter-
feyten nae 't leven: dat hy G o r t z i u s door vlijt, met goeden
gheest soo in de Const ghevoordert heeft, dat hy daer eynd-
lijck is gheworden den Schilder van D u c   d e   T e r r a   N o v a,
met wien hy is ghecomen tot den Vrede-handel te Coelen,
en is van dien tijdt af altijdt te Coelen blijven woonen. Hy
is een der uytnemenste Conterfeyters na 't leven, die men
te noemen weet: Niet dat hy eyghentlijck alleen dit deel
voor zijn schiet-teycken oft wit heeft, maer is oock uytmun-
tich en constigh in te schilderen, ordinantien, en beelden,
ghelijck verscheyden stucken van hem by den Lifhebbers, in

und das lebensgrosse Porträt des Königs von Dänemark, das er machen sollte, erst untermalt hatte. Bei seinem Meister Ketel sind noch einige sehr hübsche Sachen von ihm zu sehen.

Das Leben des Malers Gualdorp Gortzius, genannt Geldorp, von Löwen.

Wie ich wohl schon mehrfach bemerkt habe, ist das Porträtieren nach der Natur wohl diejenige Art Arbeit, die in unseren Landen für· junge und auch ältere Maler am meisten vorkommt. Aus diesem Grunde und um des Verdienstes willen beschäftigen sich Viele vorzugsweise oder ausschliesslich damit. Das war auch der Fall mit dem tüchtigen Maler Gualdorp Gortzius, den man gewöhnlich Geldorp nennt. Dieser wurde im Jahre 1553 in der Stadt Löwen in Brabant geboren und kam um sein 17. oder 18. Lebensjahr nach Antwerpen, weil diese Stadt hochberühmt auf dem Gebiete der Malkunst war. Er begann dort seine Lehre bei Frans Francken von Herenthals und ging dann infolge des Todes seines Meisters[302] oder aus anderen Gründen zu dem berühmten Frans Pourbus, in dem er, abgesehen von dessen sonstigen hervorragenden Eigenschaften in der Kunst, ein ganz ausgezeichnetes Vorbild im Porträtmalen fand. Durch Fleiss und vermöge seiner guten Anlagen hat Gortzius dort solche Fortschritte gemacht, dass er es schliesslich zum Maler des Herzogs von Terranova[363] in Antwerpen brachte, mit dem er zu den Friedensverhandlungen nach Köln reiste, wo er von da ab ständig wohnen geblieben ist. Er ist einer der hervorragendsten Maler von Porträts nach der Natur, die man nennen kann, womit nicht gesagt werden soll, dass er die Porträtmalerei zu seiner ausschliesslichen Spezialität gemacht hat; denn er versteht es auch vortrefflich kunstreiche Figuren und figürliche Kompositionen zu malen, wie denn eine Anzahl derartiger Bilder

verscheyden plaetsen te sien syn. Tot Coelen, by Johan
Meerman, is van hem te sien een Diana, die seer wel
gheschildert is. Noch eẽ schoon seer levende Susanna by
Everhard Jabach. Noch twee schoone tronien, van
Christus, en Maria, zijn oock te Coelen te sien, in de
Const-camer van een gheestlijck Heere en goet Const-be-
minder. Dese twee Figueren uytnemende wel gheschildert,
zijn in twee platen ghesneden, door Crispian van de Passe,
en comen uyt in druck. Noch is van Gualdorp eenen
Euangelist seer wel en treflijck gheschildert, ten huyse eens
Const-liefdighen, ghenoemt Jooris Haeck. Noch etlijcke
uytnemende stuckẽ, ten huyse van Frans Francken, en
Jaques Mollijn, al binnen Coelen. Voort is van zyner
handt seer constigh ghedaen d'Historie van Hester, en
Assuerus, en is te Hamborgh, tot eenen Const-liefhebber,
ghenoemt Gortssen. Syn wercken, bysonder de menichte
der Conterfeytselen, en heerlijcke tronien van hem ghedaen,
zyn seer overvloedigh, ghelijck nu Anno 1604. zynen vernuften
goeden gheest, en weldoende constighe handt, noch daeghlijckx
niet ledich en zyn, noch en rusten. Summa, hy heeft met
syn schoõ vloeyende manier van wercken, veel ander, en
ghemeen Conterfeyters, den ooghen gheopent, en verder doen
sien als voor henen.

Het leven van Michiel Janssen Miereveldt, Schilder van Delft.

Hy verdient in onse Const loflijck gherucht, en afghe-
scheyden te wesen van alle verachtinghe, die ten minsten in
eenigh deel daer in uytnemende, en anderen overtreffende is.
Waerom ic niet can laten te gedencken Michiel Jansen
Mierevelt van Delf: want hy onder ander gaven, die Na-
tuere hem mildlijck toelangde, vercoren hebbende het Conter-
feyten nae 't leven, is daer in soo goeden Meester gheworden,

von ihm bei den Kunstfreunden an verschiedenen Orten zu
sehen ist. Bei J a n M e e r m a n in K ö l n befindet sich eine
sehr gut gemalte Diana von seiner Hand. Eine schöne sehr
lebendig gemalte Susanna ferner befindet sich bei E b e r -
h a r d J a b a c h[364] ebendort. Ferner sind zwei schöne Köpfe
von Christus und Maria in der Kunstkammer eines geist-
lichen Herren und verständnisvollen Kunstfreundes in K ö l n
zu sehen;[365] sie sind ausgezeichnet gemalt und wurden von
C r i s p i j n d e P a s s e[366] auf zwei Platten gestochen und
publiziert. Ferner befindet sich ein vortrefflich gemalter
Evangelist von G u a l d o r p im Hause eines Kunstfreundes
Namens J o o r i s H a e c k. Einige andere hervorragende Stücke
befinden sich bei F r a n s F r a n c k e n[367] und J a c q u e s
M o l l i j n, ebenfalls in K ö l n. Endlich ist eine sehr kunst-
reich gemalte Geschichte von Esther und Ahasver von seiner
Hand zu H a m b u r g bei einem Kunstfreund Namens G o r t s -
s e n zu sehen.[368] Die Zahl seiner Werke, besonders die
seiner Bildnisse und prächtigen Köpfe ist eine sehr grosse,
wie denn sein lebendiger Geist und seine kunstreiche Hand
jetzt, im Jahre 1604, auch nicht müssig sind, noch sich Ruhe
gönnen. In Summa, er hat durch seine schöne flüssige Mal-
weise vielen Durchschnitts-Porträtmalern die Augen geöffnet
und ihnen einen schärferen Blick verliehen als sie ihn vor-
her hatten.[369]

Das Leben des Malers Michiel Janssen Miereveld von Delft.

Auch derjenige verdient Ruhm und darf keineswegs ver-
achtet werden, der wenigstens in einem Zweige unserer Kunst
hervorragt und andere übertrifft. Darum darf ich es nicht
unterlassen M i c h i e l J a n s s e n M i e r e v e l d von D e l f t zu
nennen. Denn nachdem er von anderen Gaben, welche ihm
die Natur freigebig schenkte, die des Porträtmalers nach der
Natur erwählt hatte, wurde er darin ein so guter Meister,

dat zyn wercken hem betuygen sonder ghelijck oft meerder te wesen. Hy was geboren te Delft in't Jaer ons Heeren 1568. Syn Vader is een constich Silversmit. Michiel, by dat ic hebbe connen vernemen, is van jonghs aen van stillen en goetaerdigen wesen gheweest, en van goeden vernuftigen geest, seer jongh ter Scholen gheschickt wesende, was op-merckigh, en vlijtigh in't leeren, alsoo dat hy maer een kindt van acht Jaren wesende in de Schrijf-const soo toeghenomen hadde, dat hy beter schreef als eenigh School-meester binnen der stadt van Delft. Daer nae heeft den Vader hem ghe-nomen, en ghestelt op het conterfeyten (ick meen by Jeroon Wierincx) alwaer hy oock wonderlijcken in ghevoordert heeft, alsoo dat hy t'zynen elf en twaelf Jaren, heeft aenge-vangen met den Graef-yser, van zyn eyghen inventie te snijden: Onder ander, een Vrouwken op den Put, een dinghen met grooter aendacht ghedaen: den Christus ter rechter syden sittende, bewijst een treflijcke ernstachticheyt, de Vrouw t'onderwijsen met handen en aensicht, wel zyn actie doende: De Vrouw staet als in een groot verwonderen. Heeft ooc de stad Sichar op een ghebergt gheleydt, al t'achteruyt is berghachtigh, en den Put comt in de leeghte, dat die Borgers daer van daen schijnen te moeten hun water hebben: In't verschieten comen d'Apostelen met spijse, en is alles seer scherp gesneden. Voort heb ick noch van hem ghesien een Judith, schier op de manier van Blocklandt, bysonder 't hooft van Holophernes, t'welck is uytnemende met den Graef-ijser gehandelt, en 'theel stucxken wat kloecker als 't voorgaende ghedaen. Ten lesten is hy ontrent zyn twaelf Jaer ghecomen by Blocklandt, daer hy met den verwen begon te handelen, en schilderen, oock niet onghe-luckigh, also men corts door zyn toenemen wel conde sien. Hy volghde in inventie, beelden, en anders, heel geestigh de manier van zyns Meesters handelinghe, alsoo ick ghesien hebbe aen verscheyden dinghen, die hy in zyn jonckheyt

dass es, wie seine Werke bezeugen, keinen gibt, der ihm
gleich käme oder ihn überträfe. Er wurde im Jahre 1568 zu
Delft geboren.[370] Sein Vater war ein kunstreicher Silber-
schmied.[371] Michiel, der, nach dem, was ich habe er-
fahren können, von Kind an stillen und freundlichen Charak-
ters und aufgeweckten Geistes gewesen ist, wurde sehr früh
in die Schule geschickt und war dort aufmerksam und fleissig
im Lernen, so dass er es, als er ein Kind von erst acht
Jahren war, in der Schreibkunst so weit gebracht hatte, dass
er besser schrieb als irgend ein Schulmeister in der Stadt
Delft. Hierauf nahm ihn sein Vater aus der Schule und
liess ihn das Porträtmalen lernen (ich glaube bei Hierony-
mus Wiericx),[370] worin er ebenfalls wunderbare Fort-
schritte machte, so dass er um sein elftes oder zwölftes Jahr
anfing mit dem Grabstichel eigene Kompositionen zu stechen.
Unter anderm stach er Christus und die Samaritanerin beim
Brunnen, eine sehr sorgfältig ausgeführte Arbeit. Christus,
der auf der rechten Seite sitzt, zeigt einen schönen Ernst
in der Art wie er auf die Frau durch Gebärden und Miene
einredet und ist gut in der Bewegung. Die vor ihm stehende
Samaritanerin scheint aufs höchste erstaunt. Die Stadt Sichar
hat Miereveld auf einem Gebirgszuge dargestellt; die ganze
Ferne ist gebirgig, und der Brunnen liegt in der Tiefe, wohin
die Bürger gehen zu müssen scheinen, um ihr Wasser zu
holen. Im Hintergrunde nahen die Apostel mit Speise. Das
ganze ist sehr scharf gestochen. Ferner habe ich von ihm
noch eine Judith gesehen, die ziemlich in der Art von
Blocklandt gegeben war, besonders das ausgezeichnet mit
dem Grabstichel behandelte Haupt des Holophernes. Das
ganze Blatt ist überhaupt etwas vorgeschrittener in der Tech-
nik als das vorige. Zuletzt kam er, und zwar um sein
zwölftes Jahr herum[370] zu Blocklandt, wo er mit den
Farben umzugehen und zu malen begann, und zwar auch
mit Glück, wie man bald an seinen Fortschritten wahrnehmen
konnte. Er folgte in der Komposition, in der Auffassung der
Figuren und in anderen Dingen sehr verständnisvoll der Art
seines Meisters, wie ich an verschiedenen Sachen gesehen

gheinventeert, en geschildert hadde, doe hy op zyn selven
wrocht, welcke my seer wel bevielen: Dat my dunckt had
hy alleen op ordinantien der Historien te schilderen toeghe-
leydt, oft daer zyn stuck af gemaect, soude heel uytnemende
dinghen ghedaen hebben, alsoo hy noch teghenwoordigh on-
ghetwijffelt soude: Dan dit ghebreck, oft ongeval is in onse
Nederlanden, bysonder in desen tegenwoordigen tijt, datter
weynigh werck valt te doen van ordinantien, om de jeught
oft den Schilders oorsaeck te geven door sulcke oeffeninghe,
in den Historien, beelden, en naeckten, uytnemende te worden:
Want dat hun voor coemt te doen, zyn meest al Conterfey-
selen nae 't leven: Soo dat den meestendeel, door het aen-
soeten des ghewins, oft om hun mede t'onderhouden, desen
sijd-wegh der Consten (te weten, het conterfeyten na 't leven)
veel al inslaen, en henen reysen, sonder tijdt oft lust te
hebben, den History en beelde-wegh, ter hooghster volcomen-
heyt leydende, te soecken, oft nae te spooren: waer door
menigen fraeyen edel geest ghelijck vruchtloos, en uytgeblust,
tot een jammer der Consten, moet blijven. Dit woort doch
van syd-wegh, oft by-wegh, mocht my qualijck afghenomen
worden, en sommighen te hard duncken, behoeft daerom wel
eē weynig soet verdreven te worden met een Vis-pinceel oft
veder: daerom segh ick, datmen vā een conterfeytsel ooc wel
wat goets can maecken, dat een tronie, als 't heerlijckste
deel des Menschen lichaems, vry wat in heeft, om daermede
te openbaren, en toonen de deughden en crachten der Consten,
ghelijck veel voorverhaelde groote Meesters ooc hebben ge-
daen, en soo noch teghenwoordigh doet onsen voorhandigen
Miereveldt, oft Michiel Jansen, die in dese Nederlandē
hier in niemandts tweedden en is. Heerlijcke Conterfeytsels
zyn heel uytnemende te Delft en elder veel van hem te sien,
die neffens ander wonderlijck uytmunten. Onder ander, heeft
hy onlanghs eenighe Conterfeytselen ghelevert, daer hy
grooten vlyt toe heeft ghedaen: Een oudt Man met eenen
grooten baerdt, dat een sonderlingh schoon werck is, en is

MICHAEL MIREVELT, DELPHENSIS
PICTOR.

Pingendo ad vivum quo non præstantior alter:
  Delphicus hinc Zeuzis dicitur esse novus.
Principibus magnis fuit invitatus: at ipsum
  Ante alias urbes patria culta tenet .
                                    Cum privilegio.

habe, die er in seiner Jugend erfunden und gemalt hatte, als er auf eigne Hand arbeitete, und die mir sehr gut gefielen.[372] Ich glaube, dass er, wenn er sich ausschliesslich auf figürliche Kompositionen geworfen hätte, ganz hervorragende Dinge zu Stande gebracht haben würde, wie er es zweifellos auch jetzt noch könnte. Aber der Mangel oder das Unglück ist eben und namentlich gegenwärtig, dass es in unsern Niederlanden wenig figürliche Kompositionen zu malen gibt, wodurch der Jugend oder den Malern Gelegenheit geboten wäre im Figürlichen und in der Behandlung des Nackten Hervorragendes zu leisten. Denn was es für sie zu malen gibt, sind meist nur Bildnisse nach der Natur, so dass der grösste Teil von ihnen infolge des lockenden Gewinnes oder um des Lebensunterhalts willen diesen Seitenweg der Kunst (nämlich das Porträtieren nach der Natur) einschlägt und weiter verfolgt, ohne Zeit oder Lust zu haben, den Weg der Historien- und Figurenmalerei, der zu höchster Vollkommenheit führt, aufzusuchen und ihm nachzugehen, wodurch mancher glänzende Geist zum Schaden für die Kunst unfruchtbar und gleichsam ausgelöscht bleiben muss. Dieses Wort Seiten- oder Beiweg könnte mir übelgenommen werden und Manchen zu hart scheinen, und da ist es nötig es gleichsam ein wenig mit einem Fisch-Pinsel oder einer Gänsefeder sacht zu vertreiben und so gebe ich zu, dass man aus einem Porträt auch wohl etwas Gutes machen kann, dass ein Gesicht als der herrlichste Teil des menschlichen Körpers gewiss Gelegenheit gibt, darin die Grösse und Kraft der Kunst zu offenbaren, wie es auch viele grosse Meister, von denen ich bereits gesprochen habe, getan haben und es noch gegenwärtig unser Miereveld oder Michiel Janssen tut, mit dem wir uns jetzt beschäftigen, und der hier in unseren Niederlanden niemandem nachsteht. Zu Delft und an andern Orten sind viele ganz ausgezeichnete Bildnisse von seiner Hand zu sehen, die alle andern bei weitem übertreffen. Unter anderm hat er unlängst einige Porträts vollendet, auf die er grossen Fleiss verwandt hat, — nämlich das eines alten Mannes mit grossem Bart, ein besonders schönes Stück,

te Delft in de Cat. Noch te Leyden 't Conterfeytsel van den Soon van Hendrick Egbertszoon met zyn Huysvrouw. Noch te Delft de Burgermeester Gerit Jansz. van der Eyck, met zyn Huysvrouw en kinderen. Heeft noch onder handen, en schier opgedaen, eenĕ Rutger Jansz. een fraey tronie, en woont t'Amsterdam, wesende een beminder der Const en alle fraeyicheyt. Noch eenen Jan Govertsz. van Amsterdam, en ontallijcke veel ander. Heeft noch onder handen de Princesse van Orangien, en ander van Adel, en edel kinderen: Noch oock veel Brouwers van Delft. Van hem is corts ghecomen t'Amsterdam 't Conterfeytsel van Const-liefdighen Jaques Razet, soo heel wel ghelijckende, vleeschachtich, en levende, gheestigh ghedaen zynde, dat het wel tonghe lasteren, maer qualijck handt verbeteren soude. In summa, is so goet Meester int conterfeyten vermaert, dat hy seer veel en noch versocht is, om te comen by den Hertogh Albertus, met conditie van vryheydt der Religien, en heerlijcke beloften. Miereveldt is oock uyt-ghenomen goedt Meester in Keuckenen met alderley goet na 't leven te doen, so men onder ander siet tot Leyden aĕ eĕ keucken, van hem voortijts ghedaen, en is ten huyse van Sr. Bartholomeus Ferreris: Doch can qualijck tijdt vinden, anders te doen als Conterfeytsels, daer hy heel veel te doen in heeft, alhoewel zynen sin tot den ordinantie en beelden seer gheneghen is. Pouwels Moreelsz. woonende 't Wtrecht, heeft by Michiel Miereveldt gheleert twee Jaer, en is een uytnemende Conterfeyter nae het leven. Voorts eenen Pieter Geeritsz. Montfort, gheboren te Delft, oudt ontrendt 25. Jaer, en quam by Michiel t'zijnen 17. Jaren, en leerde maer een half Jaer. Heeft wonderlijcken Gheest, en is in de Const heel opmerckig, en schildert uyt-nemende: Doch oeffent het niet dan uyt lust, niet om ghewin.

das sich zu Delft im Hause zur Katze befindet. Ferner zu
Leiden das Porträt des Sohnes von Hendrick Egbertsz
und seiner Frau. Ferner noch zu Delft das des Bürger-
meisters Gerrit Jansz van der Eyck mit Frau und
Kindern. Noch unter Händen und fast vollendet hat er ein
schönes Bildnis eines gewissen Rutger Jansz,[373] eines
Freundes der Kunst und aller schönen Dinge, der zu Am-
sterdam wohnt, ferner das eines gewissen Jan Govertsz
von Amsterdam und noch unzählige andere. Auch arbeitet
er noch an den Porträts der Prinzessin von Oranien[374]
und anderer Angehöriger des Adels und ihrer Kinder, ferner
an solchen vieler Delfter Brauer. Kürzlich ist das Porträt
des kunstliebenden Jacques Razet von ihm nach Amster-
dam gekommen. Dieses ist so ausserordentlich ähnlich, so
gut in der Karnation und so lebendig und ausdrucksvoll, dass
es wohl eine Zunge tadeln, aber keine Hand besser machen
könnte. Kurz, er hat einen so guten Ruf als Bildnismaler,
dass er schon häufig ersucht wurde und noch wird zum Erz-
Herzog Albert zu kommen, und zwar unter Zusicherung
von Religionsfreiheit und glänzenden Versprechungen.[375]
Miereveld ist auch ein hervorragender Meister in der Dar-
stellung von Küchen mit allerlei Küchenbedarf nach der
Natur, wie man unter anderm in Leiden an einem Küchen-
stilleben sehen kann, das er früher einmal gemalt hat, und
das sich im Besitze des Herrn Bartholomäus Ferreris
befindet. Doch kann er kaum Zeit finden etwas anderes zu
malen als Bildnisse, worin er mit Aufträgen überhäuft ist,
obwohl er sehr gerne figürliche Kompositionen malen würde.
Paulus Moreelsz, der zu Utrecht wohnt,[376] hat zwei
Jahre lang bei Michiel Miereveld gelernt und malt vor-
zügliche Bildnisse nach der Natur. Ferner war sein Schüler
Pieter Gerritsz Montfoort,[377] der ungefähr 25 Jahre
alt ist und siebzehnjährig zu Michiel kam, wo er nur ein
halbes Jahr lernte. Er hat wunderbare Fähigkeiten, nimmt
die Kunst sehr ernst und malt ausgezeichnet, doch beschäf-
tigt er sich damit nur zum Vergnügen, nicht um Geld damit
zu verdienen. Ein weiterer Schüler von Miereveld war

Noch is Discipel geweest van Mireveldt, Pieter Dircksen Cluyt, oock van Delft, out ontrent 23. jaer, is seer gheneghen tot inventien, en heeft een goet begin van schilderẽ. Noch een Discipel ghenaemt Claes Cornelisz. van Delft, die ooc goet begin heeft, wesende den Neef van desen zyn Meester.

't Leven van Henricus Goltzius, uytnemende Schilder, Plaetsnijder, en Glaes-schrijver, van Mulbracht.

De grootdadige en werckende Natuere in de Jeught, die sy tot de Schilder-const gantschlijc voorgeschict en vercoren heeft, is al dringhende en voort drijvende soo crachtich, dat sy 't zaedt, datse in sulken boesem heeft gestort, na ghelijcke mildtheydt met wasdom en vruchtbaerheyt, sonder verborgẽ laten, doel heel vroegh voortcomen, en openbaerlijck beclijven. Dit sal betuygt worden warachtigh te wesen met het leven van Hendrick Goltzius, den welcken van treflijcke eerlijcke Ouders afcomstig, was geboren te Mulbracht, eẽ Dorp int Lant van Gulick, niet wijt van Venlo, int Jaer ons Heeren 1558. in Februario, eenighe dagen voor Pauli bekeeringe dagh. Syn oude hercomst is van eẽ ander Dorp, genaemt Heynsbeeck, daer zyn over Groot-vader den naem Goltz van ouder tijdt, en over veel Jaren herwaerts behouden hadde. Desen Groot-vader woonde tot Venlo, wesende een constigh Schilder, Hubrecht Goltz ghenaemt: Had een broeder Sybrecht Goltz, een fraey beeltsnijder. Nu Hubrecht had een soon en twee dochteren, welcke dochters beyde Schilders tot Mannen hadden: Eene deser was de Moeder van Hubrecht Goltz, uytnemende gheleert Histori-schrijver, die andersins was vã Weertzburgh ghenaemt. Desen hiel hem veel te Brugghe in Vlaender, ghelijck voorhenen in zyn leven verhaelt is: En hadde den naem Goltz ghenomen van de Moederlijcke syde. Nu den soon van den oudẽ Hubrecht, genaemt Jan Goltz, was

Pieter Dircksen Cluyt, auch aus Delft, der ungefähr 23 Jahre alt ist, sehr viel Neigung für Kompositionen zeigt und bereits gute Beweise seines Könnens gegeben hat.[378] Endlich nenne ich noch als Schüler von ihm seinen Neffen Claes Cornelisz von Delft, der auch viel verspricht.[379]

Das Leben des hervorragenden Malers, Stechers und Glasmalers Hendrick Goltzius von Mühlbrecht.

Wenn die grossmütige schaffende Natur einen jungen Menschen ganz für die Malkunst befähigt und bestimmt hat, sorgt sie rastlos dafür, dass die Saat, die sie in seinen Busen gesenkt hat, nicht verborgen bleibe, sondern lässt sie mit der gleichen Freigebigkeit schon sehr früh aufgehen und offen wachsen und reifen. Die Wahrheit dieses Satzes bezeugt das Leben von Hendrick Goltzius, der als Sohn trefflicher, ehrenwerter Eltern zu Mühlbrecht, einem Dorf im Lande Jülich, unweit Venlo, im Februar des Jahres 1558, einige Tage vor[380] dem Tag Pauli Bekehrung, geboren wurde. Er stammt ursprünglich aus einem anderen Dorfe, nämlich Heynsbeeck, wo sein Urgrossvater den Namen Goltz, der der Familie schon seit alter Zeit eignete, lange Jahre geführt hatte. Dieser Urgrossvater wohnte zu Venlo und war ein kunstreicher Maler namens Hubert Goltz. Er hatte einen Bruder namens Sybrecht Goltz, der ein guter Bildhauer war. Er hatte ferner einen Sohn und zwei Töchter, welch letztere beide mit Malern verheiratet waren. Eine von ihnen war die Mutter von Hubert Goltz, dem hervorragend gelehrten Geschichtsschreiber, der auch von Würzburg genannt wurde.[381] Dieser wohnte lange Zeit zu Brügge in Flandern, wie oben in seiner Biographie berichtet wurde, und hatte den Namen Goltz von seiner Mutter angenommen. Der Sohn des alten Hubert, Jan Goltz,

een redelijck fraey Schilder, woonende te Keysers Weert, daer hy Borgermeester en anders in de regheringhe was. Desen, neffens verscheyden dochters, hadde twee sonen, waer van den jonghsten was gheheeten ghelijck zyn Vader, Jan Goltz, welcken nae 't overlijden zyns Vaders werdt een Glaes-schrijver: en alsoo hy door quade avontuer tot weynigh con comen, trock in't verhaelde Dorp Mulbracht, hē vroech in't Houwlijck beghevende. Sijnen oudsten soon was onsen voorgenomen Hendrick Goltzius, dat een vet, wildt, en lustigh kindt was, niet teghenstaende dat hem de Moeder door veel siecktē weynig met haer melck con te hulp comen. Maer also hy een gheestigh en levendig kindt was, is hem vallende niet alleen een stocxken door zijnen neus gevallen, en hem veelmael uyt t'water laten trecken: Maer was oock so tot den vuyre gheneghen, dat hy een Jaer oft meer oudt wesende, alleen gaende, op t'vier viel, met 't aensicht boven een pan met ghebranden Oly, verbernende in de gloeyende colen beyde zijn handen, welcke hem zijn Moeder vlijtigh poogdē wel te genesen, met spalcken, smeeren, en anders, in groote smerten nacht en dagh, tot dat een neuswijse buyr-vrouw quam de spalckē ontbinden, segghende: Sy soudet beter beschicken, windende slechs de rechter handt in eenen doeck, waer door de senuwen der selver aen den anderen groeydē, in voeghen dat hy zijn leven de handt noydt recht open doen con. Neffens dit ongheluck, jongh kindt wesende, gheschiedet dat zijn Vader door ongeluck oft onbewist hem hiet steken in de mondt Orpriment, oft Aurapigmentum, het welc den Vader ten besten hy mocht weder uyt crabde. Doe nu Goltzius oudt was ontrent dry jaer, is dē Vader Jan Goltz, uyt t'voornoemden Dorp Mulbracht vertrocken, en quam woonen te Duysburgh, een stedeken in't Landt te Cleef, daer Goltzius t'zijnen vier Jaren ter Schole gingh, en begost leeren A. b. c. en soo voorts spellen en lesen: Maer alsoo de Natuere niet langer wou verberghen, wat sy over hem voorghenomen en voorsien hadde, en gelijck men

war ein ganz tüchtiger Maler und wohnte zu Kaiserswerth, wo er Bürgermeister war und noch ein anderes Magistratsamt bekleidete. Er hatte ausser verschiedenen Töchtern zwei Söhne, von denen der Jüngste gleich ihm Jan Goltz hiess und nach des Vaters Tode Glasmaler wurde, aber da er infolge ungünstiger Umstände auf keinen grünen Zweig kommen konnte, nach dem genannten Dorf Mühlbrecht zog,[382] wo er sich früh verheiratete. Dessen[383] ältester Sohn war unser Hendrick Goltzius, mit dem wir uns hier beschäftigen wollen. Er war ein dickes, wildes und lustiges Kind, trotzdem ihm seine Mutter infolge vielen Krankseins nur wenig die Brust geben konnte. Seine grosse Lebhaftigkeit hatte aber nicht nur zur Folge, dass er, einmal zu Fall kommend, sich ein Stöckchen durch die Nase rannte und manchesmal aus dem Wasser gezogen werden musste, sondern auch, dass er, der ein grosses Interesse für das Feuer hatte, einmal — er mochte ein Jahr oder darüber alt sein und war allein — ins Feuer tappte und mit dem Gesicht auf eine Pfanne mit heissem Öl fiel und sich beide Hände an den glühenden Kohlen verbrannte. Seine Mutter tat alles, um sie wieder zu heilen, salbte und schiente sie und pflegte sie unter grossen Schmerzen Nacht und Tag. Da kam eine naseweise Bauersfrau, löste die Schienen und sagte, sie würde das besser in Ordnung bringen und wand nur ein Tuch um die rechte Hand. Die Folge davon war, dass die Sehnen zusammenwuchsen und Hendrick die Hand sein ganzes Leben lang nicht recht öffnen konnte. Abgesehen von diesem Unglück geschah es, dass sein Vater ihn, als er noch ein kleines Kind war, Auripigment in den Mund stecken liess, welches er, den Missgriff merkend, dann, so gut er konnte, wieder herauskratzte. Als Goltzius nun ungefähr drei Jahre alt war, verzog sein Vater Jan Goltz aus dem Dorfe Mühlbrecht und liess sich in Duisburg, einem Städtchen in der Landschaft Cleve nieder, wo Goltzius mit vier Jahren zur Schule ging und das ABC buchstabieren und lesen zu lernen begann. Aber da die Natur nicht länger verbergen wollte, was für Absichten sie mit ihm hatte, und die Katzen,

seght van de Catten, datse het muysen niet en connen ghe-
laten, saghmen wel haest waer toe de ghenegentheyt zijns
geests was streckende, te weten, tot de Teycken-const, met
veel Mannekens met der Pen in plaets van letteren te
maecken. Des den Vader van sin werdt hem te stellen op
t'Conterfeyten en Glaes-schrijven, hem nemende van de
Schole. Doe Goltzius oudt was ontrent seven oft acht
Jaren, heeft hy over al in huys ofte elder plancken en
muyren vervuldt met teyckeninghen. Hy was oock meer
genegen yet te doen uyt zijn eygen vindinge, dan dat hy met
ghedult eenigh heel stuck soude hebben nae ghemaeckt. Dus
heeft hy hem van jonghs aen in de Const bevlytight, en sich
stadigh aen den arbeydt gehouden, in Glaes-maecken, en
schrijven. My gedenckt te hebben ghesien eenige teyckeninghen
van zijn eerste oft kindtsche dinghen, daer men con sien uyt-
nemende cloeckheydt, en behendicheydt, om de meeningen
zijner Historien claer en volcomelijck uyt te beelden, en met
groot opmerck. De veel sieckten zijner Moeder veroorsaeck-
ten, dat hy veel tijdt d'ander kinderen, knechten, en t'huys
heeft moeten dienen, tot groot naedeel van zijn toegheneyghde
voornemen: Doch was in hem den lust so vyerigh, dat hy
alle Heylighe daghen hem beneerstighde op mueren en anders
te teyckenen, Kemelen, Elephanten, en ander groote dinghen.
T'welck den Vader siende, liet den Jonghen teyckenen, schil-
deren en claddē, al wat hy wilde, behoudens hy des Vaders
saken niet en versuymde, oft verachterde: want den Vader
t'gheluck niet al te gonstigh was, dat hem veel teghen liep.
Goltzius dit merckende, dat hy met neerstighe handt t'huys
most te hulp comen, heeft hem dickwils bedroeft, dat hy niet
en mocht van zijn Ouders comen, en wesen ter plaetsen, daer
hy der Consten halven yet fraeys hadde moghen sien: doch
heeft hem tot der lijdtsaemheydt begheven, en door groote
Const-liefdicheydt is gheraeckt aen het etsen in't coper, en
versocht oock met zijn lamme hant in't coper te leeren snij-
den, t'welck hem soo in't beginsel gheluckte, dat Cornhardt
doe ter tijdt vier mijlen van daer woonende, hem begheerde

wie man zu sagen pflegt, das Mausen nicht lassen können, sah man sehr bald, wohin seine Neigung zielte, nämlich zur Zeichenkunst; denn statt Buchstaben zeichnete er meist Männchen. So fasste denn sein Vater den Entschluss, ihn Zeichnen und Glasmalen lernen zu lassen und nahm ihn aus der Schule. Als Goltzius ungefähr sieben oder acht Jahre alt war, bedeckte er überall im Hause und anderswo Planken und Mauern mit Zeichnungen. Es lag ihm auch mehr, etwas aus sich heraus zu erfinden, als geduldig irgend eine Vorlage genau nachzuzeichnen. So hat er sich von Kind an fleissig mit der Kunst beschäftigt und war dazu beständig bei der Arbeit Glas zu machen[384] und darauf zu malen. Ich erinnere mich einige Zeichnungen von ihm gesehen zu haben, die zu seinen ersten kindlichen Arbeiten gehörten, und an denen man hervorragendes Verständnis und grosse Geschicklichkeit den Sinn seiner Vorwürfe klar und vollkommen auszudrücken wahrnehmen konnte. Das viele Kranksein seiner Mutter hatte zur Folge, dass er sich viel um die anderen Kinder, die Knechte und um das Haus kümmern musste, zum grossen Nachteil für seine Lieblingsbeschäftigung. Doch war seine Lust zu Zeichnen so glühend, dass er sich an allen Festtagen befleissigte, auf Mauern, oder wo er sonst konnte, Kamele, Elefanten und andere grosse Sachen zu zeichnen. Als der Vater das sah, liess er den Jungen ruhig zeichnen, malen und pinseln so viel er wollte, vorausgesetzt, dass er seine, des Vaters, Angelegenheiten darüber nicht versäumte oder gar schädigte; denn das Glück war dem Vater nicht gerade günstig, und es ging ihm viel verquer. Goltzius, der fühlte, dass er zu Hause hilfreiche Hand leisten musste, war oftmals betrübt darüber, dass er nicht von seinen Eltern fort und an einen Ort konnte, wo er etwas Schönes auf dem Gebiete der Kunst hätte sehen können; doch fasste er sich in Geduld und kam, veranlasst durch seine grosse Liebe zur Kunst, darauf in Kupfer zu ätzen und versuchte auch mit seiner lahmen Hand in Kupfer stechen zu lernen, was ihm gleichfalls so glückte, dass Coornhert,[385] der damals vier Meilen von dort entfernt wohnte, ihn als Lehrling im

aen te nemen te leeren Plaet-snijden: want hy alree veel percken hadde gheteyckendt voor Cornhardt, die hy selfs voor hadde te snijden. Den Vader was daer haest willigh toe, makende een accoort van twee Jaren by Cornhardt te wesen: Maer als Goltzio de conditien oft bespreken van dit verdragh niet bevielen, soo was dat te nieten. Waer door Cornhardt seyde, hy soudet by hem een maendt oft twee beproeven, en soo het hem niet beviel, hy mochter dan uytscheyden. Dit heeft Goltzius gheern bewillight, op dat hy de handelinghe sien mocht. Doch Coornhardt seyde: so ghy van daer uyt scheydet, sult my beloven, by gheen ander Meester, noch by ,u selven u leven niet te leeren, des heeft Goltzius alles afgheslaghen, behoudende zijn vrijheydt, en is met zijn Vader nae huys ghetrocken, niet aflatende daeghlijcx in't Plaetsnijden hem te oeffenen. Coornhardt dit merckende, heeft hem terstont werck ghegeven, en daerenboven gheraden hem in Hollandt te volghen, t'welck hy dede, bewilligende zijnen Vader oft Ouders mede te trecken: want sy hem anders gheen verlof wouden gheven. Goltzius quam te Haerlem woonen, corts naer den grooten brandt, ontrendt Sint Jans dagh. Coornhart genoechte hebbende in Goltzij leeringh en begin, heeft hem dickwils op de beste wijse (zijns bedunckés) onderwesen, nae zijn uyterste vermoghen. Goltzius dus te Haerlem woonende, heeft voor Coornhardt en Philips Galle eenen tijt langh gesneden, ondertusschen zijn zijne Ouders van daer naer Duytslandt vertrocken, en hy te Haerlem blijvende, begaf hem in Houwlijck met een Weduwe aldaer, die een soon hadde, dien hy van jonghs aen vlijtigh heeft onderwesen, en door groote neersticheyt tot Plaetsnijden gebracht, te weten, Jacob Mathan. Goltzius nu ghehouwt wesende, en maer oudt 21. Jaer, begon te comen in bedencken van zijn eyghen leven, en allen anderen hun gelegentheyt, en heeft sulcken swaermoedicheydt ter herten toegangh laten hebben, dat hy schier geen ghesonde

Kupferstechen annehmen wollte; denn er hatte bereits viele Glasscheibenvorlagen[386] für Coornhert gezeichnet, die dieser selbst zu stechen beabsichtigte. Der Vater willigte sogleich ein und schloss einen Vertrag ab, nach dem sein Sohn zwei Jahre lang bei Coornhert bleiben sollte. Da aber die Bedingungen dieses Vertrages Goltzius nicht behagten, trat er nicht in Kraft. Hierauf schlug Coornhert vor, Goltzius solle es einen oder zwei Monate bei ihm versuchen, und wenn es ihm nicht gefalle, könne er ja ausscheiden. Hierein willigte Goltzius gerne; denn er wollte das Verfahren kennen lernen. Als Coornhert dann aber sagte: „Du musst mir jedoch versprechen, dass du, wenn du meine Werkstatt verlässt, dein Leben lang bei keinem anderen Meister und auch nicht auf deine eigene Hand weiter lernst,“ schlug Goltzius dieses Begehren rundweg ab, behielt seine Freiheit, kehrte mit seinem Vater wieder nach Hause zurück und übte sich ohne Unterlass täglich im Kupferstechen. Als Coornhert dies merkte, gab er ihm sofort Arbeit und riet ihm obendrein ihn nach Holland zu begleiten, was Goltzius auch tat, doch musste er einwilligen, dass sein Vater oder seine Eltern mit ihm zogen; denn andernfalls wollten sie ihm keine Erlaubnis dazu geben. Goltzius liess sich kurz nach dem grossen Brand, um den Johannistag[387] herum, in Harlem nieder, und Coornhert, zufrieden mit seinen Anfangsleistungen und seinem Lernen, unterrichtete ihn häufig in dem (nach seiner Anschauung) besten Stechverfahren, wobei er sein Bestes gab. Als Goltzius so in Harlem wohnte, stach er eine zeitlang für Coornhert und Philips Galle.[387] Inzwischen verliessen seine Eltern diese Stadt und zogen nach Deutschland, während er in Harlem blieb und sich dort mit einer Witwe verheiratete,[388] die einen Sohn hatte, welchen er von Kind an fleissig unterrichtete und mit grosser Ausdauer zum Kupferstecher ausbildete: Jacob Matham.[389] Also verheiratet und erst 21 Jahre alt, begann er über sein eigenes Leben nachzugrübeln und über seine und der Seinen ganze Lage[390] und verfiel in eine derartige Schwermut, dass er fast keinen

daghen hadde, en is eyndlingh in een uytterende sieckte oft teeringhe gheraeckt, spuygende uyt de loose bloet wel dry Jaren langh. De Doctoren deden wel vlijdt hem te helpen, doch was al vergheefs, dewijl dese swaermoedicheydt te seer in hem was ghewortelt, te meer dat hem noch eenighe quellinge is wedervaren. Hy nu siende zijn leven (soo men seght) aen eenen sijden draet ghehanghen, en gheen Medecijnmeester vindende, die moet hadde hem te helpen, maer ghelijcklijck seyden, dat het te verre was gecomen, heeft G o l t - z i u s sluytlijck voor ghenomen (nochtans swack wesende) naer Italien te reysen, hopende also eenige beteringe te becomen, oft ten minsten voor zijnen sterfdag de fraeycheyt oft schoonheyt der Consten van Italien te sien, 'twelck hem neffens ander saecken door Houwlijck was soo langh geweest belet. Heeft dan te dien eynde zynen knecht mede ghenomen, en latende t'huys verscheyden Discipulen, en den Drucker, is Ao. 1590. in't lest van October vertrocken, van Amsterdam vaerende op Hamborgh, in groot onweder en storm, doende eē lange reys, versoeckende voorts te voet te gaen, en is met desē zijnē knecht gereyst door heel duytslant, door vorst en coude, hem vindende hoe langher hoe beter te pas, te meer door de groote geneucht van t'ghesicht der verscheyden Landouwen, als veranderinge van volck: besonder oock nemende groot vermaeck in boerderijen, die hy onder weghen op verscheyden plaetsen aenstelde, te weten, daer hy by Schilders, Plaet-snijders, en ander Constnaren comende in gheselschap te logeren, dat hy den knecht liet dē Meester spelen, hem houdende gantsch onbekendt, vernemende in deser voeghen al 'tghene sy in't herte hadden, hoorende hem en zijn werck lasterē, som dit doende uyt afgonst, som uyt cleen verstandt, ander met goede redenen, welcke dinghen G o l t z i o soo vermaeckten, dat hy heel gesondt is gewordē. Dan was den knecht te gast, oft werdt in de Herberg vergast,

gesunden Tag mehr hatte und schliesslich von einer aus-
zehrenden Krankheit erfasst wurde, infolgederen er wohl
drei Jahre lang Blut spuckte. Die Ärzte taten, was sie
konnten, um ihm zu helfen, doch war alles vergeblich, da
diese Schwermut zu tief in seinem Herzen Wurzel gefasst
hatte, umsomehr als ihm noch dazu allerlei widerfuhr, was
ihn peinigte. Als er nun sah, dass sein Leben, wie man
sagt, an einem seidenen Faden hing, und er keinen Arzt
fand, der die Zuversicht hatte ihm zu helfen, einer wie der
andre vielmehr sagte, dass es schon zu weit mit ihm ge-
kommen sei, fasste er schliesslich den Entschluss, obgleich er
sich schwach fühlte, nach I t a l i e n zu reisen, wo er Besserung
seines Zustandes erwartete oder doch wenigstens die Schön-
heit der i t a l i e n i s c h e n Kunst vor seinem Tode zu sehen
hoffte, woran er ausser durch andere Umstände durch seine
Heirat so lange gehindert worden war. Er nahm zu diesem
Zweck seinen Gehülfen mit, liess verschiedene Schüler und
den Drucker (seiner Platten) zu Hause zurück und reiste im
Jahre 1590, Ende Oktober, ab. In A m s t e r d a m schiffte er
sich nach H a m b u r g ein, hatte während der Fahrt, die sehr
lange dauerte, grosses Unwetter und Sturm und versuchte,
an Land gekommen, zu Fuss weiter zu kommen. So reiste
er mit seinem Gehülfen durch ganz D e u t s c h l a n d, durch
Frost und Kälte und fühlte sich je länger je besser, um-
somehr als er viel Vergnügen an dem Anblick der wech-
selnden Landschaften und der verschiedenen Volksstämme
fand. Eine besondere Freude hatte er an Spässen,[391] die
er unterwegs an verschiedenen Orten anstellte. Er liess
nämlich, wenn er mit Malern, Stechern und anderen Künst-
lern in Herbergen zusammentraf, seinen Gehülfen den Meister
spielen, während er sein Inkognito streng wahrte. Auf diese
Weise erfuhr er alles, was sie über ihn dachten, und hörte
sich sowie seine Arbeiten tadeln, was Mancher aus Miss-
gunst, Mancher aus Mangel an Verständnis, andere wieder
mit guten Gründen taten. Diese Erlebnisse bereiteten G o l t -
z i u s ein derartiges Vergnügen, dass er ganz gesund wurde.
Dabei geschah es auch, dass der Gehülfe eingeladen wurde

hebbende die van der Const genoodight uyt begheerte van
zijn Meester, die (hem heel cleen houdende) qualijc plaets om
sittë hadde, en den knecht boven aen, wordende seer be-
danckt van het goet onthael da hy hun dede. Te Munchen,
als zijn knechts reysgheselle wesende, was hy genoot tot den
Const-rijckende Hans Sadeler, en gehouden voor een Kaes-
cooper, oft een die met Kaes omgingh, belovende Sadelers
Vrouw uyt Hollandt kaes te doen hebben, het welck door
schrijven nae huys oock soo gheschiede. Hier vielen oock
verscheyden redenen over de Printen Goltzij, als van zijnen
grooten Hercules, en ander dinghen: Waer op den knecht
bescheydlijck antwoordende, alles maetlijcker verstaen, en
beter afghenomen is gheworden. Doch is ter Weereldt veel
een ghebruyck, oft misbruyck, datmen van yemant in't afwesë
wat vryer, en met minder aensien oft beleeftheydt spreeckt,
dan in teghenwoordicheydt, door dat des Persoons bywesen
meer oft min doet schromen: ooc is de smeeckerije oft ver-
moghende Vley-const te seer ghemeen onder den Menschen.
Nu mocht by sommighen oock verstaen worden, niet voeghlijck
noch betaemlijck te wesen, dat yemandt hem by die van zijner
Const, oft ander goede gheesten, so vreemdt en onbekent
houdende is, en beschuldighen hem eenichsins van beveynst-
heydt: Dan ick weet wel, dat Goltzio ghenoechsaem oor-
saeck hier toe heeft beweegt, dat hy derhalwen wel te ver-
onschuldighen is, ghelijck hy hem naemaels ghenoech en
opentlijck verclaert heeft. Aldus dan is Goltzius, met
grooten lust ghedreven, ghecomen in Italien, te Venetien,
Bolognen, Florencen, en eyndlinge den 10en. Januarij 1591.
in zijn gewenschte Room, alwaer hy hem oock etlijcke
Maenden hiel stil en onbekendt, wat boerigh op zijn Hoogh-
duytsch vercleedt, liet hem noemen Hendrick van Bracht,
zijn selven schier verghetende, om dat zijnen gheest en ghe-
dacht door het sien der uytnemende constighe wercken waren
als den lichaem ontschaeckt en benomen, daeghlijckx de be-
gheerde nieuwicheydt zijnen lust vernieuwende, begaf hem
als eenighe slechte leer-jongers, stadigh en vlijtigh te conter-

und seinerseits auf Wunsch seines Meisters die Künstler zu
Gast lud, wobei dieser dann, obwohl er sich ganz klein machte,
doch kaum Platz zum Sitzen hatte, während der Gehülfe an
der Tafel obenan sass und sehr für die gute Bewirtung be-
dankt wurde. In München, wo er sich als Reisegefährten
seines Gehülfen betrachten liess, wurde er zu dem kunst-
reichen Hans Sadeler[392] eingeladen, gab sich bei ihm
als Käsehändler aus und versprach Sadelers Frau ihr Käse
aus Holland kommen zu lassen, was er auch tat, indem
er nach Hause schrieb. Hier kam das Gespräch auf die
Stiche von Goltzius, z. B. auf seinen grossen Herkules[393]
und andere Sachen, worauf der Gehülfe in aller Bescheiden-
heit antwortete und alles freundlicher und besser beurteilt
wurde als sonst.[394] Will es doch der Brauch oder Miss-
brauch der Welt, dass man in Jemands Abwesenheit etwas
freier und mit weniger Respekt und Freundlichkeit von ihm
spricht als in seiner Gegenwart, indem die Anwesenheit der
betreffenden Person mehr oder minder Zurückhaltung auf-
erlegt; auch ist die Schmeichelei unter den Menschen allzu-
sehr in Übung. Nun mögen Manche der Ansicht sein, dass
es sich nicht zieme, dass sich Jemand vor seinen Mitkünst-
lern oder anderen tüchtigen Leuten auf solche Weise ver-
birgt, und die ihm darum Heuchelei vorwerfen. Aber ich
weiss sehr gut, dass Goltzius hierfür seine guten Gründe
gehabt hat, und dass er in dieser Beziehung wohl zu ent-
schuldigen ist, wie er sich denn später auch zur Genüge und
öffentlich darüber erklärt hat. So kam Goltzius dann, von
grosser Begierde getrieben nach Italien: nach Venedig,
Bologna, Florenz, und endlich am 10. Januar 1591 nach
seinem ersehnten Rom, wo er sich ebenfalls einige Monate
lang still und unbekannt aufhielt, sich etwas bäurisch auf
deutsche Art verkleidete und sich Hendrick van Bracht
nennen liess. Er vergass sich selbst fast, da sein Geist und
seine Gedanken infolge der vortrefflichen Kunstwerke gleich-
sam von seinem Körper getrennt waren; und da das ersehnte
Neue seine Lust täglich erneute, machte er sich daran gleich
irgend einem gewöhnlichen Lehrjungen die besten und her-

feyten de beste en besonderste Antijcken. De Jonghers, die
veel te Room gaen teyckenen, hem in sulck ghestalt siende,
saghen t'somtijt over op zijn Papier, belust om weten wat desen
Todesco doch voor handelinghe mocht hebben, meenende
veel eer yet belachlijckx als verwonderlijckx te sien. Dan
voeren (by ghelijcknis) ghelijc den Roomschen Raet met den
Danubischen Boer, ten tijde van den Keyser Marcus Aure-
lius: want sy malcander ghenoech te seggen hadden van de
handelinghe van den Duytsch, daer sy Goltzium voor aen
saghen, en begonden met hem wat ghemeensaem wesen,
dewijl hy hem vriendlijck bewijsende hun ooc onderwees.
Dit is oock aenmercklijck, dat doe Goltzius te Room was,
een uytnemende duyrte was in gantsch Italien, en in Room
een jammerlijcke benoutheydt, en smetlijcke doodlijcke sieckten,
datter menigh duysent Menschen in corter tijdt storven en
verginghen: oock te Room over al op de straten en gemeen
plaetsen laghen d'ellendige siecke Menschen en storven: oock
te som plaetsen daer Goltzius neffens was doende met
d'Antijcke beeldē te conterfeyten, daerom niet aflatende zijnen
lust te voldoen, niet teghenstaende den vuylen stanck die
daer seer groot was, en hy seer snel en uytnemende van
yet te ricken. Ondertusschen had hy oock zijn tijt-verdrijf,
comende daer zijn Printen te coop hinghen, met te hooren
alsoo onbekendt en heymelijck over dese het oordeel der
Constnaren van aldaer: Welcke dinghen met opmercken
waer nemende, connen voorderlijc wesen. Ontrent het lest
van April des selven Jaers, trock hy van Room nae Napels,
met zijn vriendlijck reysghaselle Jan Mathijssen Silversmit,
en een gheleert jongh Edelman van Bruyssel, geheeten
Philips van Winghen: Dese dry hadden hun heel slor-
digh en slecht vercleedt, om het groot gevaer datter was van
den ghebannen, die in groot getal waren, en den wegh heel
onveyl te bereysen maeckten. Desen van Winghen, we-
sende een groot Antiquarius, die alles beschreef en op-

vorragendsten Antiken beharrlich und fleissig abzuzeichnen.
Die jungen Leute, die in grosser Anzahl in R o m zeichnen
gehen, sahen ihm manchmal, wenn sie ihn in einem der-
artigen Aufzug erblickten, über die Schulter, neugierig zu
erfahren, was dieser T e d e s c o eigentlich könne; denn sie
erwarteten weit eher etwas Lächerliches als etwas Erstaun-
liches zu sehen. Dann ging es ihnen wie dem römischen
Senat mit dem Bauern von der Donau z. Z. Kaiser M a r c
A u r e l s; denn sie hatten einander viel von der Art zu
Zeichnen des D e u t s c h e n, für den sie G o l t z i u s hielten,
zu erzählen und begannen sich mit ihm etwas anzufreunden,
da er sich ihnen gegenüber freundlich erzeigte und sie auch
unterwies. Hier ist auch erwähnenswert, dass als G o l t z i u s
in R o m war, eine ausserordentliche Teuerung ganz I t a l i e n
heimsuchte und in R o m eine jammervolle Not und an-
steckende tötliche Krankheiten herrschten, so dass tausende
von Menschen in kurzer Zeit zu Grunde gingen. Auch lagen
überall auf den Strassen und öffentlichen Plätzen R o m s die
totkranken Menschen herum und starben. Dies war auch
an machen Orten der Fall, wo G o l t z i u s beschäftigt war
die antiken Statuen abzuzeichnen, was ihn aber nicht hinderte
seiner Neigung nachzugeben, trotz des Verwesungsgeruches,
der sich dort sehr stark geltend machte und seines überaus
empfindlichen Geruchsinnes. Damals hatte er auch seinen
Zeitvertreib, wenn er dorthin ging, wo seine Gravüren zum
Verkauf aushingen und, unbekannt wie er war, heimlich das
Urteil der dortigen Künstler darüber anhörte, was, wenn
man mit Bedacht die nötigen Folgerungen daraus zieht, förder-
lich sein kann. Gegen Ende April desselben Jahres ging er
von R o m nach N e a p e l mit seinem liebenswürdigen Reise-
gefährten, dem Silberschmied J a n M a t t h y s z [395] und einem
gelehrten jungen Edelmann aus Brüssel, Namens P h i l i p s
v a n W i n g h e n. [396] Diese drei hatten sich ganz schmierig
und schlecht verkleidet wegen der grossen Gefahr, die seitens
der Briganten drohte, deren es eine grosse Anzahl gab, und
die den Weg für Reisende sehr unsicher machten. Dieser
v a n W i n g h e n war ein grosser Altertumsfreund, der alles

teyckĕde wesende grootlijcx kennis van den vermaerden Lant-
beschrijver A b r a h a m   O r t e l i u s t'Antwerpen, van welcken
G o l t z i o op de reyse door desen v a n W i n g h e n waren
ghetoont etlijcke brieven, die hy had ontfanghen, welcker in
houden was, dat G o l t z i u s in Italien was, daer by oock
eenighe litteeckenen van zijn ghestaldtnis en persoon, oock
van zijn creupel rechter handt: Dit was belachlijck, dat een
soo belust was te sien, dien hy daeglijckx sagh, en daer hy
van te vooren eenighe Maenden mede had omghegaen. Eyn-
delijck begint J a n M a t i j s s e n te antwoorden: Dit is G o l t-
z i u s. V a n W i n g e n sich selven verghetende, en aen-
siende G o l t z i u m in soo slechte cleedinge, en onnoosel
staen, ghelijck sy (als gheseyt is) alle dry waren, heeft ghe-
seydt: Neen H e n d r i c k, ghy en sijdes niet. Ick meen
dien fraeyen Plaet-snijder van Hollant, t'welck G o l t z i u m
dede lacchen, dat van W i n g h e n den Man nae t'cleedt oor-
deelde, daer hy self soo toeghemaeckt was, en antwoorde:
T'waer boerdigh Sr. v a n W i n g h e n, dat G o l t z i u s hier by
u ginghe. Neen seyde hy, ghy en sijdes niet. S'avonts tot
V i l e t r y comende, wast weder aen, dat hy soo seecker
schrijven hadde. Waer op J a n M a t h i j s s e n seyde: Hoe
light ghy dus en raest met u brievĕ? Dit is G o l t z i u s.
V a n W i n g h e n quaet wordende, gheloofdet niet. Ja al
seydet G o l t z i u s self op den wegh, soo wast noch: Bey
H e y n d r i c k, ick en gheloofs niet. Comende te T e r r a c i n a,
daer wast weder als vooren. Maer G o l t z i u s siende, dat
hy 't niet gheloofde, en dat van W i n g h e n een goet Com-
pagnon met eeren was, en dat hy nu wel behoorde bescheydt
te weten, stack zijn rechter cromme handt uyt, toonende met
eenen zijnen Neusdoeck, gemerckt met het teycken dat op
zijn Printen staet, te weten, *H.* en *G.* in een. V a n W i n g h e n
dese so claer litteeckenen siende, werdt stom, en bleeck, en

beschrieb und aufzeichnete [397] und ein guter Freund des
berühmten Geographen Abraham Ortelius [398] zu Ant-
werpen war, von dem er Goltzius während der Reise
einige Briefe zeigte, in denen stand, dass Goltzius in
Italien sei, und die auch einige Kennzeichen seines Äusseren
und seiner Person — es wurde auch seine verkrüppelte
rechte Hand erwähnt — angaben. Da war es nun belustigend
zu beobachten, dass Einer Jenen so gerne sehen wollte, den
er täglich sah, und mit dem er vorher schon einige Monate
verkehrt hatte. Schliesslich sagte Jan Matthysz: „Das
ist ja Goltzius!" Van Winghen, der seinen eignen Auf-
zug vergass und Goltzius in so schlechter Kleidung und
so unscheinbar dastehen sah, wie es bei allen dreien der
Fall war, rief jedoch: „Nein Hendrick, du bist es nicht!
Ich meine jenen vortrefflichen Stecher aus Holland."
Goltzius musste lachen, dass van Winghen den Mann
nach seiner Kleidung beurteilte, da er doch selbst so her-
gerichtet war, und antwortete: „Das wäre doch spasshaft, [399]
Herr van Winghen, wenn Goltzius hier neben Euch
ginge!" „Nein," sagte dieser, „Ihr seid es nicht." Als sie
abends nach Velletri kamen, fing van Winghen wieder
davon an, dass er so bestimmte briefliche Nachrichten (über
Goltzius) habe, [400] worauf Jan Matthysz rief: „Was macht
Ihr so viel Wesens von Euren Briefen! Das da ist Goltzius!"
Van Winghen wurde unwillig und wollte es nicht glauben.
Ja obgleich Goltzius selbst es beim Weiterwandern be-
stätigte, blieb er doch bei seiner Ungläubigkeit und sagte:
„Bah! Hendrick, ich glaube es nicht." Als sie nach
Terracina kamen, stand die Sache noch auf dem alten
Fleck. Da streckte nun Goltzius, der sah, dass van
Winghen nicht daran glauben wollte, in der Erwägung, dass
er ein guter Kamerad und Ehrenmann war und ein Recht
darauf hatte aufgeklärt zu werden, diesem seine verkrümmte
rechte Hand hin und zeigte zugleich sein Schnupftuch, das
mit dem Monogramm gezeichnet war, das auf seinen Gravüren
angebracht ist, nämlich einem verschlungenen *H.* und *G.* Als
van Winghen diese so klaren Kennzeichen erblickte, wurde

is haestlijck opghevloghen, omhelsende Goltzium met eē vriendlijcke en hertlijcke maniere, droef wesende hem niet eer te hebben gekent. Sy hebben voort hun reys tot Napels voleynt, de Const aldaer gesien, als oock te Puzziola de vreemdicheden in der Natuere. Te Napels heeft Goltzius, ick meen in 't Paleys van den onder Coningh, gheconterfeyt een uytnemende Antijck, eenen sittenden jeughdighen Hercules, en is met zijn gheselschap weder gekeerdt nae Room, in de Galeyen van den Paus, om dat Goltzius, hadde lust den naeckten slaven te sien roeyen, en zijn om den stercken windts wille aenghecomen te Gaieta, en voorts te voet te Room, daer hy van den Paters den Jesuiten is bekendt gheworden, oock van den Const-naren aldaer, de meeste van naem met den Cryons conterfeytende, ghelijck hy oock dede te Florencen, Venetien en in Duytschlandt, en is den derden Augusti 1591. ghecomen uyt Room, niet ledigh keerende: Want ick acht dat noyt yemandt van allen Nederlanders in soo weynigh en ongheleghen tijdt daer soo veel en wel ghedaen dinghen heeft uytghebracht, met zijn ghesel Jan Mathijssen, quam hy te Peerdt tot Bolognen, blyvende eenighe daghen te Venetien, by eenen zijnen goedē vrient, Dierick de Vries. Hier gheschiede oock een soete clucht van een Schilder, die wist Goltzij comst te gheschieden, en had geseyt, dat hy aen 't ghedaent hem kennen soude, 't welck Goltzio gheseyt wesende, liet Jan Mathijssen de voorbaerste wesen: en also Jan langh, en van stadigh aensien is, werdt van desen voor Goltzio ghewelcomt, en den Juppiter in de Const gheheeten, en begheerde yet van Jan te hebben gheteyckent, die liet zijn gheselle wat doen, welcken daer op stelde Goltzij naem: Des den anderen in zijn meeninghe, van by de ghestaltnis yemandt te oordeelen, hem vondt bedroghen, daer seer om ghelacchen, en hy niet te wel te vreden was, wesende doch maer ghenoecht, oft cortwijligheydt. Van Venetien quamen zy op Trenten, en voorts te Munchen, versoeckende weder de ghene, daer hy te vooren

er stumm und bleich, dann sprang er plötzlich auf und umarmte Goltzius auf's allerherzlichste, betrübt nur, dass er ihn nicht eher erkannt. Sie vollendeten dann zusammen ihre Reise nach Neapel und sahen sich dort die Kunstwerke an, sowie zu Pozzuoli die merkwürdigen Naturspiele. In Neapel hat Goltzius — ich glaube im Palaste des Vize-Königs — eine hervorragende antike Statue abgezeichnet, nämlich einen sitzenden [401] jugendlichen Herkules. Dann kehrte er mit seinen Reisegenossen auf einer päpstlichen Galeere nach Rom zurück, weil es ihn interessierte die nackten Sklaven rudern zu sehen. Ein heftiger Wind zwang sie jedoch in Gaëta zu landen, worauf sie den Rest des Weges zu Fuss machten. In Rom lernte er die Jesuitenpatres und auch die dortigen Künstler kennen, von denen er die berühmtesten mit dem Stift zeichnete, was er auch zu Florenz, Venedig und in Deutschland tat. Er verliess Rom am 3. August 1591 — und zwar nicht mit leeren Taschen; denn kein anderer Niederländer hat jemals, glaube ich, in so kurzer und ungünstiger Zeit dort so viele und so gute Zeichnungen gemacht — kam mit seinem Reisekameraden Jan Matthysz zu Pferd nach Bologna und blieb einige Tage in Venedig bei seinem guten Freunde Dierick de Vries. [402] Hier gab es auch ein lustiges Intermezzo. Ein Maler, der voh Goltzius' bevorstehender Ankunft gehört hatte, hatte nämlich behauptet er würde ihn an seiner Gestalt erkennen. Als Goltzius dies erfahren hatte, liess er Jan Matthysz sich zuerst zeigen, und da dieser gross und stattlich von Ansehen ist, begrüsste ihn jener Maler für Goltzius, nannte ihn den Jupiter der Kunst und wünschte etwas von ihm gezeichnet zu haben. Dieser liess seinen Genossen etwas machen, welcher dann seinen Namen Goltzius darunter setzte. So fand sich der Maler in seinem Glauben Jemand an seiner Gestalt erkennen zu können getäuscht. Hierüber wurde herzlich gelacht, Jener war aber nicht sehr erbaut darüber, obwohl es sich nur um einen harmlosen Scherz handelte. Von Venedig kamen sie nach Trient und dann nach München, wo sie diejenigen wieder be-

onbekent by was gheweest, tot groote beschaemtheyt van sommigen. Van daer voorts over al de vrienden en constighe gheesten besoeckende, is te huys ghecomen fraey en ghesont. Doch weynigh tijdts t'huys zijnde gheweest, ick weet niet door wat oorsaeck, is hem de voorgaende siechte weder aenghecomen, welcke hem heel t'onder heeft ghehouden, dat hy gantsch uyt drooghde, soo dat hy etlijcke Jaren Geyten-melc heeft ghedroncken, en heeft moeten suyghen Vrouwen borsten, verhopende alsoo beterschap: En is ten lesten, nae veel groote sieckten, med Gods hulp, teghen yeders ghevoelen oft meeninghe, ghenesen gheworden: dan most veel tijt en zijn saecken versuymen, met daeghlijcx om hem verlustigen te wandelen, soo dat hy nu weder wel te pas, en met grooten lust in de Const is doende. Dit is nu in't cort Goltzij leven. Aengaende zijn wercken, al vooren zijn Printen die ghetuyghen over al ghenoech zijnen verstandighen gheest in de Teycken-const. My ghedenckt dat ick te Brugghe, ontrent t'Jaer 1580. heb ghesien van hem eenighe dinghen, van hem ghesneden nae de teyckeninge van Adriaen de Weerdt, die soo vroegh van hem ghedaen seer wel stonden, en fraey waren: Besonder had ick groot behaghen in eenighe Historikens van Lucretia, die hy selfs gheinventeerdt en ghesneden hadde. Daer was onder ander een bancket, waer in hy seer aerdig had te weghe gebracht eenighe Moderne cleedinghen, dat grootlijck den welstandt verbeterde, en nae mijn duncken was het wat anders, als ghemeenlijck by onse Nederlanders in gebruyck was. Doe ick Anno 1583. te Haerlem quam woonen, maeckt ick met hem kennis, hem toonende eenighe teyckeninghen van Sprangher, daer hy grooten sin toe hadde: En dit heb ick van hem te segghen, dat hy van jonghs aen niet alleen en heeft de schoonheydt oft verscheyden ghedaenten der Natueren gesocht nae te volghen: maer heeft oock seer wonderlijc hem gewent verscheyden handelinghen der beste Meesters nae te bootsen, alsnu

suchten, bei denen er vorher, ohne sich zu erkennen zu geben, gewesen war, wodurch Manche in grosse Verlegenheit gerieten. Auf der Weiterreise von dort suchte er überall alle Freunde und Künstler auf und kehrte schliesslich blühend und gesund nach Hause zurück. Doch als er erst kurze Zeit wieder daheim war, befiel ihn, ich weiss nicht infolge welcher Ursache, die alte Krankheit wieder, die ihn vollständig zurückwarf, so dass er ganz austrocknete. Er trank darum einige Jahre lang Ziegenmilch und musste sogar an Frauenbrüsten saugen, wovon er Besserung erhoffte. Endlich aber ist er nach vielen schweren Krankheiten mit Gottes Hülfe und gegen Jedermanns Erwarten gesund geworden.[403] Doch ging ihm viel Zeit verloren, die sonst seinen Arbeiten zu Gute gekommen wäre, indem er täglich spazieren gehen musste. Jetzt ist er aber wieder wohlauf und beschäftigt sich mit grossem Eifer mit der Kunst. Das ist nun in Kürze das Leben von Goltzius. Was nun seine Werke betrifft, in erster Linie seine Gravüren, so weisen sie ihn überall zur Genüge als geistreichen Zeichner aus. Ich erinnere mich um das Jahr 1580 zu Brügge einige Blätter gesehen zu haben, die er nach Zeichnungen von Adriaen de Weerdt[404] gestochen hatte, und die trotz ihrer frühen Entstehungszeit von sehr guter Wirkung, ja schön waren. Namentlich fand ich viel Gefallen an einigen Blättern mit der Geschichte der Lucretia,[405] die er selbst erfunden und gestochen hatte. Unter anderm war da ein Bankett, auf dem er sehr hübsch einige moderne Gewänder angebracht hatte, was wesentlich zu der guten Wirkung des Ganzen beitrug und meiner Meinung nach etwas anderes war, als was sonst bei unsern Niederländern üblich war.[406] Als ich mich im Jahre 1583 in Harlem niederliess, machte ich seine Bekanntschaft und zeigte ihm einige Zeichnungen von Sprangers, die ihn sehr interessierten. Und das muss ich von ihm erwähnen, dass er von Kind an nicht nur die Schönheit und die verschiedenen Erscheinungsformen der Natur wiederzugeben versucht hat, sondern dass er sich auch in ganz erstaunlichem Masse daran gewöhnt hat die verschiedenen Manieren der

Hemskercken, Frans Floris, Blocklandts, dan Fredericks, en eyndlinge des Spranghers, welcx gheestighe maniere hy seer eyghentlijck volghde: en sneedt oock corts nae desen dat heerlijck stuck, t'Hemelsche bancket van Sprangher, overvloeyende van soeten en bevallijcken Nectar, den Teyckenaer en Snijder toelanghende ghelijcke onsterflijckheydt. Ick sagh oock in zijn voorhuys, doe ick eerst t'Haerlem quam, op groote doecken, in de hooghte, van Goltzij vindinghe gheteyckent, met gheolyde kool oft swart crijt, seven Planeten, seer uytnemende ghehandelt, en de naeckten wel verstaen, en gheleken gheschildert van wit en swart. Doe ter tijdt sagh ick oock van hem eenen grooten langwerpighen doeck van wit en swart, van Oly-verwe, en was daer den Romeyn zijn hant verbrandt, wonder wel gheordineerdt en ghehandeldt, en was ghemaeckt nae een plaets in een Camer van een groot heerlijck huys, doe ter tijdt den Borghermeester Gerrit Willemsen te Haerlem, dan teghenwoordich Goltzio toecomende, en is als ick meen daer noch te sien. Veel zijner Printen mocht ick hier gedencken, onder ander vroegh ghedaen de Roomsche Helden, die ghenoech de heldighe cracht der Teycken-const, en t'vermoghen des Graefijsers ghetuyghen: Maer ick sal om cortheyt veel overslaende, verhalen van ses stucken, die hy uyt Italien ghecomen wesende dede: Want bedenckende wat hy over al voor handelinghen hadde ghesien, heeft met een eenighe hant verscheyden handelinghen van zijn inventie ghetoondt, en dat verwonderens weerdt is, binnen seer corten tijt sulckx te weghe ghebracht, willende reedt wesen teghen een Franckfoortsche Mis oft Marct. Dese dinghen veerdich wesende, en van niemandt schier gesien, heeft laten aenrichten seer aerdige bootsen, besonder met de Print der Besnijdenis, op de manier

besten Meister zu imitieren, wie jene von H e e m s k e r c k, F r a n s   F l o r i s,   B l o c k l a n d t,   F e d e r i g o   (Z u c c h e r o)[407] und endlich von S p r a n g e r s, dessen geistvolle Art er sehr genau wiederzugeben verstand. Er stach auch bald darauf S p r a n g e r s' herrliches Götterbankett,[408] das von dem süssen Nektar der Anmut überströmt und dem Zeichner wie dem Stecher gleichermassen Unsterblichkeit sichert. Ich sah auch zu Beginn meines Aufenthalts zu H a r l e m im Vestibül seines Hauses auf grossen Leinwänden in Hochformat mit geölter Kohle oder schwarzer Kreide gezeichnet die sieben Planeten von G o l t z i u s selbst erfunden, vortrefflich ausgeführt und in den nackten Partieen gut verstanden. Diese Bilder sahen aus wie Grisaillemalereien. Damals sah ich von ihm auch eine grosse Leinwand in Breitformat, die in Ölfarbe *en grisaille* den Mucius Scaevola zeigte, der seine Hand ins Feuer hält. Ihre Grösse war gegeben durch den dafür bestimmten Platz in einem Zimmer eines grossen prächtigen Hauses, das damals dem Bürgermeister G e r r i t W i l l e m s e n zu H a r l e m gehörte, jetzt aber Eigentum von G o l t z i u s ist. Wenn ich mich nicht irre befindet sich dieses wunderbar komponierte und durchgeführte Bild noch an Ort und Stelle. Ich würde hier viele seiner Gravüren anführen können, u. a. die schon früh geschaffenen römischen Helden,[409] die zur Genüge die Heldenkraft seiner Zeichenkunst und die Fähigkeit seines Grabstichels beweisen, — aber ich will der Kürze halber Vieles übergehen und von sechs Blättern erzählen, die er nach seiner Rückkehr aus I t a l i e n schuf.[410] Indem er sich nämlich vergegenwärtigte, worin die Eigenart des Stils der Meister, deren Werke er bisher kennen gelernt hatte, bestehe, brachte er mit seiner Hand allein die Eigentümlichkeiten verschiedener Hände in Kompositionen eigner Erfindung zum Ausdruck und, was besonders erstaunlich ist, er brachte dies innerhalb sehr kurzer Zeit zu Stande, da er zu einer bevorstehenden F r a n k f u r t e r   M e s s e fertig sein wollte. Als diese Blätter fertig und fast noch Niemand unter die Augen gekommen waren, setzte er einen sehr hübschen Scherz in Szene, namentlich mit dem Stich der Beschneidung, der in

van Albert Durer ghesneden, waer in comt Goltzij conter-
feytsel: Diten zyn teycken liet hy met een gloeyende kool
oft yser uyt branden, en weder lappen, de Print beroockende,
en toemaeckende, ofse heel oudt en veel Jaren op de Weerelt
hadde geweest. Dese Print dā dus gaende vermomt en in
mascarade, te Room, Venetien, Amsterdam, oft oock elder,
was by den Constenaren en verstandighe Liefhebbers met
groot verwonderen en behaghen gheern ghesien, oock van
eenighe om grooten prijs ghecocht, wesende verblijdt te hebben
becomen van den Constighen Norenbergher sulck stuck,
datmen noyt meer ghesien hadde. Het was oock wis te be-
lacchen, dat den Meester hoogh boven hem selven over al is
gepresen gheworden: Want doe gheseydt, oft ghevraeght
was, of Goltzius sulckx wel mocht hebben ghedaen, werdt
gheantwoort van eenighe, die niet slecht zijn in de Const,
dat wijt daer van was, dat Goltzius zijn leven so goet en
soude connen doen: Jae was wel 't beste, dat sy van Albert
Durer hadden ghesien. Eenighe voeghden noch daer by,
dat Albert had ghesneden een besonder plaet, die hy in
zijn overlijden beval verborghen te houden een hondert Jaren
nae zijn doot: En indien dan zijn dinghen noch in achtinghe
waren, datmense drucken soude, en anders niet, en dit most
enckel dese Print wesen. Doe dan, nae veel meer roems en
snappens, de Print in haer geheel, en versch gedruckt ghe-
toont wesende, dese luyden quam voor de neus, stonden (als
men seght) met langhe neusen, over hun neus-wijsheyt be-
schaemt en onset wesende: Eenighe werden quaet en spijtigh
op de gene, die de bootse hadden aenghericht. Desghelijcken
gheschiede oock met het stuck der dry Coninghen, op de
manier van Lucas van Leyden. Het vreemste was noch,
datter Plaet-snijders, die hun op de handelinghen en snede
der Meesters wel meenden verstaen, mede bedroghen waren.
Aen dese dinghen is te merckē, wat onder den Menschen
gonst en afgonst vermoghen, oft oock de waensucht: Want

der Art Dürers gestochen ist und das Porträt von Goltzius
enthält.[411] Dieses Porträt und sein Monogramm liess er mit
einer glühenden Kohle oder einem glühenden Eisen heraus-
brennen und die Löcher dann wieder flicken, worauf er den
Stich anrauchte[412] und so herrichtete, als wäre er ganz alt
und schon viele Jahre auf der Welt. Als dieser Stich dann
auf solche Weise maskiert nach Rom, Venedig, Amster-
dam und nach andern Orten kam, erregte sein Anblick bei
den Künstlern und verständnisvollen Liebhabern grosses Er-
staunen und lebhafte Freude, und einige kauften ihn auch
für eine beträchtliche Summe, erfreut ein so prächtiges Stück
des kunstreichen Nürnbergers erwischt zu haben, das man
noch nicht kannte. Sehr lustig war auch zu erleben, dass
der Meister auf seine eignen Kosten auf's höchste gerühmt
wurde; denn als die Frage aufgeworfen ward, ob Goltzius
wohl der Urheber der Komposition sei, antworteten Einige,
und keine Laien in der Kunst, es sei gar kein Gedanke dran,
dass Goltzius in seinem ganzen Leben etwas so Gutes
zuwege bringe, ja, es sei wohl das beste, was sie von
Albrecht Dürer gesehen. Einige fügten noch hinzu,
Dürer habe eine besondere Platte gestochen, die er sterbend
verborgen zu halten befahl bis hundert Jahre nach seinem
Tode, und wenn dann seine Schöpfungen noch in Ansehen
ständen, solle man Abdrücke davon machen, sonst aber nicht,
— und nur um diesen Stich könne es sich hier handeln. Als
dann endlich nach vielem Gerühme und Geschwätz der
Stich unversehrt und frisch gedruckt zum Vorschein und jenen
Leuten unter die Nase kam, standen sie über ihre Nase-
weisheit beschämt und ärgerlich mit langen Gesichtern da,
und einige von ihnen gerieten in Zorn über jene, die den
Spass inszeniert hatten. Dasselbe geschah auch mit dem
Blatte der Anbetung der Könige,[413] das in der Art des
Lukas von Leyden gestochen war. Das Seltsamste aber
war, dass Stecher, die sich auf den Stil und die Stechart
jener Meister gut zu verstehen meinten, sich dadurch täuschen
liessen. Hieraus kann man abnehmen, was Gunst und Miss-
gunst oder auch das Vorurteil bei den Menschen vermögen;

sommighe die G o l t z i u s in zijn Const meenden versmaden oft
verachten, hebben onbewist hem boven de oude beste Meesters,
en boven hem selven ghesteldt.   En dit deden oock de ghene,
die ghewent waren te seggen, dat geen beter Plaet-snijders,
als A l b e r t en L u c a s, te verwachten waren, en dat G o l t-
z i u s by hun niet te ghelijcken was.   Summa, dese ses stucken
waren ghenoech, om te ghetuyghen, wat hy in dese Const
vermach.   My dunckt oock dese stucken ghededioeerdt waren
aen den doorluchtighen Hertog van Beyeren, den welcken
G o l t z i o vereerde met een gouden Keten, met daer aen een
gouden schoon Madaglie, waer in staet des Hertogen Conter-
feytsel oft tronie.   Nae dese dingē heeft hy in't Jaer 1597.
van hem laten uytgaen een heel Passie, die wonder behaegh-
lijck is, en gantsch op de manier van L u c a s van Leyden,
ghebruyckende doch in de stellinghen der beelden en anders
een seker wijse, die niet verachtlijcker oft argher en is.   Ick
behoorde oock niet te swijghen van een M a r i a met den
dooden C h r i s t u m op den schoot, eē cleenachtigh stuckxken,
ghesneden eyghentlijck op de manier van A l b e r t D u r e r,
welcke plaet berust onder den Const-liefdigen H e e r B e r e n-
s t e y n te Haerlem.   Al dees verhaelde dinghen t'samen, be-
wijsen G o l t z i u m eenen seldsamen P r o t e u s oft V e r t u m n u s
te wesen in de Const, met hem in alle ghestalten van hande-
lingen te connen herscheppen.   Daer zyn van hem heel vroegh
ghedaen eenighe dinghen seer verwonderlijck, te weten, een
Vrouken met Slanghen en Duyfkens, in het verschiet C h r i s t u s
voor P i l a t u s, wesende een sinneken op de reden
C h r i s t i, van te wesen eenvuldigh als Duyven, en voorsichtigh
als slanghen: Dit stuckxken gaet alle dinghen in netticheydt
te boven, bewijsende de scherpheydt des ghesichts.   Wat hy
nu met teyckenen oft handelen metter Pen vermach, dat
moghen de verstandighe oordeelen.   Ick (nae mijn oordeel)
heb gheen beter, noch soo goedt ghesien, en de Hoppe en
troost my niet meerder wonder derhalven toecomender tijdt
van anderen te sien.   Op Pergamijn heeft hy verscheyden
stucken ghedaen, cleen en groot: Onder ander eenen B a c-
c h u s, C e r e s, en V e n u s, waer in eenen C u p i d o 't vyer

denn Manche, welche die Kunst von Goltzius verkleinern
wollten, haben ihn unbewusst über die besten alten Meister
und über ihn selbst gestellt. Und das taten auch jene, die
gewöhnt waren zu sagen, dass keine besseren Stecher als
Albrecht und Lukas mehr zu erwarten seien und dass
Goltzius nicht mit ihnen verglichen werden könne. Kurz,
diese sechs Stiche würden hinreichen, um zu beweisen, was
er als Stecher vermag.[414] Wenn ich mich nicht irre, waren
sie dem durchlauchtigen Herzog von Bayern[415] gewidmet,
der Goltzius mit einer goldenen Kette und einer schönen
goldenen Medaille daran, die das Bildnis des Fürsten zeigte,
beschenkte. Nach diesen Blättern hat er im Jahre 1597 eine
ganze Passion[416] herausgegeben, die wunderschön und ganz
in der Art des Lukas von Leyden gestochen ist, doch in
bezug auf die Bewegung der Figuren und in anderer Hin-
sicht eine eigene Auffassung zeigt, die keineswegs geringer
einzuschätzen ist. Ich darf auch eine Maria nicht verschweigen
mit einem toten Christus auf dem Schoss,[417] ein kleines
Blättchen, das genau in der Art von Albrecht Dürer ge-
stochen ist. Die Platte dazu befindet sich im Besitz des
kunstliebenden Herrn Beerensteyn zu Harlem.[418] All
diese hier angeführten Arbeiten beweisen, dass Goltzius ein
seltsamer Proteus oder Vertumnus in der Kunst ist, fähig
sich in jeden Stil hineinzufinden. Ganz erstaunlich sind
einige seiner ganz frühen Sachen, z. B. eine kleine Frauen-
gestalt mit Schlangen und Tauben[419] und Christus vor Pilatus
im Hintergrunde, ein Anspielung auf das Wort Christi: „Seid
klug wie die Schlangen und ohne Falsch wie die Tauben!"
Dieses Bildchen übertrifft alle andern an Feinheit und zeugt
von der Schärfe seiner Augen. Was er als Federzeichner
kann, das mögen die Kenner beurteilen. Ich für meine
Person habe, soweit ich urteilen kann, in dieser Hinsicht
nichts Besseres noch Gleichwertiges gesehen und glaube
auch nicht hierin in der kommenden Zeit ein grösseres
Wunder von Anderen zu erleben. Er hat Verschiedenerlei,
Kleines und Grosses auf Pergament gezeichnet, unter anderm
einen Bacchus mit Ceres und Venus, eine Darstellung, auf

stoockende, een reflectie comt gheven op den beelden: Dit
is te Room, als ick meen. Een ander van hem seer constigh
ghedaen, is by den Keyser, wesende eenen jonghen Faunus,
met Fauna. Een heel uytnemende, is by den Heeren
Fouchers van Ausborgh, wesende een Pieta, oft noodt
Godts, daer Christus vae den Cruyce ghedaen light voor
Maria, welcke met een inghetoghen ghemoedt sonder weenen,
toont een uytnemende droefheyt in haren gheest te hebben:
hier in comen ooc verscheyden Enghelen: in't verschieten is
de Graf-legginghe. Dit stuck is niet te verbeteren van ordi-
nantie en handelinghe: en was ghebracht in Spaengien voor
den Coningh, die op den selven tijt overleden is. Hier nae
quam Goltzio in den sin, op gheprimuerde oft van Oly-
verwe bereyde doecken metter Pen te teyckenen: Want hoe
groot de Pergamenten waeren, sy vielen hem nae zijn groot
voorneem en gheest noch veel te cleen. Des gingh hy toe,
en teyckende met de Pen op eenen paslijcken grooten ghe-
primuerden doeck een naeckt Vrouwenbeeldt, met eenen lac-
chenden Satyr daer by, seer aerdigh en versierigh ghedaen,
en heeft daer ooc op gehooght, en een weynigh de naeckten
t'som plaetsen met verwe aengheroerdt, en daer op vernist:
desen hadde van hem Franciscus Badens, Schilder
t'Amsterdam. Na der handt creegh hem den Keyser, die
over desen handel hem heel verwonderde, hoe dit ghedaen
was, roepende daer over eenighe van der Const, die ooc
verwondert waren: want het heel seldtsaem en wercklijck te
sien is. Noch voor den selven Badens heeft hy ghedaen
een naeckte ligghende Venus met Cupido: in't verschieten,
daer Venus en haer soon Cupido om meest bloemen te
lesen gewedt hebbende, Peristera een Nymphe haer te
hulp quam, waerom sy van Cupido in een Duyf wort ver-
andert: Dit stuck is uytnemende in ordinantie, actien der
beelden, steldsel, en handelinghe, met gladde langhe artse-
ringhe, gansch loflijck en onberisplijck, en is noch tot Badens

der man Cupido das Feuer schüren sieht, dessen Reflexe auf den Figuren sichtbar werden. Diese Zeichnung befindet sich, soviel ich weiss, in Rom.[420] Eine andere, sehr kunstreich ausgeführte, die einen jungen Faun und eine Faunin zeigt, ist im Besitze des Kaisers. Eine ganz hervorragende besitzen die Herren Fugger zu Augsburg: es ist eine Pieta. Der vom Kreuze abgenommene Christus liegt vor Maria am Boden, die ohne zu weinen einen gewaltigen inneren Schmerz in ihren Zügen erkennen lässt. Man sieht ferner noch einige Engel und im Hintergrunde die Grablegung. Dieses Blatt ist in Komposition und Durchführung nicht zu übertreffen: es wurde nach Spanien gebracht, um dem König überreicht zu werden, der um dieselbe Zeit starb.[421] Hierauf kam es Goltzius in den Sinn auf präparierter oder mit Ölfarbe grundierter Leinwand mit der Feder zu zeichnen. Denn wie gross die Pergamentblätter auch waren, so waren sie für seine grossen Absichten und sein Genie doch viel zu klein. Also machte er sich an's Werk und zeichnete auf eine ansehnliche präparierte Leinwand mit der Feder eine nackte Frauengestalt nebst einem grinsenden Satyr, sehr hübsch und gut erfunden. Er setzte hier auch Lichter auf und ging an manchen Stellen mit Farbe in's Fleisch, worauf er das ganze firnisste. Dieses Stück besass der Maler Frans Badens zu Amsterdam.[422] Später bekam es der Kaiser. Dieser wunderte sich sehr über die Technik, in der es gemalt war und befahl einige Künstler zu sich, damit sie ihn aufklärten; diese waren jedoch ebenso erstaunt; denn es ist sehr eigenartig und wirkungsvoll zu sehen. Für denselben Badens hat er eine nackte liegende Venus mit Cupido gemacht. Im Hintergrunde ist der Mythus von der Nymphe Peristera dargestellt, die von Cupido in eine Taube verwandelt wird, weil sie der Venus, die mit ihrem Sohn Cupido gewettet hatte, sie werde mehr Blumen in einer gewissen Zeit pflücken als er, beim Sammeln geholfen. Dieses Bild ist hervorragend in Komposition, Bewegung der Figuren, Auffassung und Durchführung. Es ist mit langen gleichmässigen Schraffierungen gezeichnet und ganz tadellos.[423] Es ist noch bei Badens

te sien. Noch heeft hy onder handen, daer hy nu langhen
tijdt over doende is geweest, eenen heel grooten doeck,
daer eenighe groote naeckten in souden comen, en soude
alle zijn voorgaende Pen-wercken te boven gaen, als ick ghe-
ruchts wijse eenichsins can vernemen: Doch ick hebber
gheen begin af ghesien, als ick wel behoorde, om yet seeckers
daer van te schrijven: Dan hy laet noode zijn dingen onvol-
maeckt yemandt sien, dan voldaen zijnde gheern yeghelijcken
wie wil: In dat en anders ghelijckende den uytnemende
M i c h a e l A g n o l o. Ick acht niet, dat yemant soo vast en
veerdigh is: Een beeldt, jae een gantsche Historie, uyt der
handt, sonder yet te bootsen, te trecken ten eersten met de
Pen, met sulcken volcomenheyt, en suyverlijck te voldoen,
en met soo grooten gheest.   Hier mede laten wy syn constige
Pen berusten, en den Monarch in haer te handelen blijven,
en moghen van zijn schilderen verhalen.   G o l t z i u s comende
uyt Italien, hadde de fraey Italische schilderijen als in eenen
spieghel soo vast in zijn ghedacht ghedruckt, dat hyse waer
hy was noch altijts ghestadich sagh: dan vermaeckte hem de
soete gracelijckheydt van R a p h a e l, dan de eyghen vleeschach-
ticheyt van C o r r e g i o, dan de uytstekende hoogselen, en
afwijckende verdreven diepselen van T i z i a e n, de schoon
sijdekens en wel gheschilderde dinghen van V e r o n e s o, en
ander te Venetien, dat hem de Inlandtsche dinghen soo heel
volcomen niet meer conden voldoen.   Het was den Schilders
eenen lust en voedsel, hem hier van te hooren spreecken:
Want zijn woorden waren al gloeyende carnatien, gloeyende
diepselen, en derghelijcke onghewoon oft weynigh meer ghe-
hoorde verhalinghen.   Teyckende hy yet, de naeckten sonder-
lingh mosten met den cryons hun verwen hebben: Soo dat
hy eyndlijck tot den Pinceelen en Oly-verwe hem heeft be-
gheven, doe hy maer twee Jaer van het suyghen oft borst
gewendt oft ghespeent was, doch zijns ouderdoms 42. Jaer,
Anno 1600. Sijn begin war voor G i j s b e r t R i j c k e r s e n te
Haerlem, een cleen stucxken op coper, eenen C h r i s t u s aen
t'Cruys, met M a r i a, S. J a n en M a g d a l e n a: Het naeckt van

zu sehen. Augenblicklich hat er eine sehr grosse Leinwand unter Händen, mit der er sich nun schon lange Zeit beschäftigt. Sie soll, wie verlautet, einige grosse nackte Figuren enthalten und alle seine bisherigen Federarbeiten übertreffen. Doch habe ich noch nicht einmal den Entwurf davon gesehen, was ich wohl müsste, um darüber schreiben zu können; denn er lässt seine Arbeiten, so lange sie noch unvollendet sind, nur sehr ungern jemand sehen, während die Vollendeten jeder, der Lust dazu hat, sich ansehen kann. Hierin und in anderer Hinsicht gleicht er dem grossen Michelangelo. Ich glaube nicht, dass irgend jemand so fest und sicher wie er darin ist, eine Figur, ja eine grosse Szene aus freier Hand, ohne vorher zu skizzieren, auf einen Wurf so vollkommen mit der Feder hinzuzeichnen und so sauber und geistreich zu vollenden. Hiermit lassen wir die kunstreiche Feder des Königs im Federzeichnen ruhen und wenden uns zu seiner Malerei. Als Goltzius aus Italien kam, hatte er die schönen italienischen Malereien seinem Gedächtnis gleichsam wie in einem Spiegel so fest eingeprägt, dass er sie, wo er auch war, noch immer vor sich sah. Und so erfüllten ihn die süsse Anmut Raffaels, die eigentümliche Weichheit Correggios, die starken Licht- und Schattengegensätze Tizians, die schönen seidenen Gewänder und die gute Stoffmalerei Veroneses und anderer Venezianer in einem Masse. dass ihn die niederländischen Bilder nicht mehr voll befriedigen konnten. Es war für die Maler genussreich und belehrend, ihn hiervon reden zu hören; denn seine Worte sprachen von glühender Karnation, leuchtenden Schatten und dergleichen ungewohnten oder selten mehr gehörten Dingen. Zeichnete er etwas, so mussten namentlich die Fleischpartieen mit Hilfe des Farbstiftes ihre Farben erhalten, und so machte er sich denn endlich an das Malen mit Pinseln und Ölfarbe, nachdem er erst zwei Jahre von der Brust entwöhnt war, im 42. Jahre seines Lebens, Anno 1600.[424] Das erste, was er machte, war ein kleines Bildchen auf Kupfer für Gijsbert Rijckersen zu Harlem, das Christus am Kreuz nebst Maria, Johannes und Magdalena darstellte. Der

den Christus seer doodlijck, doch aerdigh ghecoloreerdt,
wonder wel ghestudeerdt, verstaen wesende, en is gheheel
suyver en schoon van verwe. In't verschieten comt Jeru-
salem: Op den voor-gront wat in't verschieten sit een Clock-hen
met kueckens, een sinneken wesende op t'ghene Christus
seyde, doe hy de Stadt beweende. Hy hadde doch daer te
vooren uyt zijn ghenoecht op eenen doeck in Oly-verwe ghe-
daen een Conterfeytsel groot als t'leven, naeckt sittende, nae
Tobias Swartsenburgh te Haerlem die hy had toeghe-
maeckt als eenigh Indiaensch Schutter, en in't verschiet in't
cleen Sinte Sebastiaen, uytnemende wel ghehandelt, en
wel ghelijckende. Hy heeft noch ghemaeckt een groot stuck
op Penneel voor zijnen reysghesel Jan Mathijssen, we-
sende eenen Hemel, oft Hemelsche vreughde, t'welck can
beduydt worden, de gheloovighe Christlijcke Siele, comende
becleedt in de witte syde van een suyver Conscientie, en
onbeveynst geloove tot de Kercke Gods, trouwende daer
Christum haer Bruydegom sachtmoedigh en ootmoedigh,
in ghedaent van een onnoosel kind, sonder eenighe valscheydt
oft bedrogh, daer al t'Hemelsche geselschap in verblijdt, en
brenghen oft toonen de Siele palm en croon, te weten, vol-
herdicheydt en belooninghe. Oft can beduyt worden op de
Maeght Sinte Catharina, die door volstandicheydt in't
gheloof en lijden tot de Croon der Martelaren is gecomen,
Christum voor haer Bruydegom aennemende. Dit stuck
van naeckten, tronien, lakenen, sijden, en anders, is seer
uytnemende en constigh ghedaen, in alle deelen yeghelijcken
ghenoech voldoende: De naeckten oft tronien heeft hy wetens
vermijdt hardt te schaduwen, op dat het te bevallijcker mocht
wesen, doch van beyde sijden eẽ weinig gediept wesende,
doet hem met den carnatiachtighe hooghselen noch wel ver-
heffen. In't traperen van een groot blaeu laecken van Asuer
Oltremerijn, quam hem heel wel te passe in't glaceren, een
manier met den Pinceelen te stooten, die by den Glaes-
schrijvers ghemeen is. Summa, is alles met groot opmerck
en verstandt te weghe ghebracht, hebbende meest oft alles

nackte Körper Christi zeigt Totenblässe, ist jedoch gut in
der Farbe, wunderbar studiert und verstanden, und das Bild
als Ganzes ist ebenfalls sauber und schön in der Farbe. Im
Hintergrunde sieht man Jerusalem. Im Vordergrunde, aber
etwas zurück, sitzt eine Henne mit ihren Küchlein, eine An-
spielung auf die Worte Christi, als er Wehe über Jerusalem
rief.[425] Doch hatte er vorher zu seinem Vergnügen auf
Leinwand in Ölfarbe ein lebensgrosses Porträt von Tobias
Swartsenburgh in Harlem gemalt, den er nackt sitzend
und wie ein indischer Schütze hergerichtet dargestellt hatte,
mit einem kleinen St. Sebastian im Hintergrunde — ein
hervorragend ausgeführtes und sehr ähnliches Bildnis.[426] Er
hat ferner ein grosses Bild auf Holz für seinen Reisegefährten
Jan Matthysz. gemalt mit der Darstellung des Paradieses
oder der himmlischen Freuden. Das Bild kann gedeutet
werden auf die gläubige, christliche Seele, die in der weissen
Seide eines reinen Gewissens und eines ungeheuchelten
Glaubens gekleidet zu der Kirche Gottes kommt und sich
dort sanft und demütig mit Christus, ihrem Bräutigam, der
als unschuldiges Kind dargestellt ist, ohne Falsch und Trug,
vermählt, worüber das ganze himmlische Heer, das der Seele
Palme und Krone zum Lohn für ihre Standhaftigkeit bringt,
vor Freude jubelt. Es kann aber auch auf die heilige Jung-
frau Katharina gedeutet werden, die durch Standhaftigkeit im
Glauben und Leiden die Märtyrerkrone errungen hat und sich
mit Christus verlobt. Dieses Bild ist in bezug auf die Fleisch-
partieen, Gesichter, Gewänder, Seidenstoffe und andere Dinge
ganz hervorragend und kunstreich ausgeführt und befriedigt
jedermann in jeder Beziehung. Er hat es bewusst vermieden,
die Fleischpartieen oder Gesichter stark zu schattieren, damit
das Ganze einen angenehmeren Eindruck mache, aber da er
sie auf beiden Seiten mit einem leichten Schatten versehen
hat, wirken sie mit ihren karnatartigen Lichtern doch plastisch.
Beim Drapieren eines grossen ultramarinblauen Gewandes
kam ihm für das Lasieren eine bei den Glasmalern übliche
Art mit dem Pinsel zu tupfen, ausserordentlich zu statten.
Kurz, er hat das Ganze mit grossem Bedacht und Verständnis

nae t'leven ghedaen. En wort van den verstandighen hoogh ghepresen, en van de ghemeen ooghe om zijn gracelijckheydt en lieflijckheyt gheern ghesien. Goltzius heeft oock noch gheschildert op een coperen plaet eenen sittenden Christus meest naeckt, met twee knielende Engelē, met brandēde Toortsen, en eenighe reetschap der Passie, dat oock seer uytnemende was, en is nu by den Graef van der Lip, oft den Keyser. Eyndlijck, in't Jaer 1603. heeft hy gemaeckt op eenen grooten doeck als t'leven, een slapende naeckte Danaë, op een seer schoon wijse ligghende: Dit naeckt is wonder vleeschachtigh en verheffende geschildert, en van grooter studie in omtreck en binne-werck. Hier by comt een aerdigh oudt Wijf met een gloyende tronie, met oock eenen doortrapten Mercurius, en ic en weet niet wat vriend-lijcker kinderkens, comende met Stoc-beurs en anders aen gevloghen, soo dat het oock van schoonheydt der ordinantie niet is te verbeteren: Dit stuck is te Leyden, by den Const-liefdighen Heer Bartholomeus Ferreris, op zijn Cabinet oft Const-camer, onder ander fraeyicheydt te sien. Hy heeft noch ghedaen eenighe Conterfeytselen om zijn sinlijckheydt, te weten, een Noordtsche Boerinne, en insonderheydt eenen Jan Govertsen, woonende t'Haerlem, een beminder van schulpen, hebbende in de hant een Peerlmoeder, en ander hoornkens by hem: Dit is in volcomenheydt heel uytnemende aerdig van handeling en ghelijcken. Dit is meest al dat ick weet van hem met de verwe ghedaen te wesen. In Glas-schrijven soude hy yeghelijcken overtreffen, soo hy tot sulckx hem wou begeven, gelijck eenigh weynigh dingh te Haerlem tot den uytnemenden Glas-schrijver Cornelis Ysbrandtsen van hem te sien is: Daer hy slechs om een tijdtverdrijf, gedachtigh wesende zijn eerste oeffeninghe, soo yet heeft ghe-. daen: Want dese Const, soo wel als schilderen, en Plaet-snijden, wast oock, oft heeft haer volcomenheyt uyt de Teycken-

zustande gebracht und hat das meiste oder alles nach der Natur gemalt, und es wird von den Kennern hochgerühmt, wie es auch von den Laien um seiner Anmut und Lieblichkeit willen gern gesehen wird.[427]   Goltzius hat ferner auf einer Kupferplatte einen grossenteils nackten sitzenden Christus gemalt, umgeben von zwei knienden Engeln, welche brennende Fackeln hatten, und von Passionsgeräten, — ebenfalls ein ganz hervorragendes Bild, das sich jetzt im Besitze des Grafen von Lippe oder des Kaisers befindet.[427]   Schliesslich hat er im Jahre 1603 auf einer grossen Leinwand eine lebensgrosse nackte schlafende Danaë gemalt, die auf sehr schöne Art gelagert ist.   Ihr nackter Körper ist wunderbar fleischig und plastisch gemalt und zeugt in bezug auf Umriss und die Einzelheiten seines Aufbaus von grossem Studium.   Dazu gehört noch ein gut aufgefasstes altes Weib mit angeleuchtetem Gesicht, ferner ein durchtriebener Merkur und reizvolle Putten, die mit einer Geldbörse und anderen Dingen angeflogen kommen, und so ist das Bild auch in der Schönheit seiner Komposition unübertrefflich.   Es ist zu Leiden bei dem kunstliebenden Herrn Bartholomäus Ferreris, in dessen Kunstkabinet unter anderen schöne Sachen zu sehen.[428] Goltzius hat ferner noch eine Anzahl Porträts zu seinem Vergnügen gemalt, nämlich das einer Bäuerin aus dem Norden und namentlich das eines gewissen Jan Govertsen, der zu Harlem wohnt und ein Sammler von Muscheln ist.   Er hält eine Perlmuttermuschel in der Hand und hat noch andere Meerschnecken neben sich liegen.   Dies ist in bezug auf Ausführung und Ähnlichkeit ein vollkommen schönes, hervorragendes Bildnis.   Das ist so ziemlich alles, was ich an gemalten Werken von ihm kenne.   Im Glasmalen dürfte er jeden übertreffen, wenn er sich darauf werfen wollte, wofür einige wenige Sachen von ihm, die zu Harlem bei dem hervorragenden Glasmaler Cornelis Ysbrandtsen[429] zu sehen sind, zeugen, bei dem er allein zum Zeitvertreib und in Erinnerung an seine erste Beschäftigung, etwas in dieser Art gemacht hat.   Denn diese Kunst erhält ebenso wie das Malen und Stechen ihre Vollkommenheit durch die Zeichen-

const, in welcke ick nu zijn beter niet en weet, oft yemandt boven gemeen oordeel hooger gheclommen oft opgewassen. En of dan eenighe onwederen tegĕ hem verheffen, behoeft als een stercke hooge Roots daer voor niet te verschricken: Want t'gherucht van zijn edel wercken sal leven: Maer die hem onverstandigh tegen oft na keffen, sullen sterven. Hy is een die hem der Weereltsche beroerten en t'gemeen ghe- clap gantsch niet bemoeydt, als een die uyt overtreffende liefde ter Const gheern rust-sieligh, stil, en alleen is, dewijl de Const dĕ heelen Mensch tot haer vereyscht te hebben. Sonderlingh is hy een beminder van zijn eyghen vrijheyt, oock der beleeftheyt, en eerbaerheyt, segghende voor avijs, Eer boven Golt, en bewijst oock daedlijck genoech, niet soo gheltsuchtigh als eerliefdigh te wesen: Doch hem veel cleender als prachtigh houdende, in de kennis der Natuere, als natuerlijck Philosooph, niet onervaren. Eenighe snelle dapper antwoorden oft spreuken pleeg ick van hem onthouden te hebben, die my wel bevielen: Doch nu ten deele zijn vergeten. Onder ander, ghelijck als hy veel aerdighe Conter- feytselen ghesneden heeft, had hyer Ao. 1583. gedaen twee ten voeten uyt op coperen platen, en waren twee Poolsche jonghe Princen, die den Landen besoeckende quamen uyt Vranckrijck ghecleet op zijn Fransch, soo men doe daer gingh, d'een wesende den Neef van den Poolschen Coningh. So nu Goltzius te Haerlem by hun was in d'Herbergh, en dat van den prijs werdt ghehandelt, hadden sy met hun een Coopman van Amsterdam, rijcker als verstandigh, die hun het gheldt te doen hadde: desen hoorende, dat soo eenighe meerder som gheeyscht wiert als zijn gissinghe was, seyde onder ander woorden, dat het te veel was, en dat Goltzius soo betaeldt wesende van zijn Const, meer soude winnĕ als een Coopman. Waer op Goltzius strackx seyde: U Coopmanschap heeft doch gheen gelijcknis met onse Const. Ick can met gheldt wel een Coopman worden: maer ghy

kunst, in der ich niemanden kenne, der ihn überträfe oder
sich höher über den allgemeinen Durchschnitt erhoben hätte.
Und wenn sich auch hie und da ein Sturm gegen ihn erhebt,
braucht er ebensowenig wie ein hoher starker Fels davor zu
erschrecken; denn der Ruhm seiner vortrefflichen Werke wird
leben, aber jene, die ihn törichterweise schmähen, werden
sterben. Er kümmert sich um den Lärm der Welt und das
Geschwätz der Leute nicht im geringsten; denn er lebt in
seiner hingebenden Liebe zur Kunst gerne stillbeschaulich
und allein, dieweil die Kunst den ganzen Menschen für sich
in Anspruch nimmt. Seine Freiheit geht ihm über alles und
ebenso liebt er die Höflichkeit und Ehrbarkeit, und seine
Devise ist: „Ehre über Gold,"[430] wie er denn auch durch
die Tat zur Genüge beweist, dass er die Ehre mehr liebt als
das Geld. Obwohl er sich in bezug auf die Kenntnis der
Naturwissenschaften eher unwissend stellt als sich damit auf-
spielt, ist er darin doch als Naturphilosoph nicht unerfahren.
Einige schlagfertige Antworten und Aussprüche von ihm, die
mir gut gefielen, hatte ich mir eine Zeitlang gemerkt, habe
sie jetzt aber zum Teil vergessen. Folgende jedoch fallen
mir noch ein: Wie er schon vorher eine Anzahl hübscher
Porträts gestochen hatte, führte er im Jahre 1583 zwei in
ganzer Figur auf Kupferplatten aus, nämlich die zweier jungen
polnischer Prinzen, die aus Frankreich zum Besuch
der Niederlande gekommen und nach damaliger franzö-
sischer Sitte gekleidet waren. Der eine von ihnen war der
Neffe des Königs von Polen.[431] Als nun Goltzius bei
ihnen, in deren Begleitung sich ein mehr reicher als sach-
verständiger Kaufmann aus Amsterdam, der ihre Geld-
angelegenheiten zu erledigen hatte, befand, in der Herberge
war und seinen Preis nannte, sagte dieser, als er hörte, dass
die von Goltzius geforderte Summe sich höher belief als
er vermutet hatte, unter anderm, das sei zu viel und Golt-
zius würde, wenn er seine Kunst in diesem Masse bezahlt
erhielte, mehr verdienen als ein Kaufmann. Worauf Golt-
zius sofort erwiderte: „Dein Kaufhandel hat doch keine
Ähnlichkeit mit unserer Kunst. Ich kann mit Hilfe von

moeght met al u ghelt gheen Constenaer worden. Eens was
hy ontboden by Duytsche jonghe Edelluyden, daer eenigh was,
die gheconterfeyt begheerde wesen op tafelet, om dan te
snijden, en overvielen hem met den dranc, dat hy stracx een
deel glasen voor hem hadde, en vermaendē vast van bescheyt
te doen. Des hy hun beleefdlijck vraeghde, waer toe sy hem
daer hadden doen comen. Sy seyden, om te conterfeyten.
Waerom wildt ghy dan Heeren (seyde hy) dat ic dus veel
dranck sal in nemen? Ick ben doch geen Beest. En of ickt
al dede, waer toe sal ick dan deughen? oft hoe sal ick u
dan ghedienen? met eenighe ander woorden: Soo datse hun
mosten schamen. Eens wees hy eenen zijn Discipel eenigh
ghebreck in zijn werck, welcken antwoorde, hy wistet wel,
oft sagh het wel. Waer op hy seyde: U vat is vol, ghy
zijt rijck genoech: en keerde hem voort tot een ander, daer
beter plaetse was om wat in te storten, die 'tonderwijs
dancklijck en gheern aen nam. Hy pleeght oock te segghen,
hoorende van eenighe Schilders, die op hun eyghen dinghen
roemden, oft groot behaghen hadden, datse gheluckigh en
rijck waren, om dat hy rijck is die hem vernoeght: Het
welck ick (seyde hy) noyt hebbe van mijn werc connen ghe-
doen. Ick heb hem oock wel verscheydemael hooren segghen
dat hy noch noyt yet hadde ghedaen, dat hem te vollen ghe-
noeghde, oft soo behaeghde, hem en docht, het had behooren
wat beters oft anders te wesen, het welck gheen quade zede
oft conditie en is: Want sulcke sullen niet lichtlijck in de
Const aerselingh loopen: Ghelijck wel ander Pigmalions,
die op hun eyghen dinghen blindlijck verlieven, en onwetens
dickwils verder te rugghe zijn als sy meenen, en worden by
den Const verstandighen tot ghespot en belacchinghe, en
voor geen cleen gecken, maer wel van de treflijckste gehouden
te wesen. Eenighe fraey Discipulen heeft Goltzius ghehadt
in't Plaetsnijden, als de Gheyn, wiens leven sal volghen:
oock Jacob Matham, zijn behoudt soon, die Italien hebbende

Geld wohl ein Kaufmann werden, aber du kannst mit all
deinem Geld kein Künstler werden." Einmal wurde er zu
jungen deutschen Edelleuten entboten, von denen einer auf
einen Holzstock porträtiert zu werden wünschte, der dann
geschnitten werden sollte, und das erste war, dass sie ihn zum
Trinken veranlassen wollten und er sofort eine Anzahl Gläser
vor sich hatte mit der Aufforderung tüchtig daraus Bescheid
zu tun. Da fragte er sie in aller Höflichkeit, zu welchem
Zwecke sie ihn eigentlich herbestellt hätten. „Zum Por-
trätieren" antworteten sie. „Warum wollt ihr Herren dann,"
fragte G o l t z i u s, „dass ich so viel Getränk zu mir nehmen
soll? Ich bin doch kein Stück Vieh. Und wenn ich es tun
würde, wie könnte ich dann noch fähig sein Euch zu dienen."
Diese und andere Worte sagte er. Jene aber schämten sich.
Einmal wies er einen seiner Schüler auf einen Fehler in
dessen Arbeit hin, worauf dieser antwortete, er wisse oder
sehe es wohl. Da sagte G o l t z i u s: „Dein Mass ist voll,
du bist reich genug" und wandte sich einem andern zu, der
empfänglicher war und die Unterweisung gerne und dank-
bar annahm. Er pflegte auch, wenn er von dem einen oder
andern Maler hörte, der sich seiner eignen Werke rühmte
und grosses Gefallen daran fand, zu sagen, dass er glücklich
und reich sei, da jener reich sei, der mit sich zufrieden.
„Das ist mir," fügte er dann hinzu, „bei meiner Arbeit noch
nicht passiert." Ich habe ihn auch wohl verschiedenemale
sagen hören, dass er noch niemals etwas gemacht habe, was
ihm voll und ganz genügt oder gefallen hätte, er sei immer
der Meinung gewesen, es hätte besser oder anders sein
müssen. Und das ist keine schlechte Gepflogenheit; denn
wer ihr folgt, dürfte in der Kunst nicht leicht zurückgehen
wie mancher neue Pygmalion, der sich blind in seine eigenen
Werke verliebt und ohne es zu wissen häufig weiter zurück ist
als er glaubt, und der von den Kunstverständigen verspottet
und verlacht und für keinen kleinen Narren, sondern für
einen von den grössten gehalten wird. G o l t z i u s hat einige
gute Schüler im Kupferstechen gehabt, wie z. B. d e G h e y n,
dessen Lebensbeschreibung noch folgen soll,[432] auch J a k o b

besocht, nu woont te Haerlem, wesende een uytnemende Meester in zijn Const. Als oock Pieter de Jode, die oock eenige Jaren in Italien heeft gheweest, woonende teghenwoordigh t'Antwerpen. Hier mede cort ick af te schrijven van Goltzius, die nu dit Jaer Anno 1604. een Man is van 46. Jaren, en (Gode lof) nu redelijck te pas en ghesont, dat my hertlijck lief is. Want also Plato, doe zijnen sterf-tijt naeckte, danckte Genium zijnen gheboort-Godt, en t'gheluck, te zijn gheboren Mensch, Grieck, en gheen Barbar, noch onredelijcke Beest: eyndlijck, geleeft te hebben ten tijde van Socrates: So verblijd' ick my oock, te hebben ghehadt meer als twintigh Jaer met mijnen vrient, den heel Constliefdigen Goltzio, vriendlijcken omgangh en kennis.

Het leven van Hendrick Cornelissen Vroom, Schilder van Haerlem.

Het gheschiet wel, dat eenighe sachte Ouders met dertel opvoedinge meenen groote liefde en weldaet bewijsen aen hun kinderen, de selve sorguvldigh altijdt t'huys als onder den slippen berghende en bewarende, dickmael der selver ongeval en verderf veroorsaecken: Recht soo men vertelt van den Aep oft Simme, die haer jongh uyt liefden onwetende in haer armen doot druckt. Het teghendeel gheschiet oock somtijdts, dat in een huys een verworplingh oft versteken kindt uyt den huyse vroegh versonden, vroegh tot bedencken zijns selfs erneeringhe comende, comt metter tijdt tot zyn misgonde welvaert, eerlijcke graet of staet, door datmen zyn eyghen pijlen schietende, de handen uytsteken, en gheen steunkrucken hebbende, met toe sien, hoe men best een ghevoeghlijckst henen oft door comen sal. Het is schier op deser

Matham, seinen Stiefsohn, der, nachdem er Italien besucht hat, nunmehr in Harlem wohnt und ein hervorragender Meister in seiner Kunst ist; [433] ferner Pieter de Jode, der auch einige Jahre in Italien gewesen ist und gegenwärtig in Antwerpen wohnt.[434] Hiermit schliesse ich das Kapitel über Goltzius, der jetzt, im Jahre 1604 ein Mann von 46 Jahren und — gottlob — ganz wohlauf und gesund ist, worüber ich mich herzlich freue. Und wie Plato, der, als seine Sterbestunde nahte, dem Genius, der über seiner Geburt gewaltet und dem Glücke dankte, dass er als Mensch und Grieche und nicht als Barbar oder unvernünftiges Tier geboren sei, und endlich dass er zur Zeit des Sokrates gelebt habe, — so freue auch ich mich, dass ich mehr als zwanzig Jahre mit meinem Freunde, dem grossen Künstler Goltzius, habe freundschaftlichen Verkehr pflegen können.[435]

Das Leben des Malers Hendrick Cornelisz Vroom von Harlem.

Man findet nicht selten milde Eltern, die ihren Kindern durch eine verzärtelnde Erziehung grosse Liebe und Wohltat zu erweisen meinen, die jedoch, indem sie sie stets zu Hause und gleichsam unter den Rockfalten bewahren und bergen, häufig ihr Unglück und Verderben vorbereiten, genau so, wie man es von der Affenmutter erzählt, die ihr Junges aus Liebe, ohne es zu ahnen, in ihren Armen totdrückt. Das Gegenteil geschieht aber auch manchmal, nämlich dass in einem Hause ein ungeliebtes oder halbverwaistes Kind früh aus dem Hause gegeben wird und dann, da es infolgedessen früh auf seinen Unterhalt bedacht sein muss, mit der Zeit zu der ihm missgönnten Wohlfahrt und zu ehrenvoller Stellung kommt, indem es mit eignen Pfeilen schiessen, sich nach der Decke strecken und ohne auf fremde Unterstützung rechnen zu können, zusehen muss, wie es am besten und schick-

voegẽ toegegaẽ met Henrick Vroom, Schilder van Haerlem,
want syn Moeder herhouwt wesende, veroorsaecte hẽ de har-
dicheydt des Stief-vaders zijn vroegh vertrecken, oft ver-
vlieghen uyt den warmen Moederlijcken broetnest, waer door
hy tot de Const, daer Natuere hem toe aendreef, ghelucklijck
is ghecomen. Vroom was gheboren te Haerlem in't Jaer
1566. Syn Vader hiet Cornelis Henricksen, was een
beelt-snijder, die hem begaf tot de Const van Plateelen oft
Porceleynen te maecken: En alsoo hy in de Teycken-konst
ervaren was, bracht wonder te weghe van vreemde drinck-
vaten, daer men niet wist waer den mondt aen stellen, en
derghelijcke versieringhen, uytnemende in zyn dinghen en
coleuren wesende. Den Broeder, te weten, Vrooms Oom,
Frederick Henricksz. was eẽ uytnemende Beeldt-snijder,
hem wel verstaende in Geometrie, Architecture, en Perspec-
tive, en was in zynen tijdt Bouw-meester der stad Dantzick.
Den Bestevaer van Vroom, hiet Henrick Vroom, en
was een uytghenomen Steen-houwer, en Beeldt-snijder, soo
dat Vroom midden uyt de Const voorghecomen is. Nu
Vroom, alsoo den Stief-vader hem tot het Plateel-schilderen
vast drongh, daer hy alree veerdigh in was, en dat zynen
lust verder streckende was, te weten, tot Schilderen, hem
vindende uyt zyns Vaders huys, versocht hier en daer by
meesters te comen, dickwils hem gheneerende met Plateel-
schilderen, gelijc als dat ter noot de toevlucht was, hebbende
altijdt den sin Scheepkens te maecken, soo op de Plateelkens
oft anders. In Nederlandt eenighe Steden, Enchuysen, Brugghe
in Vlaender, en ander besocht hebbende, quam te Rotterdam,
en van daer met een Spaens-vaerder in Spaengien tot S. Lucas,
van daer te Sivilien, en quam daer by een slecht Schilder
Nederlander, gheheeten Pintemony, oft Apen-schilder, en
van daer weder op 't Plateel-schilderen by een Italiaen, van
daer ter Zee met perijckel van den Turcken in Italien te

lichsten fortkomme. So ungefähr ist es mit Hendrick
Vroom, Maler von Harlem, gegangen; denn als seine
Mutter sich wieder verheiratet hatte, zwang ihn die Härte
seines Stiefvaters früh das warme mütterliche Nest zu ver-
lassen, wodurch er glücklich an die Kunst kam, auf die ihn
die Natur hinwies. Vroom wurde im Jahre 1566 zu Har-
lem geboren. Sein Vater hiess Cornelis Henricksen
und war ein Bildhauer, der sich der Kunst der Fayence- oder
Porzellangefässfabrikation zugewandt hatte.[436] Und da er in
der Zeichenkunst erfahren war, verfertigte er wunderseltsame
Trinkgefässe, bei denen man nicht wusste, wo man den Mund
ansetzen sollte und erfand ähnliche Dinge, worin er, ebenso
wie in den Farben, die er ihnen gab, Hervorragendes leistete.
Sein Bruder Frederick Henricksz, also Vrooms Oheim,
war ein vortrefflicher Bildhauer, der sich gut auf Geometrie,
Architektur und Perspektive verstand und seinerzeit Bau-
meister der Stadt Danzig war. Vrooms Grossvater hiess
Henrick Vroom und war ein hervorragender Steinmetz und
Bildhauer, so dass Vroom mitten aus einer Kunstsphäre
stammt. Vroom also, der von seinem Stiefvater energisch
zum Bemalen von Schüsseln, worin er bereits Fertigkeit be-
sass, angehalten wurde, spürte Neigung zu etwas Höherem,
nämlich zur Malerei und versuchte, als er das väterliche
Haus verlassen hatte, hier und dort bei einem Meister an-
zukommen, wobei er sich häufig mit dem Bemalen von
Schüsseln[436] seinen Unterhalt gewinnen musste, das ihm
eine Zuflucht in der Not gewährte. Doch dachte er stets
daran kleine Schiffe zu malen, auf Schüsselchen oder sonst
wie. Nachdem er in den Niederlanden verschiedene
Städte wie Enkhuizen, Brügge in Flandern und andere
besucht hatte, ging er nach Rotterdam und von dort mit
einem Spanienfahrer nach San Lúcar (de Barrameda).
Von dort ging er nach Sevilla, wo er sich bei einem unter-
geordneten niederländischen Maler aufhielt, der Pinte-
mony, d. h. Affenmaler, genannt wurde,[437] und von da
wieder zum Schüsselbemalen zu einem Italiener. Dann
reiste er zur See — wobei er Gefahr lief den Türken in

Liorna, van daer te Florencen, en voorts te Room, daer hy
woonde eenen tijdt by eenen Spaenschen Canonick, daer hy
schilderde, en ondertusschen wat belachlijcke bootsen aen-
richtede. Van daer quam hy by den doorluchtigen Cardinael
de Medicis, alwaer hy schilderde soo nae Print als anders,
en wasser ontrent twee Jaer, en mocht hem terwijlen oeffenen
op coperkens, in Historikens, Conterfeytselen, Lantschap en
anders, alwaer oock Pauwels Bril hem veel besocht en
onderwees. Van hier quam Vroom weder te Venetien, aen
de Majoolkens oft Porceleynen. Hier hebbende ontrent een
Jaer gheweest, trock na Milanen, en quam by een slecht
Nederlandtsch Schilder, Valerius gheheeten, en trock nae
een paer maenden te Genua, in eenen dieren tijt van broot:
daer gheen werck vindende, voorts nae Arbizziolo, om
Porceleyn schilderen. En alsoo daer niet te doen was, quam
te Turijn in Pyemont, by des Hertoghs Schilder Jan Kraeck:
Daer werckende een paer maenden, quam te Lions over den
bergh S. Denijs, daer was Vroom (by dat hy seyt) in
groot perijckel: want hy viel, en soude schier hebben ghe-
vallen van een hooghe steyl Roots, maer vervroos met de
broeck aen de Roots boven op den tsop, en most vā de
muyldrijvers los zijn ghemaeckt, daer een goede partije van
de voorseyde broeck bleef vast aen de Roots vervrosen
hanghende. Te Lions ghecomen, werdt bestelt buyten de
Stadt op een Slot, by den Heer Monsr. Bottoin: Hier
schilderde hy van Water-verwe op doecken, deses Heeren,
oock Vaders oft Ouders krijghen, gheschiedt te Pisa in Italien,
te Water en te Lande: Daer quamen in Galeyen en Schepen,
slagen van Peerde-volck en Voet-volck, al in den tijdt van
ses maenden. Van hier quam Vroom te Parijs, by een
Schilder van Leyden. Van daer door dierte nae Rouan, daer

HENRICUS VROOM, HARLEMENSIS.
PICTOR.

Vromius hic multúm terris jač latus et alto:
Qui docuit vitâ multa ferenda probo.
Naufragia et Tabulas, Scopulos, cælíque Ruinas.
Tam bene qui potuit pingere nemo fuit

die Hände zu fallen — nach Livorno in Italien und von
dort über Florenz nach Rom, wo er eine Zeitlang bei
einem spanischen Kanonikus wohnte. Hier malte er
und richtete gleichzeitig allerlei lustige Spässe an. Von dort
kam er zu dem erlauchten Kardinal de' Medici,[438] wo
er sowohl nach Stichen als auch anderweitig malte. Hier war
er ungefähr zwei Jahre, während welcher Zeit er Gelegenheit
hatte sich zu üben auf kleine Kupferplatten allerlei Szenen,
Porträts, Landschaften und anderes zu malen, worin ihm
Paul Bril,[439] der ihn dort viel besuchte, Unterweisung
gab. Von hier ging Vroom nach Venedig, wo er wieder
an die Majolika- oder Porzellanmalerei geriet. Nachdem er
sich hier ungefähr ein Jahr lang aufgehalten hatte, ging er
nach Mailand, wo er zu einem untergeordneten nieder-
ländischen Maler Namens Valerius kam, um nach zwei
Monaten nach Genua — es herrschte damals gerade Brot-
Teuerung — zu wandern. Als er dort keine Arbeit fand,
ging er weiter nach Albissola,[440] um Porzellan zu be-
malen. Und da es dort nichts zu tun gab, ging er nach
Turin in Piemont zu dem Maler des Herzogs, Jan
Kraeck.[441] Nachdem er dort einige Monate gearbeitet
hatte, ging er nach Lyon auf dem Wege über den Mont
Cenis, wo er, wie er erzählt, in grosse Gefahr geriet; er
glitt nämlich aus und wäre beinahe von einem hohen und
steilen Felsen abgestürzt, wenn er nicht an der Spitze des
Felsens mit der Hose festgefroren wäre. Er musste von den
Maultiertreibern losgemacht werden, wobei ein gutes Stück
seiner Hose festgefroren am Felsen sitzen blieb. In Lyon
angekommen erhielt er eine Stelle auf einem Schlosse ausser-
halb der Stadt, bei dem Herrn Bottoin. Hier malte er auf
verschiedene Leinwände mit Wasserfarben dieses Herren und
seines Vaters oder seiner Vorfahren, Kriegstaten zu Wasser
und zu Lande zu Pisa in Italien. Er malte da Galeeren
und Schiffe und Gefechte zwischen Reiterei und zwischen
Fussvolk, — und das Ganze war innerhalb von sechs Monaten
fertig. Von hier ging Vroom nach Paris zu einem Maler
aus Leiden[442] und von dort infolge einer Teuerung nach

hy totter doot sieck wiert, en voor doodt aenghesien: maer
van een oude Vrouwe t'hooft wesende verbonden, bequam.
Van daer quam hy 't scheep nae Hollandt, en te Haerlem:
Alwaer ghehouwt wesende, begon te maken eenighe stucxkens
nae Print, ondertusschen scheepkens.   Ontrent een Jaer ge-
houwt wesende, trock nae Dantzick, by zijnen voornoemden
Oom, en maecter een Altaer-tafel voor eenighe Poolsche Je-
suiten.   Hier onderwees hem zijn Oom in Perspectijf, en
ander besonder deelen der Const.   Te Haerlem weder met
zyn Vrouw ghekeert, trock nae eenighen tijdt met een deel
van zijn stuckxkens van devotie na Spaengien, onder wegen
hebbende seer quaet weder, dat hy en de Schippers door
storm in der nacht 't schip verlieten, en liepen met 't Boot
nae een steenclippigh Eylandt, Los Barlingos, met groot
ghevaer van 't leven te verliesen, en quamen in een cleen
haven oft gat, daer sy verscheydē reysen met de rasende
baren weder te rugh afgedreven waren.   Sy raeckten met
grooter moeyt op de Roots, en het Schip aen legher wal
gaende in veel stucken, 't goet drijvende aen 'tvast lant vā
Portegael, daer een Monicx Clooster was.   De Monicken
siende Vrooms schilderikens van devotien, over keven den
Capiteyn van dier plaetsen, dat het Christenen warē, en
gheen Enghelschen, die daer lancx de kuste ghewent waren
te rooven.   Vroom met zyn gheselschap sterck onder cleen
en groot 25. persoonen, op de Roots geen eten hebbende en
gheen drincken, dan so veel sy regē uyt der Locht mochten
vanghen, waren dry dagen in groote benoutheydt, raetslaghende
om hun onderhoudt als rasende Menschen de jonghers te
eten.   Eyndlinghe maeckten van hun hemden een groote vaen,
soo dat de Monicken hun Barcke nae hun schickten met den

Rouen,[443] wo er totkrank wurde und schon für tot angesehen ward. Durch die Fürsorge einer alten Frau, die ihm den Kopf verband, genas er jedoch wieder. Von Rouen ging er zu Schiff nach Holland und kam nach Harlem. Nachdem er sich dort verheiratet hatte, begann er einige kleine Bilder nach Stichen zu malen und zwischendurch auch Schiffe. Nachdem er ungefähr ein Jahr verheiratet war,[444] zog er nach Danzig zu seinem oben erwähnten Oheim und malte dort eine Altartafel für einige polnische Jesuiten. Hier unterrichtete ihn sein Oheim in der Perspektive und anderen speziellen Teilen der Kunst. Als er mit seiner Frau wieder nach Harlem zurückgekehrt war, reiste er nach einiger Zeit mit einem Teil seiner religiösen Bildchen nach Spanien. Unterwegs hatte er sehr böses Wetter, so dass er und die Schiffer infolge des Sturmes in der Nacht das Schiff verliessen und in einem Boot unter grosser Lebensgefahr nach einem Felseiland, Los Barlingos genannt, ruderten, wo sie endlich einen kleinen Hafen oder eine kleine Bucht gewannen, nachdem sie mehrmals von der ungestümen See wieder abgetrieben worden waren. Sie gelangten mit grosser Mühe auf den Felsen, während das Schiff, das nicht aus der Windbahn kam, in Stücke ging, und die Güter, die es enthielt, an eine Stelle des portugiesischen Festlandes trieben, wo sich ein Mönchskloster befand. Als die Mönche Vrooms kleine religiöse Malereien fanden, klärten sie den Kapitän des Rayons darüber auf, dass die Schiffbrüchigen Christen seien und keine Engländer, die dort längs der Küste Seeraub zu treiben pflegten. Vroom sass inzwischen mit seinen Leidensgefährten, die 25 Personen, gross und klein, stark waren, auf dem Felsen, und sie hatten nichts zu essen und nur soviel zu trinken als sie an Regen aufzufangen vermochten. Und so harrten sie drei Tage in grosser Not und beratschlagten in ihrer Verzweiflung schon, ob sie die Knaben, die sich bei ihnen befanden, verzehren sollten. Schliesslich aber machten sie aus ihren Hemden eine grosse Fahne, was den Erfolg hatte, dass die Mönche ihre Barke von den Sklaven zu ihnen hinrudern und durch

Slaven, en˙ eenen Monick bracht Oly, Wijn, en Broot, en brachten Vroom met den zynen te Penice, alwaer men hun als te vooren vraeghde of sy gheen Enghelschen waren: sy antwoorden, neen: want soudense anders op de Clip ghelaten hebben. Daer ghecomen, trock Vroom voor henen met dit gheselschap stracx nae der Monicken Kercxken, seer devotelijck Godt danckende, also hyse onderwesen hadde. Hier wierdᵉ sy seer wel onthaelt ten huyse van den Capiteyn oft Gouverneur, diese self ter tafel diende. Daer stonden Vrooms berdekens, sommighe heel, sommighe aen stucken te pronck, soo dat dese Hollandtsche Boots-knechten sonder Vroom jammerlijcken doot gebleven hadden: daerom (so men segt) is goet met den vromen om gaen. Nae twee daghen werdt hun wat reysghelt ghegheven, en trocken te voet na Lissebon. Vroom van daer comende tot S. Huves, en te schepe ghegaen om nae Nederlandt te varen, quam hem in den sin, dat 't Schip op de reys blijven soude, dat sy hem (doch noode) aen landt settedᵉ, hem scheldende Schilder cranc-hooft. Dit Schip wesende ghenootsaeckt Tessel voorby te loopen, bleef en vergingh by de Sondt: Den Schipper was Roel Jansen van Medenblick. De Schippers die tot S. Huves Vroom hadden sien t'schepe gaen, en voorhenen ghevaren waren, niet wetende dat hy daer uyt aen landt was gheset, en wetende dat het schip was vergaen, getuyghden oft vercondighden in Hollant en te Haerlem, Vroom ghewislijck doot te wesen, soo datmen begon orden maken om 't goet te deelen. Vroom onthiel hem tot S. Huves in een Clooster by eenen Pater, daer hy schilderde, en wel onthaelt was. Daer was te S. Huves een Schilder, voor welcken Vroom zyn eyghen avontuer en schip-braeck schilderde, den welcken dat vercocht te Lisbon aen een groot Heer voor veel ghelt, soo dat den Schilder Vroom seer danckte, en begheerde al meer Zee-stuxkens, en schepen. Vroom hier redelijck hebbende

einen Mönch ihnen Öl, Wein und Brot bringen liessen, worauf
V r o o m mit seinen Genossen nach P e n i c h e[445] gefahren
wurde, wo man sie, wie vorher schon, fragte, ob sie keine
E n g l ä n d e r wären.   Sie antworteten: nein; denn wären sie
E n g l ä n d e r gewesen, hätte man sie auf der Klippe gelassen.
An Land gekommen, zog V r o o m mit seinen Schiffbrüchigen
sogleich zu dem Kirchlein der Mönche, wo sie, seinem Rate
folgend, in tiefster Demut Gott dankten.   Dann wurden sie
im Hause des Kapitäns oder Gouverneurs, der sie selbst bei
Tisch bediente, sehr gut bewirtet.   Dort standen V r o o m s
Bildchen, einige unversehrt, andere in Stücken zur Schau,
woraus man abnehmen kann, dass V r o o m die Ursache war,
dass diese holländischen Bootsknechte nicht jämmerlich um-
kommen mussten.   Darum ist es, wie man sagt, gut mit den
Frommen[446] zu verkehren.   Zwei Tage darauf erhielten sie
etwas Reisegeld und begaben sich zu Fuss nach L i s s a b o n.
Von dort ging V r o o m nach S e t u v a l, wo er sich nach den
N i e d e r l a n d e n einschiffte.   Doch liess er sich in dem
Gefühl, dass dies die letzte Reise des Schiffes sein würde,
wieder an Land setzen, was man ungern und nicht ohne ihn
einen verrückten Maler zu nennen zugab.   Dieses Schiff sah sich
auf der Reise gezwungen, an T e x e l vorbeizulaufen und ging
in der Nähe des S u n d s unter.   Sein Kapitän war R o e l J a n s e n
von M e d e m b l i k.   Die Schiffer, welche V r o o m in S e t u v a l
sich hatten einschiffen sehen und, da sie vorher weitergefahren
waren, nicht wussten, dass er wieder an Land gegangen war,
verkündeten und bezeugten, als sie von dem Untergange des
Schiffes hörten, in H o l l a n d und H a r l e m, dass V r o o m
sicher tot sei, so dass man anfing, seinen Nachlass zu ordnen,
um seine Habe zu teilen.   V r o o m hielt sich inzwischen zu
S e t u v a l in einem Kloster bei einem Pater auf, wo er malte
und gut aufgehoben war.   In S e t u v a l wohnte ein Maler,
für den V r o o m sein eigenes Schiffbruchabenteuer malte,
und der das Bild in L i s s a b o n für eine bedeutende Summe
an einen grossen Herren verkaufte.   Er dankte V r o o m darum
sehr und bat ihn um weitere Seestücke und Schiffbilder.   Als
V r o o m hier ein hübsches Sümmchen verdient hatte, kehrte

ghewonnen, quam weder t'huys: hadde doch zyn Vrouw te vooren met eenen brief verwetight, dat hy noch leefde. Syn Vrouwe hiel oock altijdt voor ghewis, dat hy noch leefde: welcke warachtighe meeninge hy haer persoonlick self breeder quam versekeren. T'huys ghecomen, door raedt der Schilders aldaer, voer al vast voort met te maken stucxkens met Schepen, en begon allenxkens meer en meer daer in toe te nemen: En 't volck, ghelijck in Hollandt veel Zee-vaert is, begon oock groot bevallen in dese Scheepkens te crijghen. T'gheschiede ondertusschen, dat Fransoys Spiering, uytnemende Tapijtsier, had aenghenomen voor den Admirael van Engelandt, Melort Hauwert, te maecken den Enghelschen strijdt met de Spaensche vloot, geschiet in't Jaer 1588. waer toe Spierincx my wilde tot het teyckenen ghebruycken, dan alsoo 't mijn doen niet en was schepen teyckenẽ, bracht ic hem by Vroom, die hem in daghhuyr teyckende tot thien groote stucken, wesende verscheyden daghen oft dagh-vaerden van desen Scheep-strijdt, het welck Vroom in desen zyn aenghevanghen studie geen cleen voordeel dede. Vroom op een tijt van Santvoort afghevaren, quam in Enghelandt by den Admirael, ghevende te kennen, dat hy was die de stucken tot de Vloot had gheteyckent, des hy vereert wiert met een hondert gulden. Te Londen wesende, maeckte kennis met Isaac Olyviers, een constigh Verlichter, die hem seer fraey in Verlichterije conterfeytte. Vroom t'huys ghecomen, maeckte op eenen grooten doeck den sevenden dach van den strijdt der Enghelsche met de Spaensche Vloot, een stuck daer wonder veel werc in quam, en was van zijn Excellentie Graef Maurits, en den Admirael Justinus, met groot verwonderen en goedt bevallen aenghesien. Tsindert heeft hy oock gheteyckent den tocht der Schepen, die nae Vlaender voer uyt Zeelant, waer na den Slagh by Nieupoort volghde: dit ghedruckt wesende, presenteerde eenighe drucksels aen den Steden, en den Heeren

er wieder nach Hause zurück, doch nicht ohne zuvor seine Frau brieflich benachrichtigt zu haben, dass er noch lebe. Diese hatte es auch die ganze Zeit über für sicher gehalten, dass er noch am Leben sei, eine Überzeugung, die er ihr persönlich unzweifelhaft bestätigen kam.[447] Zu Hause angekommen, fuhr er, dem Rat der dortigen Maler folgend, mit Eifer fort Schiffsbilder zu malen und machte darin je länger je mehr Fortschritte. Und das Volk fing, da die Schiffahrt in Holland ja eine grosse Rolle spielt, auch an, an seinen Schiffen viel Gefallen zu finden. Um diese Zeit traf es sich, dass François Spierings, der hervorragende Gobelinweber,[448] es übernommen hatte, für den Admiral von England, Lord Howard,[449] den Kampf der englischen mit der spanischen Flotte im Jahre 1588 zu weben. Hierfür wollte Spierings mich als Zeichner gebrauchen, da ich mich aber noch nicht damit beschäftigt hatte, Schiffe zu zeichnen, führte ich ihn zu Vroom, der für ihn gegen zehn grosse Kartons in Tagelohn zeichnete, welche die verschiedenen Kampftage jenes Seekrieges darstellten.[450] Dies gereichte Vroom in dem Studium, das er begonnen hatte, zu keinem geringen Vorteil. Als Vroom einmal von Zandvoort nach England fuhr, ging er zu dem Admiral und gab sich als den Zeichner der Vorlagen zu den Flottenteppichen zu erkennen, was ihm 100 Gulden als Geschenk eintrug. In London machte er die Bekanntschaft von Isaac Oliver,[451] eines kunstreichen Miniaturisten, der ein sehr schönes Miniaturporträt von ihm machte. Nach Hause zurückgekehrt, malte Vroom auf eine grosse Leinwand den siebenten Schlachttag im Kampfe zwischen der englischen und spanischen Flotte, ein Bild, das eine wunderbare Fülle von Einzelheiten zeigte und von seiner Exzellenz dem Grafen Moritz und dem Admiral Justinus[452] mit grosser Bewunderung und grossem Beifall betrachtet wurde. Seither hat er auch den Zug der Schiffe gezeichnet, die von Zeeland nach Flandern fuhren, worauf die Schlacht bei Nieuport folgte.[453] Als dieses Bild in Kupfer gestochen und gedruckt war, überreichte er einige Abzüge davon den holländischen Städten und den

Staten, soo dat hy groot ghelt vercreegh. Vroom die in dit Scheep-maken heel veerdigh en daeglijcks beter wort, heeft schier ontallijck veel stucken gemaeckt, so stranden met Visschen, Visschers, en ander bootskens: welcke dinghen, ghelijck het een werck is, dat hem licht spoet, hem goet voordeel doen. En 't gheen hem te prijsen is, hy maect in de schilderije de cladde niet: want wie wat van hem begeert, die moet het hem betalen. Summa, om te eyndighen, Vroom is te desen deele een uytnemende Meester, oock niet alleen de Schepen, goedt maecksel, touwen en takelinghe, wint-streken, seylagien, en anders des aengaende wel verstaende, maer is oock uytnemende in allen anderen omstandt, als gronden, Landtschappen, Clippen, Boomen, Lochten, Wateren, golven, Casteelen, Dorpen, Steden, Bootsen, Visschen, en ander dinghen, die zyn Schepen verselschappen en vercieren.

't Leven van Hans Soens, schilder van s'Hertoghenbosch.

Niet gheern soud ick de gheruchtighe in onse Const ver-gheten, 't zy waer sy verstroeyt zyn oft woonen. Daerom, ghelijck die van onse Nederlantsche Natie, boven anderen ter Weerelt, zyn geneycht tot reysen, en vreemde Landen en volcken te besoecken, wil ick hier oock gedencken den seer constighen Schilder Hans Soens, van s'Hertoghen-bosch, hoewel hy uytlandigh is, hem tot Parma in Lombardien oft Italien onthoudende, by den Hertogh aldaer, als ick wel meen. By wien hy zyn begin in de Const heeft aenghenomen, en weet ick niet, dan dat hy is ghecomen t'Antwerpen, en woonde met eenen uytnemenden Schoolmeester, gheheeten Meester Jacob Boon, alwaer hy voor zijn selven een tijdt langh

Generalstaaten, was ihm viel Geld einbrachte.[454]
Vroom, der in der Darstellung von Schiffen sehr geschickt
ist und täglich vollkommener wird, hat fast unzählig viele
Bilder ausgeführt: Strandbilder mit Fischen, Fischern und
anderen kleinen Figuren,[455] Sachen, die ihm, da sie ihm
leicht von der Hand gehen, viel Vorteil bringen. Und was
an ihm zu rühmen ist: er malt keine Dutzendware, und wer
etwas von seiner Hand haben will, der muss es ihm auch
anständig bezahlen. Kurz — um zum Schluss zu kommen —
Vroom ist in seinem Fache ein hervorragender Meister, der
sich auch nicht allein auf die Darstellung gutgebauter Schiffe,
von Tauwerk und Takelage, Windstrichen, Segelwerk und
was sonst noch dazu gehört, gut versteht, sondern auch her-
vorragend in allem anderen Beiwerk ist, wie Gründen, Land-
schaften, Klippen, Bäumen, Himmel, Wasser, Wellen, Kastellen,
Dörfern, Städten, kleinen Figuren, Fischen und anderen Dingen,
die zu seinen Schiffsbildern gehören und zu ihrer Aus-
schmückung dienen.[456]

Das Leben des Malers Hans Soens von 'sHertogenbosch.

Es würde mir schmerzlich sein, berühmte Vertreter
unserer Kunst mit Stillschweigen zu übergehen, so verstreut
sie auch wohnen mögen. Und da die Angehörigen unserer
niederländischen Nation mehr als die irgend einer anderen
auf der Welt die Neigung haben zu reisen und fremde Länder
und Völker zu besuchen, so will ich hier auch des sehr
kunstreichen Malers Hans Soens von 'sHertogenbosch[457]
gedenken, obwohl er ausser Landes wohnt und sich zu Parma
in der Lombardei oder Italien, wenn ich mich nicht irre
beim Herzog,[458] aufhält. Bei wem er seine künstlerische
Laufbahn begonnen hat, weiss ich nicht, doch ist mir be-
kannt, dass er nach Antwerpen kam und dort bei einem
hervorragenden Schulmeister namens Jakob Boon[459] wohnte,

hebbende ghewrocht, quam woonen en wercken ten huyse van Gillis Mostaert, alwaer hy seer veel fraey dinghen daeghlijcks copieerde, besonder nae de handelinge van Frans Mostaert, welcke maniere van Landtschap hy seer aerdigh werdt te volghen: so datmen wel mach segghen, dat hy hier zyn recht begin en aerdige wijse van Landtschappen heeft aengegrepen, hoewel hem de Nature door gheest, opmerck en verstandt, heeft stadigh zyn constighe handen ghestiert. Daer zyn van zyn vroege vruchten oft eerste wercken te sien, tot den Const-lievenden Heer Hendrick Louwersz. Spieghel t'Amsterdam, eenige Lantschappen van aerdighe welstant. Eerstlijck en besonder, een Landtschap van Oly-verwe, op de grootte, die de Water-verwers heetē een dobbel doec, oft daer ontrent, waer in voor aen comt eenen wegh en haghe met schoon boomen, oock eenighe aerdighe bootsen: Onder ander, eenen die zijn ghevoegh doet. Noch zynder cleender lant-schapkens op Penneel, oock eenighe brandekens. Hy heeft oock in dese dinghen eenighe Velden met groen wassende Coren oft Haver, en ander verscheyden gronden, waer ghe-nomen. Hy is oock ghereyst in Italien, en was in mijnen tijdt te Room, alwaer ick met hem oock ghemeensaem hebbe gheweest. Veel dingē heeft hy hier gedaen, besonder cleen stuckxkens op coper, en anders van Oly-verwe, en veel voor groote Heeren: Oock in't Paleys van den Paus, verscheyden dinghen op den natten muer. Onder ander liet hy ons sien een deel Landtschappen, in een Frijse op 't nat gedaen, in een van des Paus Cameren, terwijlen datter noch de steyghe-ringhe stondt, soo dat ick die dinghen van by sagh, met een wonderlijcke aerdich practijcke oft veerdicheyt ghedaen, also dat van s'Paus Schilder oft yemandt wiert gheseyt, datse te rouw, en niet net ghenoegh waren ghedaen, doch waren dinghen van grooten en uytnemenden welstandt, sonderlinge van beneden, also sy mosten wesen ghesien. Daer quam

von wo er, nachdem er dort eine Zeitlang für sich selbst gearbeitet hatte, zu Gillis Mostart[460] wohnen und arbeiten ging. Hier kopierte er täglich sehr viele schöne Sachen, besonders Bilder von Frans Mostart, in dessen Art der Landschaftsdarstellung er es bald zu hübschen Erfolgen brachte, so dass man wohl sagen kann, dass er hier recht eigentlich angefangen hat, seine hübsche Weise der Landschaftsmalerei auszubilden, obwohl ihm seine natürliche Anlage durch Geist, Aufmerksamkeit und Verstand beständig die kunstreichen Hände geführt hat. Von seinen ersten Werken sind bei dem kunstliebenden Herrn Hendrick Louwersz Spieghel zu Amsterdam einige Landschaften zu sehen, die einen angenehmen Eindruck machen. Erstens und vor allem eine Landschaft in Ölfarbe von dem Format, das die Leimfarbenmaler eine Doppelleinwand nennen, oder ungefähr so gross, in welcher vorne ein eingehegter Weg mit schönen Bäumen und auch einige hübsche Figürchen zu sehen sind, unter anderm einer, der ein Geschäft verrichtet.[461] Ferner befinden sich dort noch kleinere Landschaften auf Holz und auch einige kleine Darstellungen von Bränden. Er hat auf diesen Bildern auch einige Felder mit grünem Roggen oder Hafer und verschiedene andere Kulturen wiedergegeben. Er ist auch in Italien gereist und war zu meiner Zeit[462] in Rom, wo ich auch mit ihm verkehrt habe. Er hat dort eine Menge gemalt, namentlich kleine Bildchen auf Kupfer und anderem Material mit Ölfarbe. Er arbeitete viel für grosse Herren, auch hat er im Palaste des Paptes verschiedenes *al fresco* gemalt. Unter anderm zeigte er uns, während das Gerüst noch stand, eine Anzahl Landschaften, mit denen er einen Fries in einem der päpstlichen Gemächer *al fresco* geschmückt hatte, so dass ich mir die in einer sehr hübschen und geschickten Technik ausgeführten Arbeiten aus nächster Nähe angesehen habe, welche von dem Maler des Papstes oder Jemand anders als roh und nicht genügend durchgeführt erklärt worden waren, die jedoch namentlich von unten, von wo sie doch gesehen werden mussten, von grosser und ausgezeichneter Wirkung waren.[463] Unter anderm

onder ander een Historiken, daer S. Augustinus comt by
der Zee, en vindt op 't strandt een kindt, dat in een kuylken
al 't water van de Zee met een schulpken wil brenghen.
Dese Zee was wonder wel gehandelt, met een natuerlijck ver-
schieten, schaduwen, Son-schijnẽ, en de vlackicheyt des waters
uytghebeeldt, en wel waer ghenomen wesende.   Daer is oock
van hem in een van de voor-salen van de Coninglijcke Sael,
op d'een eynde, een aerdigh Landtschap op den muyr in 't
nat ghedaen, waer in coemt eenen Haen, als wesende eenigh
sinneken, en steeckt wonder af teghen ander Landtschappen,
die daer van Caesar, van Salust, oft ander zyn ghedaen:
Doch desen Caesar, daer ic te vooren af heb verhaelt,
volgde hem seer naer: Dan heb daer my verghist, schrijvende
Hans Soens te wesen van Antwerpen. Hy is nu teghen-
woordigh te Parma, alwaer hy (alsoo ick hoor) wel zyn be-
sonderste wercken heeft ghedaen, verscheyden heerlijcke
groote Landtschappen, en is oock uytnemende fraey van
beeldekens, waer van icker te Room wel heb gesien, doch
cleyn, maer seer aerdigh en cluchtigh. Hy is nu een vry
ghesel oft Man van ontrent 56. oft 57. Jaren, en verdienstigh
wel weerdt onder de beste Nederlanders te wesen gherekent,
besonder in Landtschap.

't Leven van Hans van Aken, uytnemende Schilder van Ceulen.

Het behooren onse Schilder-jeught wel aenporrende
prickelen te verstrecken, als sy hooren en vernemen, dat het
vast gaet en ghewis is, dat wie boven ghemeen een seer
uytmuntigh besonder Meester in onse Const comt te wesen,
wort derhalven over al vermaert en bekendt, om dat d'al-
vernemende Fama zijnen naem al blasende verspreydt, t'welck

hat er dort die Legende vom heiligen Augustinus dargestellt,
der ans Meer kommt und am Strande ein Kind findet, das
mit einer Muschel das Wasser des ganzen Meeres in eine
kleine Grube schöpfen will. Dieses Meer war wunderber
dargestellt mit naturwahrer Luftperspektive, Schatten und
Sonnenschein, und die Fläche des Wassers war in ihrem
Charakter gut wahrgenommen und wiedergegeben. In einem
der Vorzimmer des *Sala regia* ist an dem einen Ende eine
hübsche Landschaft von ihm *al fresco* gemalt, auf der man einen
Hahn sieht, der irgend eine symbolische Bedeutung hat.[464]
Dieses Bild sticht wunderbar ab gegen andere Landschaften,
die dort von Cesar de Salusto und anderen ausgeführt
sind. Doch imitierte ihn dieser Cesar, von dem ich oben[465]
gesprochen habe, stark. Bei jener Gelegenheit habe ich mich
geirrt, indem ich schrieb, dass Hans Soens aus Antwerpen
stamme. Er lebt gegenwärtig in Parma, wo er — wie ich
höre — wohl seine bedeutendsten Werke, eine Anzahl herrlicher
grosser Landschaften geschaffen hat.[466] Er versteht sich auch
ausgezeichnet auf kleine Figuren, deren ich in Rom verschiedene
gesehen habe, die zwar, wie gesagt, klein, aber sehr hübsch
und lustig erfunden waren. Er ist jetzt ein Junggeselle oder
Mann von ungefähr 56 oder 57 Jahren und verdient es wohl
unter die besten niederländischen Meister, namentlich in
der Landschaft gerechnet zu werden.[467]

Das Leben des hervorragenden Malers Johann von Aachen von Köln.

Es muss für unsere Malerjugend von grossem Anreiz
sein, wenn sie vernimmt und gewahr wird, wie sicher der-
jenige, welcher ein ausserordentlich hervorragender Meister
in unserer Kunst ist, damit auch überall berühmt und be-
kannt wird, da die alles vernehmende Fama seinen Namen
überallhin ausposaunt, woran sie weder tiefe Gewässer noch

diepe wateren noch hooghe Clippen niet en beletten, want met haer veel-ooghe vloghelen vliegt sy alles over: Soo dat sulck Constnaer, om zijn blinckendtheydt van verre ghe- sien wesende, dickwils wordt aenghelockt voort te comen, om zijnen constighen en edelen gheest met wel geleerde handen te toonen en openbaren by den meeste en doorluchtighste Princen, oft Machtighe der Weereldt, welcke hy dan met den lieflijcken ooghen-cost, de schoon P i c t u r a, vermakende, comt in heerlijcken graet, en wordt by hun in groot achten en weerden gehouden: Ghelijck sulckx is gheschiet, en toe- ghegaen met den wel schilderenden H a n s v a n A k e n. Den welcken in de vermaerde stadt Cuelen op den Rhijn was gheboren Anno 1556. van vrome eerlijcke Ouders: den Vader wesende een treflijck ernstachtich Man, was van der stadt Aken, welcker Stadts naem hy zijnen soon heeft mede ge- deelt, en tot eenen toe-naem achterghelaten. Nu de milde Moeder Natuere, alsoo sy den Jonghen verkiesende van jeught aen, in ghedacht en sinnen druckende, voorhiel de edelheyt en t'seer bevallijck wesen der Schilder-const, heeft evenwel ghedooght en toeghelaten, dat hy tot ontrent zijn thien oft twaelf Jaren ter Schole in lesen en schrijven hem oeffende: doch onder conditie oft bespreck, dat hy door haer aenporren met Pen of ander reetschap so veel hy vermocht, most onder- tusschen teyckenen, en maken verscheyden gestaltnissen van Menschen, Dieren, en derghelijcke dinghen, om alsoo be- ginnen intreden den wegh, in welcken sy hem hadde voorsien gheschickt te worden, en te brenghen tot volcomenheydt, in eeren en voorspoet. Dit heeft hy oock willigh en vlijtigh ghehoorsaemt: want waer hy was oft gingh, heeft hy be- ginnen acht hebben, en merckē op alles wat zijn leer-vrouw Natuere hem wijs maeckte, oft inbeeldede, binnen harē grooten Winckel oft Schole, de Weerelt, aerdigh, schoon, bevallijck, oft welstandich te wesen, het welck hy oock haest van het leelijck begon t'onderscheyden. Sagh hy dan een moedigh Peerdt, dat zijn hooft fraey opdroegh, aerdigh draefde, en schoon gestaltigh was, oft eenige lieflijcke Vrouwen tronie, buyten ander uytmuntigh wesende, hy dede zijn best om soo

hohe Klippen verhindern können, da sie mit ihren vieläugigen
Schwingen über alles hinwegfliegt, so dass ein solcher Künst-
ler, der um des Glanzes willen, der von ihm ausgeht, weit-
hin sichtbar ist, häufig veranlasst wird seinen kunstreichen
edlen Geist und seine kundigen Hände im Dienste der grössten
und erlauchtesten Fürsten oder der Mächtigen der Welt zu zeigen
und zu offenbaren, die er dann mit der lieblichen Augenkunst,
der schönen Pictura erfreut und dadurch zu hoher Stellung
gelangt und von ihnen aufs Höchste geschätzt wird.   Solches
widerfuhr auch dem bedeutenden Maler J o h a n n v o n A a c h e n.
Er wurde in der berühmten Stadt K ö l n am R h e i n im
Jahre 1556 von frommen ehrsamen Eltern geboren.[468] Sein
Vater, ein vortrefflicher ernster Mann, stammte aus der Stadt
A a c h e n, deren Namen er seinem Sohne mitgeteilt und als
Nachnamen hinterlassen hat.   Die freigebige Mutter Natur,
welche den Knaben von Anfang an auserwählt hatte und sein
Sinnen und Denken mit dem edlen und eindrucksvollen Wesen
der Malkunst eindringlich beschäftigte, duldete gleichwohl,
dass er bis ungefähr zu seinem 10. oder 12. Lebensjahre
sich in der Schule im Lesen und Schreiben übe, doch unter
der Bedingung, dass er währenddessen ihrem Drängen folge-
leistend mit der Feder oder anderen Ausdrucksmitteln soviel
wie möglich zeichne und verschiedenerlei Figuren von Menschen
und Tieren und dergleichen Sachen mache und damit den
Weg zu betreten anfange, den zu wandeln sie ihn bestimmt
hatte, und auf dem sie ihn zur Vollkommenheit und damit
zu Ehre und Glück bringen wollte.   Dem hat er auch willig
und fleissig Folge geleistet; denn wo er ging und stand, be-
gann er auf alles achtzugeben und zu merken, was ihm seine
Lehrmeisterin Natur in ihrer grossen Werkstatt oder Schule,
der Welt, als hübsch, schön, anmutend oder eindrucksvoll
zeigte oder ihn sich vorstellen lehrte, was er denn auch
schnell von dem Hässlichen zu unterscheiden lernte.   Sah
er z. B. ein mutiges Pferd, das seinen Kopf schön zurück-
geworfen trug, hübsch trabte und von edler Gestalt war,
oder ein liebliches Frauenantlitz, das vor anderen hervorstach,
so tat er sein Bestes, um sie so vollkommen wie möglich

volcomen hy mocht sulckx nae te bootsen, soo datmen haest
con mercklijck sien en kennen eenighen aerdt, oft waer nae
het quam. T'gheschiede dat binnen Cuelen was ghecomen
eenighe Hertoginne, welckes tronie hy (alsoo sy ter venster
lagh) conterfeytte, dat het yeder con mercken nae haer ghe-
daen te wesen. Hy heeft onder ander oock gheconterfeyt
een Catte na 't leven, also sy wat om hoogh was gheseten,
in sulcker voeghen, dat eenigh Schilder die met der Pen ghe-
daen by den Vader siende, meende den Jonghen op 't Conter-
feyten gingh, en alsoo toeghenomen was: maer verstaende
neen, was te meer verwondert, radende men hem op de
schilderconst houden soude: want daer steect (seyt hy) een
Man in, en soude een groot Meester worden. Dus werdt
Hans bestelt by een slecht Schilder, daer hy nouwlijck een
Jaer en bleef, siende datter niet te leeren was, en quam by
een ander Schilder daer te Cuelen, die Giorgie oft Jerrigh
geheeten, en een Wael was: desen hadde t'Antwerpen geleert,
en gheport door armoede, was een goet Meester gheworden
in Conterfeyten na 't leven, daer hy uytnemende in was.
By desen is Hans wonderlijck seer ghevoordert, soo dat hy
t'eynden ses Jaren, doe desen Meester hem ontstorf, een
treflijck goet Conterfeyter was nae 't leven, en hadde menighe
heerlijcke tronie gheschildert. Hier naer begaf hy hem vlij-
tigh tot teyckenen, volghende seer de geestighe manier van
Sprangher, ghelijck ick te dier tijdt yet van hem geteyckent
sagh. Doe nu Hans out was ontrent 22. Jaren, is hy ghe-
reyst nae Italien, en comende te Venetien, hadde zynen toe-
gangh by eenen Schilder uyt Nederlandt, Gaspar Rems
geheeten: welcken in plaets van hem t'ondersoecken oft
proeven, wat hy in de const vermocht, alleenlijck vraeghde
van waer hy was, hoorende van Cuelen, seyde: ghy zijt dan
een Mof, die pleghen niet veel te connen, en bestelde hem
by een slecht Italiaens Schilder, gheheeten Morett, die den
reysende ghesellen was ghewoon werck te gheven, en handelte

wiederzugeben, so dass man bald deutlich das Urbild aus seiner Zeichnung erkennen konnte. Einmal geschah es z. B., dass irgend eine Herzogin nach Köln kam, deren Antlitz er, als sie im Fenster lag, zeichnete, und zwar so, dass Jedermann sehen konnte, wen es darstellen sollte. Unter anderm hat er auch eine Katze gezeichnet, die etwas hoch sass, und zwar so gut, dass ein Maler, der diese Feder-zeichnung bei dem Vater des Knaben sah, meinte dieser ginge in die Zeichenschule und habe da nun solche Fort-schritte gemacht. Als er aber hörte, dass dies nicht der Fall sei, war sein Erstaunen um so grösser, und er riet, man solle ihn Maler werden lassen; „denn," sagte er, „hinter dem Knaben steckt etwas, der wird ein grosser Meister werden." So wurde H a n s denn zu einem, freilich unter-geordneten, Maler in die Lehre gegeben, blieb dort jedoch kaum ein Jahr, da er sah, dass es dort für ihn nichts zu lernen gab, und kam zu einem andern Maler, ebenfalls in K ö l n, einem W a l l o n e n Namens G e o r g oder J e r r i g h.[469] Dieser hatte zu A n t w e r p e n gelernt und war unter dem Druck der Armut ein guter Meister in Porträts nach der Natur geworden, worin er Hervorragendes leistete. Bei diesem machte H a n s wunderbare Fortschritte, so dass er nach Ab-lauf von sechs Jahren, als sein Meister starb,[470] ein vor-trefflicher Maler von Bildnissen nach der Natur war und manchen prächtigen Kopf gemalt hatte. Hierauf warf er sich mit grossem Fleiss auf das Zeichnen, worin er sich sehr an die geistreiche Art von S p r a n g e r s hielt, wenigstens nach den Zeichnungen aus jener Zeit zu urteilen, die ich von ihm sah. Als H a n s nun ungefähr 22 Jahre alt war, reiste er nach I t a l i e n und kam nach V e n e d i g, wo er zu einem nieder-ländischen Maler, Namens G a s p a r R e m s[471] ging, der ihn, anstatt ihn zu prüfen, was er in der Kunst leiste, nur fragte, woher er sei, und als er hörte: aus K ö l n, sagte er: „Dann bist du ein *Mof*, die können gewöhnlich nicht viel," worauf er ihn zu einem untergeordneten i t a l i e n i s c h e n Maler Namens M o r e t t brachte, der den reisenden Gesellen Arbeit zu geben pflegte und mit ihren Bildern Handel trieb.

met de schilderije: desen liet H a n s copieren eenighe fraey
dinghen, die aldaer in de Kercken zijn. Voor den voor-
noemden G a s p e r maeckte hy onder ander zijn eyghen Con-
terfeytsel uyt den Spieghel al lacchende, oft een lacchende
tronie, welcke uytnemende verwrocht en wonder fraey ghe-
daen was: Soo dat G a s p e r verbaest, hem seer bedroghen
vondt te wesen in zijn onverstandighe meeninge, doe hy soo
onbeleefdlijck seyde, dat de Moffen (so hy de Duytschen
noemde) niet en conden. Dit Conterfeytsel hiel G a s p e r
soo langh hy leefde in groote weerden, en lietet een yeder
met grooten roem sien. Hier naer heeft den G a s p e r hem
gheern gheweerdight voor v a n A k e n de doecken te bereyden,
en primueren. Waer by is te leeren, hoe grootlijckx sy mis-
doen teghen de voorsichticheydt en beleeftheydt, die yemant
verachten die sy niet en kennen, oft oordeelen nae gheboort-
plaets oft uyterlijck aensien. V a n A k e n is voorts ghereyst,
en ghecomen te Room, alwaer hy veel fraey wercken dede:
Onder ander, als wel het besonderste wesende, eē Altaer-
tafel van Oly-verwe, ghedaen op Tin oft Loodt, en is eenen
Kersnacht, op een seker wijse, met Enghelen en anders, ge-
lijck de Paters Jesuiten dat begeerden, want het staet in hun
Kerck beneden t'Capitolium, en is een uytnemende schoon
werck. Veel dinghen overgheslaghen, hy heeft noch hem
selven lacchender wijse gheconterfeyt, oock neffens hem een
Vrouw-mensch, M a d o n a v e n u s t a gheheeten, spelende op
een Luyt, en hy achter haer staende met een schael Wijns
in d'handt: dit was so ghehandelt en ghedaen, dat Const-
verstandighe hebben gheseyt, noyt beter van hem noch anderen
te hebben gesien. V a n A k e n is oock ghecomen te Flo-
rencen, daer hy verscheyden groote Heeren en Vrouwen nae
t'leven conterfeytte, oock den doorluchtighen F r a n c i s c u s,
Hertogh van Florencen. Hy conterfeytte oock aldaer een
gheestighe Poëtersse oft Dichtster, gheheeten M a d o n a
L a u r a, van welcke tronie hy de Copije behiel, en is noch
t'Amsterdam tot zijn Discipel P i e t e r I s a a c k s z. seer
Meesterlijck ghehandelt wesende. Te Venetien weder ghe-
comen, heeft daer heerlijcke stucken ghemaeckt, voor een

Dieser liess Hans einige von den schönen Sachen kopieren, die sich dort in den Kirchen befinden. Für den erwähnten Gaspar machte er unter anderm mit Hilfe des Spiegels sein Selbstporträt, lachend aufgefasst, ein hervorragend durchgearbeitetes und wunderschön gemaltes Bild. Gaspar, der sich in seiner vorgefassten so unhöflich geäusserten Meinung, die *Mofs* (wie er die Deutschen nannte) könnten nichts, getäuscht sah, geriet darüber in keine geringe Verlegenheit. Er hielt dieses Bildnis, so lang er lebte, hoch in Ehren und zeigte es Jedermann, wobei er es sehr rühmte. Später liess er sich sogar mit Vergnügen herbei für von Aachen die Leinwände zu präparieren, woraus zu ersehen ist, wie gröblich diejenigen gegen die Vorsicht und Höflichkeit verstossen, welche Jemand, den sie nicht kennen, geringschätzen oder nach seinem Geburtsort oder seinem Äusseren beurteilen. Von Aachen reiste dann weiter und kam nach Rom, wo er viele schöne Werke schuf, unter anderm ein Altarbild — wohl sein bedeutendstes Werk — das in Ölfarbe auf Zinn oder Blei gamalt war und eine auf besondere Art mit Engeln und anderem Beiwerk, wie es die Jesuitenpatres begehrten, dargestellte Geburt Christi zeigt. Das Bild befindet sich nämlich in der Kirche *il Gesù* unterhalb des Kapitols und ist ein hervorragend schönes Werk. Abgesehen von vielen andern Sachen, die er gemalt hat, hat er sich selbst lachend mit einer lautenspielenden Frau Namens *Donna Venusta* dargestellt, hinter der er mit einer Schale Wein in der Hand steht. Dieses Bild war so vortrefflich, dass Kunstkenner sich äusserten, sie hätten noch nie etwas Besseres von ihm oder andern gesehen.[473] Von Aachen kam auch nach Florenz, wo er verschiedene hohe Herren und Damen nach der Natur porträtierte, darunter auch den erlauchten Francesco, Herzog von Florenz.[474] Er porträtierte dort auch eine geistreiche Dichterin Namens Donna Laura,[475] von deren Bildnis er eine Kopie behielt, die sich noch zu Amsterdam bei seinem Schüler Pieter Isaacks[476] befindet und meisterhaft gemalt ist. Nach Venedig zurückgekehrt malte er für einen niederländischen Kaufmann aus Maastricht

Nederlandtsch Coopman van Maestricht. Eerst, een bespot-
tinge Christi, soo groot als t'leven, den Christus schier
heel naect over sijde heldende, oft wat ligghende, doet om
hoogh siende een fraey actie. Noch een Danaĕ, soo groot
als t'leven, uytnemende schoon, en wel gehandelt. Desghe-
lijckx op coper een Mary-beeldeken, met een S. Katharine,
en Engelen daer by, welck van Raphael Sadler ghesneden
uyt comt in Print, en is een seer aerdigh stuckxken. Noch
een stuck met beelden als t'leven, en meer als half lijvigh,
wesende een sittende Venus met Cupido, daer sy in
Cypers ghecomen uyt der Zee, van den Uren oft Horae
wort beschoncken met Godlijcke cleederen en vercieringhen,
ghelijcker Homerus in zijn Goder lofsanghen van verhaeldt:
Dit is oock een besonder heerlijck werck. Tot Cuelen weder
ghekeerdt, maeckte voor een Coopman, Boots genoemt, een
seer schoon stuck van t'vonnis van Paris, t'welck door
Raphael Sadler ghesneden uyt in Print comt. Het is
gheschiedt, doe hier naer van Aken te Venetien was, werdt
ontboden van Otto Hendricx, Graef van Swartsenborgh,
Hof-meester des doorluchtigen Hertoghs van Beyeren, te
Munchen, om in zijn begraef-capelle te maken zijn Epita-
phium: Dit was een Penneel met beelden, meerder als
t'half leven, en d'Historie daer Sinte Helena het Cruys
vindt, en is een uytnemende werck. Door den voornoemden
Graef, en dit werck, is hy in kennis gecomen by den Hertog,
den welcken hy, met de Hertoginne, en twee de jongste
kinderen, een soon en een dochter, t'samen by een geor-
dineert, heeft geconterfeyt, dat welck een yeder wel heeft
bevallĕ. Doe nu van Aken dit en noch meer edel wercken
had gedaen, gaf den Hertogh hem bovĕ alle heerlijcke be-
looninge eĕ schoon gouden Ketten. Den Graef vereerde hem
oock met een gouden Ketten van twee hondert Florijnen.
Van Beyeren is van Aken ghereyst nae Praga by den Keyser,
die hem wel vier Jaer langh hadde ontboden: want hy had
van hem ghesien het Conterfeytsel van Jan Bologne, uyt-
nemenden Beeldt-snijder uyt Nederlandt, welcken hy te Flo-

herrliche Bilder.[477] Zuerst eine Verspottung Christi in Lebensgrösse. Christus, fast ganz nackt, ist hier seitwärts geneigt, mit nach oben gerichtetem Blick in schöner Haltung dargestellt.[478] Zweitens, eine hervorragend schöne, gut-gemalte, lebensgrosse Danaë. Drittens, eine kleine Madonna mit der hl. Katharina und Engeln, auf Kupfer, ein sehr hübsches kleines Bild, das Raphael Sadeler gestochen hat.[479] Viertens, ein Bild mit etwas mehr als Halbfiguren in Lebensgrösse, eine sitzende Venus mit Cupido darstellend, wie sie aus dem Meere emporgetaucht auf Cypern landet und von den Horen mit göttlichen Gewändern und Schmuck beschenkt wird, wie es Homer in seinen Lobgesängen auf die Götter erzählt. Dieses ist auch ein besonders schönes Werk. Nach Köln zurückgekehrt,[480] malte er für einen Kaufmann namens Boots ein sehr schönes Urteil des Paris, wonach Raphael Sadeler einen Stich hergestellt hat.[481] Als von Aachen hierauf wieder nach Venedig zurück-gekehrt war, geschah es, dass er von Otto Heinrich, Grafen von Schwarzenberg, Hofmeister des erlauchten Herzogs von Bayern, nach München[482] berufen wurde, um sein Epitaph für seine Begräbniskapelle zu malen.[483] Dies war eine die Kreuzauffindung durch die heilige Helena darstellende Tafel mit mehr als halblebensgrossen Figuren und ein hervorragendes Werk. Durch den genannten Grafen und dieses Werk wurde er dem Herzog bekannt, den er zu-sammen mit der Herzogin und den beiden jüngsten Kindern, einem Sohne und einer Tochter zu jedermanns Befriedigung porträtiert hat.[484] Nachdem nun von Aachen dieses Bildnis und noch mehr bedeutende Werke geschaffen, schenkte ihm der Herzog ausser allem sonstigen reichen Lohn noch eine schöne goldene Kette. Der Graf beschenkte ihn ebenfalls mit einer goldenen Kette im Werte von 200 Gulden.[485] Von Bayern reiste von Aachen nach Prag zum Kaiser,[486] der ihn schon seit mehr als vier Jahren auf-gefordert hatte zu kommen; denn er hatte das Porträt des berühmten niederländischen Bildhauers Jean de Bo-logne gesehen, das er während seines Aufenthalts in Florenz

rencen wesende hadde gheconterfeyt. Dus alsoo zijn Majesteyt
met ontbieden aenhiel, is vã A k e n, door de bootschap eens
Ambassadeurs, by dĕ Keyser gecomen. Doe hy by den
Keyser was, en voor hem hadde gemaeckt een V e n u s en
A d o n i s, beviel den Keyser de handelinge van A k e n wonder
wel, om de nieu ongemeĕ coloreringhe wille: Doch van A k e n
is uyt eenige oorsaeck weder gecomen te Munchen, en t'Aus-
borgh, makende onder ander werckĕ in der Jesuiten Kerck
te Munchen, eenen S. S e b a s t i a e n, seer wel gheschildert
en gheordineert, op de manier als hy uyt comt in Print, ge-
sneden door uytnemenden Cooper-snijder J o a n M u l l e r
t'Amsterdam. Hy hadde oock in desen tijdt gheconterfeyt
den Heeren F o u c h e r e n t'Ausborgh. Hier na ontboden van
den Keyser, keerde met zijn ghesin te Praga, hebbende ge-
trout de Dochter van seer vermaerden dees tijdtschen Sangh-
constigen O r p h e u s d e L a s s o: en gelijck van A k e n om
zijn Const verdient, heeft gevonden den meesten en opppersten
Const-beminder van de gantsche Weerelt, in welckes dienst
hy tsindert als schilder zijner Camer heeft volherdt, en heeft
daeghlijckx met desen grooten A l e x a n d e r eĕ Apellische
vriendlijcke ghemeenschap, en is by hem in achtinghe en
weerden. Veel heel schoon heerlijcke wercken heeft hy voor
den Keyser ghemaeckt, welcke int Paleys overvloedigh zyn
te sien, op de groote Sael, boven den Peerdtstal, op de Gal-
lerije, boven de Const-camer, en in ander Camern zyner
Majesteyt. Daer is oock t'Amsterdam, tot Const-liefdighen
Heer H e y n d r i c k v a n O s, v a n A k e n een groot schoon
heerlijck Stuck met beelden als 't leven, seer constigh ghe-
daen, en wel gheschildert, wesende een naeckte schoon Vrouw
met een lieflijcke schoon tronie, welcke beteyckent den Vrede
met den Olijftack, en heeft den krijgh oft krijgh-tuygh onder
voeten: By haer comt d'overvloedicheydt en de Consten,
P i c t u r a, en ander, bewijsende, dat door Vrede voorspoet
en de Consten bloeyen. Eyndlijck v a n A k e n ter plaetsen
wesende daer zijn Const soo grootlijcks lief en in weerden is,
en zynde sulck Schilder als zyn wercken hem ghetuyghen,

gemalt hatte.[487]   Als ihn nun der Kaiser durch Vermittlung eines Gesandten aufs neue berief, leistete er endlich dem Rufe Folge.[488]   Als er in Prag für den Kaiser ein Bild, Venus und Adonis darstellend, gemalt hatte, fand dieser an seiner Malweise um der neuartigen vortrefflichen Farbengebung willen ausserordentlichen Gefallen.   Doch aus irgendwelchen Gründen ging von Aachen wieder nach München und Augsburg und malte neben andern Bildern für die Jesuitenkirche in München einen heiligen Sebastian,[489] der sehr gut gemalt und kopiert ist, und den der hervorragende Kupferstecher Joan Muller zu Amsterdam in Kupfer gebracht hat.[490]   Zu dieser Zeit hat er auch die Herren Fugger zu Augsburg porträtiert.[491]   Als er hierauf wieder vom Kaiser zurückberufen wurde,[492] ging er mit seiner Familie — er hatte die Tochter des hochberühmten musikkundigen Orpheus unserer Zeit, Orlando di Lasso, geheiratet[493] — wieder nach Prag.   So hat denn von Aachen, wie seine Kunst es verdient, den grössten und ersten Naturfreund der ganzen Welt als Gönner gefunden, in dessen Dienst er seither als Hofmaler gewirkt hat, und mit welchem grossen Alexander, bei dem er in hoher Achtung steht, er eine freundschaftliche apellische Gemeinschaft pflegt.   Er hat für den Kaiser viele herrliche Werke geschaffen, welche in grosser Anzahl im Palaste in dem grossen Saal über dem Marstall und in der Galerie über der Kunstkammer sowie in anderen kaiserlichen Gemächern zu sehen sind.[494]   Auch zu Amsterdam, bei dem kunstliebenden Herrn Hendrick van Os ist ein grosses herrliches Bild von van Aachen zu sehen, das sehr kunstreich entworfen und gut gemalt ist und in lebensgrossen Figuren eine nackte schöne Frau mit lieblichem Antlitz, die durch einen Ölzweig als der Friede gekennzeichnet ist, darstellt, welche den Krieg oder Kriegsgerät unter ihren Füssen hat.   Neben ihr sieht man die Künste — Malerei und andere — womit angedeutet werden soll, dass der Friede Gedeihen und die Blüte der Künste bringt.[495]   Da nun von Aachen an einem Orte lebt, wo seine Kunst so viel Liebe und Schätzung findet,[496] und da er, wie seine Werke beweisen,

en soo edel Borst als zynen edelen omgangh en vromen
handel hem bewijsen te wesen, dewijl hy allen Constenaren
goetgunstigh wesende, niemandt schadigh maer voorderlijck
is, heel verre afghescheyden van het wesen eenigher, die
door eygen veel duncken by den grooten stoutlijck indringhende,
anderen met giftigher tonghen hinder en leedt doen: so
wensch ick zijnen leef-draet langh en spoedigh ghesponnen
te worden, op dat meer en meer de Schilder-const door hem,
en hy door haer, verciert en vereert mach worden.

Sijnen eersten Discipel, en die met hem heeft ghereyst
in Italien en Duytschlant, is Pieter Isaacsz. welcken is
gheboren te Helsevor, oft de Sondt, Anno 1569. Syn Vader
was van Haerlem. Eerst heeft hy gheleert, en de Const
aenghevanghen t'Amsterdam by Ketel een Jaer en half, en
woont noch tegenwoordich t'Amsterdam, wesende een uyt-
nemende goet Meester, in conterfeyten nae 't leven: oock
wel ervaren in te Schilderen Historien, ordineren, en
teyckenen, daer hy een aerdighe handelinghe van heeft. Een
besonder schoon heerlijck Conterfeytsel is van hem te Leyden
in de Bree-straet, wesende een jonghe dochter, ghenoemt
Sara Schuyrmans, en coemt groot tot beneden de knien:
boven dat Satijnen, cleeren, en de spelende handen op een
Cyter, wel ghedaen zyn, is boven al verwonderlijck de tronie,
die wel ghelijckende, heel suyver gedaen, wel ghehandelt,
lieflijck en behaeghelijck is: welck stuck genoechsaem is om
verstrecken tot ghetuyghnis, wat hy voor een Meester in
onse Const is. Daer zyn ooc noch te Leyden van hem twee
Conterfeytselen in de Clock, te weten, Pieter Huyghesz.
en zijn eerste Huysvrouw, seer wel gedaen. T'Amsterdam
op den voor achter-burghwal, tot den Const-liefdighen Heer
Hendrick Franckin, is van hem een groot stuck, Adam
en Eva, en een coper plaet van een Joannis Predicatie,
dat een wel gheordineert, cluchtigh en aerdigh stuckxken is:
Des voornoemden Franckin en zyns Huysvrouwen Conter-

ein so grosser Maler ist und ein so edler Charakter, wie sein
edles Benehmen und sein frommer Wandel zeigen, indem er
allen Künstlern wohlgesinnt und Niemand schädlich, sondern
im Gegenteil nützlich ist, ganz im Gegensatz zu der Art ge-
wisser an Selbstüberschätzung krankender Leute, die sich
skrupellos in das Vertrauen der Grossen einschleichen und
andere durch Verläumdung schädigen und in ihrem Fort-
kommen hindern, — so wünsche ich ihm ein langes und
erfolgreiches Leben, damit er der Malkunst und diese ihm
zu immer grösserer Zierde und Ehre gereiche.[497]

Sein erster Schüler, der auch mit ihm in Italien und
Deutschland gereist ist, ist Pieter Isaacsz, der zu
Helsingör am Sund im Jahre 1569 geboren ist.[498] Sein
Vater stammte aus Harlem. Die Anfangsgründe der Kunst
hat er zu Amsterdam bei Ketel gelernt, wo er anderts-
halb Jahre war. Er wohnt noch gegenwärtig in Amster-
dam und ist ein hervorragender Meister im Malen von Bild-
nissen nach der Natur; auch versteht er sich gut auf die
Historienmalerei, auf das Kopieren und Zeichnen, worin er
eine hübsche Auffassung hat. Ein besonders vortreffliches
Porträt von seiner Hand befindet sich zu Leiden in der
Breestraat. Es ist ein Kniestück und stellt ein junges
Mädchen Namens Sara Schuyrmans dar. Abgesehen von
dem Satin, den Gewändern und den zitherspielenden Händen
— alles gleichermassen gut gemalt — ist vor allem erstaun-
lich das Gesicht, welches sehr ähnlich, ausserorderlich sauber
ausgeführt, gut gemalt, sowie lieblich und angenehm ist.
Dieses Bild genügt allein schon, um zu beweisen, was für ein
Meister er in der Malerei ist. Zu Leiden befinden sich von
ihm ferner noch zwei sehr gute Porträts in der „Glocke,“
nämlich die von Pieter Huyghesz und seiner ersten
Frau. Zu Amsterdam, auf dem Voor-Achterburgwal,
befindet sich bei dem kunstliebenden Herrn Hendrick
Franckin ein grosses Bild von ihm: Adam und Eva, und
eine auf Kupfer gemalte Predigt Johannis, ein gut kompo-
niertes, lustiges und hübsches Bildchen. Er hat auch die
Porträts des genannten Franckin und seiner Frau und zwar

feytselen zyn oock verwonderlijck en suyver van hem ghedaen. Het beste Conterfeytsel van hem oyt ghedaen, is te Londen in Enghelandt, en was ghedaen nae een ghenoemt Pieter Semeynes, Jonghman in Enghelandt, van Nederlanders af-ghecomen, hebbende een schoon tronie, met schoon glancende locken hayrs. Noch t'Amsterdam tot d'Heer Jacob Poppe, zyn van hem dry schoon groote Ovael-conterfeytselen, by-sonder dat van Jacob, welcks tronie en hayr in schilderije welstandigh wesende, seer natuerlijck gelijckende, suyver en wel zijn ghehandelt. Ten selven huyse is van hem een seer aerdigh stuck op coper, wesende d'Historie, daer de Roomsche Vrouwen op 't Capitolium comen, en oploop maken, om dat door den jonghen Papyrius was gheseydt en wijs ghemaeckt aen zyn Moeder, dat besloten was in den Raedt, dat elcken Man soude hebben twee Vrouwen: hier sietmen Vrouwen van alderley Natien, oock Nederlandtsche, en Waterlandtsch, eenighe gewapnet met praet-pan en braet-spit: Oock comt een oude creupel Vrouw, die eenen Hondt in eenen wagen voort treckt: daer is 't Capitolium oock nae 't leven, met Marcus Aurelius te Peerde, en is seer cierlijck, wel ghe-ordineert en gheschildert. Veel meer uytnemende Conter-feytsels en stucken zyn van hem gedaen, en is noch daegh-lijckx doende. By Pieter zyn oock van verscheyden Meesters fraey dingen en conterfeytselen te sien: oock van Akens eyghen Conterfeytsel, dat hy hem over twee oft dry Jaer heeft ghesonden, 't welck wonder wel ghehandelt is, . en natuerlijck (by dat ick hoor) wel gelijckt.

Hier by mach ick oock voegen een, die soo veel oock is als Discipel van Hans van Aken, dat is, Joseph Switser, gheboren te Bern: zijn Vader was een Architect, oft Bouw-meester. Desen Joseph te Room comende, hadde wel wat manier van teyckenen, doch gheen handelinghe met de verwen: dan alsoo hy hem begaf by Hans van Aken, ten huyse van groenen Anthonis, oft Anthoni Santvoort (so men hem

auf erstaunliche Art und in sauberer Durchführung gemalt. Das beste Porträt, das er je gemacht hat, befindet sich zu London in England. Es stellt einen jungen in England lebenden Mann niederländischer Abkunft Namens Pieter Semeynes mit schönen Zügen und schönem glänzendem Lockenhaar dar. Bei Herrn Jakob Poppe zu Amsterdam befinden sich drei schöne grosse ovale Bildnisse von seiner Hand, von denen besonders das von Jakob Poppe selbst, dessen Gesicht und Haar von guter malerischer Wirkung sind, sehr ähnlich, sorgfältig und gut durchgeführt ist. In demselben Hause sieht man von ihm ein sehr hübsches Bild auf Kupfer, das den Sturm der Frauen auf das Kapitol darstellt, der dadurch veranlasst worden war, dass der junge Papyrius seiner Mutter weisgemacht hatte, es sei im Rat beschlossen worden, jeder Mann solle zwei Frauen haben. Man sieht hier Frauen verschiedener Nationalität dargestellt, auch niederländische und waterländische, einige davon mit Bratpfanne und Bratspiess bewaffnet. Auch bemerkt man eine alte verkrüppelte Frau, die in einem Wagen von einem Hunde gezogen wird. Das Kapitol ist nach der Natur dargestellt mit dem Reiterstandbild Marc Aurels, und das Ganze ist sehr gut in Komposition und Malerei wie auch im Beiwerk.[499] Er hat noch viel mehr hervorragende Porträts und sonstige Bilder geschaffen und ist noch jetzt rastlos damit beschäftigt.[500] Bei Pieter sind auch schöne Werke und Porträts verschiedener Meister zu sehen, darunter auch von Aachens Selbstbildnis, das ihm dieser vor zwei oder drei Jahren gesandt hat und das wunderbar ausgeführt und — wie ich höre — sehr ähnlich ist.[501]

Hier möchte ich ferner einen anfügen, der auch so gut wie ein Schüler von Hans von Aachen ist, nämlich Joseph der Schweizer, der zu Bern geboren wurde.[502] Sein Vater war Baumeister. Als dieser Joseph nach Rom kam, konnte er wohl ganz gut zeichnen, doch verstand er nicht mit den Farben umzugehen. Er begab sich daher zu Hans von Aachen, der im Hause von Anthonis Santvoort oder des „Grünen Anton," wie man ihn nannte,[503] wohnte,

noemde) heeft hy met groote neersticheydt gheleert coloreren.
Hy heeft boven alle Duytschen oft Nederlanders groote
moeyt, arbeyt en vlijt gedaen, met teyckenen alle fraey
dinghen, 't zy rondt oft plat, soo binnen Room als Venetien,
hebbende een so aerdighe suyver fraey manier met der Pen
en met wasschen, als men yemandt mocht vinden. Te Praga
by den Keyser wesende, heeft den Keyser zijn constigh
teyckenen soo bevallen, dat hy hem te Room heeft geschickt,
en daer ghehouden, den Antijcken oft Oud-tijdsche beelden te
conterfeyten, en is noch teghenwoordich by den Keyser te
Praga: heeft oock een uytnemende goede handelinghe van
coloreren, waer mede hy zijn dinghen doet wel staen.

Het zijn noch te Praga verscheyden edel fraey gheesten,
als Pieter Stevens van Mecchelen, constig Schilder en
teyckenaer.

Oock den Const-rijcken Plaet-snijder Gielis Sadlaer,
die t'somtijdt by lust Pinceelen handelt, en constigh Schilder.

Noch tot de soetheyt des Pinceels aenghelockt, is onder-
tusschen in de Schilder-const doende, den uytnemenden Beeldt-
snijder Adriaen de Vries, uyt den Haghe in Hollandt.
Dese en ander my daer oncondig, beveel ick de Const, op
datse in haren rijckdom altijdts vermeerderen, tot hun eyghen
voorspoet en loflijck gheruchts verbreydinghe.

Het leven van Pieter de Witte, Schilder van Brugghe.

De schoon stadt Florencen, onder meer Peerlen uyt onse
Nederlanden, die sy aenlockende tot haer vercieringhe behoudt,
heeft oock den constighen Schilder Pieter de Witte,
welcken met zijn Ouders hem daer lange heeft ghehouden,

und lernte mit grossem Fleiss die Farbe zu beherrschen.
Er übertraf alle Deutschen und Niederländer durch
den Fleiss und die Mühe, die er auf das Abzeichnen aller
schönen Sachen — Skulpturen sowohl wie Malereien — in
Rom und auch in Venedig — verwandte, wobei er eine
so hübsche Art mit der Feder zu zeichen und zu lavieren
hatte, wie nur jemand. Als er zu Prag beim Kaiser war,
gefiel diesem sein kunstreiches Zeichnen so ausnehmend, dass
er ihn nach Rom sandte und dort festhielt, damit er die
antiken Bildwerke abzeichne. Er ist gegenwärtig noch am
Hofe des Kaisers zu Prag. Er hat auch eine hervorragend
gute Art der Farbengebung, durch die er seinen Sachen zu
guter Wirkung verhilft.

Zu Prag leben ferner noch verschiedene andere edle
und gute Künstler wie z. B. Pieter Stevens von Mecheln,
ein kunstreicher Maler und Zeichner.[504]

Dann der kunstreiche Kupferstecher Gillis Sadeler,[505]
der manchmal zu seinem Vergnügen zum Pinsel greift und
zeigt, dass er auch ein geschickter Maler ist.

Ferner beschäftigt sich augenblicklich, durch die An-
nehmlichkeit der Pinselhandhabung gereizt, der hervorragende
Bildhauer Adriaen de Vries aus dem Haag in Holland
mit der Malerei.[506] Diese und andere, die sich dort auf-
halten, und von denen ich nichts weiss, lasse ich der Kunst
befohlen sein, auf dass sie beständig zu ihrem eigenem Glück
und zur Verbreitung ihres Namens deren Reichtum vergrössern.

———

Das Leben des Malers Pieter de Witte von Brügge.

Unter andern Perlen, welche die schöne Stadt Florenz
unseren Niederlanden entlockt und zu ihrer Zierde be-
halten hat, ist auch der kunstreiche Maler Pieter de Witte
zu nennen, der sich dort mit seinen Eltern lange aufgehalten

en is oft zyn aldaer ghecomen van Brugghe in Vlaender.
Hy is een goedt Meester in het nat en in Oly-verwe; oock
aerdigh van Aerde bootserende, dat hem in de Schilder-const
groot voordeel is. Hy heeft veel dinghen voor Cavalier
Giorgio Vasari gedaen, te Room in des Paus Paleys, en
sale: Oock te Florencen in de Cupula, en elder: oock
voor den Hertogh van Florencen, verscheyden Tapijt-patroonen,
en ander dinghen. Hy heeft hem oock eenen tijdt van Jaren
ghehouden tot Munchen in Beyeren, en voor den Hertogh
en anderen verscheyden heerlijcke wercken ghedaen. Ick
heb oock sommighe dinghen van hem te Florencen ghesien,
en kennis met hem ghehadt. Hy had oock eenen Broeder
in s'Hertoghen Guarde, ick meen, Cornelis gheheeten, die
in't Jaer 1573. t'mynen daer wesen, werdt te schilderen van
Landtschap, daer hy al fraey in gheworden is, hoewel hy
spade aenvingh. Van Pieter comen uyt sommighe Printen,
daer men zijnen gheest en Const in mercken can, en schrijven
hem Pieter Candido. Hy mach nu Anno 1604. wesen
out 56. Jaer oft daer ontrent. My wort geseyt, dat hy noch
tot Munchen in Beyerlant woont, so soud' ick Florencen te
vergheefs beschuldighen.

Het leven van Mattheus en Pauwels Bril, ghebroeders, Schilder van Antwerpen.

Het aenlockende en tot hem treckende vermaerde Room,
een stadt ghelijckende den Schilders te ghevalle ghebouwt,
en met constighe wercken verciert, heeft onder ander tot
haer ghedrongen te comen de twee ghebroeders, Mattheus
en Pauwels Bril, van Antwerpen. Mattheus heeft te
Room ghewrocht op des Paus Paleys, so op Salen, als Gale-

hat und mit ihnen aus Brügge in Flandern dorthin ge-
kommen ist. Er ist ein guter Meister in der Fresco- und
Ölmalerei, auch versteht er es gut in Ton zu modellieren,
was ihm in der Malerei von grossem Nutzen ist. Er hat dem
Ritter Giorgio Vasari bei vielen Sachen zu Rom im vati-
kanischen Palast, namentlich in der *Sala regia* [507] geholfen,
auch zu Florenz in der Domkuppel und anderwärts. [508]
Auch hat er für den Herzog von Florenz verschiedene
Gobelinvorlagen und anderes entworfen. [509] Er hat sich auch
einige Jahre zu München in Bayern aufgehalten und für
den Herzog und andere Besteller verschiedene herrliche
Werke geschaffen. [510] Ich habe auch einige von seinen Sachen
zu Florenz gesehen und ihn selbst kennen gelernt. Er
hatte auch einen Bruder in der herzoglichen Garde, der,
glaube ich, Cornelis hiess und im Jahre 1573 während
meines Aufenthalts in Florenz Landschaften zu malen be-
gann, worin er, trotzdem er so spät damit anfing, ein guter
Meister geworden ist. [511] Nach Pieters Arbeiten ist eine
Reihe von Stichen hergestellt worden, aus denen man seinen
Geist und seine Kunst erkennen kann, [512] und auf denen
sein Name Candido geschrieben steht. [513] Er mag jetzt,
im Jahre 1604, ungefähr 56 Jahre alt sein. [508] Man sagt mir,
dass er noch zu München in Bayern wohnt; so hätte
ich denn Florenz zu Unrecht beschuldigt. [514]

Das Leben der Brüder Matthäus und Paul Bril, Maler von Antwerpen.

Das verführerische und anziehende berühmte Rom, eine
Stadt, die den Malern zu Gefallen erbaut und mit Kunst-
werken geschmückt scheint, hat unter anderm die beiden
Brüder Matthäus und Paul Bril von Antwerpen in
seine Netze gezogen. Matthäus hat zu Rom im päpst-
lichen Palaste, [515] in den Sälen [516] sowohl wie in den

rijen.   Op een bovenste Galerije zyn van hem gheschildert op 't nat, aerdighe Landtschappen, en ghesichten, met eenighe Processien, die men te Room ghewoon is te doen.   Hy is ghestorven te Room, Anno 1584. oudt wesende 34. Jaer.

Pauwels Bril hadde zyn begin t'Antwerp, by een gemeen Schilder, Damiaen Wortelmans.   Hy schilderde eerst van Water-verwe, schelen van Clavesimbelen, en derghelijcke, waer mede hy t'zynen 14. Jaer hem most generen.   Hy quam van Antwerp te Breda, van daer weder t'Antwerp, en voort onwetens syn vrienden, die zyn uytreysen niet begeerden, trock hy t'zynen 20. Jaren in Vranckrijck.   Van Lions, daer hy eenen tijdt langh woonde, trock hy te Room by syn broeder, die daer voor henen was ghereyst, daer hy seer by is toeghenomen in de Const, besonder in Landtschap, hoewel hy in zyn jeught seer swaer was in 't leeren.   Een zyner besonderste wercken is, een seer groot Landtschap, in 't nat, langh 68. voeten, en seer hoogh, in de nieuw Sale van 't Paus Paleys, dit dede hy Anno 1602. waer in comt een Historie, daer men S. Clement met eenen ancker gebonden werpt in 't water: in de Locht comen Enghelen: en is een heerlijck dinghen te sien.   Noch in de Somer-camer van den Paus, zyn van hem ses schoon Landtschappen, wesende nae 't leven, eenighe van de rijckste Cloosters buyten Room, die den Paus onder hem heeft, seer aerdigh op gheberghten ligghende.   Noch heeft hy gedaen voor Cardinael Mattheo een heel Sael, met Landtschappen en Grotissen.   Noch voor deses Cardinaels broeder, Hasdrubal Mattheo, van Olyverwe op doecken ses groote Landtschappen, waer in comen ses Casteelen desen Heer toecomende, de Casteelen comende in 't verschieten: Dit zyn al seer schoon en groote wercken. Heel veel ander cleen stuckxkens op doeck, en coper platen, zyn van hem by den Liefhebbers verspreydt.   By d'Heer

PAULUS BRILLIUS, ANTVERP.

Castella et silvas, sata læta, boúmque labores,
Et montes pictor Brillius exhibuit.
Gratior iccirco sacro qui vertice primus;
Pontifici, et claris murice qui Tyrio.

Galerien gearbeitet. In einer Galerie des obersten Stockwerks hat er hübsche Landschaften und Veduten, staffiert mit einigen Prozessionen, wie man sie in Rom abzuhalten pflegt, *al fresco* gemalt. Er starb zu Rom im Jahre 1584 im Alter von 34 Jahren.[517]

Paul Bril begann seine Laufbahn zu Antwerpen bei einem untergeordneten Maler Namens Damian Ortelmans.[518] Er bemalte zuerst mit Wasserfarbe Deckel von Klavieren und dergl., womit er sich bis zu seinem vierzehnten Lebensjahre ernähren musste. Von Antwerpen kam er nach Breda,[519] von dort wieder nach Antwerpen, und dann ging er ohne Wissen seiner Verwandten, die nicht wünschten, dass er ausser Landes ginge, als er zwanzig Jahre alt war, nach Frankreich. Von Lyon, wo er eine zeitlang wohnte, zog er nach Rom zu seinem Bruder, der schon vorher dorthin gereist war. Dort machte er grosse Fortschritte in der Kunst, besonders in der Landschaftsmalerei, obwohl ihm in seiner Jugend das Lernen sehr schwer fiel. Eines seiner hervorragendsten Werke ist eine sehr grosse — 68 Fuss lange und sehr hohe — Freskolandschaft im neuen Saal[520] des vatikanischen Palastes, die er im Jahre 1602 ausführte. In dieser Landschaft ist die Legende des hl. Clemens, der an einen Anker gebunden ins Wasser geworfen wird, zur Darstellung gebracht. In der Luft sieht man Engel. Es ist ein herrlich anzusehendes Werk. Ferner befinden sich im Sommergemache des Paptes sehr schöne Landschaften von seiner Hand, die nach der Natur aufgenommen sind und einige der reichsten ausserhalb Roms sehr hübsch in den Bergen liegenden Klöster darstellen, die dem Papt unterstehen. Ferner hat er für den Kardinal Mattei[521] einen ganzen Saal mit Landschaften und Grottesken ausgemalt, ebenso hat er für den Bruder dieses Kardinals, Asdrubale Mattei, sechs grosse Landschaften auf Leinwand in Ölfarbe gemalt, auf denen im Hintergrunde sechs Kastelle zu sehen sind, die diesem Herrn gehören. Das sind alles sehr schöne und grosse Werke.[522] Sehr viele andere — kleine — Bilder von seiner Hand, auf Leinwand und Kupferplatten sind bei den

Hendrick van Os, is van hem een aerdigh Coperken, met aerdighe fraey Ruwijnen en beeldekens, wesende de maniere van Campo Vaccina, oft d'oude marckt van Room. Het comen oock van hem uyt eenighe fraey Landtschappen in Print. Pauwels is nu dit Jaer 1604. oudt 48. jaer.

Hy heeft een Discipel te Room, ghetrouwt wesende, ge- noemt Balthaser Louwers, Nederlander, oudt ontrendt 28. Jaer, fraey van Landtschap. Noch was een Jaer zyn Discipel Guilliaem van Nieuwlandt, van Antwerpen, oudt twee en twintich Jaer, woonende teghenwoordigh t'Am- sterdam, en heeft zyn Meesters maniere heel natuerlijck aen- ghenomen.

Het leven van Cornelis Cornelisz, uytnemende Schilder von Haerlem.

Daer is onder den volcke een ghemeen ghevoelen, oft Spreeckwoordt, dat des eenes ongheluck is eens anders geluck, oft dat neffens yemandts ongheval noch wel eenigh geluck can ghevoeght wesen: gelijck den Hemel hem met 's Menschen ellendigheydt mede dooghende en beweeght te wesen bewijst. Doe de oude heerlijcke stadt Haerlem, de heele Weerelt was tot een verwonderlijck schouwspel, en een yeders fabel oft vertellinghe, doe sy den tijdt van 31. weken 't groot en grouwlijck Spaensch gewelt, belegert wesende, heeft met swacke vesten en stercke ghemoeden metter vuyst weder- staen. Doe ghelucktet, oft corts daer na, dat om bewaren en open houden, een groot heerlijck huys op 't Sparen was ten besten ghegheven aen Pieter Schilder, te weten, Pieter den soon van langhen Pier van Amsterdam, welcken te deser oorsaec was 't verweckende voorbeelt, en den eersten Meester van Cornelis Cornelisz. gheboren te Haerlem Anno 1562.

Kunstfreuden verstreut.   Bei dem Herrn H e n d r i c k v a n O s
befindet sich von ihm ein hübsches Bildchen auf Kupfer mit
schönen Ruinen und kleinen Figürchen, das an den C a m p o
V a c c i n o — das römische F o r u m — erinnert. Einige
hübsche Landschaften von ihm sind auch gestochen worden.[523]
Jetzt, A n n o 1604, ist Paul 48 Jahre alt.[524]

Er hat in R o m einen verheirateten Schüler namens
B a l t h a s a r L a u w e r s, der aus den N i e d e r l a n d e n stammt,
ungefähr 28 Jahre alt ist und gute Landschaften malt.[525]
Ferner war ein Jahr lang sein Schüler W i l l e m v a n N i e u w-
l a n d t, der 22 Jahre alt ist, gegenwärtig in A m s t e r d a m
lebt und die Malweise seines Meisters vollständig ange-
nommen hat.[526]

Das Leben des hervorragenden Malers C o r n e l i s C o r n e l i s z von H a r l e m.

Unter dem Volke herrscht die Anschauung, die sich zu
einem Sprichwort verdichtet hat, dass des einen Tod des
anderen Brot ist und die andere, dass ein Unglück nicht
selten von einigem Glück begleitet sein kann, da der Himmel
sich dem Elend der Menschen gegenüber barmherzig er-
weist. Als die alte herrliche Stadt H a r l e m der ganzen
Welt ein erstaunliches Beispiel bot und jedermann von ihr
sprach, nämlich als sie einunddreissig Wochen lang mit
schwachen Befestigungen doch starkem Mut und bewehrter
Faust dem schrecklichen Ansturm der s p a n i s c h e n Belagerer
trotzte,[527] um diese Zeit also oder kurz darauf, wollte es das
Glück, dass ein grosses, prächtiges Haus am S p a a r n e
P i e t e r S c h i l d e r, d. h. Pieter, dem Sohn des Langen
Pieter von A m s t e r d a m,[528] zum Instandhalten anvertraut
wurde, welcher infolge dieses Umstandes das anregende Vor-
bild und der erste Meisters von C o r n e l i s C o r n e l i s z
wurde, der im Jahre 1562 zu H a r l e m geboren ward und

wiens Ouder oft Ouders, om den krijgh t'ontwijcken, hun elder onthielen. Dit was Ao. 1572. en 1573. doe Cornelis noch heel jongh wesende, tot de Schilder-const gantsch gheneghen werdt, siende binnens huys oeffenen 't ghene daer Natuere hem toe gheneyghde: Want hy al van te vooren tot eenigh deel der Const scheen verweckt te wesen, sittende daghen langh besigh met mes oft ander reetschap, om van roode backsteenen eenighe beeldinghe te snijden oft houwen. Dus heeft Cornelis in onse Const zyn begin ghenomen by den jonghen langhen Pier, dat een uytnemende Meester was in alle deelen onser Const, wel ervaren in zyn temperinghen der verwen, en derghelijck, en heeft voortghebracht eenen, die zijn Meester eer langhe Jaren meesterlijck overtrof: en gelijck oft de Schick-Goddinnen hebben wilden, wert noch jongh wesende gheheeten Cornelis Schilder, welken toenaem hem erflijck toeghevallen, en by ghebleven is, als des naems wel weerdich wesende, en in alle deelen der Const uytnemende. Doe hy 17. Jaren oudt was, en een goedt Schilder, is hy ghetrocken in Vranckrijck tot Rouan: doch is om de Pest wille daer niet langh ghebleven: maer is ghecomen naer het Schilder-const gheruchtigh Antwerpen, alwaer hy hem socht te begheven by eenighe van den besten Meesters: en aenghesocht hebbende by Frans Poerbus, is eyndlijck gecomē by Gillis Coignet, by welcken Meester den tijdt van een Jaer hy hem heeft aenghewendt een soeter en vloeyender manier van schilderen, gelijck ick eenen doeck heb gesien, die hy daer tē huyse, oft corts na zyn vertreck van daer, hadde ghedaen, waer in quamen eenige Vroukens seer vriendlijck ghedaen, aerdigh, en domlachtich verdrewen en verwrocht. Hy hadde daer oock ghedaen eenen Pot met alderley Bloemen na 'tleven, doch (so den Meester wou) met nouw geen groenicheyt by: welcke Bloemen so wel en schilderachtich waeren ghedaen, datse Coignet langhe tijdt by

dessen Eltern sich, um dem Kriege aus dem Wege zu gehen, anderwärts aufhielten.[529] Es war im Jahre 1572 oder 1573, da Cornelis noch sehr jung war, dass er seine Neigung zur Malkunst klar erkannte, als er in dem Hause, in dem er wohnte, das ausüben sah, worauf ihn die Natur hinwies. Er schien nämlich schon vorher für irgend einen Zweig der Kunst geboren zu sein, indem er sich tagelang damit beschäftigte, mit einem Messer oder anderen Werkzeugen aus roten Backsteinen allerlei Figuren herauszuschneiden oder zu hauen. So hat Cornelis denn seine künstlerische Laufbahn bei dem jungen Langen Pieter begonnen, der ein hervorragender Meister in allen Teilen der Malerei war, sich sehr gut auf das Mischen der Farben und dergleichen verstand und in ihm einen Schüler herausgebildet hat, der seinen Meister nach wenigen Jahren an Meisterschaft übertraf. Und gleich als ob die Schicksalsgöttinnen es so hätten haben wollen, wurde er schon in seiner Jugend Cornelis Schilder genannt, ein Beiname, der ihm durch Erbschaft zugefallen und geblieben ist, da er seiner wohl würdig und in allen Teilen der Kunst hervorragend ist. Als er 17 Jahre alt und ein guter Maler war, zog er nach Frankreich und kam nach Rouen. Doch blieb er dort aus Furcht vor der Pest nicht lange, sondern ging nach dem durch die Malkunst berühmten Antwerpen, wo er bei einigen der besten Meister Aufnahme zu finden versuchte. Und nachdem er einen vergeblichen Versuch bei Frans Pourbus[530] gemacht hatte, kam er schliesslich zu Gillis Coignet,[531] bei welchem Meister er sich während der Zeit eines Jahres eine weichere und flüssigere Art zu malen angewöhnte, wie ich an einem Leinwandbild wahrnehmen konnte, das er dort im Hause oder kurz nach seinem Weggang von dort gemalt hatte, und das einige sehr liebenswürdig aufgefasste kleine Frauengestalten zeigte, die weich vertrieben in der Farbe waren. Er hatte dort auch ein Gefäss voll von allerlei nach der Natur wiedergegebener Blumen gemalt, aber, wie es sein Meister wollte, fast ohne Grünes dabei. Diese Blumen waren so gut und malerisch wiedergegeben, dass Coignet sie lange

hem · hiel, sonder te willen vercoopen, om datse soo uyt-
nemende waren ghehandeldt. Doe Cornelis te Haerlem
was ghecomen, is hy cloecklijck in de Const voort ghevaren:
en heeft onder ander gheleverdt een Corporaelschap, oft Rot
Schutters, nae 't leven geconterfeyt, op 't Schutters hof, of
d'oude Doelen te Haerlem: dit was in't Jaer 1583. doe ick
te Haerlem eerst quam woonen, en was seer verwondert,
hier sulcken Schilders te vinden, dit is seer wercklijck ghe-
ordineert, en alle de persoonen met den actien, hun conditien,
oft gheneygtheden uytghebeeldt: Dit tot Comenschap ghe-
went waren, slaen malcander in de handt: die geern drinckĕ,
hebben de Can oft 't Glas, en so voort yeder in 't zijn.
Voort is dit werck in zyn gheheel uytnemende: De tronien,
met goet ghelijcken, zijn seer wercklijck en vloeyende ghe-
daen: cleederen, handen, en anders, zijn oock desghelijcx uyt-
nemende: soo dat dit stuck by allen anderen aldaer zyn
plaets in weerden wel sal behouden. Hy heeft hem aen-
ghewent een vaste manier van schilderen, met een eyghen
seker wijse van strijcken, daer hy tsindert altijdt sonder ver-
wisselen, oft anders te versoecken, ghestadigh tot noch toe
is by ghebleven. Hy heeft oock ghemaeckt eenen grooten
doeck in de hooghte, en was een Charitas, een sittende
Vrouw, hebbende by haer eenige kinderen: onder ander, een
dat een Cat hadde ghevat, en op hiel by den steert, en sy
schijnende te crijtĕ, hadde haren poot gheslaghen in de dgie
oft been van het kindt, dat scheen voelende dit crabben
natuerlijck te crijten, d'welck wonder versierlijck en bevallijck was
te sien, en een seer uytnemende stuck. Doch Cornelis werdt
door eenen die 't mede nӑ in Vranckrijck, quaden dienst daer
aen ghedaen: Want hy tsindert noyt stuck, Man noch tgelt, daer
van en heeft ghesien. Hier nae maeckte hy noch een langhwer-
pigh groot stuck, van de onmaetlicke vreckheyt, en onmaetlicke
miltheyt, die Roosen voor Verckenen stroyde, wesende oock

CORNEL CORNELII, HARLEMENSIS,
PICTOR

Peniculum studio teneris tractavit ab annis:
    Qui docuit quantúm cura labórque valent.
Ante alios dictus fuit hic cognomine PICTOR
    Quám bene cognomen congruit artifici.

Zeit in seinem Besitz behielt und sie nicht verkaufen wollte, eben weil sie so vortrefflich gemalt waren. Nach Harlem zurückgekehrt fuhr Cornelis fort sich mit Eifer der Kunst zu widmen und lieferte u. a. eine Korporalschaft oder Rotte der Bürgerwehr, nach der Natur porträtiert, für den alten Doelen, die Herberge der Bürgerwehr zu Harlem. Dies war im Jahre 1583, damals als ich mich in Harlem niederliess, und ich sehr erstaunt, dort solche Maler zu finden. Dieses Bild ist sehr zwanglos in der Komposition, und alle Personen zeigen die Bewegungen, die ihrem Stande und ihrer ganzen Art entsprechen: die Kaufleute wechseln den Handschlag,[532] jene, die gerne einen guten Trunk tun, halten eine Kanne oder ein Glas usw., jeder nach seiner Art. Ferner ist dieses Werk als Ganzes betrachtet hervorragend. Die Gesichter, die eine grosse Ähnlichkeit zeigen, sind sehr sprechend und flüssig gemalt, ebenso sind auch Gewänder Hände und alles andere vortrefflich, so dass dieses Bild unter allen anderen, die sich dort befinden, seinen Platz würdig behaupten wird.[533] Er hat sich eine kräftige Art zu malen angewöhnt, einen gewissen energischen Pinselstrich, der ihm speziell eigentümlich ist, und den er bisher unverändert und ohne eine andere Art des Vortrags zu versuchen, beibehalten hat. Er hat auch auf eine grosse Leinwand in Hochformat eine Charitas gemalt, eine sitzende Frauengestalt mit einigen Kindern, von denen eines eine Katze gepackt hatte und am Schwanz in die Höhe hielt, die infolge dieser Unbill zu miauen schien und ihre Krallen in die Wade des Kindes geschlagen hatte, dessen Schreien infolge dieses Kratzens man zu hören meinte, so natürlich war der Gesichtsausdruck. Diese Szene war sehr hübsch erfunden und lustig anzusehen, wie das Bild auch im übrigen ein ganz hervorragendes Werk war. Doch hatte Cornelis kein Glück damit, indem einer, der es mit nach Frankreich nahm, seitdem nichts wieder von sich hören liess, geschweige denn das Geld oder das Bild schickte.[534] Hierauf malte er noch ein Breitbild, das die unstillbare Habgier und die masslose Verschwendung darstellte, welch letztere Rosen vor die Schweine streute, ebenfalls schön in der Erfindung und vor-

een aerdighe inventie, en uytnemende wel geschildert. Onder-
tusschen quam C o r n e l i s zijn aenporrende nature grootlijcx
te hulp, met uytnemende veel en vlijtigh te teyckenen nae 't
leven, daer toe uytsoeckende van de beste en schoonste roe-
rende en levende Antijcke beelden, die wy hier ghenoegh
binnens Landts hebben, als de gheviste en alderbeste studie
die mē vindē mach, als men soo volcomen oordeel heeft,
het schoonste uyt het schoon t'onderscheyden. Soo   dat
ick wel ghetuyghen can, dat de Const C o r n e l i s niet al
slapende aen is ghecomen: Maer heeftse vercregē en betaelt
met grootē arbeyt: en wieder meent anders aen te comen
in sulcken volcomenheydt, die sal hem ydelder handt en be-
drogen vinden, niet hebbende ten lesten als de schaduwe
der Const.   C o r n e l i s wesende in dese zyn studie onledigh,
maeckte eenen grooten doeck in de lenghte, van een Diluvie,
welcke naemaels gheraeckte in de handen van den Graef van
Lycester uyt Engelant, en was wonderlijck gedaen en wel
ghestudeert. Doe hy in 't alderbeste zyner studie was, maeckte
hy een Serpent-bijtinghe, langhwerpigh op eenen grooten
doeck, en noch eenen grooten doeck in de hooghte, wesende
den val van L u c i f e r, dese twee stucken hadde van hem
J a c o b R a v a e r t t'Amsterdam. Van dese twee en can ick
niet volcoemlijck ghenoegh schrijven, wat uytnemende studie
in alle de verscheyden Actituden der naeckten te weghe ghe-
bracht is, en is jammer dat sulcke dinghen niet in ghemeen
plaets te sien en zyn: Want hy in desen tijdt sonderlinghe
op de Const van teyckenen, wel stellen, proportie, en ander
deel seer nouw heeft ghelet. Veel ander stucken cleen en
groot heeft hy tsindert gedaen, doch veel tijts naeckten:
Onder ander, een eerste Weereldt oft gulde Eeuwe, welck
stuck noch is t'Amsterdam by den Const-verstandighen Heer
H e n d r i c k L o u w e r s z. S p i e g h e l, en is uytnemende ghe-
handelt, op de naeckten is wonder ghelet, en oock op de
velligheyt, en voukens, die in 't leven in handen en ander

trefflich in der Malerei.[535] Inzwischen kam Cornelis seiner
ihn anspornenden Natur ausserordentlich zu Hilfe, indem er
äusserst fleissig und viel nach der Natur zeichnete, wozu er
sich die besten beweglichen und lebendigen Antiken auswählte,
deren wir hier zulande eine genügende Anzahl besitzen, als
dem sichersten und besten Studium, das es gibt, wenn man
ein so vollkommenes Urteil hat, dass man das Schönste vom
Schönen zu unterscheiden vermag. Und so kann ich wohl
bezeugen, dass ihm die Kunst nicht im Schlafe gekommen
ist, er sie vielmehr mit grosser Arbeit errungen und bezahlt
hat. Und wer da meint, auf andere Weise zu solcher Voll-
kommenheit gelangen zu können, der wird sich schliesslich
betrogen sehen und nur den Schatten der Kunst erreichen.
Während sich Cornelis mit diesem Studium beschäftigte,
malte er auf eine grosse Leinwand in Breitformat eine Sint-
flut, ein wunderbar ausgeführtes und studiertes Bild, das
später in den Besitz des Grafen von Leicester aus Eng-
land kam.[536] Als er auf der Höhe seines Studiums war,
nahm er eine grosse Leinwand in Breitformat und malte die
Plage durch die feurigen Schlangen, [537] ferner malte er einen
Sturz Lucifers auf eine grosse Leinwand in Hochformat.[538]
Diese beiden Stücke besass Jakob Rauwaert zu Amster-
dam. Meine Feder ist zu schwach, um diese beiden Bilder
nach Verdienst zu würdigen und darzulegen, von was für
einem ausserordentlichen Studium all die verschiedenen Be-
wegungen der nackten Figuren zeugen, und es ist nur zu
beklagen, dass derartige Kunstwerke nicht an öffentlicher
Stelle zu sehen sind. Denn er hat in dieser Zeit vor-
nehmlich auf die Kunst des Zeichnens, auf die Bewegung,
die Proportionen und ähnliches sehr genau Bedacht genommen.
Seither hat er viele andere Bilder — kleine und grosse —
geschaffen, grossenteils mit nackten Figuren. Unter anderm
ein goldenes Zeitalter, ein Bild, das sich noch zu Amster-
dam im Besitze des kunstverständigen Herrn Hendrick
Louwersz Spieghel befindet.[539] Es ist ausgezeichnet
durchgeführt, und die Darstellung des Nackten darin zeugt
von wunderbarer Beobachtung, die sich auch auf die Eigen-

deelen te sien zijn: Dit is oock wel een van zijn beson-
derste dinghen. Te Leyden, tot d'Heer Bartholomeus
Ferreris, is ooc van hem een groot stuck met verscheyden
naeckten, wesende een Diluvie, oft Serpentbytinghe, die oock
wel gehandelt is. Tot Melchior Wijntgis, te Middelborg,
is van hem een uytnemende Adam en Eva, oock twaelf
cleenachtighe stucken op Penneelen, wesende de Passie
Christi, seer aerdigh eñ wel gedaẽ, oock een seer fraey
stuck van de reyninghe der kinderen Israels in de Jordane.
Vroegher is van hem ghedaen een groote Kinder-doodinghe,
de welcke is te sien te Haerlem, in't Princen Hof, waer aen
comen deuren van Marten Hemskerck, welck is een
uytnemende stuck. Hier siet men veel ghewoel van naeckte
Kinderdooders, en den ernst der Moeders, hen kinderen te
behoeden: oock verscheyden Carnatien van verscheyden ouder-
dommen, soo van Mannen, Vrouwen, als dat teer jongh
vleesch der kinderen, en t'veranderen door de doot in den
uytghebloedde lichamen. Noch isser eenen grooten Adam en
Eva in de hooghte, boven een deur, en zijn beelden soo groot
als tleven, seer heerlijck ghedaen. Daer is oock ter selver
plaetse in een Camer een groot stuck, een heel vack muers
beslaende, wesende een Goden bancket, oft Bruyloft van
Peleus en Thetis, daer den twist-appel door Tweedracht
wort gheworpen, en is een uytnemende constigh stuck, en
aerdigh van inventie. Nae dese en meer ander heerlijcke
wercken, heeft Cornelis meer als voorhenen beghinnen
letten op het coloreren der naeckten, daer hy nu wonderlijck
in is verandert, waer in te dien deele nu een groot mercklijck
onderscheyt wort gesien, ghelijck zijn wercken teghenwoordigh,
by de voorleden ghestelt wesende, daedlijck tuyghen. Onder
ander, heeft een uytnemende schoon stuck ghedaen Anno 1602.

tümlichkeiten der Haut und die kleinen Fältchen erstreckt,
die man in der Natur an den Händen und anderen Teilen
sieht. Das ist auch wohl eines seiner besten Werke. Zu
Leiden, bei dem Herrn Bartholomäus Ferreris ist
auch ein grosses Bild von ihm zu sehen mit einer Anzahl
nackter Figuren, das eine Sintflut oder eine Aufrichtung der
ehernen Schlange darstellt, gleichfalls ein gut durchgeführtes
Werk.[540] Bei Melchior Wijntgis zu Middelburg sieht
man ein hervorragendes Bild von ihm, Adam und Eva dar-
stellend,[541] sowie zwölf kleine Bildchen auf Holz von sehr
hübscher und guter Ausführung mit der Passion Christi und
ferner noch ein sehr schönes Bild, das die Reinigung der
Kinder Israels im Jordan[542] darstellt. Früher schon hat er
einen grossen Kindermord gemalt, der zu Harlem im
Prinsenhof zu sehen ist, und dessen Flügel von Marten
Heemskerck gemalt sind.[543] Es ist ein vortreffliches
Stück voll starker Bewegung unter den nackten Kinder-
schlächtern; bemerkenswert ist auch die Entschlossenheit,
mit der die Mütter ihre Kinder verteidigen, ebenso die
Charakterisierung der Karnation der verschiedenen Lebens-
alter, bei Männern sowohl wie bei Frauen sowie die des
zarten jungen Kinderfleisches und ihre Veränderung durch
den Tod an den verbluteten Leichen. Über einer Türe be-
findet sich dort ferner ein grosses Bild in Hochformat mit
Adam und Eva.[544] Die Figuren sind lebensgross und herr-
lich gemalt. Ebenda befindet sich in einem besonderen
Zimmer auch ein grosses Götterbankett, genauer die Hoch-
zeit des Peleus und der Thetis mit der Szene des Erisapfels,
ein hervorragend kunstreiches Stück von schöner Erfindung,
das eine ganze Wand einnimmt.[545] Nach der Ausführung
dieses und noch anderer herrlicher Werke begann Cornelis
der Färbung des Nackten mehr Beachtung zu schenken als
vorher und zwar mit dem Erfolge, dass in dieser Beziehung
bei ihm eine wunderbare Veränderung eingetreten ist und sich
bei der Vergleichung seiner gegenwärtigen mit den früheren
Sachen ein grosser und deutlicher Unterschied zeigt. Im
Jahre 1602 hat er unter anderm eine hervorragend schöne

en is te sien tot Jan Mathijssen, in't See-peerdt te
Haerlem, wesende de verweckinge Lasari, t'welck heerlijck,
playsant, gloeyende, wel ghedaen en gehandelt is. Daer is
ooc t'Amsterdam, tot den Const-lievighen Heer Willem
Jacopsz. van Cornelis een cleenachtigh stuck, de meeste
beelden eenen voet hoogh, wesende oock een Thetis Bruyloft,
playsant geordeneert, met seer veel heel tronien, naeckten,
en anders, en is seer vroylijck en aerdigh gheschildert. Veel
ander stucken (te langh om verhalen) zijn tot den Const-
beminders van hem te sien: oock veel heerlijcke schoon
Conterfeytsels, de welcke hy beter als gheern doet, dewijl
hy zijnen gheest tot soo een besonder dinghen niet can be-
geven. Hy nu Ao. 1604. wesende een Man van 42. Jaer,
in't beste zijns levens, en noch stadigh doende in de Const,
laten wy hem in zijn stille bevallijck oeffeninghe gheluckich
voort varen.

Hy heeft eenige goede Discipelen voort gebracht: Onder
ander, en besonder, den broeder van den uytnemensten
Orgelist oft Orpheus van Amsterdam Jan Pietersz. ghe-
heeten Geerit Pietersz. Desen Geerit hadde zijn be-
ghin ghenomen by Jacop Lenartsz. t'Amsterdam, wiens
Vader was een Zee-man van Sandtvoordt: maer Lenart was
een goet Schilder, en uytnemende Glaes-schrijver, wonder
veerdich en aerdigh van handelinghe, datmen zijns ghelijcke
in zijnen tijdt qualijck hadde weten te vinden. Geerit heeft
hier so toeghenomen, dat eyndlingh den Meester hem seyde
niet verder te connen onderwijsen, dat hy een beter oft
meerder Meester behoefde te becomen. Dus werdt hy bestelt
door oock hulp oft voor spraeck van Jacop Rauwaert,
by Cornelis Schilder, en was (als my dunckt) zijnen eersten
Discipel. Doe Geerit hier in een Jaer oft twee seer in de
Const was ghevordert, bleef noch dry oft vyer Jaer te Haerlem

Auferweckung des Lazarus gemalt, die im „Seepferd" zu
Harlem bei Jan Matthysz[546] zu sehen ist, ein herr-
liches, ansprechendes, leuchtendes und vortrefflich ausge-
führtes Bild. Auch zu Amsterdam, bei dem kunstliebenden
Herrn Willem Jacobsz, befindet sich ein Bild kleineren
Formats von Cornelis, dessen grösste Figuren einen Fuss
hoch sind. Es stellt auch eine Hochzeit der Thetis dar, ist
ansprechend in der Komposition, zeigt sehr viele Faceköpfe,[547]
nackte und bekleidete Figuren und ist sehr heiter und schön in
der Farbe.[547] Noch viele andre Bilder von seiner Hand sind
bei den Kunstfreunden zu sehen, die alle aufzuzählen zu weit
führen würde, auch viele prachtvolle Porträts, worin er trotz
seiner Abneigung gegen das Bildnismalen vortreffliches leistet.
Der Mangel an Freiheit bei dieser Art Arbeit geht ihm nämlich
wider die Natur.[548] Er ist gegenwärtig — im Jahre 1604 —
ein Mann von 42 Jahren, steht also auf der Höhe seines
Lebens und ist noch ununterbrochen in seiner Kunst tätig,
und so wollen wir ihn in seiner stillen und schönen Be-
schäftigung glücklich fortfahren lassen.[549]

Er hat einige gute Schüler herangebildet, darunter nament-
lich den Bruder des hervorragendsten Organisten oder Orpheus
von Amsterdam Jan Pietersz:[550] Gerrit Pietersz.
Dieser Gerrit hatte seine Laufbahn bei Jakob Lenartsz[551]
zu Amsterdam begonnen, dessen Vater ein Seemann von
Zandvoort war. Lenartsz aber war ein guter Maler und
ausgezeichneter Glasmaler, dessen Arbeiten sehr schön waren
und von wunderbarem Geschick zeugten, so dass man zu
seiner Zeit kaum Seinesgleichen hätte finden können. Gerrit
machte bei ihm derartige Fortschritte, dass der Meister ihm
schliesslich sagte, er könne ihn nicht weiter unterweisen, er
müsse jetzt einen besseren oder grösseren Meister haben.
So wurde er denn, auch mit Hilfe und durch Fürsprache
von Jakob Rauwaert, zu Cornelis Schilder in die
Lehre gegeben und war, wie ich vermute, dessen erster
Schüler. Nachdem Gerrit hier ein oder zwei Jahre lang
grosse Fortschritte in der Kunst gemacht hatte, blieb er noch
drei oder vier Jahre in Harlem, wo er für sich selbst

op zijn selven werckende, en daeghlijckx practiserende nae
t'leven, so dat hy uytnemende verstandigh in naeckten is
gheworden: En ick acht, datmen weynigh onder de Neder-
landers sulcken stadighen vlijt siet, oft oydt ghesien heeft,
als hy te dier tijdt dede, om in de Const toe te nemen, en
gheschickt te worden, en dat met sulcken lust, dat hy seyde,
niet te willen wisselen de Pinceelen teghen den Coningh-staf
van Spaengien, willende liever een goet Schilder als groot
Prince worden. Tsindert heeft hy t'Antwerpen gewoont, en
etlijcke Jarē te Room: en is noch daeghlijckx binnen Am-
sterdam in de const doende, makende verscheyden heerlijcke
wercken, en hem selven gheruchtigh, hem bewijsende een
uytnemende Meester: voeghde maer t'gheluck hem oorsaeck
by, te maecken oft voor handen te hebben, eenighe groote
treflijcke stucken, ghelijck zijnen gheest en handt oydt ghe-
neyght hebben gheweest te doen, soo soudemen zijnen lust en
verstandt wonderlijck sien wercken, en heerlijcke dinghen te
weghe brenghen, daer hy veel den tijt door moet brenghen,
met de maecken Conterfeytselen, en ander cleen wercken,
welcke dinghen by den Borghers en Const-liefdighe t'Am-
sterdam, seer wel en uytnemende ghehandelt, ghesien connen
worden.

Hy heeft eenighe goede Discipulen voort ghebracht,
eenen G o v e r t ghenaemt, seer cluchtich van Landtschap en
beeldekens. Oock eenen P i e t e r L a s m a n, daer goede
hope toe is, wesende nu in Italien.

C o r n e l i s C o r n e l i s s e n heeft noch ghehadt eenen Dis-
cipel van Delft, die sy hieten langhen J a n: desen hadde een
groot begin, en is vroeg gestorven.

Een ander van Delft, C o r n e l i s J a c o b s, is noch oock
een goet Meester, en veerdich.
Oock eenen C o r n e l i s E n g h e l s e n, van der Goude
een seer goedt Schilder, en uytnemende Conterfeyter nae 't
leven.

arbeitete und täglich nach der Natur studierte, so dass er es zu bedeutendem Können in der Wiedergabe des nackten Körpers brachte. Und ich glaube, dass man unter den Nieder-ländern selten einen derart beständigen Fleiss findet oder je gefunden hat, wie er ihn zu jener Zeit bewies, um in der Kunst Fortschritte zu machen und seine Mittel zu beherrschen, — ein Fleiss, der mit einer solchen Lust an der Sache ver-bunden war, dass er sagte, er möchte die Pinsel nicht gegen das Königszepter von Spanien vertauschen, er wolle lieber ein guter Maler als ein grosser Fürst werden. Seither hat er zu Antwerpen[552] gewohnt und auch einige Jahre zu Rom und ist jetzt noch täglich zu Amsterdam mit der Kunst beschäftigt, arbeitet an verschiedenen herrlichen Werken und macht sich selbst berühmt, indem er sich als hervor-ragender Meister zeigt. Schenkte ihm das Glück nur Ge-legenheit einige grosse treffliche Werke auszuführen, wonach sein Geist und seine Hand von jeher getrachtet haben, so würde man seinen Feuereifer und Verstand wunderbar am Werke und herrliche Dinge zustande bringen sehen. Doch muss er leider einen grossen Teil seiner Zeit mit dem Malen von Porträts und anderen kleinen Arbeiten hinbringen, die bei den Bürgern und Kunstfreunden zu Amsterdam in vortrefflichen Exemplaren gesehen werden können.[553]

Er hat einige gute Schüler hervorgebracht, z. B. einen Namens Govert,[554] der sehr ansprechende Landschaften und kleine Figuren malt, auch einen gewissen Pieter Last-man,[555] der viel verspricht und sich augenblich in Italien aufhält.

Cornelis Cornelisz hat noch einen Schüler aus Delft gehabt, den sie den „Langen Jan" nannten; dieser berechtigte zu den schönsten Hoffnungen, ist aber früh ge-storben.[556]

Ein anderer Schüler von ihm aus Delft, Cornelis Jacobs, lebt noch und ist ein guter und geschickter Meister.[557]

Ferner war sein Schüler ein gewisser Cornelis Engelszen aus Gouda, ein sehr guter Maler und Por-trätteur nach der Natur.[558]

Noch eenen Gerrit Nop, van Haerlem, die langhen tijdt buytens Lants, te Room en elder, hem heeft ghehouden welcken t'huys verwacht wesende, t'zyner coemst met den wercken hem mach bewijsen te wesen, sulck een als van hem is te verhopen.

Desghelijcks oock Zacharias van Alcmaer, en ander, die hun buytens landts grootlijcks moghen hebben verbetert.

Het leven van Jaques de Geyn, Schilder van Antwerpen.

Dat 't vast stadigh voornemen eens ernstighen ghemoedts crachtigh, en van groot vermoghen is, daer van worden daeghlijcks soo veel voorbeelden ervaren en bespeurt, datmen derhalven is ghenoech verseeckert. Dit can oock bevestight worden met 't leven van Jaques de Gheyn, dat ick nu te beschrijven voor hebbe: want van jeugt aen tot de Teyckenconst gheneyght wesende, heeft soo lang en veel volhert, dat hy met grooten yver al climmende, hem eyndlijck heeft begheven eyghentlijck tot den beolyden Pinceel, met verwen te wercken en te schilderen, als wesende het opperste der Const, en den alder bequaemsten middel, om de Natuere in allen deelen met uytbeeldinghe ten alder ghelijcksten nae te comen. Hy was gheboren t'Antwerpen Anno 1565. Syn Vader Jacob Jansz. van de Gheyn gheheeten, alsoo my is voor ghewis vertelt, was op geen Lant geboren, dan op de Suyer Zee, alsoo de Moeder t'Scheep voer van Harlingen na Amsterdam: zyn Ouders waren van der stadt Wtrecht, en aldaer gesproten uyt een treflijck en eerlijck gheslacht: en was meer als ghemeen constigh Meester in Glaes-schrijven, als noch tegenwoordigh blijct aen verscheyden schoon Glaesvensteren, naemlijck vier groote heerlijcke formen op 't Choor van de Borgh-Kerck t'Antwerpen, als oock in de selve Stadt in de Minrebroers Kerck, daer hy voor d'Italiaensche Natie

Ferner ein gewisser Gerrit Nop aus Harlem, der sich lange Zeit ausser Landes, zu Rom und anderwärts aufgehalten hat[559] und nun zu Hause zurückerwartet wird. Möge er nach seiner Rückkehr die auf ihn gesetzten Hoffnungen durch seine Werke erfüllen.

Das Gleiche gilt auch von Zacharias von Alkmaar[560] und anderen, die in der Fremde gewiss grosse Fortschritte gemacht haben.

———

Das Leben des Malers Jacques de Gheyn von Antwerpen.

Dass der feste und beharrliche Vorsatz eines ernsten Charakters Grosses vermag, dafür erlebt man täglich so viele Beispiele, dass man nicht daran zweifeln kann. Dies wird auch bestätigt durch das Leben von Jacques de Gheyn, auf das ich jetzt eingehen will. Denn nachdem er schon von Kind an grosse Neigung zur Zeichenkunst bewiesen, beschäftigte er sich so lange und eingehend damit, dass er mit grossem Eifer fortschreitend sich schliesslich ganz der Ölmalerei zugewandt hat, die doch der Gipfel der Kunst und das beste Mittel ist, die Natur in allen Teilen auf das ähnlichste wiederzugeben. Er wurde im Jahre 1565 zu Antwerpen geboren. Sein Vater Jakob Jansz van de Gheyn[561] war, wie mir als gewiss erzählt wurde, nicht auf dem Lande, sondern auf der Zuider See geboren, als seine Mutter zu Schiff von Harlingen nach Amsterdam fuhr. Seine Eltern waren aus Utrecht, wo sie einem trefflichen und ehrsamen Geschlecht entstammten. Er war ein aussergewöhnlich kunstreicher Glasmaler, was noch gegenwärtig verschiedene schöne Glasfenster beweisen, namentlich vier grosse herrliche Fenster im Chor der St. Walburga-Kirche zu Antwerpen und verschiedene andere in der Minoritenkirche ebendort,[562] die er für die italienische Kolonie

heeft gemaeckt verscheyden glasen, welcke sonderlinge den Schilders, en Const-verstandighe, wonder wel bevielen. My dunckt oock, t'Amsterdam in d'oude Kerck aen de West-syde, van hem is een groote schoon forme, met seer schoon coleuren, en wist die gebacken coleuren oft stucken seer behendigh te ghebruycken, 't zy bruyn oft licht, na dat die dingen aen d'een eyndt oft d'ander eyndt lichter oft bruynder vallen, om zyn dinghen te doen verheffen. Hy had oock een suyver manier van cleyn conterfeytselkens in Verlichterije nae 't leven te doen, en begon int lest te schilderen van Oly-verwe: Soo dat hy zyn patroonen, die hy voorhenen plach op Papier doen schilderen, self op groote doecken van Oly-verwe dede. Hy storf int beste van zijn leven, oudt ontrendt 50. Jaer. Hy was een Man met een yeder vriendhoudigh gheneygt, en van elcken seer bemindt, om zynen vrolijcken vriendlijcken omgangh en wesen wille. J a q u e s zijn soon was doe maer 17. Jaren oudt, en hadde soo veel handelinghe van Glaes-schrijven, dat hy al s'Vaders begonnē werck opmaecte: en alsoo hy binnen s'Vaders leven het Graef-ijser een weynigh geoeffent hadde, beval hem den Vader in zyn uyterste, hem te houden aen 't Plaet-snijden, 't welck hy (soo veel de gheleghentheyt toeliet) ondertusschen dede: maer bleef langhen tijt aen t'Glaes-schrijven: oock oeffende hy hem in de handelinghe van Verlichten. Eyndlinghe gheraeckende by Const-rijcken G o l t z i u s te Haerlem, heeft vervolghens twee Jaer, onder goet onderwijs t'Plaetsnijden aldaer gheoeffent, en oock daer naer noch eenighe Jaren, lijdende ten deele grooten afbreuck in de Const, door t'aenlockende jongh gheselschap, evenwel altijt meeninghe hebbende hem tot practiseren te begheven. En alsoo de gheleghentheyt toeliet, begaf hem Ao. 1595. in den houwlijcken staet: En bevindende hem in een onghewoon oft ongheloofde rust en stilheydt, nam doe voor zijn voorighe begheerte van studeren vlijtigh en stadigh te volbrenghen, het welck hy dede doch onderhiel noch eenighen tijdt t'Plaet-snijden, een heel deel platen, soo uyt zijn inventie als anders, vergaderende: maer bevindende (alst vooren ver-

angefertigt hat, und welche besonders den Malern und Kunst-
kennern ausnehmend gefielen. Ich glaube auch, dass von
ihm ein grosses schönes Fenster mit sehr schönen Farben
stammt, das sich an der Westseite der alten Kirche zu
Amsterdam befindet. Er verstand es die gebrannten far-
bigen Glasstücke, je nachdem sie an dem einen Ende heller
oder dunkler ausfielen, sehr geschickt zusammenzusetzen und
seinen Sachen dadurch Relief zu geben. Er hatte auch eine
sehr sorgfältige Art kleine Bildnisse in Miniatur nach der
Natur zu malen und fing gegen Ende seiner Laufbahn an,
sich mit der Ölmalerei zu beschäftigen, indem er seine Vor-
lagen, die er sich früher auf Papier malen liess, selbst in
Ölfarbe auf grosse Leinwände malte. Er starb in der Blüte
seiner Jahre, ungefähr 50 Jahre alt. Er war gegen jeder-
mann liebenswürdig und bei allen wegen seines freundlichen
Wesens sehr beliebt. Sein Sohn Jacques war damals erst
17 Jahre alt, verstand aber schon soviel vom Glasmalen, dass
er die ganzen begonnenen Arbeiten seines Vaters fertig machte.
Und da er sich zu Lebzeiten seines Vaters ein wenig mit
dem Grabstichel vertraut gemacht hatte, befahl ihm dieser
auf dem Sterbebette sich an das Kupferstechen zu halten,
was er, soweit die Umstände es zuliessen, zwischendurch
auch tat; er blieb nämlich lange Zeit der Glasmalerei treu
und übte sich auch in der Miniaturtechnik. Als er schliess-
lich zu dem kunstreichen Goltzius nach Harlem kam,[563]
übte er sich dort bei dessen gutem Unterricht zwei Jahre
hintereinander im Kupferstechen, und auch nachher noch
einige Jahre, während welcher jedoch die Verlockungen seiner
Altersgenossen seiner Kunst zum Teil grossen Abbruch taten,
trotzdem er immer die Absicht hatte die Arbeit nicht zu ver-
nachlässigen.[564] Im Jahre 1595 benutze er die sich bietende
Gelegenheit und verheiratete sich.[565] Und da er fand, dass
ihm hierdurch eine ungewohnte und ungeahnte Ruhe zuteil
geworden war, nahm er sich vor seine frühere Absicht, sich
dem Studium hinzugeben, fleissig und ohne Unterbrechung
auszuführen, was er auch tat. Doch behielt er noch einige
Zeit die Beschäftigung mit dem Kupferstechen bei und brachte

haelt is) t'schilderen bequaemst, om t'leven oft de Nature te verghelijcken, werdt in hem den Schilder-lust meer en meer crachtigh, dat hy Plaet-snijden en Druckerije verlatende, beclaeghde zijnen verloopen tijdt, welcken hem docht t'onnuttigh daer in door te hebben ghebracht. Bestaende dan ernstig te practiseren, bevondt seer noodigh, veel nae t'leven, en met eenen uyt den gheest te doen, om also alle redenen der Const te leeren verstaen. Doe hy nu voor had aen te vanghen met den verwĕ, voor bedenckende dat hy swaerlijck de coleuren in hen verscheydentheden soude voor eerst connen onderscheyden, en recht kennen, bedocht hy om tijdt winnen desen middel: Hy bedeelde een Penneel wel in hondert viercanten, en teyckendese met Cijfer ghetalen aen in een Boecxken, en beschilderde dese viercanten met verscheyden coleuren, verscheyden grauwen, groenen, ghelen, blauwen, rooden, carnatien, enander vermenghselen, gevende soo veel hy mocht elck zyn eyghen diepsel, en teyckendet bysonderlijc int boecxken aen, als gheseydt is. Dese wijse, alhoewel onghewoonlijck wesende, was de G h e y n voorderlijck de verwen te kennen, dat hy bestondt te Schilderen van Oly-verwe, om ondersoecken hoe hy met 'tverwerckĕ soude varen: en nam voor eerst voor een cleĕ Bloem-potken nae 't leven, 't welck noch teghenwoordigh is tot d'Heer H e y n-d r i c k v a n O s t'Amsterdam: Dit is heel suyver ghehandelt, en na een eerste begin verwonderlijck. En hoewel zynen hooghsten lust was tot Figueren, nam hy tot een ander proef onder handen, noch eenen grooten Bloempot, met meeninghe te verbeteren 't gene hem in den eersten mishaeghde, en maeckte een groot glas, daer in staende eenen tuyl van bloemen, waer in hy groot ghedult en suyverheydt te wege bracht. Dit stuck heeft de Keyserlijcke Majesteyt ghecocht, met oock een cleen Boecxken, daer de G h e y n metter tijdt

IACOBUS DE GEYN, ANTVERP.
PICT. ET SCULPT.

Geminus eximius Sculptor, Pictorque peritus,
Inventor felix, judicioque bonus.
Et Belli et Pacis pingens Insignia, gratus
Ipse Duci Belli qui artibus . egregius.
Hondius exc. Cum privilegio. j6:0.

eine grosse Anzahl von Platten sowohl eigener Erfindung wie
auch andere zusammen. Da er aber, wie oben berichtet wurde,
fand, dass die Malerei das beste Mittel sei, um das Leben
oder die Natur wiederzugeben, wurde die Lust zum Malen
in ihm immer mächtiger, so dass er das Kupferstechen und
das Abdrucken der Platten beiseite liess und die seiner
Meinung nach nutzlos damit hingebrachte Zeit beklagte. Er
beschäftigte sich nun ernsthaft mit dem Studium und fand,
dass es sehr nötig für ihn sei viel nach der Natur und zu-
gleich auch aus dem Kopfe zu arbeiten, um so alle Gesetze
der Kunst verstehen zu lernen. Als er dann anfangen wollte,
sich mit den Farben zu beschäftigen, überlegte er sich zuvor,
dass er zunächst schwerlich die Farben in ihren Verschieden-
heiten dürfte unterscheiden und genau kennen können und
erfand, um Zeit zu gewinnen, folgenden Ausweg: Er teilte
die Fläche einer Holztafel wohl in hundert Quadrate ein
und trug ihnen entsprechende Zahlen der Reihenfolge nach
in ein kleines Buch ein; die Quadrate füllte er dann mit
verschiedenen Farben aus, mit verschiedenen Nuancen von
Grau, Grün, Gelb, Blau, Rot, mit verschiedenen Fleisch-
tönen und anderen Mischungen und gab, so gut er konnte,
jeder dieser Farben den ensprechenden Schatten und trug
das alles, wie gesagt, in ein Büchlein ein. Dieses Hilfsmittel
war, obwohl ungewöhnlich, für de Gheyn sehr förderlich
zur Kenntnis der Farben, und so machte er sich dann daran
mit Ölfarbe zu malen, um zu probieren, wie sich die Sache
in der Praxis bewähren würde. Er stellte sich zunächst
die Aufgabe eine kleine Vase mit Blumen nach der Natur
zu malen, ein Bildchen, das sich noch gegenwärtig im Besitze
des Herrn Hendrick van Os zu Amsterdam befindet,
sehr sauber durchgeführt und für ein Erstlingswerk erstaun-
lich ist. Und obgleich es sein höchster Wunsch war Figuren
zu malen, wollte er noch eine zweite Probe machen und ging
an eine grosse Vase mit Blumen, in der Absicht besser zu
machen, was ihm an dem ersten Versuch missfiel.[566] Er
malte also ein grosses Glas mit einem Blumenstrauss darin
und verwandte grosse Geduld und Sorgfalt darauf. Dieses

eenige bloemkens van Verlichterije nae 't leven in hadde ghemaeckt, met oock veel cleene beestkens. Doe bevondt hy, dat de heel groote netticheydt int vervolghen van zyn studie niet vorderlijck en was, en dat hy op een ander wijse hem aen te stellen hadde: Des hy hem tot meerder stouticheydt begaf, en tot wat groots, bedenckende daer in de meeste Const te zijn gheleghen, alsment te weghe can brenghen. Doe gheviel, dat zyn Excellentie Graef Maurits in den slagh te Vlaender hadde vercreghen een uytnemende schoon Peert van den doorlughtighen Ertshertogh, en liet segghen de Gheyn, dat hy 't wilde van hem hebben geschildert so groot als 't leven, het welc hy gheern aennam te doen, te meer om dat hem 't groot heel in den sin lagh: dit Peerdt heeft hy dan alsoo gheschildert met eenen Man, die dat met den toom leyde. Hier in hadde hy zyn Excelentie wel voldaen, doch sy selven gantsch niet: En nam voor op een ander manier te besoecken, en schilderde eenẽ doots cop, die t'Amsterdam by Reynier Antonissen te sien is. Hier op is dit Jaer 1604. ghevolght de slapende Venus, die t'Amsterdam is te sien by d'Heer Willem Jacobsz. dit is een beeldt so groot als 't leven, waer by light eenen slapenden Cupido: aen haer voeten comen twee Satyren, waer van den eenen al schroemende bestaet op te lichten een dunne doeck, dat harẽ schoot oft schaemte bedeckt. Dit werck (om vrylijck en ongheverwet myn oordeel uyt te spreken) is van ordinantie, steldsel, proportie, handelinghe, en vloeyentheydt, uytnemende volcomen en verwonderlijck, nae een voor-begin van soo groote dinghen, daer de meeste cracht onser Consten in bestaet. Doch en achte niet, dat hy 't daer by noch wil laten: want den lust tot d'aensoetende Schilder-const, sal zynen geest niet ledigh noch vruchtloos laten: Maer al stadig tot beter en beter doen verwecken.

Bild kaufte der Kaiser[567] samt einem Büchlein, in das de
Gheyn im Laufe der Zeit eine Reihe von Blumen und auch
viele kleine Tierchen in Miniatur nach der Natur gemalt
hatte. Er fand aber, dass die zu grosse Feinheit in der Aus-
führung für den Fortgang seines Studiums nicht von Nutzen
sei, und dass er die Sache auf andere Weise anfangen müsse.
Darum wandte er sich einer energischeren Technik zu und
wollte sich nun an etwas Grosses wagen, in der Erwägung,
dass darin, sofern es gelingt etwas zustande zu bringen, die
grösste Kunst liegt. Da traf es sich, dass seine Exellenz Graf
Moritz in der Schlacht in Flandern ein ausnehmend schönes
Pferd bekommen hatte, dessen Besitzer der durchlauchtige
Erzherzog[568] gewesen war, und de Gheyn sagen liess, er
wolle es von ihm in Lebensgrösse gemalt haben, ein Auf-
trag, den dieser auch gerne annahm, umsomehr als ihn der
Wunsch etwas Grosses zu malen sehr beschäftigte. Dieses
Pferd malte er dann also nebst einem Manne, der es am
Zügel führte.[569] Hiermit hatte er seine Exzellenz sehr be-
friedigt, sich selbst aber ganz und gar nicht. Er nahm sich
darauf vor einen andersartigen Versuch zu machen und malte
einen Totenkopf, der zu Amsterdam bei Reynier An-
tonissen zu sehen ist.[570] Hierauf folgte in diesem Jahre
1604 die schlafende Venus, die zu Amsterdam bei dem
Herrn Willem Jacobsz zu sehen ist. Das ist eine lebens-
grosse Figur, bei der ein schlafender Kupido liegt. In der
Gegend ihrer Füsse sieht man zwei Satyrn, von denen der
eine nicht ohne Furcht im Begriffe ist ein leichtes Tuch zu
lüften, das den Schoss der Göttin bedeckt.[571] Dieses Werk
ist, um frei und ohne Umschweife mein Urteil auszusprechen,
in bezug auf Komposition, Bewegung, Proportionen, Aus-
führung und flüssige Malweise geradezu vollkommen und er-
staunlich für ein Anfangswerk in grossen Figuren, in denen
ja die grösste Kraft unserer Kunst zum Ausdruck kommt.
Doch glaube ich nicht, dass er es dabei bewenden lässt;
denn die Lust an der einschmeichelnden Malkunst wird seinen
Geist nicht untätig und ohne weitere Früchte lassen, sondern
ihn beständig drängen immer besseres zu leisten.[572]

De G h e y n heeft in't Plaet-snijden eenighe goede Discipelen voortghebracht. Eerst den uytnemenden en vermaerden J a n S a n r e d a m, woonende teghenwoordigh t'Assendelft.

Oock eenen Z a c h a r i a s D o l e n d o, die groot begin hadde, als aen eenighe dinghen van hem ghesneden ghesien can worden, soo aen een Passyken van my gheteyckent, en anders. Hy hadde grootĕ lust tot de Const: maer is heel jongh gestorven, hebbende door springhen in danssen, oft t'onmaetlijck drincken sich selvĕ inwendich de longer gequetst, dat hy veel bloet ten mont uyt begon lossen, en eyndlijck niet con gheholpen wordĕ.

Noch eenen R o b e r t woonende t'Amsterdam: en eenen C o r n e l i s, nu wesende in Vranckrijck.

Het leven van O c t a v i o v a n V e e n, Schilder van Leyden, met ander Schilders van Antwerpen, en elder.

Het sal my ten minsten leedt zyn, indien ick eenighe besonder gheruchtweerdighe te ghedencken voorby gae, het sy hoe wijt sy van my woonen, oft waer sy verstroyt zyn: Daerom my in den sin comt voor eerst hier te stellen, den nacomers tot een ghedachtnis, den uytnemenden wel schilderenden O c t a v i u m v a n V e e n, welcken uyt een goedt gheslacht is gheboren te Leyden, en natuerlijck aenghelockt tot de Schilder-const, heeft (als ick meen) Italien, Room, en ander plaetsen besocht, en is soo in de Const ervaren, dat hy by den Prins van P a r m a, en den meesten Heeren, in weerden en eeren ghehouden is ghewoorden: Oock nu insonderheydt by haere Hoocheden, den doorluchtigen Erdtshertogh A l b e r t u s, en de Hertoginne, in

De Gheyn hat im Kupferstechen einige gute Schüler herangebildet: zuerst den hervorragenden und berühmten Jan Saenredam,[573] der gegenwärtig zu Assendelft wohnt.

Ferner einen Zacharias Dolendo,[574] der Grosses versprach, wie man an einigen Sachen sehen kann, die er gestochen hat, so z. B. an einer kleinen Passion, die ich gezeichnet habe, und andern Dingen. Er hatte grosse Freude an der Kunst, ist aber jung gestorben, nachdem er sich durch Springen beim Tanzen oder zu unmässiges Trinken die Lunge verletzt hatte, so dass er viel Blut spucken musste und ihm schliesslich nicht mehr geholfen werden konnte.

Ferner einen gewissen Robert, der zu Amsterdam wohnt[575] und einen Cornelis, der sich augenblicklich in Frankreich aufhält.[576]

Das Leben des Malers Octavio van Veen von Leiden und anderer Maler von Antwerpen und anderen Orten.

Es würde mir zum mindesten leid tun, wenn ich es unterliesse irgend jemand zu nennen, der der Erwähnug besonders wert ist, wie weit entfernt er auch wohnen oder verschlagen sein mag. Darum wünsche ich hier zuerst — den Nachkommen zum Gedächtnis — den hervorragenden trefflichen Maler Octavius van Veen zu nennen, der, einem guten Leidener Geschlecht entsprossen,[577] sich, einem natürlichen Drange folgend, der Malerei gewidmet, soviel ich weiss, Italien bereist und dort Rom und andre Städte besucht hat und ein solcher Meister in der Kunst ist, dass er sich bei dem Prinzen von Parma[578] und den höchsten Herren grosser Wertschätzung erfreute.[579] Dies ist auch jetzt namentlich bei ihren Hoheiten, dem durchlauchtigen Erzherzog Albert und der Herzogin der Fall, in deren

welcker dienst hy hem heeft begh/even, verlatende ander goede oorsaecken, die hem om zyn Const-rijck gerucht zyn voorgecomen, by den Erdtsbisschop van Zaltsburg, by den Keyser, oock by den Coningh van Spaengien, en den Coninck van Vranckrijck, die hem in dees voorleden Jaren hebben versocht te hebben, en daer hy hadde moghen groot voordeel doen: Maer geneyght by zyn kennis en vrienden te blijven, luystert niet meer nae uytlantsche conditien. Hy heeft veel schoon wercken en Conterfeytselen ghedaen, oock twee Conterfeytselen van haere voornoemde Hoocheden, welcke ghesonden zyn aen den Coningh van Enghelandt J a c o b u s de tweedde. Van dit Jaer 1604. is oock van hem gecomen een groot stuck, wesende een B a c c h u s feest, oft triumph, ghelijck als by den Heer W ij n t g i s is te Middelborgh, ghedaen van H e m s k e r c k, oft oock de self ordinantie alsoo sy in Print comt, dat welck wel gheschildert en ghehandelt is. Daer is oock van zyn constige hant een seer schoon stuck tot S r. W ij n t g e s, wesende een Z e u x i s, schilderende nae 't leven vijf naeckte Vrouwen, en is seer uytnemende wel ghedaen.

Hy heeft oock een Broeder G ij s b e r t v a n V e e n, die een seer goedt Meester is in Plaet-saijden, en schilderen, woonende (als ick meen) te Brussel: Oock noch eenen vol Schilderighen gheest, d'Heer P i e t e r v a n V e e n, den welcken somtijdts maer yet uyt lust doende, den besten Schilders hooghlijck doet verwonderen, en segghen jammer te wesen, dat hy daer van niet zyn besonder stuck en oeffening en maeckt.

Daer is t'Antwerp oock H a n s S n e l l i n c k, een besonder goet Meester, en uytnemende Schilder, gheboren (als ick meen) van Mecchelen, wonder fraey van Historien, en te maken Bataillien, en is van den Heeren oft Princen daer toe somtijden oft dickwils ghebruyckt gheweest, en heeft geschildert verscheyden Nederlandtsche slaghen, en gheschiednissen, seer eyghentlijck die roocken des gheschudts met

OTTO VENIUS, LEIDANUS, PICTOR,

Moribus, ingenio præclarus VENIUS Arte est.
Quæ ingenio finxit, pinxit et ipse manu.
Regibus hic magnis est invitatus: at ipse
Regna, orbes dulci post habuit Patria

Dienste er sich begeben hat,[580] indem er andere gute Gelegenheiten unbenutzt liess, die sich ihm um seines Künstlerruhmes willen bei dem Erzbischof von Salzburg, dem Kaiser und auch bei den Königen von Spanien[581] und Frankreich,[582] die sich in den letztvergangenen Jahren um ihn bewarben, boten, und wovon er grossen Nutzen hätte haben können. Denn da es seiner Neigung entspricht bei seinen Freunden und Verwandten zu bleiben, horcht er nicht mehr nach Anträgen, die aus dem Auslande kommen. Er hat viele schöne Werke und Porträts geschaffen, auch zwei Bildnisse des Erzherzogpaares, die an Jakob II., König von England gesandt wurden.[583] In diesem Jahre 1604 hat er ein grosses Bild geschaffen, das ein Bacchusfest oder einen Triumph des Bacchus darstellt, jenem gleichend, das der Herr Wijntgis zu Middelburg von der Hand Heemskercks besitzt, oder wenn man will, von derselben Komposition, wie sie der Stich danach zeigt. Es ist ein gut gemaltes und gut durchgeführtes Werk.[584] Bei dem Herrn Wijntgis befindet sich auch ein sehr schönes Stück von seiner kunstreichen Hand. Es stellt Zeuxis dar, der fünf nackte Frauen nach der Natur malt und, ist ganz hervorragend gemalt.[585]

Er hat auch einen Bruder, Gisbert van Veen, der ein sehr guter Meister im Kupferstechen und Malen ist, und, wie ich glaube, in Brüssel wohnt;[586] ferner noch einen andern, der malerischen Geistes voll ist, Herrn Pieter van Veen, der zwar nur hie und da einmal etwas zu seinem Vergnügen malt, doch die besten Maler damit in Erstaunen setzt und beklagen lässt, dass er sich nicht ausschliesslich damit beschäftigt.[587]

Zu Antwerpen lebt auch Jan Snellincx, ein besonders guter Meister und hervorragender Maler, der, wie ich glaube, zu Mecheln geboren ist.[588] Er malt wundervolle Historien- und Schlachtenbilder, wozu er manchmal oder häufig von den hohen Herren oder Fürsten gebraucht wurde. So hat er denn verschiedene niederländische Schlachten und Geschehnisse gemalt, bei denen er sehr getreu den Rauch

t'krijgsvolck daer in bewolckt oft bedommeldt uytbeeldende. Hy mach nu Anno 1604. wesen een Man van ontrent 55. Jaren.

Daer is oock t'Antwerpen T o b i a s V e r h a e g h t, die een aerdich goet Landtschap-maker is.

A d a m v a n O o r t, die oock fraey van Figueren is.

S'ghelijckx H e y n d r i c k v a n B a l e n, en S e b a s t i a e n V r a n c k s, gheleert hebbende by A d a m v a n O o r d t, en is nu oudt ontrent 31. Jaren, is seer aerdigh in Lantschap, Peerdekēs, en beeldekens.

Noch is t'Antwerp eenen J o o s d e M o m p e r, die uyt- nemende is van Landtschap, hebbende een aerdighe handelinge.

Ick hoore oock een loflijck gerucht van eenen F r a n - c i s c o S a v i o, te Berghen in Henegouw.

Oock in Vranckrijck binnen Parijs zijn eenighe goede Meesters, als M e r t i n u s F r e m i n e t, Fransman van Parijs, welcken in s'Conings dienst nu corts ghecomen, soude in s'Coninghs bywesen hebben beginnen schilderen sonder teyckenen, hier eenen voet, en daer een hant, elder een tronie, en heefter eyndlinghe een aerdigh goet beelt van ge- maeckt, tot groot verwonderen van den Coningh·

Daer was oock corte Jaren gheleden te Parijs, en van Parijs, voor desen F r e m i n e t, in s'Coninghs dienst D u B r e u l, een Sadelmakers soon, die uytnemende fraey en ver- standigh was, besonder van teyckenen, en naeckten: want hadde hem by een Barbier langhe gheoeffent in Anatomie: zijn dinghen liedt hy veel door Nederlanders schilderen, en quam daer dickwils hardt in diepen, oock met enckel swart. Hy was wonderlijck in't spelen op de Luydt, rennen met der Lance, en reedt seer wel en gheern te Peerde. Hy is jongh en haestigh gestorven, comende snellijck gherendt van S. D e n i j s, om te wesen by gasten, die hy hadde ghenoodt, en op den wegh soude een oude inwendighe verarghde quetsuere zijn opgheborsten. Desen stel ick hier by de levende, op-

IODOCUS MOMPERUS, ANTVERP.
PICTOR

Momperi Campos, recreantes lumina Flores,
    Et Montes, Fontes dat bene docta manus,
Flumina quæque ruunt celso de vertice saxi,
    Et Scopulos, Rupes, præcipitésque Vias.

der Geschütze und das davon umdampfte Kriegsvolk wieder-
gegeben hat. Er mag jetzt, Anno 1604, ein Mann von un-
gefähr 55 Jahren sein.

Zu Antwerpen lebt auch Tobias Verhaecht, der
hübsche und gute Landschaften malt.[589]

Ferner Adam van Noort, der sich auch gut auf das
Figurenmalen versteht.[590]

Ebenso Hendrick van Balen[591] und Sebastiaen
Vrancx,[592] die bei Adam van Noort gelernt haben, und
von denen der letztere jetzt gegen 31 Jahre alt ist und sehr
hübsche Landschaften, kleine Pferde und Figürchen malt.

Ferner lebt zu Antwerpen ein Joos de Momper,
der ein hervorragender Landschaftsmaler ist und eine hübsche
Art des Vortrags hat.[593]

Ich höre auch viel Rühmens von einem Francisco
Savio zu Bergen im Hennegau.[594]

Auch in Frankreich — in Paris — gibt es einige
gute Meister, wie Martin Fréminet,[595] ein Franzose aus
Paris, der kürzlich in den Dienst des Königs[596] getreten
ist und in dessen Gegenwart ohne zu zeichnen hier einen
Fuss, dort eine Hand, an einer andern Stelle ein Gesicht
zu malen angefangen und schliesslich zum grossen Erstaunen
des Königs eine schöne Figur daraus gemacht haben soll.

Vor wenigen Jahren stand auch zu Paris vor diesem
Fréminet ein Pariser Namens Du Breuil im Dienste
des Königs.[597] Er war der Sohn eines Sattlers und besonders
hervorragend im Zeichnen und in der Darstellung nackter
Figuren; er hatte sich nämlich bei einem Barbier lange in
Anatomie geübt. Er liess seine Sachen häufig durch Nieder-
länder malen und setzte dann häufig harte Schatten hinein,
sogar mit reinem Schwarz. Er verstand es wunderbar auf
der Laute zu spielen, mit der Lanze zu fechten und war ein
sehr guter und begeisterter Reiter. Er ist jung und plötzlich
gestorben, nachdem er in höchster Eile von Saint-Denis
nach Paris gejagt kam, um einige Gäste, die er geladen
hatte, zu empfangen. Auf dem Wege soll eine alte innerliche
Verletzung, die sich verschlimmert hatte, aufgegangen sein.

avontuer of ick hem elder had verghelen. Hy is een tijt-
genoot geweest van den voornoemden F r e m i n e t, en hebben
t'samen jongh wesende te Parijs by een Clad-Schilder om
trots gheleert.

Daer is noch een goet Meester te Parijs, die in't Hof
werckt, en woondt in't voorborgh van S. G e r m e i n: desen
heeft een schoon maniere van schilderen, zijn verwen wel
verwerckende, gheheeten B u n e l, hem seer statigh en bor-
gherlijck draghende: zijn Huysvrouwe wordt in wel schilderen
noch boven hem en ander fraey Meesters ghepresen.

Daer is noch eenen gheheeten B o l e r y, seer aerdigh
van te schilderen Nachten, Mascaraden, Vastel-avonden, en
sulcke feesten, oock alderley beestkens, seer op zijn B a s s a n s:
desen houdt hem heel trots, rijdende te Peerde met den
knecht achter hem.

Daer is oock binnen Lions een uytnemende Meester van
Lantschappen, beelden, ordinantien, conterfeyten nae t'leven,
en teyckenen, gheheeten F r a n s o y s S t e l l a e r t, en is een
Nederlander, dan ick weet niet van wat plaets hy gheboren
is, noch wanneer.

Daer is noch een Nederlander hoog in Italien te Barry
in Poelgien, by den Bisschop aldaer (als ick meen,) een seer
goedt Meester, in alle deelen der Schilder-const wel ervaren,
en is in dien vreemden hoeck wel gevaren met zijn Const,
en Coopmanschap van Graen, in den tijt der leste Italische
duyrte. Hy is te Room mijn kennis gheweest, en is ghe-
naemt G a s p a r H u e v i c k, van Oudenaerde in Vlaender:
Hy heeft eenen tijdt langh ghewoondt by C o s t a, den Schilder
van den voorleden Hertogh van Mantua, desen mach ontrent
54. Jaer oudt wesen. Hadde hy my naerder ghewoondt, ick
had hem vroegher mogen ghedencken: ghelijck ick oock wel
hadde behoort te doen een constigh Schilder van Groeninghe,
H e r d e r gheheeten, die oock wel van sulcken ouderdom
mach wesen, en was oock mijn Roomsche kennis. Hy is te

Diesen führe ich hier auf's Geratewohl unter den Lebenden auf, weil ich ihn weiter oben vergessen habe. Er ist ein Zeitgenosse des erwähnten Fréminet gewesen, und sie haben in ihrer Jugend zusammen bei einem untergeordneten Maler zu Paris um die Wette gelernt.[598]

Da lebt noch ein guter Meister zu Paris, der am Hofe tätig ist und in der Vorstadt Saint-Germain wohnt; dieser hat eine schöne Art zu Malen und verarbeitet seine Farben gut. Er heisst Bunel[599] und trägt sich wie ein ansehnlicher Bürger. Seine Frau wird wegen ihrer guten Malleistungen noch höher als er und andere gute Meister gerühmt.[600]

Ferner lebt dort noch einer Namens Bollery,[601] der sich sehr auf das Malen von Nachtstücken, Maskeraden, Faschingsszenen und ähnlichen Festen, sowie auch von allerlei Tieren ganz in der Art des Bassano versteht. Dieser trägt sich wie ein grosser Herr und reitet zu Pferd mit einem Diener hinter sich.

In Lyon hält sich ein hervorragender Meister in Landschaften, Figuren, Kompositionen, im Porträtieren nach der Natur und im Zeichnen, Namens François Stellaert auf, ein Niederländer, von dem ich jedoch nicht weiss, wo und wann er geboren wurde.[602]

Ein anderer Niederländer lebt tief unten in Italien, zu Bari in Apulien, bei dem dortigen Bischof, wie ich glaube. Er ist ein sehr guter Meister, der in allen Teilen der Kunst wohlerfahren und in jenem fremden Winkel mit seiner Kunst und während der letzten Teuerung in Italien mit dem Kornhandel gut gefahren ist. Ich habe ihn in Rom gekannt. Er heisst Gaspar Heuvick und stammt aus Audenarde in Flandern.[603] Er hat eine zeitlang bei Costa, dem Maler des vorigen Herzogs von Mantua, gewohnt und mag jetzt ungefähr 54 Jahre alt sein. Hätte er in grösserer Nähe von mir gewohnt, so hätte ich mich früher seiner erinnert, was ich wohl auch bei dem kunstreichen Maler Herder aus Groningen hätte tun müssen, der auch ungefähr in diesem Alter stehen mag und zu meinen römischen

22*

Groeninge gheweest den Schilder van Verdugo, en is in alle deelen der Consten onghemeenen lof en gherucht weerdigh, gelijck by zijn wercken getuycht can worden.

Het leven van Hans Rottenhamer, Schilder van Munchen, en sommighe ander.

Het voordert de jonghe gheesten seer, als sy in hun gheboort-stadt hebben eenighe goede voorganghers, welcker cloecke stappen siende, sy verweckt worden tot naevolghen. Te Munchen, daer door de Const-liefdichheyt des doorluchtighen Hertogs, verscheydē groote Meesters in onse Const, hunnen toeloop hebben gehadt, en hun uytnementheyt in openbaer plaetsē laten sien. Daer is ontstaen den wel verwenden Hans Rottenhamer, en was aldaer geborē Anno 1564. Hy heeft geleert, en zijn begin ghehadt, by een ghemeen Schilder, gheheeten Donouwer. Te Room ghecomen wesende, begaf hem op platen te schilderen, gelijck de wijse der Nederlanders is, doch niet als de ghemeen ghesellen, dan begaf hem verscheyden dinghen t'inventeren. Het eerste, dat hem gheruchtigh maeckte, was een tamelijcke groote plaet in de hoogte, wesende een aller Heyligen, te weten, eenen Hemel vol Sancten, Sanctinnē, en Enghelen, seer vol werck en uytnemende gehandelt, met aerdige lakenen, tronien, hulselē, en alderley fraeyicheyt, seer wel gloeyende, en op eē schoon manier gecolereert. Hy is eyndlinghe ghecomen te Venetien, alwaer hy met een Veneetsche Vrouw is getrouwt, en eē menichte van fraey stucxkens heeft gemaeckt op coper, som groot, som cleyn, die in veel Landen zijn verspreyt, en by den Const-beminders te sien. Onder ander, by den Const-liefdighen Heer Joan Knotter, woonende tegenwoordig t'Vtrecht, daer verscheyden stucken op coper van hem zijn, soo cleen als groot. Onder ander en sonderlinghe, een ons

Bekannten gehörte. Er war zu Groningen der Maler von Verdugo[604] und verdient in allen Teilen der Kunst das höchste Lob, wie seine Werke bezeugen können.[605]

———·———

Das Leben des Malers Hans Rottenhammer von München und mancher andern.

Es ist für die jungen Talente sehr förderlich, wenn sie in ihrer Geburtsstadt einige tüchtige Vorgänger haben, deren gutes Beispiel sie zur Nacheiferung ermuntert. Zu München, wohin sich infolge der Kunstliebe des durchlauchtigen Herzogs verschiedene grosse Meister in unserer Kunst begeben haben, und wo sie an öffentlichen Stellen ihre Vortrefflichkeit beweisen konnten, wurde im Jahre 1564 der gute Kolorist[606] Hans Rottenhammer geboren.[607] Sein erster Lehrer war ein untergeordneter Maler Namens Donauer.[608] Nach Rom gekommen fing er an auf Kupferplatten zu malen, wie die Niederländer es dort zu tun pflegen, doch nicht wie die gewöhnlichen Pinsler, sondern er ging dran verschiedene Kompositionen zu erfinden. Das erste, was ihn bekannt machte, war eine ziemlich grosse Platte in Hochformat, ein Allerheiligenbild, d. h. ein Himmel voll von Heiligen beiderlei Geschlechts und Engeln, eine vortrefflich durchgeführte sehr reiche Komposition mit hübschen Gewändern, Köpfen, Kopfhüllen und allerlei anderen schönen Sachen, sehr leuchtend und schön in der Farbe.[609] Er kam schliesslich nach Venedig,[610] wo er sich mit einer Venezianerin verheiratete und eine Menge hübscher Sachen auf Kupfer, teils grossen teils kleinen Formats, malte, die in viele Länder zerstreut und bei den Kunstfreunden zu sehen sind. Unter anderm sind verschiedene seiner auf Kupfer gemalten Sachen, kleine und grosse bei dem kunstliebenden Herrn Joan Knotter zu sehen, der gegenwärtig zu Utrecht wohnt. Darunter besonders eine Himmelfahrt Mariä[611] und Aktäon und

Vrouwen Hemelvaert, en eenen A c t a e o n en D i a n a, met
meer ander dinghen, wel gheordineerdt, vroylijck en gloeyende
gheschildert, soo dat ghelijck zijn schilderijen by den lief-
hebbers in weerden zijn, zijnen naem oock onder den con-
stighe Schilders weerdich is genoemt en gherekent te wesen.

Daer is noch teghenwoordigh te Room een uytnemende
Hooghduytsch Schilder, A d a m gheheeten, gheboren tot Franck-
foort, wesende een Cleermaeckers oft Snijders soon, welcken
in Italien comende, was noch redelijck slecht, maer is te
Room wonderlijck toghenomen, en door wercken een constigh
werckman gheworden: doch begheeft hem niet besonders te
teyckenen: maer sit in Kercken oft elder de dingen der fraeye
Meesters stadigh en besiet, en druckt alles vast in zijn ghe-
dacht. Hy is wonderlijcken aerdigh in te schilderen fraey
inventien op coper platĕ, hoewel hy niet veel en werckt,
dan is wonder veerdig. Hy is heel goelijcx, en elcken
gheern in alles te gevalle, wesende dit Jaer 1604. ontrent
28. oft 30. Jaren oudt.

Het zijn oock noch te Venetiĕ twee constige Nederlanders,
eenen D i e r i c k d e V r i e s, uyt Vrieslandt: En eenen L o -
d e w i j c k T o e p u t (ick meen) van Mecchel: Van welcke
ick wel geneghen waer yet sonders te verhalen: Dan dat
ick wel van desen V r i e s verscheyden keuckenen oft fruyt-
marckten heb ghesien op zijn Veneets, die aerdigh ghe-
coloreert en wel gheschildert waren, schoon en gloeyende,
soo dat ick zijnen naem hier niet con verswijghen: Zijn
ouderdom weet ick niet. L o d e w i j c k die woont buyten
Venetien, te D e r v i s o, cloeck in Lantschap en ordinantien,
eĕ goet een naem-weerdigh Meester in de Schilder-const:
oock (als ick hoor) goet Rethorisien, gelijck P i c t u r a en
P o ĕ s i e geern by een, en goede susters oft vriendinnen zijn.

Adamus Francofurtensis

Elsheymer,

Pictor.

Romam urbem primis placuit tibi visere ab annis:
. Pictorum Roma est Artisicúmque Schola.
Assiduó pingens lus tras dum singula templis;
Pictores inter nobile nomen erit.

Diana,[612] sowie noch andere Dinge, die gut in der Komposition und ansprechend und leuchtend in der Farbe sind, so dass, wie seine Bilder von den Liebhabern geschätzt werden, auch sein Name wert ist unter denen der kunstreichen Maler genannt zu werden.[613]

Gegenwärtig lebt noch in R o m ein hervorragender deutscher Maler, Namens A d a m, der als Sohn eines Schneiders zu F r a n k f u r t geboren wurde.[614] Als er nach I t a l i e n[615] kam, war es um seine Kunst noch recht schlecht bestellt, aber er hat in R o m wunderbare Fortschritte gemacht und ist durch Arbeit ein kunstreicher Meister geworden. Doch gibt er sich nicht sonderlich mit dem Abzeichnen ab, sondern sitzt lieber in den Kirchen und anderwärts, wo er sich beständig die Werke der guten Meister betrachtet und alles fest seinem Gedächtnis einprägt. Er versteht es wunderbar hübsch erfundene Kompositionen auf Kupferplatten zu malen und ist, obgleich er nicht sehr produktiv ist, doch ausserordentlich geschickt darin. Er ist sehr gutmütig und jedem gern in allem zu Gefallen. In diesem Jahre 1604 ist er ungefähr 28 oder 30 Jahre alt.[616]

Auch in V e n e d i g halten sich noch zwei kunstreiche Niederländer auf: ein D i e r i c k d e V r i e s aus F r i e s - l a n d und ein L o d e w i j c k T o e p u t, der, glaube ich, aus M e c h e l n stammt. Von ihnen würde ich wohl gerne etwas besonderes erzählen, doch weiss ich nur folgendes: Ich habe von d e V r i e s verschiedene Viktualienstilleben oder Fruchtmärkte nach v e n e z i a n i s c h e r Art gesehen, die hübsch in der Farbe und gut gemalt waren, schön und von grosser Leuchtkraft, so dass ich seinen Namen nicht mit Stillschweigen übergehen konnte. Wie alt er ist, weiss ich nicht.[617] — L o d e w i j c k wohnt ausserhalb V e n e d i g s, in T r e v i s o. Er versteht sich gut auf das Malen von Landschaften und Kompositionen und verdient es als ein tüchtiger Vertreter der Malkunst genannt zu werden. Auch ist er, wie ich höre, ein guter Rhetoriker, wie denn Malerei und Poesie als gute Schwestern oder Freundinnen gerne bei einander sind.[618]

Het leven van Joachim Wtenwael, Schilder van Vtrecht.

Den edelen Schilder-gheest, daer hy door Natuere in een const baer en lustigh herte plaets heeft, oft gheplant is, wil qualijck onder ghedruckt blijven: Maer is gheneghen van trap tot trap op te climmen, tot d'opperste offeninghe onser Const, en daer in te stijgen ter hooghster volcomenheyt: gelijck ghemeenlijck alle vruchtbaer gewas opwaert te stijghen is ghewendt. Soo is het toeghegaen met Joachim Wtenwael, schilder van Wtrecht, welcken was aldaer gheboren Anno 1566. Sijn Vader was een Glaes-schrijver, en zijn Groot-vader, van zijn Moeders weghe, een goet Schilder nae dien tijt, en gheheeten Joachim van Schuyck. Desen verhaelden Joachim Wtenwael was by zijn Vader een Glaes-maecker en Glaes-schrijver tot zijn 18. Jaren: maer daer in geen genoecht meer hebbende, alsoo zijnen gheest tot hoogher dinghen werdt ghenoodight oft beroepen, begaf hy hem tot de Const van schilderen, en was ontrendt twee Jaer by een gemeen Schilder t'Wtrecht, Joos de Beer, Discipel van Frans Floris. Hier naer trock Wtenwael na Italien, en is gecomen te Padua, by eenen Franschen Bisschop, te weten, den Bisschop van S. Malo, reysde, en was met hem in Italien twee Jaer, en woonde daer naer by hem in Vranckrijc oock twee Jaer. Desen tijdt gheduerende, heeft Wtenwael veel dinghen voor den Bisschop gheschildert, en al uyt zijnen gheest oft inventie. T'huys comende, heeft tsindert zijn wooninghe altijts ghehouden t'Wtrecht, en veel stucken gedaen, cleen en groot, welcke in veel plaetsen onder den liefhebbers der Consten berusten, en verdienstlijck in weerden zijn ghehouden. Men soude oock niet wel weten te seggen, waer in hy uytnemender is, het zij in't groot oft in't cleen, t'welc een teecken is van te hebben een seer goet oordeel en verstandt, en is een dinghen by den Schilders niet seer ghemeen: want men siet veel tijts van een handt by den

Das Leben des Malers Joachim Uttewael[619] von Utrecht.

Wenn der edle Geist der Malkunst von der Natur einem für die Kunst empfänglichen und betätigungsfrohen Herzen eingepflanzt ist, lässt er sich sehr schwer zurückdrängen, sondern will immer höher steigen, von Stufe zu Stufe bis zu dem vornehmsten Zweige der Malerei und es darin zu höchster Vollkommenheit bringen, ebenso wie die meisten fruchtbaren Gewächse das Streben haben in die Höhe zu steigen. So ist es mit Joachim Uttewael, Maler von Utrecht gegangen, der dort im Jahre 1566 geboren wurde. Sein Vater[620] war ein Glasmaler und sein Grossvater mütterlicherseits für seine Zeit ein guter Maler. Er hiess Joachim van Schuyck.[621] Unser Joachim Uttewael war unter Leitung seines Vaters bis zu seinem 18. Jahr Glasmacher und Glasmaler. Da er darin jedoch keine Befriedigung fand, weil es seinen Geist zu höheren Aufgaben zog, wandte er sich der Malkunst zu und hielt sich ungefähr zwei Jahre bei einem untergeordneten Maler zu Utrecht Namens Joos de Beer[622] auf, einem Schüler von Frans Floris. Hierauf ging Uttewael nach Italien und kam in Padua zu einem französischen Bischof, nämlich dem Bischof von St. Malo, mit dem er zwei Jahre lang in Italien reiste, um dann in Frankreich noch zwei weitere Jahre bei ihm zu wohnen.[623] Während dieser Zeit hat Uttewael viele Sachen für den Bischof gemalt, und zwar alles aus dem Kopf oder aus eigener Erfindung. Heimgekehrt hat er sich seither immer in Utrecht[624] aufgehalten und viele Bilder, grosse und kleine gemalt, die sich an vielen Orten im Besitz der Kunstfreunde befinden und, wie sie es verdienen, geschätzt werden. Man wäre einigermassen in Verlegenheit, sollte man sagen, ob er in grossen oder in kleinen Kompositionen bedeutender ist. Dies beweist, dass er über ein gutes Urteil und einen tüchtigen Verstand verfügt, und es ist etwas, was man bei den Malern nicht gerade häufig findet; denn man

anderen groote en cleen wercken oft beeldē, die men soude meenen van twee Meesters ghedaen te wesen, en seer onghelijck in deucht der Consten. Oock is Wtenwael in alle deelen der Consten seer uytnemende, en aerdigh. Van hem sitmen oock seerfraey keuckens met alderley goedt nae t'levē. Ter Gouwe is van hem eene, die wonder wel gedaen, en een groot stuck is. T'Antwerpen by eenigh Italiaen is van hem een groot stuck, ses voeten hoogh, en thien lang, wesende Loth met zijn dochters, daer uytnemende schoon naeckten oft beelden groot als t'leven in comen, oock eenen aerdighen brant, boom-stammen, en anders. Daer is oock t'Amsterdam tot zijn Cosijn Lucas, Schilder van Wtrecht, in Apelles, een seer schoon constich stuck, in de hooghte los geordineert, uytnemende in zijn teyckeninghe en coloreringhe, en is daer de Herderen in der nacht gheboodtschapt worden, dat welcke genoech getuyght, wat Joachim in de Const vermach. Veel cleen stucxkens, vā uytnemende scherpheyt en netticheyt sitmē van hem: eerst 'tAmsterdam, tot Sr. Joan Ycket, oft zijn Soon, is van hem een uytnemende cleen stuck op coper, een Bancket der Goden, vol werck, en heel aerdigh en suyver ghedaen. Tot Sr. Jan van Weely, heeft hy nu corts gheleverdt een seer uytnemende cleen coperken in de hoogte, van een Mars en Venus, gantsch vol aerdigh cleen werck, en soo scherp, als t'gesicht vermach yet t'onderscheyden, wonderlijcke cierlijck, Tafel, koetse oft bedstede, met alle de Goden, en veel Liefdekens afcomēde in de wolcken. Een ander Mars en Venus is oock van hem tot Sr. Melchior Wijntgis te Middelborg. Eyndlijck acht ick Wtenwael onder onse beste Nederlandtsche Schilders plaetse weerdigh te wesen. En t'is verwonderlijck, hoe onse Pictura hem soo heel gunstigh en toeghedaen noch is, ghemerckt dat sy by hem als een tweedde maer een wort ghehouden, oft gheoeffent, als de Coopmanschap, die boven ghestelt is,

sieht bei ihnen oft grosse und kleine Werke oder Figuren von einer und derselben Hand, die man für Arbeiten zweier Meister halten möchte, und die in punkto Kunst sehr ungleich sind. Auch ist Uttewael in allen Teilen der Kunst sehr hervorragend. Man sieht von ihm auch sehr schöne Küchenstücke mit allerlei Viktualien nach der Natur.[625] Zu Gouda ist ein grosses Bild dieser Art von ihm zu sehen, das erstaunlich gut gemalt ist. Im Besitze eines Italieners zu Antwerpen befindet sich ein grosses sechs Fuss hohes und zehn Fuss breites Bild von ihm, das Lot mit seinen Töchtern darstellt.[626] Es zeigt hervorragend schöne lebensgrosse nackte Figuren, auch einen schönen Brand, Baumstämme und anderes. Ferner ist in Amsterdam, im Hause zum Apelles, bei seinem Vetter Lukas, Maler aus Utrecht,[627] ein sehr schönes kunstreiches Bild in Hochformat zu sehen, das ungezwungen in der Komposition sowie hervorragend in Zeichnung und Kolorit ist. Es stellt die Verkündigung an die Hirten dar und beweist zur Genüge, wie gross Joachims künstlerisches Können ist.[628] Man sieht von ihm viele kleine Bildchen von hervorragender Schärfe und Sorgfalt. Zunächt befindet sich zu Amsterdam bei Herrn Jan Nicquet oder dessen Sohn ein ausgezeichnetes kleines Bild auf Kupfer, ein Götterbankett voller Figuren und sehr hübsch und sorgfältig in der Ausführung.[629] Ferner hat er jetzt kürzlich dem Herrn Jan van Weely ein ganz hervorragendes Bildchen auf Kupfer in Hochformat geliefert. Es zeigt Mars und Venus und ist voll hübscher kleiner Einzelheiten, die so scharf wiedergegeben sind, wie das Auge sie nur zu sehen vermag: der Tisch, das Bett, die ganzen Götter und die vielen Amoretten, die aus den Wolken herabkommen, — alles ist wunderbar zierlich.[630] Ein Bild gleichen Themas von ihm befindet sich bei dem Herrn Melchior Wijntgis zu Middelburg. Und so bin ich der Meinung, dass Uttewael wert ist einen Platz unter unsern besten niederländischen Malern einzunehmen. Erstaunlich aber ist, dass die Malkunst ihm so ausserordentlich günstig und zugetan ist, wo sie bei ihm doch erst an zweiter Stelle kommt und nur ausgeübt

dat verdraghen, oft hem tijt gunnen wilt: want sommighe segghen, dat te vreesen waer, oft hy t'eenemael in Vlas (waer in hy handeldt) mocht van de Schilder-const verandert worden, ghelijck Arachne in haer gheweef blijft vast en verstrickt, door den toorn van Minerva. Hy is nu Anno 1604. oudt 38. Jaren.

Het leven van Abraham Bloemaert, uytnemende Schilder von Gorricum.

Het goedertieren gheluck heeft gedooght en ghevoeght, dat d'aenporrende Natuere van in den Lenten zijns jeughs heeft vercoren Abraham Bloemaert, te becroonen de bloem aller Consten Pictura, welcke hy (als bloem onder die haer oeffenen) al bloeyende bloem-aerdighe vercieringhe mildlijck toelanght: Met eenen oock een loflijcke vermaertheyt der stadt Gorricum, alwaer hy was gheboren in't Jaer ons Heeren 1567. ontrendt Kerstdagh. Sijn Vader gheheeten Cornelis Bloemaert, was een constich Beeldtsnijder, Architect, en Inghenieur, gheboren te Dordrecht, van waer hy is gheweken (niet willende sekeren Eedt doen) en quam om t'ontcomen s'Lants aenstaende beroerten, niet sonder quade avontueren, te Gorricum. Van Gorricum trock Bloemaerts Vader met zijn huysghesin tot s'Hertoghenbosch, en van daer t'Wtrecht. Alwaer Bloemaert by zijnen Vader aenvingh yet te conterfeyten, nae eenighe teyckeninghe van Frans Floris, oft dingen die nae zijn dinghen quamen. Hier naer schickte hem den Vader by een cladder, gheheeten, Gerit Splinter, op dat hy aldaer de verwen soude leeren kennen. Desen stelde Bloemaert voor een scherm-meester te schilderen eenighe bootsen, segghende, dat Bloemaert alree beter meester was als hy. Doch alsoo desen Splinter hem daeghlijckx tot onmatigh drincken begaf, was Bloe-

wird, wenn der Kaufhandel, der in erster Linie steht, es zu-
lässt; und manche sagen, es sei zu befürchten, dass er ein-
mal von der Malkunst in Flachs, womit er handelt, verwandelt
werde, wie Arachne infolge des Zornes der Athena in ihrem
eignen Gewebe fest verstrickt blieb. Er ist jetzt, im Jahre
1604, achtunddreissig Jahre alt.[631]

Das Leben des hervorragenden Malers Abraham Bloemaert von Gorinchem.

Das Glück hat es gnädig zugelassen und gefügt, dass
die anspornende Natur Abraham Bloemaert von seiner
frühen Jugend an dazu ausersehen hat die Blume aller Künste,
die Malerei, zu bekränzen, welcher er, als die Blume unter
denjenigen, die sie ausüben, selbst blühend freigebig blumen-
gleichen Schmuck schenkt[632] und zu gleicher Zeit auch hohen
Ruhm der Stadt Gorinchem, wo er im Jahre des Herrn
1567 um Weihnachten geboren wurde.[633] Sein Vater Cor-
nelis Bloemaert war ein kunstreicher Bildhauer, Architekt
und Ingenieur und in Dortrecht geboren, von wo er, da
er einen gewissen Eid nicht leisten wollte, fortzog. Um den
bevorstehenden Unruhen aus dem Wege zu gehen, ging er,
nicht ohne unterwegs böse Erlebnisse gehabt zu haben, nach
Gorinchem. Von Gorinchem zog Bloemaerts Vater
mit seiner Familie nach Herzogenbusch und von dort
nach Utrecht.[634] Dort fing Bloemaert bei seinem Vater
an nach einigen Zeichnungen von Frans Floris oder nach
Stichen, die nach dessen Werken ausgeführt waren, zu zeichnen.
Hierauf schickte ihn sein Vater zu einem Sudelmaler namens
Gerrit Splinterss,[635] damit er dort die Farben kennen
lerne. Dieser liess Bloemaert für einen Fechtmeister
einige Fechtpuppen[636] malen, wobei er sagte, dass Bloe-
maert bereits ein besserer Meister sei als er selbst. Doch
da sich dieser Splinterss täglich betrank, blieb Bloe-

maert by hem maer veerthien daghen, latende dese begonnen Scherm-bootsen onvoldaen. De principale waren seer aerdigh, en van der handt van een gheestigh Schilder, genoemt Heyndrick Wthoeck. Doe quam Bloemaert by Joos de Beer, een Discipel van Floris, oock binnen Wtrecht woonende. Desen, hoewel hy dĕ bestĕ Schilder niet en was, hadde in zijn huys veel fraey dinghen van Blocklandt, en ander fraey Meesters. Hier hadde Bloemaert gheconterfeyt van Oly-verwe, een stuck van Dirck Barensz. wesende een moderne bancket, welck principael noch is t'Amsterdam by Cornelis van der Voort Schilder: Daer comt in een spelende op een Herp, en een Vrouken, dat seer aerdigh bewijst te singhen, neffens ander omstandicheden, en is seer constigh en uytnemende ghedaen. Dit hadde Bloemaert nae zijner jongheydt wonderlijcken wel nae ghevolght. Dit siende den Vader, die met de Beer (die sulcx weynig achtede) niet con accorderen, nam zijnen soon t'huys, denckende hem self te doen hebben fraeye stucken om nae te doen: En liet hem conterfeyten een seer fraey keucken, van den ouden langhen Pier, waer in quam een Ossenhooft. T'huys con Bloemaert niet veel doen, dewijl hem den Vader weynigh tijt gaf, en in anderen dienst ghebruyckte. Doe werdt Bloemaert bestelt by den Drossart van Heel, die een weynigh schilderen con, en beloofde den Vader, den jonghen in zijn leeringhe seer vorderlijck te wesen, en hem eyndlinghe te bestellen by Blocklandt, doch daer en volghde niet: Want desen ghebruyckte den jonghen tot een Lakaey, en derghelijcken dienst, soo dat Bloemaerdt niet dan te rugghe ghingh in de const, en is t'eynden een jaer en een half weder t'huys gecomen. Hier nae soude hem den Vader hebben bestelt (ic meĕ) te Rotterdam, by den voorverhaelden Wthoeck, die yet van Bloemaert siende, hem soude gheern aenghenomen hebben: doch zijn Wijf en wilde dat niet ghehengen oft toelaten. Bloemaert nu ontrent 15. oft 16. Jaer oudt, wert ghesonden nae Parijs, en was aldaer by eenen Jehan Bassot, ontrendt ses weken: Van daer

maert nur vierzehn Tage bei ihm und liess die angefangenen
Phantome unvollendet.   Die Originale dazu waren sehr hübsch
und von der Hand eines talentvollen[637] Malers namens
Heyndrick Withoeck.[638]   Dann kam Bloemaert zu
Joos de Beer,[639] einem Schüler von Floris, der auch
in Utrecht wohnte. Dieser hatte, obwohl er nicht der
beste Maler war, in seinem Hause viele schöne Sachen von
Blocklandt[640] und anderen guten Meistern.   Dort hatte
Bloemaert ein Bild von Dirck Barentsz, ein modernes
Bankett, dessen Original sich noch bei dem Maler Cornelis
van der Voort zu Amsterdam befindet, in Ölfarbe ko-
piert.   Man sieht darauf einen Harfenspieler und eine Frauen-
gestalt, die sehr hübsch zu singen scheint, sowie noch andere
Figuren, und alles ist sehr kunstreich und vortrefflich aus-
geführt.[641] Dieses Bild also hatte Bloemaert für sein
Alter wunderbar gut kopiert.   Als dies sein Vater, der mit
de Beer, der darauf wenig Wert legte, keine Überein-
stimmung erzielen konnte, sah, nahm er seinen Sohn wieder
zu sich mit der Absicht, ihm selbst gute Bilder zum Kopieren
zu geben und liess ihn ein sehr schönes Küchenstück vom
alten „Langen Peter“,[642] auf dem ein Ochsenkopf zu
sehen war, kopieren.   Zu Hause konnte Bloemaert aber
nicht viel tun, da ihm sein Vater wenig Zeit liess und ihn
für andere Dinge gebrauchte.   Dann wurde Bloemaert zu
dem Landdrost van Heel gegeben, der ein wenig malen
konnte und dem Vater versprach, den Knaben in seiner Lehre
sehr zu fördern und ihn schliesslich zu Blöcklandt zu
bringen.   Doch er hielt sein Versprechen nicht, sondern ge-
brauchte ihn als Lakeien und zu ähnlichen Diensten, so dass
Bloemaert in der Kunst nur Rückschritte machte und nach
anderthalb Jahren wieder nach Hause kam.   Hierauf wollte
ihn sein Vater, ich glaube nach Rotterdam, zu dem oben-
genannten Withoeck geben, der ihn, nachdem er etwas von
ihm gesehen, gern angenommen hätte, doch wollte es sein
Weib nicht zulassen.   Bloemaert, der jetzt 15 oder 16 Jahre
alt war, wurde nun nach Paris geschickt und war dort un-
gefähr sechs Wochen bei einem gewissen Jehan Bassot.[643]

by een ander Schilder, geheeten M a i s t r e H e r r y: hier was
B l o e m a e r t by derd' half Jaer, schilderende alles uyt den
gheest, doch met weynigh oft geen onderwijs, ondertusschen
hem oock oeffenende met uyt den gheest te teyckenen. Doe
hy hier naer noch een weynigh tijdt was gheweest by J e -
r o o n F r a n c k van Herentals, is hy van Parijs weder t'huys
ghecomen, en quam oock van Wtrecht t'Amsterdam met den
Vader, die aldaer voor t'Stadts Bouw-meester is aenghenomen
gheworden. Eyndlijck nae des Vaders overlijden, keerde
B l o e m a e r t weder t'Wtrecht, daer hy hem t'sindert heeft
ghehouden, hebbende nu zijn tweedde Huysvrouwe. Summa,
B l o e m a e r t heeft hem soo beneerstight in de Const, dat
hy eĕ overtreffende Meester (doch, soo men segghen mocht)
sonder Meester gheworden is: Soo dat hy teghen zijn Dis-
cipulen woorden gebruyckende hun tot neersticheydt ver-
manende, wel t'somtijden heeft gheseydt: Ick wouw dat ick
eens binnen mijnen leven had moghen eenich goet Meester
sien schiideren, oft de verwen ghebruycken, op dat ick hun
wijse oft maniere hadde siende moghen afleeren. Doe hy
tot Amsterdam met zijnen Vader quam woonen, hadde hy
een Kerck oft wijde plaets ten besten tot eenen winckel,
daer hy zijnen gheest mocht oeffenen: en maeckte daer,
onder ander cleen stucken, een groot en heerlijck stuck,
t'welc is teghenwoordigh t'Amsterdam, by den Heer Z i o n
L u z: Hier in comen verscheyden naeckten van Mannen en
Vrouwen, groot als 't leven, wel verstaen en uytnemende
wel ghehandelt, wesende d'Historie van N i o b e, daer · haer
kinderen doot ghescoten worden van A p o l l o en D i a n a.
De self History, doch op een ander ordinantie, is van hem
oock by den Keyser, een groot heerlijck en uytnemende stuck,
daer zijn Majesteyt en alle Const-verstandighe groot behaghen
in hebben: Dit is cortlijck van B l o e m a e r t ghedaen. Des-
ghelijcx is daer boven in't Landt oock van hem een uyt-
nemende schoon Goden bancket, wel gheordineert, en ghe-
schildert wesende, en een treflijck goet werck. Een ander

ABRAHAMUS BLOEMAERT,
BATAV, PICT.

Pictor naturâ est, usus vix ille magis tro:.
Arte hic egregiis nec tamen inferior.
Pinxit Aves, Naves, Homines, Herbæque Feræque,
Et lætos Flores FLORIDUS innumeros.

Von dort kam er zu einem anderen Maler, genannt Meister Herry.[644] Hier war er gegen zwei einhalb Jahre[645] und malte alles aus dem Kopf, erhielt aber wenig oder gar keine Unterweisung. Zwischendurch übte er sich auch darin aus dem Kopfe zu zeichnen. Nachdem er in Paris noch kurze Zeit bei Hieronymus Francken von Herenthals[646] gewesen war, kehrte er wieder nach Hause zurück und ging auch mit seinem Vater von Utrecht nach Amsterdam, wo dieser zum Stadtbaumeister ernannt worden war.[647] Nach seines Vaters Tode kehrte Bloemaert schliesslich wieder nach Utrecht[648] zurück, wo er sich seither aufgehalten hat und jetzt zum zweitenmal verheiratet ist.[649] Bloemaert hat sich, kurz gesagt, mit solchem Fleiss der Kunst hingegeben, dass er ein vortrefflicher Meister sozusagen ohne Meister geworden ist. Wie er denn auch, wenn er seine Schüler zum Fleiss ermahnte, wohl manchmal sagte: „Ich wollte, ich hätte in meinem Leben den einen oder anderen guten Meister malen oder mit den Farben umgehen sehen, damit ich ihm seine Malweise hätte ablernen können." Als er mit seinem Vater nach Amsterdam gezogen war, hatte er als Werkstatt eine Kirche oder ein anderes geräumiges Bauwerk[650] zu seiner Verfügung, wo er sein Talent betätigen konnte. Dort malte er, abgesehen von anderen kleinen Bildern, ein grosses herrliches Stück, das sich gegenwärtig bei dem Herrn Zion Luz zu Amsterdam befindet. Es stellt die Geschichte der Niobe dar, d. h. die Erschiessung ihrer Kinder durch Apollo und Diana und zeigt eine Anzahl lebensgrosser nackter männlicher und weiblicher Figuren, die wohl verstanden und vortrefflich durchgeführt sind.[651] Denselben Vorwurf, doch anders in der Komposition, besitzt der Kaiser von seiner Hand gemalt; es ist ein grosses herrliches und hervorragendes Stück, an dem seine Majestät und alle Kunstverständigen ihre grosse Freude haben. Dieses Werk hat Bloemaert erst kürzlich geschaffen.[652] Desgleichen ist dort oben im Lande auch ein hervorragend schönes Götterbankett von ihm, das gut in Komposition und Malerei und überhaupt ein vortreffliches Werk ist.[653] Ein anderes eben-

Goden bancket, vroegher van hem gedaen, en minder, is van
hem by den Graef van der Lip, dat oock uytnemende is.
Tot den seer Const-liefdighen J a q u e s   R a z e t t'Amsterdam,
zijn oock van B l o e m a e r t dry groote tronien in rondē,
wesende V e n u s, J u n o, en P a l l a s, die grooten welstant
hebben, doch vroegh van hem zijn ghedaen.   Daer zijn oock
by Sr. R a z e t, van hem meer cleen stucxkens: Onder
ander, een dootshooft, met ander byvoegselen, seer wel ghe-
handeldt en ghecoloreert: Oock een stucxken, met voor aen
eenige Indiaensche kieck-hoornen en schulpen, waer op rusten
oft ligghen eenighe Zee-Goden, en Godinnen, in't verschiet
de Zee, en in't cleyn A n d r o m e d a, daer P e r s e u s haer
verlost, en is wonder aerdigh gecoloreert, en wel ghedaen.
By den Const-beminders zijn oock van hem seer aerdige
Landtschappen, met eenighe aerdighe en drollighe Boeren
huysen, Boerigh gereetschap, boomen, en gronden, dinghen
die daer om Vtrecht seer veel en verscheyden te sien, en
van hem gheconterfeyt zijn: want hy seer veel nae t'leven
doet, hebbende een seer aerdighe wijse van teyckenen, en
handelinghe metter Pen, daer hy dan eenighe sappige verfkens
by voeght, tot sonderlinghen welstant.   En ghelijck hy in
alle deelen der Const seer ervaren is, gheeft hy dese dinghen
in't schilderen grooten aerdt en schoonheyt, daer in te pas
brenghende somtijts eenige Sonneschijnen, duyster oft vierighe
lochten, nae den eysch des wercks.   Hier in comen dan
beesten, koeyen, hondē, oft anders, seer natuerlijck nae
t'leven ghedaen, met eenighe Historikens.   Dees dinghen,
hoewel niet te seer verladē met werck, staen besonder en
uytnemende wel, en (na mijn duncken) niet te verbeteren.
Hier in maeckt hy t'somtijt eenige mossige wateren, oft putten,
met lissen en cruyden bewassen, met cannebladeren en
bloemen daer op drijvende: voor aen op de voorgronden,
brenghende eenige heerlijcke groote cruyden oft bladen van

falls hervorragendes aber im Format kleineres Götterbankett,
das er früher gemalt hat, befindet sich im Besitze des Grafen
Lippe.[654] Bei dem sehr kunstliebenden Jacques Razet
zu Amsterdam befinden sich von Bloemaert drei Rund-
bilder mit den grossen Köpfen von Venus, Juno und Pallas,
die sehr schön in der Wirkung, doch aus seiner frühen
Zeit sind.[655] Ferner befinden sich bei dem Herrn Razet
noch eine Reihe kleiner Bilder von ihm, unter anderem ein
Totenkopf mit allerlei Beiwerk, sehr gut in Ausführung und
Farbe;[656] auch ein Bildchen, das vorne einige indische Trom-
petenschnecken und Muscheln zeigt, auf denen einige Meer-
götter und -Göttinnen ruhen. Im Hintergrund sieht man das
Meer und ganz klein die Befreiung der Andromeda durch
Perseus. Das Ganze ist wunderhübsch in der Farbe und gut
in der Durchführung.[657] Bei den Kunstfreunden sind von
ihm auch sehr ansprechende Landschaften mit hübschen und
eigenartigen Bauernhäusern, Bauerngerät, Bäumen und Feldern
zu sehen, Sachen, die in der Umgebung von Utrecht in
grosser Anzahl und Mannigfaltigkeit zu sehen und von ihm
gezeichnet sind; denn er arbeitet sehr viel nach der Natur,
wobei er auf sehr hübsche Art mit der Feder zeichnet und
der Zeichnung dann eine besondere Wirkung verleiht, indem
er mit einigen leichten Farbtönen[658] hineingeht. Und da er
in allen Teilen der Kunst sehr erfahren ist, verleiht, er diesen
Landschaften, wenn er sie malt Grossartigkeit und Schönheit,
indem er darin manchmal Sonnenschein und dann wieder
düsteren oder feurigen Himmel darstellt, jenachdem es das
betreffende Bild erfordert. Diese Landschaften belebt er dann
mit Tieren, Kühen, Hunden und dergleichen, die sehr über-
zeugend nach der Natur gemalt sind, und dazu kommen noch
kleine Szenen. Diese Bilder sind, zumal sie auch nicht all-
zusehr mit Einzelheiten überladen sind, von ausgezeichneter
Wirkung und meiner Ansicht nach nicht zu übertreffen.
Manchmal komponiert er irgend ein mit Wasserlilien und
Krautwerk bewachsenes mooriges Wasserloch oder einem Teich
hinein, auf dem Seerosenblätter und -Blüten treiben, und be-
lebt den Vordergrund durch prächtige grosse Krautgewächse

-docke oft anders, wel ghehandelt, en niet te seer verladen. Het conterfeyten nae t'leven geeft hy by hem geen plaetse, op dat zijnen gheest daer door niet worde verhindert. Verscheydē dingen, ordinantien, en beelden van hem gheteyckent met de Pen, en daer nae met wit en swart, van Oly-verwe gheschildert, zijn in coper ghesneden, door den Const-rijcken Joan Muller, en noch meer door den vermaerden Saenredam, die in zijn teyckeninge grooten lust hebbende, doet zijn uyterste vlijt, de selve met den Graef-ijser welstandig, en aerdigh aen den dagh te brengen. Bloemaert nu Anno 1604. is oudt 37. Jaren, en werdt desen aenstaenden Kerstdagh 38. Hy is een Man van stil en bequamen wesen, hertlijck verlieft en ghenegen meer en meer nae te soecken d'uyterste cracht en schoonheydt der Const Pictura: welcke, ghelijck sy Bloemaert, om zijnen schilderachtigen bloemaerdt (van hem bloemigh vercierdt wesende) gheheel vriendlijck toegedaen en gunstigh is, doet sy uyt rechte danckbaerheydt van Wtrecht zijnen naem recht uyt de Weereldt over loflijck voeren en draghen, door d'al-siende en al vernemende dochter der spraeck, de duysent tonghsche snel vlieghende Fama oft gheruchte, die in haer ghedacht-camer, by den vermaerden Schilders namen, den zijnen d'onsterflijckheydt sal overleveren, en voor de verderflijcke scheer van Atropos eewig bschermen en behoeden.

Het leven van Pieter Cornelisz van Rijck, Schilder van Delft.

De Oeffenaers onser Const, die buytens Landts besonder in Italien, hun langhen tijdt hebben onthouden, t'huys weder comende, brenghen ghemeenlijck mede eenighe wijse oft ghedaente van wercken, die de gemeen oude Nederlandtsche in schoonheyt en treflijckheydt te boven gaet, oft daer men so een onghewoon gheestighe aerdicheyt in siet. Dit heeft men oock soo bevonden aen de handelinghe van Pieter van

wie Pestwurzblätter und dergleichen, alles gut ausgeführt und ohne Überladung.[659] Bildnisse nach der Natur malt er nicht, um die freie Betätigung seines Geistes dadurch nicht zu behindern.[660] Verschiedene Sachen, Kompositionen und einzelne Figuren, die er mit der Feder gezeichnet und darauf mit Ölfarbe *en grisaille* übermalt hat, wurden durch den kunstreichen Jan Muller in Kupfer gebracht und mehr noch durch den berühmten Saenredam, der an Bloemaerts Zeichnungen ausserordentliches Gefallen findet und sein Bestes dransetzt, um sie mit dem Grabstichel wirkungsvoll und schön wiederzugeben. Bloemaert ist jetzt, Anno 1604, 37 Jahre alt und wird nächste Weihnachten 38.[633] Er ist ein Mann von stillem und umgänglichem Wesen und von ganzem Herzen bestrebt der äussersten Kraft und Schönheit der Malkunst nachzuspüren, welche, indem sie Bloemaert wegen seiner malerischen Blumenart (da sie von ihm wie mit Blumen geschmückt wird) äusserst freundlich zugetan und günstig ist, aus Dankbarkeit seinen Namen von Utrecht geradeaus über die ganze Welt durch die alles sehende und alles vernehmende Tochter der Sprache, die tausendzüngige und schnellfliegende Fama, rühmend hintragen lässt, welche in ihrer Ruhmeshalle neben den berühmten Malernamen den Seinen der Unsterblichkeit überliefern und auf ewig vor der verderblichen Schere von Atropos bewahren wird.

Das Leben des Malers Pieter Cornelisz van Rijck von Delft.

Die Vertreter unserer Kunst, die sich lange Zeit ausser Landes, namentlich in Italien aufgehalten haben, bringen, wenn sie wieder nach Hause zurückkehren, gewöhnlich in ihren Arbeiten eine Art der Auffassung mit, die die übliche alte niederländische an Schönheit und Trefflichkeit übertrifft oder eine ungewöhnliche durchgeistigte Schönheit zeigt. Dies konnte man auch an der Malweise des Malers Pieter

Rijck, Schilder, ghebooren te Delft, welcken de Teycken-const aenving te Delft, by Jacob Willemsz. doch nae den tijdt van twee maenden, werdt van de Const ghenomen, en op ander dinghen ghehouden den tijdt van dry Jaren. Doe werdt hy door lust weder tot de Const gedreven, en quam leeren by Hubrecht Jacopsz. een goet Schilder en Con-terfeyter te Delft. Hier was Pieter aen teyckenen ses Maenden, en soo veel tijdts oock aen de verwen en het schilderen. Daer nae begaf hy hem met den Meester nae Italien, alwaer hy bleef den tijdt van 15. Jaer, werckende met veel verscheyden Meesters, ooc voor veel Princen, Heeren, Prelaten, Moniken, Nonnen, en alderley volck, meest in alle plaetsen van Italien, soo vā Oly-verwe, als op den nattē kalck. Hy is dit Jaer 1604. een Man van 36. Jaren, woonende te Haerlem, alwaer hy ooc verscheyden fraey dingen heeft ghedaen, soo groot als cleen. Onder ander, een stuck van een keucken, wesende eenen Rijckeman en La-zarus, en staet buyten Haerlem tot de Siecken. Eynd-linghe heeft hy ghedaen op eenen seer grooten doeck een keucken, met veelderley ghevoghelte, en ander dingen, met oock verscheyden beeldekens, beesten en ghedierten. Hy heeft een fraey maniere, welcke ghenoech uytwijst en te kennen gheeft, dat hy veel nae Bassaens dinghen ghedaen heeft, en is seer veerdig en aerdig van handelinge. Sijn wercken die veel hier en daer gesien worden, getuygē hem een groot Meester in onse Const te wesen, so in ordinantien, als oock in Conterfeytselen.

Het levē van Francesco Badens, Schilder van Antwerpen.

Onse Const hebben wy cortlijck in onse Nederlanden ghesien in beter ghestaltnis toenemen en veranderen, besonder in de coloreringhe, carnatien en diepselen meer en meer zijn

van Rijck wahrnehmen. Er wurde zu Delft geboren und
nahm seinen ersten Zeichenunterricht bei Jakob Wil-
lemsz[661] zu Delft, wurde jedoch nach Ablauf von zwei
Monaten von der Kunst abgezogen und war während dreier
Jahre gezwungen sich mit anderen Dingen zu beschäftigen.
Dann trieb ihn seine Neigung wieder in die Arme der Kunst,
und er kam zu Hubert Jacobsz,[662] einem guten Maler
und Porträtisten zu Delft, in die Lehre. Hier beschäftigte
sich Pieter sechs Monate lang mit Zeichnen und eben so
lange mit den Farben und dem Malen. Darauf ging er mit
seinem Meister nach Italien, wo er fünfzehn Jahre lang
blieb und mit vielen verschiedenen Meistern zusammen ar-
beitete und auch für viele Fürsten, Herren, Prälaten, Mönche,
Nonnen und allerlei sonstige Leute an fast allen Orten
Italiens[663] in Ölfarbe wie *al fresco* malte. Er ist in diesem
Jahre 1604 ein Mann von 36 Jahren und wohnt zu Harlem,
wo er auch verschiedene schöne Sachen, grosse und kleine,
gemalt hat: unter anderm ein Kücheninterieur mit dem Gleich-
nis vom reichen Manne und dem armen Lazarus, das sich
ausserhalb Harlems im Spital der Aussätzigen befindet.[664]
Zuletzt hat er auf eine sehr grosse Leinwand ein Küchen-
stück mit vielerlei Geflügel und anderen Dingen, auch einer
Anzahl kleiner Figuren und verschiedenen Tieren gemalt.[665]
Er hat eine schöne Art zu malen, die deutlich genug zeigt,
dass er viel nach den Sachen von Bassano gearbeitet hat,
und ist sehr geschickt und gefällig in der Anordnung. Seine
Werke, die man in grosser Anzahl hier und dort zu sehen
bekommt, beweisen, dass er ein grosser Meister in unserer
Kunst ist, in Kompositionen sowohl wie in Porträts.[666]

Das Leben des Malers Francesco Badens von Antwerpen.

Wir haben gesehen, dass die Malerei in unseren Nieder-
landen in letzter Zeit ein verändertes und besseres Aussehen
angenommen hat, namentlich in puncto Kolorismus, Karnation

gheworden afgescheyden van een steenachtighe graeuwicheydt, oft bleecke Vischachtighe, coudtachtighe verwe: want de gloeyentheydt in lijf-verwe en vleeschachtighe diepselen zijn nu heel seer in ghebruyck gheworden. Hier toe heeft ooc geen cleen behulp gedaen Francesco Badens, den welcken was geboren t'Antwerpē, Anno 1571. en was vijf Jaren out ten tijde van de Spaensche Furie, welcke gheschiedde Anno 1576. den 4en November. Sijn Vader, die dit Jaer 1604. t'Amsterdam overleedt, quam corts nae de voorseyde Furie in Hollandt, soo dat Francesco van jongs t'Amsterdam heeft ghewoont, en gheleert by den Vader, die een ghemeen Schilder was, sonder ander Meester te hebben. Badens in gheselschap van Jacob Mathan, de schoon-soon van Goltzius, reysde en was ontrendt vier Jaer in Italien. T'huys ghecomen, also hy t'Amsterdam was d'eerste, die de jonghste schoon maniere hier in't Lant bracht, des noemden hem de jonghe Schilders den Italiaenschen Schilder: want hy een seer schoon vloeyende en gloeyende maniere heeft, wesende een uytnemende Meester, beyde in te schilderen Historien, tronien, en Conterfeytselen. Dit Jaer 1604. heb ick t'Amsterdam t'zijnen huyse ghesien een paslijck groot stuck, van een Bersabea, haer badende, alwaer haer eenen brief werdt ghebracht, en een oude coppelersse haer vast in d'oore verseldt oft luystert, met meer Vrouwe naeckten, en anders, wesende seer uytnemende, gracelijck, en aerdigh gheschildert, wel gecoloreert, en gheordineert. Veel Conterfeytselen zijn van hem uytnemende wel ghedaen, eenige in ordinantien van Historien te pas ghebracht wesende, oock veel bancketten, en Mascaraden op den nacht, en op zijn Moderne, oft dees-tijtsche wijse van cleedinghe, daer hy seer fraey van is. Tot Cornelis van der Voort, Schilder t'Amsterdam, is van hem een stuck van twee ghelieven op zijn Italiaens, den Vryer spelende op een Luyt, en t'samen singhende. Ick had meer dinghen moghen aenwijsen:

und Schattenpartieen, die mehr und mehr in Gegensatz getreten sind zu der steinartigen Grauheit oder bleichen fischartigen kalten Farbe, indem die leuchtende Färbung des Fleisches und die warmen Schatten nunmehr fast durchweg in Aufnahme gekommen sind. Hierin darf auch F r a n c e s c o B a d e n s kein geringes Verdienst beanspruchen, der im Jahre 1571 zu Antwerpen geboren wurde und z. Z. der s p a n i s c h e n F u r i e, die Anno 1576, am 4. November wütete, fünf Jahre alt war. Sein Vater, der in diesem Jahre 1604 zu A m s t e r - d a m [667] starb, kam kurz nach der erwähnten Furie nach H o l l a n d, so dass Francesco von Kind an in A m s t e r - d a m gewohnt hat. Er hat bei seinem Vater, der ein untergeordneter Maler war, gelernt und weiter keinen Meister gehabt. B a d e n s reiste in Gesellschaft von J a k o b M a t h a m, dem Stiefsohn von G o l t z i u s nach I t a l i e n und war dort ungefähr vier Jahre. Wieder heimgekehrt, wurde er, da er in A m s t e r d a m der erste war, der die neuste, schöne Art zu malen ins Land brachte, von den jungen Malern der „I t a l i e n i s c h e M a l e r" genannt. Er hat nämlich eine sehr schöne flüssige und leuchtende Malweise und ist ein hervorragender Meister, sowohl als Historienmaler wie als Maler von Porträts und Köpfen. In diesem Jahre 1604 habe ich zu A m s t e r d a m in seinem Hause ein ziemlich grosses Bild gesehen. Es stellt dar, wie Bathseba, die sich im Bade befindet, ein Brief gebracht wird und eine alte Kupplerin ihr eindringlich ins Ohr flüstert; dazu kommen noch einige nackte Frauen und anderes. Das Ganze ist vortrefflich, voller Anmut und schön gemalt, dazu gut in Farbe und Komposition.[668] Er hat viele hervorragend gute Porträts gemalt, von denen er auch manche in seinen figürlichen Kompositionen angebracht hat, auch viele Bankette und nächtliche Maskeraden, wobei er sehr hübsches in der Darstellung moderner Trachten leistet. Bei C o r n e l i s v a n d e r V o o r t, Maler zu A m - s t e r d a m befindet sich von ihm ein Bild mit einem Liebespaar nach italienischer Art, wobei der Liebhaber auf einer Laute spielt und beide zusammen singen, Ich hätte gerne noch mehr von seinen Sachen besprochen, bin aber nicht

Doch dit heeft my verhindert, dat ick de tegenwoordige Schilders oft Constenaren heb ghevonden soo heel weygherlijck, segghende, niet genoechsaem in de Const te wesen, om verdienstlijck by ander groote Meesters te wesen gerekent, oft ghenoemt: Soo dat d'overleden my niet connende yet segghen, en de levende niet willēde veel bescheyt doē, ick niet recht voor wint en stroom heb moghen noch ghemacklijcke reys doen.

Francesco hadde noch eenen Broeder, gheheeten Jan, den welcken was geboren t'Antwerpen Anno 1576. den 18ᵉⁿ. November, veerthien daghen naer de Spaensche Furie: Desen was uytghereyst nae Italien, en in de Const seer wonderlijck toegenomen, datmen veel van hem te verhopen hadde. Hy was in Duytslandt en Italien over al van t'gheluck seer toeghelacchen, en soo vriendlijck toeghedaen gheweest, dat hy by de meeste Heeren, om zijn Const, over al in grooter weerden, en hooghlijck gheloont is geworden: doch comende weder met eygen Peerdt wel in orden, en met wel gheldt, heeft hem t'ongheluck gantsch te gronde geworpen en verdorven: want werdt, in Nederlandt comende, van de rouwe Mars kinderen berooft, en ghevanghen, des hy uyt onghenoeght t'huys comende, van teeringhe is ghestorven Ao. 1603.

Het leven van David Vinckeboons, Schilder van Mecchelen.

Indien my niet qualijck wordt naegheseydt, soo acht ick dat niet ghehoort en is, dat ic mijner Const halven my oyt yet, oft ten minsten onmaetlijck heb gheroemt: Mijn wercken des aengaende gheef ick doch lossen toom oft vryheydt, soo veel sy vermoghen, als ghewisse ghetuyghen, mijn vermogen t'openbaren, en te ghetuyghen. En connen sy hun selven niet prijsen, sy mogen soo veel doen, datse by de verstan-

dazu im stande, da ich die Maler oder Künstler der Gegenwart so ganz ablehnend gefunden habe; sie sagen nämlich, sie hätten es in der Kunst noch nicht weit genug gebracht, um es zu verdienen neben anderen grossen Meistern genannt zu werden. Und so habe ich, da mir die Verstorbenen nichts sagen können, die Lebenden aber nicht viel Bescheid geben wollen, Wind und Strömung meist gegen mich und keine angenehme Fahrt.

Francesco hatte noch einen Bruder namens Jan, der am 18. November 1576, vierzehn Tage nach der „Spanischen Furie", zu Antwerpen geboren wurde. Dieser war nach Italien gegangen und hatte ganz erstaunliche Fortschritte in der Kunst gemacht, so dass man Grosses von ihm erwarten durfte. In Deutschland und Italien hatte ihm überall das Glück gelacht und war ihm so freundlich zugetan gewesen, dass er um seiner Kunst willen bei den grössten Herren hochgeschätzt war und von ihnen reichlich belohnt wurde. Doch als er auf seinem eigenen Pferd, gut ausgestattet und mit viel Geld im Sack zurückkehrte, wurde er vom Unglück gänzlich zugrunde gerichtet. Denn als er in die Niederlande kam, wurde er von marodierenden Soldaten aufgefangen und ausgeplündert. Dies ging ihm so zu Herzen, dass er, nach Hause gekommen, im Jahre 1603 an einer Auszehrung starb.[669]

Das Leben des Malers David Vinckebons von Mecheln.

Ich glaube nicht, dass man schon gehört hat, ich hätte mich jemals meiner Kunst in irgend welcher Beziehung — zum mindesten nicht über Gebühr — gerühmt, es sei denn, man habe mir etwas Übles nachgesagt. Was meine Werke betrifft, so gebe ich ihnen alle Freiheit, so gut sie es vermögen, als sichere Zeugen mein Können zu offenbaren und zu beweisen. Und können sie sich selbst nicht rühmen,

dighe beleefdlijck sich veronschuldighen, op datter maetlijck
van mach zijn gesproken. Mijn eyghen verstant oft oordeel,
oft dat niet ghenoechsaem waer, onderscheydlijck en bescheyd-
lijck vande oeffenaers onser Const, of hun wercken te
schrijven: soo vermijd' ick my doch de Constnaren teghen
malcander te vergelijcken, oft kindtslijck yemant te verachten,
oft d'een hoogher als d'ander, tot anders verminderinghe, te
stellen. My heeft daerom goet ghedocht (om in geen berisp-
weerde dolinghe, te vallen) te houden dese streeck, dat ick,
comende in huysen der Const-liefdighe, acht hebbe en mercke,
wat constighe wercken, en van wiens handt, daer voor be-
sonder en uytnemende by den anderen ghevoeght, en ghe-
rekent zijn: want of ick al schoon nae mijn beduncke mijn
kennis yet vertrouwe, oft meẽ te verstaen, soo volgh ick
gheern met eenen oock t'ghemeen ghevoelen der Const-ver-
standigher: waerom ick niet can naelaten hier te ghedencken
D a v i d   V i n c k e b o o n s, gheboren te Mecchelen, in 't Jaer
1578. welcken cleen kindt wesende, is ghebracht t'Antwerpen,
eñ met zijn Ouders nae seven Jaer ghecomen t'Amsterdam
in Hollandt, alwaer hy noch teghenwoordigh is woonende:
Zijn Vader was een redelijck goet Schilder in Water-verwe,
ghenoemt P h i l i p s   V i n c k e b o o n s, en is overleden t'Am-
sterdam Anno 1601.   D a v i d heeft eerstlijck aenghevanghen
van Water-verwe te wercken by den Vader, noyt ander
Meester ghehadt hebbende, en heeft hem naderhandt heel
aen d'Oly-verwe ghehouden, hem beghevende veel in 't cleen,
makende seer aerdighe beeldekens van uytnemenden welstandt.
Eerstlijck zijn van hem te sien t'Amsterdam in de Calver-
straet tot den Const-lievenden Heer J o a n d e B r u y n, twee
fraey stucxkens: T'een een Cruys-draginghe, met uyt-
nemende gewoel en toeloop van alderley volck, ghelijck als
sulcke Historie vereyscht: T'ander een Boeren Kermis,
oock heel vol aerdighe en cluchtighe bootsen: Oock Peerden,
huysen, boomen, en Landtschap, daer hy seer fraey van is,
zijn uytnemende en wel ghedaen. Hy heeft oock noch ghe-

so mögen sie sich wenigstens bei den Leuten, die etwas von der Sache verstehen, höflich entschuldigen, damit ohne Voreingenommenheit von ihnen gesprochen werde. Und da mein eigenes Urteil vielleicht nicht hinreicht, um von den Vertretern unserer Kunst oder ihren Werken nach Massgabe ihrer jeweiligen Qualitäten unparteiisch zu schreiben, vermeide ich es, die Künstler miteinander zu vergleichen oder jemand kindisch zu missachten oder den einen gegen den anderen auszuspielen. Es schien mir darum, um nicht in einen tadelnswerten Irrtum zu verfallen, gut mir als Richtschnur dienen zu lassen, bei Besuchen in den Häusern von Kunstfreunden achtzugeben und mir zu merken, was für Kunstwerke und von wessen Hand dort als besonders hervorragend zusammengestellt und geschätzt sind; denn wenngleich ich meinem Kunstverständnis etwas vertrauen zu dürfen glaube, folge ich doch zugleich auch gerne dem allgemeinen Urteil der Kunstverständigen. Darum kann ich nicht unterlassen, hier David Vinckeboons' zu gedenken, der im Jahre 1578 zu Mecheln geboren, als kleines Kind nach Antwerpen gebracht wurde und sieben Jahre später mit seinen Eltern nach Amsterdam in Holland kam, wo er noch gegenwärtig wohnt. Sein Vater war ein ziemlich guter Wasserfarbenmaler namens Philips Vinckeboons,[670] der 1601 zu Amsterdam starb. David hat zuerst bei seinem Vater mit Wasserfarben zu malen begonnen, ohne je einen anderen Meister gehabt zu haben und hat sich später ganz zur Ölfarbe bekannt. Er malte grossenteils kleine Sachen und machte sehr hübsche kleine Figuren von hervorragend guter Wirkung. Da sind zunächst in der Kalverstraat zu Amsterdam bei dem kunstliebenden Herrn Joan de Bruyn zwei hübsche kleine Bilder. Das eine zeigt eine Kreuzschleppung mit ausserordentlichem Gewimmel und Zulauf von allerlei Volk, wie es eine derartige Szene verlangt.[671] Das andere stellt eine Bauernkirmess[672] dar und ist auch ganz voll von hübschen und lustigen kleinen Figuren; auch Pferde, Häuser, Bäume und die Landschaft — darauf versteht er sich besonders — sind hervorragend und gut durchgeführt. Er hat auch noch

maeckt twee stucxkens, welcke werden ghebracht te Franck-
foort, voor den Heeren Caymocx, t'een wesende een Landt-
schap, daer Christus den Blinden op den wegh gheneest,
en t'ander een Boeren Bruyloft, seer aerdigh ghedaen. Daer
is oock van hem t'Amsterdam in't oude Mannen Gasthuys,
in't Comptoor, een groot stuck, veerthien voeten lang en
acht hoogh, wesende de Loterije voor t'selve Gasthuys, in
der nacht met de plaets en huysen nae t'leven, en alderley
volck, met lanternen, en ander lichten, alles seer aerdigh en
wel ghedaen: Dit dede hy Anno 1603. Nu 1604. heeft hy
onder handē twee stucxkens, voor Jan van Conincxloo
Schilder, t'een wesende eē Predicatie Christi, en t'ander
een Boeren Bruyloft, vol uytnemende fraey werck, soo ver-
scheyden beeldekens, als huysen, schepen, en Landtschap,
oock wel gheordineert. Verscheyden Lantschappen, met
Moderne beeldekens, en anders, zijn van hem gheteyckent,
en gesneden door Niclaes de Bruyn, die een seer goede
maniere in't Lantschap te snijden heeft, welcke dinghen
yeghelijck genoech gemeen en bekent zijnde, moghen oock
zijnen gheest en Const ghetuyghen. David, gelijck zijnē
lust hem tot meer deelen der Const aendrijvende is, heeft in
zijn begin hem tot Water-verfkens en verlichten begheven,
verscheyden dinghen, als beestghens, Voghelen, Visschen,
boomen een anders, nae t'leven doende, seer bevallijck en
aerdigh wesende. S'gelijcx heeft hy oock op Glas-schrijven
met goet gheluck yet bestaen te doen, dat gheestigh staet,
ghelijck hy ooc doet in't handelē van het Graef-ijser, en
hetsen in coper, dat te verwonderen is, soo veel sonder
onderwijs te doē, hoewel hy hier van zijn werck niet en
maeckt, dan van het schilderen van Oly-verwe, wesende van

zwei Bildchen gemalt, die nach F r a n k f u r t an den Herrn
C a y m o c x gesandt wurden; das eine war eine Landschaft mit
Christus, der den Blinden am Wege heilt,[673] und das andere
eine Bauernhochzeit, beide sehr hübsch in der Ausführung.
Auf dem Kontor des Altmännerheims zu A m s t e r d a m be-
findet sich von ihm ein grosses Bild. Es ist vierzehn Fuss
lang und acht hoch und stellt die zum Besten dieses Hospizes
veranstaltete Lotterie dar, eine Nachtszene mit dem Platz und
den Häusern nach der Natur, sowie allerlei Leuten mit La-
ternen und anderen Lichtern, das Ganze sehr hübsch und
gut ausgeführt. Dieses Bild malte er im Jahre 1603.[674]
Augenblicklich — 1604 — hat er zwei Bildchen für den
Maler J a n v a n C o n i n c x l o o unter Händen; das eine zeigt
eine Predigt Christi[675] und das andere eine Bauernhochzeit;[676]
beide sind voll von hervorragend hübschen Einzelheiten: ver-
schiedenartigen Figürchen, Häusern, Schiffen, — alles gut in
eine landschaftliche Umgebung hinein komponiert. Er hat
auch verschiedene Landschaften mit modernen Figürchen und
anderer Staffage gezeichnet, die von N i c l a e s d e B r u y n,
der eine sehr gute Art hat Landschaften mit dem Grabstichel
wiederzugeben, gestochen worden sind, Dinge, die jedermann
hinreichend geläufig und bekannt sind, und die auch sein
Talent und seine Kunst bezeugen können. David, den
seine Neigung veranlasst hat, sich mit verschiedenen Zweigen
der Kunst zu beschäftigen, hat sich im Beginn seiner Lauf-
bahn mit der Herstellung kleiner Wasserfarbenbilder und mit
der Miniaturmalerei befasst und verschiedene Sachen, wie kleine
Tiere, Vögel, Fische, Bäume und anderes auf eine sehr
hübsche und ansprechende Art nach der Natur gemalt. Auch
hat er auf dem Gebiete der Glasmalerei mit gutem Erfolge
gearbeitet und einiges hervorgebracht, was einen ausgezeich-
neten Eindruck macht. Ein gleiches gilt von ihm auch in
bezug auf die Handhabung des Grabstichels und das Ra-
dieren,[677] so dass man erstaunt, dass er in so vielen Sätteln
ohne Unterricht gerecht ist, obgleich er das nur nebenbei
treibt und die Ölmalerei ihm die Hauptsache ist. Leider wird
er für seine schönen und geistreichen Werke im Verhältnis

zijn fraey gheestighe wercken, nae zijn Const, vlijdt, tijdt, arbeydt en verdienst, niet dan veel te weynigh beloont.

Van verscheyden Nederlandsche Schilders, tegenwoordigh levendigh.

Dewijl den Const-verdervenden roeckloosen M a r s onse Landen met donderende gheschut verschrickt en verbaest, en den Tijdt zijn graeu hayren te berghe doet stijghen: Soo is te verwonderen, dat noch soo veel goede Oeffenaers worden ghevonden in onse vrede en voorspoet beminnende Schilder const, onder onse Landtsluyden, oft Nederlanders, welcke soo ickse al in't lange bysonder wouw beschrijven, souden mijn Boeck te seer dick doen swillen. Ick sal dan, soeckende te eyndighen, alleenlijck eenighe hun namen aenroerende ghedencken, soo veel my in't ghedacht comen, oft bekent zijn.

Eerstlijck, C o r n e l i s F l o r i s, den soon van C o r n e l i s F l o r i s, Beelt-snijder, en Architect van Antwerpen: desen is een uytnemende Schilder, en Beeldt-snijder, woonende t'Antwerpen, alwaer zijn Const niet ghenoech nae verdienst bekent noch beloont en is, want hy wonder cloeck en veerdigh is.

Oock is t'Vtrecht een Schilder, gheheeten P a u w e l s M o r e e l s: desen is besonder in conterfeyten nae t'leven, een seer goet Meester. Verscheyden Conterfeytselen worden van hem ghesien, en heeft hy onder handen, die seer Meesterlijck zijn ghedaen: Onder ander, den Graef en Graefinne van Culenborgh, ten voeten uyt, en alsoo groot als t'leven: De Huysvrouw van Sr. K n o t t e r, dat een aerdighe en wel ghehandelde tronie is: en veel ander meer. Desen is een Discipel van den constighen M i c h i e l M i e r e v e l d t van Delft, en is noch een redelijck jong Man.

Daer is oock te Haerlem een Haerlems borger, F r a n s P i e t e r s z. G r o b b e r, een uytnemende goet Conterfeyter,

zu der Kunst, dem Fleiss, der Zeit und der Arbeit, die er darauf verwendet, sowie zu ihrem Wert nur allzu schlecht bezahlt.[678]

Von verschiedenen gegenwärtig noch lebenden niederländischen Malern.

Man muss sich wundern, dass, während der kunstzerstörende ruchlose Krieg unsere Lande mit donnerndem Geschütze erschreckt und mit Entsetzen erfüllt und der Zeit die grauen Haare zu Berge stehen macht, unter unseren niederländischen Landsleuten noch so viele gute Vertreter unserer Frieden und Wohlfahrt liebenden Malkunst zu finden sind, welche, wenn ich auf alle von ihnen ausführlich eingehen wollte, mein Buch allzudick anschwellen lassen würden. Ich will daher, um zum Schlusse zu kommen, nur einige — soviel mir eben einfallen — in aller Kürze nennen.

Als erster fällt mir da Cornelis Floris[679] ein, der Sohn des Bildhauers und Architekten von Antwerpen, Cornelis Floris. Dieser ist ein hervorragender Maler und Bildhauer und wohnt zu Antwerpen, wo seine Kunst nicht nach Verdienst bekannt ist und belohnt wird; denn er zeigt wunderbares Verständnis und ist sehr geschickt.

Auch lebt zu Utrecht ein Maler Namens Paulus Moreelse. Dieser ist namentlich ein sehr guter Meister im Porträtieren nach der Natur. Man sieht verschiedene Bildnisse von ihm — andere wieder hat er in Arbeit — die sehr meisterhaft gemalt sind: unter anderm die des Grafen und der Gräfin van Kuilenborg in ganzer Figur und Lebensgrösse; ferner das der Frau des Herrn Knotter, deren Gesicht sehr hübsch und gut durchgeführt ist, und noch viele andere. Er ist ein Schüler des kunstreichen Michiel Mierevelt von Delft und ein noch ziemlich junger Mann.[680]

Zu Harlem ferner lebt Frans Pietersz Grebber, Bürger von Harlem und ein hervorragend guter Porträtmaler,

die oock ondertusschen van Figueren schildert: en alst behoeft, oft te pas compt, hem oock in borduer-wercken aerdigh weet te behelpen: desen is een Discipel gheweest van Jaques Savry, daer hy doch niet en leerde als wat van Landtschap. Verscheyden Conterfeytselen, groot en heel cleen, zijn van hem hier en daer te sien, seer wel ghelijckende, en wel ghedaen.

Daer is oock te Haerlem, en van Haerlem, Cornelis Claesz. dē welcken de Zee-vaert en ander hanteringe verlatē hebbende, heeft aenghevangen te teyckenen en schilderen schepen, met t'gene daer by behoeft te wesen, toonende wonderlijcken gheest en verstandt, als tot de Schilder-const van Natueren voorgheschickt zijnde: de takelinghe, touwen, en alle eyghenschappen der schepen verstaet hy uytnemende wel, en heeft alree soo aerdige maniere van wercken, en suyver vaste handelinghe van het trecken der touwen, dat hy niemant te wijcken heeft.

Daer zijn ooc t'Amsterdam noch twee Schilders van Antwerpen, ghebroeders, Bernaert, en Pauwels van Somer. Bernaert ghetrouwt· en uyt Italien gebracht hebbende de dochter van Aert Mijtens, is een seer goet Conterfeyter nae t'leven, en aerdigh van ordinantien, hebbende eenighe Jaren in Italien gewoont. Pauwels noch vrygheselle, is ooc uytnemende in alle deelē der Const, soo in inventien, als conterfeyten.

Daer is oock t'Amsterdam een besonder goet Meester, in te conterfeyten na t'leven, ick meen van Antwerpen, gheheeten Cornelis van der Voort, die zijn dingen seer bevallijck en aerdigh doet, en met grooten welstandt, wesende noch een jongh Man, in't beste zijns levens.

Daer is oock in den Haghe Evert Krijnsz. van der Maes, die corts is gecomen uyt Italien, en heeft te Room hem aenghewent een schoon veerdighe en gheestighe manier van schilderen, soo van Historien, als conterfeyten nae t'leven.

Ick behoefde oock niet verswijgen in den Hage een seer goet Schilder, en Conterfeyter, Ravesteyn gheheeten, die een schoon en goede handelinghe heeft.

der zwischendurch auch Figuren malt und sich, wenn sich Gelegenheit dazu findet, mit der Anfertigung von hübschen Stickereien beschäftigt. Er ist ein Schüler von Jacques Savery, bei dem er jedoch nur Landschaften malen lernte. Verschiedene Porträts, grosse und ganz kleine, sind hier und dort von ihm zu sehen, die sehr ähnlich und gut in der Durchführung sind.[681]

Zu Harlem wohnt und aus Harlem stammt auch Cornelis Claesz, der die Schiffahrt und andere Beschäftigungen aufgegeben und begonnen hat Schiffe, und was dazu gehört, zu zeichnen und zu malen, wobei er wunderbares Talent und ebensolchen Verstand zeigt, als sei er von Natur zur Malkunst bestimmt worden. Die Takelung, das Tauwerk und alle Eigentümlichkeiten der Schiffe versteht er vortrefflich und verfügt bereits über eine so hübsche Art zu malen und eine so sichere und sorgfältige Weise die Taue zu zeichnen, dass er hinter niemand zurücksteht.[682]

Zu Amsterdam ferner leben noch zwei Maler aus Antwerpen, nämlich die Brüder Barent und Pauwels van Somer. Barent, der die Tochter von Aart Mytens[683] geheiratet und aus Italien mitgebracht hat, ist ein sehr guter Maler von Porträts nach der Natur und malt auch hübsche Kompositionen. Er hat sich einige Jahre in Italien aufgehalten.[684] Pauwels, der noch Junggeselle ist, ist auch hervorragend in allen Teilen der Kunst, in Kompositionen eigner Erfindung wie in Porträts.[685]

Zu Amsterdam wohnt auch ein besonders guter Maler von Bildnissen nach der Natur — er stammt, glaube ich, aus Antwerpen — Namens Cornelis van der Voort, der seine Sachen sehr gefällig, hübsch und sehr wirkungsvoll malt. Er ist noch ein junger Mann in der Blüte seines Lebens.[686]

Im Haag ferner wohnt Evert Krijns van der Maes, der kürzlich aus Italien gekommen ist und sich in Rom eine schöne, geistreiche und geschickte Art zu malen, in Historienbildern wie in Porträts, angewöhnt hat.[687]

Ich darf auch einen sehr guten Maler und Porträtisten Namens Ravesteyn, der im Haag wohnt und eine schöne und gute Malweise hat, nicht verschweigen.[688]

Noch is te Haerlem een jongh Man, Aert Jansz. Druyvesteyn, in Landtschap en beeldekens wel ervaren wesende, doch de Const maer by lust ghebruyckende.

Voorts is te Delft noch Jaques de Mosscher, in alle deelen der Consten wel gheschickt en ervaren.

Te Alckmaer is oock Thonis Ariaensz. een goet Schilder: En eenen Niclaes van der Heck, van t'gheslacht van Marten Hemskerck, en Discipel van Jan Naghel, wesende een goet Schilder, besonder in Landtschap.

Daer is oock te Delft een uytnemende Jongh-man, gheheeten Pieter Geeritsz. Montfoort, gheboren binnen Delft, van goet gheslacht, die by lust met groot opmerck de Const oeffent, oudt wesende ontrent 25. Jaer: desen is een Discipel van Michiel Miereveldt, daer hy doch maer een half Jaer by en was. Hy is neerstich t'ondersoecken de meeste schoonheydt van de Schilder-const, en coloreren, practiserende uyt sich selven op verscheyden wijsen, teyckenende oock ondertusschen op blaeu papier, met hooghen en diepen zijn dingen uytbeeldende. Sijn meeninghe is binnen zijn leven niet veel, maer yet besonders te maken.

Noch is een Discipel van Miereveldt, Pieter Diericksen Cluyt, van Delft: sijn Vader was een uytnemende beminder en kender van alderley bloemen, wien als een Voesterlingh van Flora, den Bloem-hof te Leyden was bevolen, en maecte van de Bloem-lievende Honig-byen en den honig seer geleerdlijck een Nederlantsch Boeck. Pieter zijn soon is seer neerstigh tot volcomenheydt der Schilderconst te comen, en is seer geestigh in 't inventeren, Teyckenen, en schilderen.

Veel ander jonghe geesten meer acht ic wel dat hier plaets weerdigh mochten wesen, die my onbekent zijn, oft niet te voor en comen, de welcke ick wensch hun soo te bevlijten in de Const, dat 't gheruchte sich gheweerdighe der selver namen so helder uyt te blasen, datse in 't Boeck

Zu Harlem ferner wohnt ein junger Mann Namens Aert Jansz. Druyvesteyn, der sich gut auf das Malen von Landschaften und kleinen Figuren versteht, die Kunst jedoch nur zu seinem Vergnügen treibt.[689]

In Delft ferner lebt Jacques de Mosscher, der in allen Teilen der Kunst sehr geschickt und erfahren ist.[690]

Zu Alkmaar weiss ich Thonis Ariaensz,[691] der ein guter Maler ist und ferner einen gewissen Niclaes van der Heck aus dem Geschlecht Martens van Heemskerck. Er ist ein Schüler von Jan Naghel und ein guter Maler, namentlich von Landschaften.[692]

Zu Delft lebt ausserdem ein junger ausgezeichneter Künstler Namens Pieter Gerritsz Montfort, der aus einer guten Delfter Familie stammt und die Kunst zu seinem Vergnügen, aber mit grosser Hingebung ausübt. Er ist ungefähr 25 Jahre alt und ein Schüler von Michiel Mierevelt, bei dem er jedoch nur ein halbes Jahr war. Er studiert mit grösstem Fleiss die grössten Schönheiten der Malkunst und der Farbe und übt sich auf eigne Hand auf verschiedene Art; zwischendurch zeichnet er auch auf blauem Papier und rundet seine Sachen durch Aufsetzen von Lichtern und Schatten. Es ist seine Absicht in seinem Leben nicht viel, aber etwas besonderes zu machen.[693]

Ein weiterer Schüler von Mierevelt ist Pieter Diericksz Cluyt aus Delft. Sein Vater war ein hervorragender Freund und Kenner von Blumen, dem als einem Liebling Floras der Botanische Garten zu Leiden anvertraut war, und der ein gelehrtes Buch über die blumenliebenden Honigbienen und den Honig in niederländischer Sprache verfasste. Sein Sohn Pieter bemüht sich mit grossem Fleiss es in der Malkunst zur Vollkommenheit zu bringen und ist sehr geistreich im Erfinden von Kompositionen, Zeichnen und Malen.[694]

Noch viele andere junge Talente verdienen, glaube ich, hier genannt zu werden, die mir unbekannt sind, oder deren ich mich nicht entsinne. Diesen wünsche ich, dass sie sich die Kunst so angelegen sein lassen, dass der Ruhm ihre Namen für würdig halte, sie so laut zu verkünden, dass sie

des onsterflijcken en loflijcken ghedacht moghen blijven. Heb ick oock yemant te hoogh boven weerden ghestelt oft gheroemt, na sommiger oordeel, die moghen hier door gheprickelt en aengheport worden, daer toe te comen, en sulcks te worden. Eyndlinghe wensch ick, niemandt mijnen gedaen arbeyts halven my t'ondancken, 't zy om myn onvolcomenheyt, oft yet dat hem mishagen mocht. Noch dat niemant sich hem te ydelijck verheffe op de Const, die ick voorhenen een schaduw van 't rechte wesen, en een bloem heb gheheeten, wetende dat oock ons leven niet en is als een wijckende schaduwe, en een onghedurighe Veldt-bloem. Alle Rijck-staven, constige Pennen en Pinceelē, moeten eyndlijck uyt der handt door de vernielende Doodt wech gherockt en ghenomen worden: daerom behoeftmen ernstlijck de beste en Godtlijcke Const, van lief hebben den even Mensch als sy selven te behertighen, en te leeren in der daet volbrenghen, als wesende eenen sekeren toepadt der eeuwigher salicheyt.

Ick hadde van den constighen Glas-schryvers, Plaet-snijders, en Nederlandsche Vrouwen, die 't Pinceel gheoeffent hebben, moghen eenighe deelen hier by ghevoeght hebben: dan alsoo ick deselvige, oft de bysonderste, t'somtijden voorhenen in de levens der Schilders hebbe ghenoemt, en verhaelt, en dat ick mijn Boeck vast bevinde dick te worden, laet ick 't blijven by mijn eerste voornemen, alleen van Schilderen en Schilders te handelen oft te schrijven: bedenckende daer beneffens, dat het haest tijdt soude wesen, als ick van anderen hebbe ghesch reven hoe sy geschildert hebben, dat ick my tot den Pinceelen keerde, om al proevende te ondervinden, of ick ooc yet goets con maecken. Het welck niet ongheraden wesende, ick de Const te ghevalle, nu dan nederlegghe mijn vermoeyde Pen, die ick doch de Schilderconst en al haer edel Oeffenaers ter eeren en ghevalle, oock de Schilder-jeugt tot leeringhe, verweckinghe, en vermaecklijckheydt, dus veel ghebruyckt, en met veel tijt en moeyte, tot mijn niet geringe schade oft nadeel versleten hebbe, doch lust heeft my doen aenvanghen, volherden en voleynden.

Eyndt des Schilder-boecks.

in dem Buche der unvergänglichen löblichen Erinnerung einen Platz finden. Wenn ich auch den einen oder andern nach der Meinung mancher über Verdienst gerühmt habe, so möge er dadurch angespornt werden dahin zu gelangen und sichs verdienen. Endlich wünsche ich, dass niemand mir um dieser Arbeit willen, sei es, weil sie unvollkommen, sei es, weil ihm vielleicht etwas daran missfällt, übelwollen möge. Ferner wünsche ich, dass niemand eitlen Hochmuts voll sei auf die Kunst, die ich oben einen Schatten der Wirklichkeit und eine Blume genannt habe, bedenkend, dass auch unser Leben nichts weiter ist als ein flüchtiger Schatten und eine vergängliche Feldblume. Alle Szepter, alle kunstreichen Federn und Pinsel müssen schliesslich durch den vernichtenden Tod der Hand, die sie hält, entrissen werden. Darum muss man ernstlich die beste und göttliche Kunst: seinen Nächsten wie sich selbst zu lieben, beherzigen und durch die Tat befolgen lernen als einen sicheren Pfad zur ewigen Seligkeit.

Ich hatte hier einige Abschnitte über die kunstreichen Glasmaler, Stecher und die niederländischen Frauen, die den Pinsel geführt haben, anfügen wollen, doch da ich ihrer oder wenigstens der bedeutendsten unter ihnen bereits an manchen Stellen in den Lebensbeschreibungen der Maler Erwähnung getan habe und zudem finde, dass mein Buch nachgerade dick genug geworden ist, lasse ich es bei meiner ursprünglichen Absicht bewenden, allein vom Malen und den Malern zu schreiben. Ausserdem scheint es mir wirklich an der Zeit zu sein, dass ich, nachdem ich von andern geschrieben habe, wie sie gemalt, nun selbst wieder zum Pinsel greife, um zu erproben, ob ich auch etwas Gutes zu stande bringen kann. So lege ich denn der Kunst zu Gefallen meine ermüdete Feder aus der Hand, die ich doch der Malkunst und allen ihren edlen Vertretern zu Ehren und Gefallen sowie der Malerjugend zur Belehrung, Ermunterung und Unterhaltung so viel gebraucht und unter Aufwand von viel Zeit und Mühe, zum nicht geringen Schaden für mich selbst, abgenutzt habe. Doch habe ich die Arbeit mit Freude angefangen, fortgesetzt und vollendet.[695]

Ende des Malerbuchs.

Das
Leben Karels van Mander.

CAROLUS VER-MANDERUS, PICT. ET POETA.

Peniculo vivunt Pictores ingeniosi,
   Et vivunt calamo, Carole docte, tuo.
Pictor, Pictorum Censor tu candidus idem.
   Pulcrum est Artificis pingere judicio.

Des Malers und Poeten Karel van Mander Geschlecht, Geburtsort, Geburtszeit, Leben, Werke, Tod und Begräbnis.

(Von einem Anonymus.[696])

Wäre es nicht sehr undankbar, geneigter Leser, wollte ich dieses pflichteifrigen Mannes nicht gedenken, der zum grossen Schaden für seine eigenen Arbeiten die Malkunst so erbaulich und lehrreich für die Schüler beschrieben und die vornehmsten unter den bekannten Malern durch die wahrheitsgetreue. und lebendige Schilderung ihrer Werke und ihres Lebens unsterblich gemacht hat, obwohl sie nicht mehr unter den Lebenden weilen? So schien es mir denn, zumal die Gelegenheit so günstig ist, dass infolge der grossen Nachfrage und des Absatzes seines Malbuches kaum ein Probeexemplar übrig geblieben ist, und sich ausserdem jemand bewogen gefühlt hat, einen Neudruck zu veranstalten, nicht allein zweckmässig, sondern auch gehörig und recht Karel darin einen Platz zu gönnen, der zu seinen Lebzeiten die vermoderten Toten leben machte, indem er ihnen das ruhmvolle Gewand löblichen Nachgedächtnisses anlegte. Und so fühlte ich mich vor mir selbst und vor Gott verpflichtet, es ihm hierin gleichzutun und ihn zum Entgeld mit dem Kleide des Ruhms und der Ehre zu schmücken, auf dass er dem neidischen Tod zum Verweis und Spott und dem tötlichen Neid zum Trotz ewiglich lebe und mit der köstlichen Diamantenkrone des Nachruhms glänze, wenn auch nur soweit es in meiner geringen Macht liegt und nicht so, wie es meine Gunst wohl wünschte. Wo aber, würdiger Mann der Männer[697] soll ich in der Verkündigung des Ruhmes deines er-

habenen Geistes beginnen, um den Edelsinn deines herrlichen, ehrenvollen und lehrreichen Unternehmens auszuposaunen. Wie! sollte ich so vermessen sein mit meinen menschlichen und irdischen Gedanken anfangen zu wollen die Erhabenheit deines himmlischen Geistes zu begreifen, der du die göttlichen Dinge der heiligen Schrift auf so beseligende Weise in deine Gedichte zu verweben gewusst hast, dass sie die Seelen der Sänger und Hörer aufs tiefste ergriffen! Wer hat zu deiner Zeit so viel an Reimen zum Preise Gottes zu stande gebracht wie Du? Welche Süssigkeit kann dem menschlichen Gemüt wohler tun und es mehr erfreuen, als jene, welche ihm deine „Goldene Harfe" mit ihren singenden Saiten vorgeklungen und zugeraunt hat? Welches Herz hat sich nicht an deinen christlichen Liedern erbaut, deren Klänge durch das offene Ohr ins Innerste dringen und Hunderttausenden unaussprechliche Freude bereiten? Oder soll ich lieber mit meinen leiblichen Augen die sichtbaren Werke deines hohen und grossen Verstandes betrachten und beschreiben, den du auf so edle und hervorragende Weise in der nicht genug zu preisenden Kunst der Malerei bewiesen hast? So bin ich denn im Zweifel, womit ich zuerst beginnen soll, da du in dem einen sowohl wie in dem anderen deine Zeitgenossen übertroffen hast. Doch was frage ich! Die Vernunft sagt mir, dass ich beiden gleichermassen gerecht werden und mit dir selbst beginnen soll, der du die Quelle und der Springbrunnen dieser so erwünschten Sachen bist. Wenn jemand Lust hat zu erfahren, wo, wann, von welchen Eltern und aus welchem Geschlecht du geboren bist, möge er zuhören:

Karel van Mander wurde an einem Maiensonntag des Jahres 1548 in einem Dorfe namens Meulebeke geboren, dessen Gemarkung, ein freundliches Tal von ungefähr neun Meilen im Umkreis, wohlbesetzt ist mit Feldern, Häusern, Bäumen, Hecken, Gebüschen und mit von verschiedenen kleinen Bächen durchzogenen und bewässerten Meiergütern, mitten in der Grafschaft Flandern liegt, — eine Meile von Thielt, eine Meile von Iseghem, eine Meile von Pitthem

und eine Meile von Roosbeke. In diesem Dorfe wurden vor
seiner Zerstörung durch die Malkontenten unter Mon-
tignys Führung fünfzehnhundert wehrhafte Männer gemustert.
Es liegt im Gebiete von Thielt und gehört mit diesem zum
Amtsbezirke von Courtray, und Karels Vater, Cornelis
van Mander, war dort lange Zeit Einnehmer und Amtmann
des Lehensträgers dieses Dorfes, wohnte daselbst im eigenen
Hause, besass Höfe und Ländereien, die er teilweise ver-
pachtete, war Lehensmann, Bürger von Courtray und ver-
schiedentlich Ratsherr des genannten Amtsbezirks, auch war
er Freisasse der Freiheit Brügge, dieweil er eine Lehens-
herrschaft besass (zu der noch acht geringere Lehen gehörten),
versehen mit einem wohlbefestigten Wohnhaus, Scheuern für
Feldfrüchte, Stallungen für das Vieh, alles rings von eigenen
Feldern, Wiesen, Gehölzen, Fruchtbäumen, einem Teich,
sowie einer Wind- und einer Wasser-Kornmühle umgeben und
in der Parochie von Kolskamp gelegen. Diesen Besitz
hatte ihm seine Frau Johanna van der Beke in die Ehe
gebracht. Er zeigte sich in der Zeit der Unruhen als sehr
streitbarer Mann, der sich mit den Seinen tapfer und mann-
haft bewiesen hat, wofür sich manche Geschichte zum Be-
weise anführen liesse, worauf ich jedoch der Kürze halber
verzichten muss. Als Sohn dieser Eltern also wurde unser
Karel van Mander geboren und in die Kirche von Meule-
beke gebracht, wo ihn der Junker Charles de Beir aus
der Taufe hob und ihm den französischen Namen Charles
geben liess. Er wird jedoch dem Brauche und der Landes-
sitte gemäss sowie um der Einfachheit der Aussprache willen
meist Karel genannt. So ist er als Abkömmling der alten
und edlen Geschlechter van Mander und van der Beke
in dieses Tal der Tränen eingetreten. Da man aber in
Flandern den Familiennamen mütterlicherseits nicht rechnet,
werde ich dir, lieber Leser, des breiteren von seiner Ab-
stammung väterlicherseits berichten, deren Alter und Adel
aus einer gewissen alten Pergamenturkunde im Kloster ten
Eyckhoute zu Brügge hervorgeht, welche lateinisch also
lautet:

Reverendus in Christo Waltherus van Mander Episcopus Ecclesiae Tornacensis questionem inter fratres et Sorores divae Trudonis habitantis ad magnum pontem lapidium via Oostcampiana, vulgo de groote Steenbrugghe, *composuit tam ad mobilia quam immobilia bona, una cum Abbate dulcis vallis,* vulgo Suetendaele, *et Fratres in abbatia nunc quercuum vulgo* ten Eechoute *Brugã Transposuit jussu et petitione Theodorici Elsatij Comitis Flandriae. Anno Domini* M. CC. XLVIII. *Mense Augusto.*

Es sind also im jüngstvergangenen August des gegenwärtigen Jahres 1617: 369 Jahre vergangen, seit jener Walther van Mander Bischof zu Tournay war. Ferner hat es noch einen Walther van Mander gegeben — den Sohn von Claude, dem Bruder des Herrn Jan van Mander — er war Urgrossvater unseres Karel, Ritter und Probst der Frauenkirche zu Brügge und wurde um seiner Gelehrsamkeit und Redegabe willen von Graf Philipp dem Guten mit dem Bischof von Terwaenen zusammen als Gesandter nach England geschickt, um dort die Ehe zwischen Heinrich, Prinzen von Wales und der Tochter Johanns von Burgund zu schliessen, wofür er von dem genannten Grafen aufs reichste beschenkt wurde. In der erwähnten Frauenkirche ist auf einer metallenen Grabplatte, unter der er begraben liegt, noch seine Grabschrift zu lesen. Dieser Kirche hat er verschiedene Sachen aus seinem Besitze vermacht, unter anderem ein Messgewand aus Goldstoff, das ebenso kunstvoll wie reich mit Figuren sowie mit dem Wappen der van Mander bestickt war. Letzteres zeigt einen auf dem Wasser schwimmenden weissen Schwan mit erhobenen Schwingen und einer goldenen Krone um den Hals in schwarzem Felde, welchen einer der flandrischen Grafen, nämlich Philipp der Gute den van Mander für die guten Dienste, die sie dem Vaterlande in Kriegszeiten gegen die Schotten und Engländer geleistet, verliehen hat. Dieses Wappen mit seinem Helm, Helmkleinod und Schild war an vielen Stellen in Flandern zu sehen, wie man es auch noch auf einem blauen Grabstein sehen kann, der mitten

in der Kirche zu M e u l e b e k e liegt, und wie es auch auf
den Glocken, die dort in dem hohen spitzen Turm hängen,
gegossen ist. Dies ist ein Beweis für die Vortrefflichkeit
der Abkunft van M a n d e r s, die zudem so offenkundig ist,
dass ich es nicht für nötig halte, noch mehr darüber zu
sagen. Und in der Tat, wollte ich hier auch auf die unüber-
sehbare Zahl der tapferen und hervorragenden Männer
und die lange Reihe der tugendsamen und gottesfürchtigen
Frauen eingehen, die das M a n d e r s c h e Geschlecht hervor-
gebracht hat, sowie auf das verdiente Lob ihrer frommen
Taten und grossen Dienste, die sie ihren Fürsten und ihrem
Vaterlande erwiesen haben, und auf die Tugenden, die sie
besessen, Ämter und Würden, die sie innegehabt und deren
man sie für wert achtete, — es würde ein sehr dickes und
grosses Buch geben, das für mich zu mühsam zu schreiben
und für dich, lieber Leser, zu lesen wäre. Darum lasse ich
sie auf sich beruhen und kehre zu der Aufgabe zurück, die
ich mir gestellt habe.

K a r e l kam, wie gesagt, in der Parochie von M e u l e -
b e k e zur Welt und war zweiter Sohn und zweites Kind
seiner Mutter, die ihn an der eigenen Brust ernährt und auf-
gezogen hatte neben seinem älteren Bruder C o r n e l i s, der
ein liebenswürdiges, sanftes und gelehriges Kind war und
sich dazu sehr willig, dienstbereit und fleissig mit den An-
gelegenheiten des Hauswesens beschäftigte. K a r e l jedoch,
den ein höherer und lebendigerer Geist erfüllte, hielt sich
von allen niedrigen Verrichtungen fern und übertraf seine
Zeitgenossen an Kraft des Verstandes, schneller Auffassung,
sowie Aussinnen und Ausführen lustiger Spässe bei weitem.
Die Natur liess von Anfang an erkennen, dass sie etwas be-
sonderes mit ihm vor hatte. Denn, wie P l u t a r c h sagt,
geben die Kinder, die ihr kindliches Spiel beiseite lassen
und sich an ernsthaftere Beschäftigungen machen als sie
ihren Jahren entsprechen, zu erkennen, dass man später
Grosses von ihnen erwarten darf, und das, woran ein Mensch
als Erwachsener seine Freude haben wird, das fühlt er schon
früh und davon gibt er schon von Kindesbeinen an im Reden

und Handeln Zeichen. Fürwahr, des Menschen Geist lässt sich nicht verschliessen, er kann, in welches Gefäss er auch gegossen sein mag, nicht verborgen bleiben, ebensowenig wie der freudespendende Wein nicht in lebendigen Fässern verborgen gehalten werden kann, sondern sich durch lustige Liedchen, süss-törichtes Geplauder und anderen Unsinn meldet. So verhielt es sich auch mit dem Geiste in unserem geborenen Maler; denn in seiner frühen Jugend machte sich Karel einmal, als die Dienstmägde seines Vaters die Wände des Hauses geweisst hatten, ans Werk und entwarf darauf mit Kohle und mit roter oder gelber Erde, so gut er sie sich eben zu verschaffen vermochte, die Bildnisse ihrer bäuerlichen Liebhaber: den einen mit einer langen, schiefen, buckligen Nase und den anderen mit einem grossen Höcker auf der Schulter und einer Eule darauf, krummen Beinen und grossen Stumpffüssen und schrieb ihre Namen darunter, worüber die Mägde wenig erbaut waren und sich bei seinen Eltern beklagten. Karel wusste sich aber witzig aus der Affäre zu ziehen. Ein anderesmal im Winter, als es sehr hart fror, — es war am Morgen vor Sonnenaufgang — versprach er einem von seines Vaters Knechten, ihm ein Spottgedicht auf seine Angebetete zu machen, die ihn verhöhnt hatte, aber unter der Bedingung, dass der Knecht seine blosse Zunge so lange fest an einen Eisenteil des Ziehbrunnens drücken solle, bis Karlchen ein Paternoster und ein Ave Maria gelesen hätte. Dieser einfältige Tropf war dazu gleich bereit, da er mit Hilfe der missbrauchten Kunst eines anderen Rache für den ihm zugefügten Tort nehmen wollte. Das Spiel ging also an: Karlchen las, und inzwischen fror die Zunge am Eisen fest, und der Dummkopf stand gefangen und konnte weder vor- noch rückwärts und schrie vor Schmerz bei dem Versuch die Zunge einzuziehen. Schliesslich riss er sich jedoch vom Eisen los, musste aber einen grossen Fetzen Haut daran sitzen lassen. Die Zuschauer, die sich eingefunden hatten, lachten sehr über seine Einfältigkeit, die durch die List des Knaben auf diese Weise missbraucht worden war. Ein anderesmal vollführte er einen besonders hübschen Streich.

Als nämlich einmal die Nachbarskinder, die um seiner lustigen
Einfälle willen gerne mit ihm spielten, beisammen waren,
befand sich ein Knabe darunter, dessen Mutter, eine Witwe,
ihm einen neuen langen weissen Kirseyrock hatte machen
lassen, den sie ihm an diesem Tage zum erstenmal angezogen
hatte. In diesem Gewand nun, in dem er sich sehr gefiel,
präsentierte er sich Karel. Es war aber zurzeit der Vogel-
kirschen. Karel lobte das Kleid über die Massen, machte
seinen Träger aber weis, der Schneider habe vergessen den
Rock zu säumen, wenn er jedoch still halten wolle, würde er
es nachholen. Der einfältige Tropf hatte nichts dagegen ein-
zuwenden und Karel machte sich ans Werk, nahm Vogel-
kirschen, presste den Saft heraus und machte damit ringsum
zwei Säume, ferner vorne und hinten schöne Schmetterlinge und
vergass auch die Ärmel nicht. Auf diese Weise verziert und
hergerichtet kam sich der Knabe herrlich herausgeputzt vor.
Sein Stolz würde ihm jedoch schlecht bekommen sein, wenn
die Vorsicht unseres Malers dem nicht auf eigenartige Weise
zuvorgekommen wäre. Er erwog nämlich, dass seine Mutter
ihm gewiss, sowie sie dieser Bordüre würde ansichtig werden,
etwas auf den Allerwertesten verabreichen würde, schon
darum, weil die Knaben damals lange ohne Hosen liefen.
Daher versprach er dem kleinen Joos eine Portion Kirschen,
wenn er sich etwas auf seinen Hintern malen lasse. Nach
langem Weigern und vielen Versprechungen war dieser es
endlich zufrieden und Karlchen nahm wiederum Kirschen
saft, stellte den Knaben mit den blanken Hintern gegen die
Sonne, damit seine Malerei schneller trockne und malte ihm
eine hässliche, grinsende Teufelsfratze darauf. Als diese
trocken war, gab er dem Knaben die versprochenen Kirschen,
worauf dieser hochentzückt zu seiner Mutter nach Hause
gelaufen kam und ihr zeigte, wie prächtig er geschmückt war.
Als die gute Frau dies sah, geriet sie in Zorn, griff zu einer
Rute, um den kleinen Joos zu züchtigen und lüftete sein
Röckchen. Kaum wurde sie aber der hässlichen Teufelsfratze
ansichtig, da entfiel ihr die Rute und sie sank mit dem
Schrei: „Heiliger Martin, Patron von Meulebeke, steh

mir bei!" in Ohnmacht. Inzwischen verbreitete sich das
Gerücht von diesem Streich, und es fand sich der eine und
der andere Nachbar ein, wodurch die Sache aufgeklärt wurde
und Jooslein ohne Prügel davon kam. Man beklagte sich
bei Karels Vater, doch das Ende war, dass man herzlich
über den Streich lachte. Karel wurde allmählich älter, fuhr
jedoch fort, eine Menge lustiger und hübscher Spässe aus-
zuführen, versäumte daneben aber nicht allerlei Figuren zu
zeichnen und in die Hundert kleine Gedichte und Scherz-
reime, sowohl in der Schule auf sein Schreibpapier als zu
Hause auf die Wände und an die Wege zu machen. Als die
Eltern und Blutsverwandten sahen, dass der Knabe eine
hübsche Begabung und Drang zur Betätigung zeigte, gaben
sie ihn zusammen mit seinem Bruder Cornelis nach
Thielt in eine Lateinschule, wo er seine Grammatik und
Syntax lernte und bereits schöne Fortschritte gemacht hatte
(trotz seines Dichtens und Malens, von dem er nicht lassen
konnte), als sie aus irgendwelchen Gründen von dort fort-
genommen und zu einem französischen Schulmeister in
Gent gegeben wurden, wo sie ihr Oheim François van
Mander, der dort wohnte, beaufsichtigte. Hier wohnten
sie einige Jahre, während welcher Zeit Karlchen seiner
natürlichen Neigung entsprechend nicht nachliess mit Zeichnen
und Reimen. Als sein Vater und sein Oheim dies wahr-
nahmen, fanden sie es geraten, ihn zu einen guten Maler in
die Lehre zu geben, damit er gründlichen Unterricht in der
Kunst, auf die doch sein ganzes Sinnen und Trachten ging,
geniesse und taten ihn zu einem gewissen Lucas d'Heere,
der ein guter und scharfsinniger Maler und Poet war. Hier
machte Karel für die kurze Zeit, die er bei ihm zubrachte,
sowohl im Reimen wie im Malen grosse Fortschritte. Warum
sein Vater ihn aber von dort fortnahm, ist nicht genau be-
kannt.[698] Er brachte ihn darauf zu seinem zweiten und
letzten Meister, einem kunstreichen Maler zu Courtray,
namens Pieter Vlerick, bei dem Karel etwas länger als
ein Jahr wohnte, nämlich in den Jahren 1568 und 69 und
zwar teils zu Courtray, teils zu Tournay, da Vlerick

von der einen Stadt nach der anderen übersiedelte, wie Karel
in seiner Biographie im Malerbuch erzählt.[699] Hierauf
kehrte unser Maler und Dichter wieder in das väterliche
Haus zurück, das sich lange Zeit bei der Kirche zu Meule-
beke befunden hat, und wo er sich mehr mit Dichten und
Schreiben als mit Malen beschäftigte. Hier führte er schöne
Sinnspiele auf, z. B. eines, das von Noah handelte, wie er
die Arche baute, den Menschen predigte, sich angesichts der
nahenden Sintflut zu bekehren, die Tiere versammelte, in die
Arche ging, die Taube und den Raben aussandte und nach
dem Verlassen der Arche Gott opferte — alles sehr gefällig
und hübsch inszeniert mit vielen Personen. Er hatte dazu
viele auf dem Wasser treibende Leichname von Menschen
und Tieren auf ein grosses Segeltuch gemalt, das über die
Bühne gezogen wurde. Zu gleicher Zeit wurde eine solche
Menge Wassers mit Hilfe von Handpumpen über ein Haus
hinweg auf die Szene gebracht, dass es wie ein Platzregen
niederging, und zwar so, dass viele von den Zuschauern, die
in grosser Anzahl aus den umliegenden Städten und Dörfern
herbeigeströmt waren, um dies Spiel zu sehen, sich gezwungen
sahen weit zurückzuweichen und sich wunderten, woher all
dies Wasser kommen möchte, und viele alte Leute vor Mit-
leid über die Toten weinten und in der Seele bewegt waren
über die Angst der noch Lebenden; denn es hatte den An-
schein als treibe die Arche auf dem Wasser, so geschickt
hatte Karel die Sache ausgesonnen und inszeniert. Dies
hatte denn auch viel Zeit gekostet. Sein Bruder Cornelis
war davon nicht sonderlich erbaut und hätte es lieber ge-
sehen, dass er ihm im Leinwandhandel behilflich gewesen
wäre. Als jedoch Pfingsten zu nahen begann, wusste Karel
ihn so zu bereden, dass Cornelis alle für das Spiel not-
wendigen Aufwendungen bestritt, was die Mutter zu der Be-
merkung veranlasste: „Du bist törichter als Karel, denn
behieltest du dein Geld im Spind, würde er nichts ausrichten
können." Er führte auch Schwänke auf, denen scherzhafte
Vorfälle bei den Bauern zugrunde lagen, auch machte er
allerlei Tafelspiele, Lieder mit und ohne Refrains, geistliche

sowohl wie weltliche, scherzhafte und ernsthafte; denn er bekam aus allen Gegenden Flanderns von den Rhetoriker-kammern Karten und beteiligte sich an Preisdichtkämpfen, wie er denn auch viel Ehrenpreise aus Zinn gewonnen hat. Unter andern Spielen schrieb er das von Nebukadnezar, wie dieser stolze Fürst aus seinem Königreich verstossen wurde und in der Wildnis mit den wilden Tieren Heu und Gras frass, bis er, wieder zur Ruhe und zu Sinnen gekommen, aufs neue in sein Reich eingesetzt wurde. Ferner ein anderes Spiel, wie der königliche Prophet David seinen weisen Sohn Salomo als König einsetzt und ihm die Pläne zum Aufbau des Tempels gibt, Salomos Urteil, sein Bund mit Hiram, die Ankunft der Königin von Saba, die gekommen war Salomos Weisheit zu hören und seine grosse Herrlichkeit zu sehen und so weiter, und endlich wie Salomo verleitet durch die fremden Weiber sich der Abgötterei schuldig macht — ein Spiel, das ebenfalls in Meulebeke zu Pfingsten von fünfzig Personen mit Kamelen und andern Tieren glanzvoll und prächtig aufgeführt wurde. Auch die Bühne war sehr hübsch und kunstvoll hergerichtet. Adam van Mander, sein jüngster Bruder, spielte den König Salomo, eine besonders grosse Rolle. Zu dieser Aufführung waren fast alle Verwandten aus Gent, Brügge, Courtray, Audenarde und andern Orten nebst einer grossen Menge von Leuten aus den nächstgelegenen Dörfern gekommen. Hierdurch wurde Karel überall bekannt. Zwischendurch malte er auch für den oder jenen etwas, auch Bilder, die in Kirchen und Häusern aufgestellt und aufgehängt zu werden bestimmt waren. Auch hatte er anlässlich der Hochzeit seiner Schwester ein „Braut-Christi"-Spiel und eine Posse gemacht. Ferner hatte er, bevor er seine Reise nach Rom antrat, zwei Reimspiele gedichtet: eines vom Bel zu Babel und das andre von der Weisheit und der Torheit. Während er in Italien war, wurde das eine, das von Daniel handelte, zu Thielt, das andere zu Meulebeke aufgeführt. Im Jahre 1574 erhielt Karel nämlich von Vater und Mutter die Erlaubnis nach Rom zu gehen.[700] Vor seiner Abreise machte er ein Abschieds-

liedchen, bekam Reisekleider und Geld in den Beutel, wurde
jedoch zunächst zu seinem Onkel François van Mander
nach Gent geschickt, damit dieser ihn über die Reise, die
er selbst schon gemacht hatte, unterrichte. So begab sich
Karel dann schliesslich auf die Reise, und zwar in Gesell-
schaft einiger junger Edelleute, von denen er sich jedoch
unterwegs trennen musste, da es ihren Dispositionen wider-
sprach auf ihn zu warten, wenn er in manchen Städten einige
Zeit damit hinbrachte, es dort mit der Kunst und ihren
Meistern zu probieren. Er kam bei guter Gesundheit in
Rom an, und da er selbst seiner Reise gedacht hat, begnüge
ich mich den wissbegierigen Leser darauf hinzuweisen.[701]
Er hat von Rom bisweilen an seine Eltern geschrieben und
hielt sich dort im Jubiläumsjahre 1575 auf, bei welcher Ge-
legenheit er viel Seltsames sah. — Sein römischer Aufent-
halt dauerte über drei Jahre, während welcher Zeit er bald
bei dem bald bei jenem seine Kunst ausübte. Zuerst malte
er in dem italienischen Städtchen Terni für einen Grafen
einige grosse Bilder mit Szenen aus der Pariser Mord-
nacht, darunter jene wie der Admiral Coligny aus dem
Fenster gestürzt wird. Er hatte einen gewissen Sr. Gaspare
aus Apulien zum Genossen, einen Schüler von Giacomo
de Gratisco. Karel hielt sich stets in der Gesellschaft
dieses Italieners auf und malte Grottesken, worin er sehr
wohl erfahren war, auch malte er für verschiedene Kardinäle
viele Landschaften *al fresco*. In Rom erlangte er die päpst-
liche Bewilligung frei und frank das Rappier zu tragen. In
der Gesellschaft von Sprangers lebten die Maler so ver-
nünftig, dass sie immer Geld auf der Bank liegen hatten.
Er ist der erste gewesen, der zu Rom die Katakomben
wiedergefunden hat und zeichnete viel unter der Erde,[702]
ebenso auch noch viele andere Dinge, nämlich fast alle an-
tiken Reste, und was man sonst noch Merkwürdiges finden
kann.

Im Jahre 1577 verliess er Italien und kam auf der
Rückreise nach Basel, wo er auf dem „Gottesacker"
genannten Begräbnisplatze einige die Flucht Jakobs dar-

stellende Bilder malte.[703] Sprangers, der sie gesehen
hatte, sagte sie seien ausnehmend schön. Von dort ging er
nach Wien in Österreich, um mit Sprangers den für
den Einzug Kaiser Rudolphs bestimmten Triumphbogen aus-
zuschmücken, der sehr schön erfunden und reich verziert
war, und für den der treffliche Bildhauer Hans Mont
die plastischen Figuren ausgeführt hatte. Karel, der nach
Hause, nach seinen Eltern und seinem Vaterlande verlangte,
wollte nicht in Wien bleiben, sonst wäre er sicherlich in
den Dienst des Kaisers gekommen, und so setzte er denn
seine Heimreise fort[704] und kehrte mit vielen Zeichnungen
zurück, die er, wie schon berichtet, in Rom und anderwärts
nach vielen schönen Sachen ausgeführt hatte. Als er nun
seinem Heimatsdorf und dem väterlichen Hause zu nahen
begann, wurde die Nachricht davon seinen Eltern überbracht,
und sein Bruder Adam, die Knechte des Hauses, seine
Rhetorikerkameraden und andere Dorfbewohner liefen ihm
ein Stück Wegs entgegen und begleiteten ihn hocherfreut
bis ans Haus, wo ihn Vater und Mutter aufs herzlichste
umarmten. Als er sich darauf einige Zeit mit seinen Freunden
vergnügt hatte, ging er ans Malen und machte zuerst die
Figuren Adams und Evas nackt an dem Baume der Erkenntnis
des Guten und Bösen stehend. Eva, die Adam liebend an-
blickte, bot ihm den Apfel dar. Das Bild war von vielerlei
Tieren belebt, vierfüssigen sowohl wie fliegenden, und zeigte
eine von vielen schönen Bächen durchzogene Hintergrunds-
landschaft mit verdämmernder Ferne. Weiter bemerkte man
viele schöne Bäume, grüne Gewächse und liebliche Blumen
im Vordergrunde. Das Ganze — es handelte sich um ein
Ölbild — war von vorzüglicher Wirkung. Ferner malte er
einen Untergang der Welt durch das Wasser. Hier sah man,
wie die Arche zu treiben, wie der Regen plötzlich und heftig
niederzuprasseln begann, die Täler anfingen sich mit Wasser
zu füllen, Menschen und Tiere in erschreckter Hast Hügel
und hohe Erhebungen aufsuchten und mutternackt auf Bäume
kletterten, angstvolle Mütter ihre Kleinen fest an sich pressten,
Männer fieberhaft am Werk waren, ihre Frauen und Kinder

hinaufzuziehen — alles in höchster Todesangst. Einige, die
jammervoll die Hände rangen, zeigten schon Leichenblässe,
andere rauften sich verzweifelt die Haare. Hier und dort
sah man einige Spitzen von Bergen, Türmen, Häusern und
Bäumen aus dem Wasser hervorragen, und was noch trocken
war, das war von einer Menge von Menschen und Tieren
besetzt. Alles war sehr überzeugend und natürlich gemalt
und zeigte, wie die angespannten Glieder ihre äusserste Kraft
in dieser allerhöchsten Not entwickelten. Einige, die zurück-
blickten, bissen die Zähne zusammen angesichts des Schreckens
der unmittelbar drohenden und unentrinnbaren Todesgefahr,
was man nicht ohne Mitgefühl ansehen konnte, so dass viele
arme einfache Leute aus dem Dorfe, als sie dies sahen, herz-
brechend darüber weinten. Dieses Bild wurde ebenso wie
das andere von den Kunstverständigen sehr gerühmt. Ferner
fertigte er für François van Mander, der an den Hof
des Königs von Spanien befohlen worden war, um in die
aus Edelleuten gebildete Leibwache zu treten, aber vorher
starb und zu London in England begraben liegt, ein
Epitaph an. Er malte mit Ölfarbe auf eine Holztafel eine
reiche und kunstvolle Umrahmung, bestehend aus hübschen
nackten Putten, die tiefbetrübt auf Totenschädeln und Ge-
beinen mit niederwärts gekehrten brennenden Fackeln sassen
und beweglich weinten, wobei ihnen die glänzenden Tränen
von ihren rosigen Pausbacken herabzutropfen schienen. An
den Kopf der Tafel malte er das Wappen der van Mander und
hing die Schilde rechts und links daran. Auf das viereckige
Feld der Tafel malte er eine Auferstehung Christi: der Herr
umstrahlt von einer grossen übernatürlichen Helligkeit und
die Wächter voll Entsetzen — der eine mit abwärts gebogenem
Antlitz, ein zweiter die Augen vor diesem strahlenden Glanz
schützend, während andere aufgesprungen waren in ihrem
Schrecken, um so dem Lichtschein zu entgehen. Darunter
lag in einem Grab das Geripppe eines gänzlich verwesten
Leichnams. François hatte selbst eine Grabschrift dafür
gemacht. Das Ganze war sehr kunstreich ausgeführt und
sollte in der Kirche zur Zierde und zum Gedächtnis über

der Grabstätte des Vaters von François, seligen Gedenkens, aufgehängt zu werden. Aber in den Unruhen, die das Land ergriffen, und während der Bilderstürme sind diese Bilder und noch andere von Karel gesammelten Sachen entwendet und unterschlagen worden. Karel, der im Hause seines Vaters viel las und schrieb und hie und da, wenn ihn die Lust ankam, etwas malte, ging, da er heiraten wollte, in einem benachbarten Dorfe auf die Freite. Um diese Zeit kamen die malkontenten Wallonen, um das Städtchen einzunehmen. Infolgedessen griffen die umwohnenden Bauern von Thielt, Meulebeke und anderen Dörfern zu den Waffen, zusammen wohl fünftausend Mann. Von da ab schien es, als ob das flache Land der Vernichtung und dem Verderben preisgegeben wäre, da die Bewohner von beiden Parteien sehr mit Kriegsvolk belastet, ja weit überlastet wurden, indem man sie mit Gewalt aussog und sie ihres Geldes und ihrer übrigen Habe beraubte. Dies veranlasste Karels Eltern ihre besten Kleinodien, Hausgeräte und Besitztümer zusammenzupacken und sie nach Brügge und Courtray zu bringen und schliesslich, fortwährend auf der Flucht, bald in der einen bald in der anderen Stadt ein bewegliches Lager aufzuschlagen. In dieser stürmischen Zeit dichtete Karel ein Liedchen, in welchem er von der trostlosen Verlassenheit der flüchtenden Mädchen spricht. Hier heisst es:

> „Ich weiss noch Eine,
> Schöner ist keine,
> Die aber ist zu Haus geblieben, etc."

Dies ging auf ein ungefähr achtzehnjähriges Mädchen, das ziemlich schön, doch von geringer Herkunft war, und das er in dieser unruhigen Zeit heiratete.[705] Sie schenkte ihm einen Sohn, den er nach seinem Vater Cornelis taufen liess. Mit ihnen musste sich Karel, durch die Not gezwungen, nach Courtray wenden, da das Kriegsvolk, das vor der Stadt Tournay gelegen hatte, sich über die Lei in dem Amtsbezirk von Courtray bis nach dem Gebiet der Freiheit Brügge ausbreitete und ein Regiment Wallonen unter Führung von Montigny, sowie ein Regiment

deutscher Söldner zu Iseghem ein Lager aufschlugen und die Landleute stark bedrückten. In dieser Zeit kam Karel einmal in das väterliche Haus, um das Korn, und was dort sonst noch zurückgeblieben war, auf Wagen nach Courtray zu schaffen. Als er so zwei oder drei Wagen vollgeladen hatte und sich damit kaum einen Pfeilschuss von der Kirche entfernt auf der Strasse befand, drang das Regiment Wallonen unter Montigny — es war am Tage vor Dreikönig um die Mittagsstunde — in das Dorf, zerschlug diese Sparbüchse, raubte was es fand, hieb auf die Männer ein und verwundete sie und vergewaltigte und beschimpfte Frauen und Mädchen. Das Haus von Karels Vater wurde auch gänzlich ausgeplündert und dem armen alten Mann, der lange krank gelegen hatte, wurden Decken, Laken und das Bett unterm Leibe weggezerrt. Als Karels Bruder Adam, der ungefähr achtzehn Jahre alt war, sah, dass in seines Vaters Hause alles drunter und drüber ging, ergriff er einen Stossdegen, den er irgendwo verborgen gehalten hatte, mischte sich, da er gut wallonisch sprechen konnte, unter die Trossknechte und brach, das blosse Rappier in der einen und ein kleines Beil in der anderen Hand, Kisten, Kasten und Truhen auf und schlug sie in Stücke und machte auf diese Weise mehr Beute als er tragen konnte. Er packte sogar seine eigene Mutter an, um ihr das Geld abzunehmen und bedrohte sie mit dem Tode, sie aber verstand, worum es sich handelte; denn indem er sie anfiel, war sie das Raubgesindel los. In diesem Getümmel wurde Karel mit seinen Wagen von einigen Wallonen aufgegriffen, die ihn nackt auszogen. Obgleich er ihnen in ihrer Sprache gute Worte gab, half ihm das doch nichts, und sie legten ihm sogar grausamerweise eine Schlinge um den Hals und wollten ihn ohne weiteres an einen Baum hängen, wenn anders er sie nicht durch Geld zufriedenstelle. Während diese Szene sich abspielte, kam zufällig ein italienischer Reiter herzugeritten, der das Spiel eine Weile beifällig mit ansah. Karel redete ihn auf italienisch an, worauf ihn der Fremdling, sehr erstaunt seine Sprache aus dem Munde dieses Bauern zu hören, fragte,

wo er sie erlernt habe. „In Italien“ antwortete Karel,
„hauptsächlich aber in Rom.“ „Und was hast du dort ge-
trieben?“ fragte der Reiter. „Gemalt“, lautete Karels Ant-
wort. Da sah ihm der Italiener scharf ins Gesicht, er-
kannte ihn, zog sofort seinen Hieber und schlug damit unter
die Wallonen, die nur Fussknechte waren, mit den Worten:
„Schnell nehmt ihm den Strick ab und lasst mir meinen Freund
frei und gebt ihm seine Kleider wieder!“ Das taten sie,
und er hätte Karel auch gerne sein übriges Gut zurück-
geben lassen, aber das Raubgesindel erhielt Zuzug, und jeder
nahm soviel er tragen konnte und zog damit ab. Der Ita-
liener blieb aber an seiner Seite, damit die anderen Soldaten
ihn nicht weiter belästigten und hätte ihn gerne ins Lager
geführt, um ihn zu bewirten, Karel dankte jedoch unter
Hinweis auf seine Lage und sagte, er habe noch einen alten
kranken Vater im Dorfe, der auch ausgeplündert sei und
habe Weib und Kind in Courtray gelassen, wohin er auch
gerne Vater, Mutter, Brüder und Schwester bringen möchte,
und so blieb der Reiter Karel zu liebe so lange bei ihm,
bis alles Kriegsvolk mit der ganzen Beute abgezogen war.
Dann gab er ihm die Hand mit den Worten: „Addio com-
pagno, sino a rivederci!“ Leb wohl Kamerad, auf
Wiedersehn! Karel bedankte sich sehr bei ihm und küsste
ihm die Hände. Dieser Reiter diente unter der berittenen
Truppe des Herzogs Alba und war in Rom Karels guter
Bekannter gewesen, im Palaste eines Kardinals, wo Karel
einst gemalt und ihm hie und da eine Zeichnung oder etwas
anderes geschenkt hatte. Er war aus irgend welchen Gründen
aus Italien in den niederländischen Krieg gekommen.
Hieraus ersieht man, wie nützlich es ist, dass man sich mit
jedermann auf guten Fuss stellt; denn diesem unerwarteten
Freund hatte er allem Anschein nach das Leben zu verdanken.
Als Karel darauf zu seinem Vater kam und sah, wie gotts-
jämmerlich es dort mit allem bestellt war und seinerseits erzählte,
was ihm widerfahren war, wie Pferde, Wagen und alles Gut
ihm geraubt ward, zeigte ihm sein Bruder Adam seine Beute,
und beide zogen zusammen aus, um ihre Schwester Jannetje

zu holen, die von Adam auf einen trockenen Damm, der zwischen zwei Hecken lag, geborgen worden war. Dann erhielten Vater, Mutter, Brüder und Schwester etwas von der Beute des geistesgegenwärtigen Jünglings, um damit ihre Blösse zu bedecken und machten sich auf den Weg nach Courtray, wobei sie ihren kranken Vater oftmals tragen mussten, da im ganzen Dorfe nicht Pferd noch Wagen zu bekommen war. Auf diese Weise legten sie drei Meilen Wegs zurück und brachten den kranken Mann im Kloster der grauen Mönche unter, wo ihnen eine Kammer nebst Bett und Pfühl gegeben, sowie Essen und Trinken vorgesetzt wurde in Vergeltung der Wohltaten, welche diese Mönche früher von dem kranken Manne empfangen hatten, — wieder ein Beispiel dafür, dass eine Freundschaft der anderen wert ist. Als Karel sich nun — es war im Jahre 1581 — in Courtray befand, bestellten die Vorsteher der Lakenwebergilde bei ihm eine Altartafel mit zwei Flügeln zum Preise von 25 Pfund Vlämisch, wovon er sich einen Teil als Vorschuss ausbedang, was ihm und den Seinen gut zu statten kam. Dieses Altarwerk zeigte von aussen zwei grosse stehende Figuren in Grisaille: auf der einen Seite die hl. Katharina mit Schwert und Krone in der Hand, sowie dem zerbrochenen Rade und ihrem tyrannischen Vater zu ihren Füssen, auf der anderen Seite Menes, ihr Lehrer im Christenglauben. Auf den Innenseiten der Flügel sieht man in sechs viereckigen Feldern ihr Martyrium dargestellt: wie das scharfschneidende Rad, mit dem der Tyrann sie zu töten und zu zermalmen gedroht hatte, durch einen Blitz zertrümmert wird usw., auf jedem Feld eine besondere Marter in zierlichster Ausführung und darunter jedesmal in goldenen Buchstaben zwei Verszeilen eigener Dichtung zur Erklärung des Dargestellten. Auf dem Mittelbilde hatte er auf der einen Seite den Tyrannen nebst einigen Kriegsknechten und auf der anderen, links von Katharina, eine Anzahl enthaupteter Leichname dargestellt, auf denen einige Hunde standen, die einander mit gefletschten Zähnen, emporgezogenem Rücken und gesträubten Haaren anknurrten, bereit darum zu kämpfen,

wer zuerst seinen hungrigen Rachen in das vergossene Menschenblut tauchen und es mit der gierigen Zunge auflecken solle. In der Mitte aber kniete die reine, gottesfürchtige Jungfrau heiteren Antlitzes, mit unverbundenen Augen zum Himmel blickend und mit gefalteten Händen den tötlichen Streich des Scharfrichters erwartend, der halbnackt mit geschwungenem Schwert zur Seite stand, um den Schlag zu führen. Aus der Höhe fiel eine strahlende Helle auf das Mädchen und liess seine entblössten alabasterweissen Glieder in Glanz und Glorie aufleuchten. Der Maler hat auf die Haltung und Bewegung, sowie auf die Gesichter der Personen besonders sorgfältig geachtet, und das Bild ist noch so schön und frisch und nicht eingeschlagen, als sei es erst vor kurzem gemalt. Man kann sich davon in der nordwärts vom hohen Chor in der Martinskirche gelegenen Schönlakenweberkapelle, wie sie in Courtray genannt wird, überzeugen.[706] Sonst ist mir nicht bekannt, dass Karel in Courtray erwähnenswerte Werke geschaffen hätte. Er wurde dort Vater seines zweiten Sohnes, dem er den Namen Pieter gab, nach Pieter Pype, dem Manne seiner Schwester Anna, welche dort samt Frau und Kindern an der Pest gestorben war. Dieser und andere Gründe veranlassten ihn 1582 mit Weib und Kind Courtray zu verlassen und mit einigem Gepäck und geringer Barschaft nach Brügge überzusiedeln. Auf dem Wege dorthin wurden er und seine Frau abermals von den Malkontenten gänzlich ausgeraubt bis auf die schlechtesten ihrer Unterkleider. Ja diese gingen in ihrer Raubgier so weit, dass sie dem kleinen Kind die Tücher abnahmen, in die es gewickelt war, so dass es die Mutter in ihrer Schürze, einem schlechten Lappen, den ihr die Soldaten gelassen hatten, tragen musste. Und Karel hatte nichts weiter, als eine alte zerschliessene Decke um den Leib geschlagen. Doch da seine Frau in einem Unterröcklein eine Tasche hatte, die doppelt war und ein Goldstück barg, das den Soldaten entgangen war, so tanzte Karel vor Freude, während seine Frau bitterlich weinte. Karel tröstete sie aber mit den Worten: „Lass gut sein! Wenn wir nur nicht

gefangen werden und heil in die Stadt kommen, so wird
sich alles zum besten kehren" — und sang vergnügt ein
Liedchen, worauf er fortfuhr: „ich will so fröhlich und fleissig
malen, dass wir wohl wieder Kleider an den Leib und Geld,
um uns Nahrung zu kaufen, bekommen sollen." Damit nahm
er der Mutter das Kindlein ab und sprang und tanzte damit
so vergnügt umher, dass seine Frau doch wieder lachen
musste. So gelangten sie in die Stadt, und K a r e l fand dort
in der Tat einen alten Bekannten, einen Maler namens
P a u l u s W e y t s, der ihm sofort Arbeit gab, und so ver-
diente er sich einen Zehrpfennig. Doch da es auch hier
keine Ruhe gab, indem der Feind täglich näher rückte und
die Pest in der Stadt immer mehr um sich griff, verliess
K a r e l mit seiner Frau, deren Mutter und seinen Kindern
dieses Asyl und ging zu Schiff nach H o l l a n d, wo er sich
in der alten und berühmten Stadt H a r l e m niederliess, wo-
selbst er von verschiedenen Seiten Aufträge für Malereien
und Zeichnungen bekam.

Es kann nicht in meiner Absicht liegen, lieber Leser,
dir hier eine Liste aufzustellen von allem, was unser Maler
und Poet gemacht hat. Sie würde unendlich lang werden,
und ausserdem ist dies Labyrinth für mich zu verwirrt und
zu schwer den Ausweg daraus zu finden, zumal die schöne
Jungfrau von K r e t a mir ihr Garnknäuel vorenthalten hat.
Ich will nur in Kürze einige seiner Werke berühren, die ich
deiner bescheidentlichen Besichtigung empfehle, auf dass du
erkennest, was für ein Held er in der Kunst gewesen ist
und wess Geistes er war. Niemand ist gewiss so wenig bei
Verstand, dass er nicht ohne weiteres glaubt, dass dieser
unser Mann der Männer ein guter Meister gewesen sein
muss, nachdem er der Jugend ein so guter Führer war. Ich
zweifle zwar nicht, dass er von Seiten einiger Undankbaren,
oder einiger, die ihm heimlich grollen, weil er anderen eine
zu hohe, ihnen aber eine zu geringe Stellung in der Kunst
angewiesen hat, hässlichen Widerspruch erfährt, — das
schadet jedoch nichts; denn die Schmähungen solcher Leute
werden von den Verständigen wohl als das, was sie sind,

erkannt und schlagen ihnen ganz anders aus als sie manchmal meinen. Und nun bitte ich die Gutgesinnten, meine gute Meinung ihrer gütigen Güte gemäss gut aufzunehmen, dafür soll sie der grundgütige Gott gütig mit den allerbesten Gütern der Ewigkeit begütern, was mir die ewige und heilige allgütige Dreifaltigkeit vergönne. Amen. Fahrt wohl![707]

Was seine in Holland ausgeführten Malereien und Reimwerke betrifft, so will ich im Folgenden einen Teil davon anführen. Im Jahre 1583 — als er erst kurze Zeit in Harlem etc. war — malte er eine Sintflut in Grisaille und darauf einige Historienbildchen runden Formats, die der Herr Rauwaert kaufte, sowie er sie gesehen hatte. Kurze Zeit darauf machte er die Bekanntschaft von Goltzius und Cornelius Cornelisz. Diese drei taten sich zu einer Art Akademie zusammen, um nach dem lebenden Modell zu studieren, und Karel unterwies die beiden anderen in der italienischen Manier, wie es z. B. aus dem Ovidius von Goltzius leicht zu ersehen ist.[708] Er malte ferner viele Grisaillen, da diese den Kunstfreunden gleich von Anfang an gut gefielen. Für Rauwaert malte er die Passion in zwölf Bildern, eine sehr schöne Bauernkirmess und noch vieles andere. Jacques Razet besass verschiedene von seinen Werken, unter anderem eine Predigt Johannis. Eine solche, die sehr hoch geschätzt wird, befindet sich auch bei einem Färber zu Harlem. Der Rentmeister Kolderman besitzt von ihm ein Bild, das eine gestörte Predigt und ein anderes, welches das Durchkriechen unterm Joch darstellt. Der Brauer Jan Matthysz zu Harlem besitzt von ihm ein Bild mit David und Abigail, der Herr Razet ferner noch zwei Darstellungen der Geburt Christi. Für das Stadthaus zu Harlem malte er ein Schild zur Erinnerung an Jan Huygensz van Linschoten[709] und für Meister Albert (Symonsz?) eine sehr feine Geschichte von Jephta. Für Melchior Wijntgis malte er eine Kreuzschleppung und noch viele andere kleine Bilder, darunter auch eine Bauernkirmess, für Razet eine Kreuzigung Christi, auf der er sich und Goltzius nach der Natur dargestellt hat,[710]

ein besonders fein und sauber ausgeführtes Bild. Kurz, es
gibt wenige Kunstfreunde in Holland, die nichts von seinen
Werken besitzen; denn er hat unzählige Werke geschaffen —
gemalt sowohl wie gezeichnet. Darum muss ich die grosse
Masse übergehen und mich auf folgendes beschränken: Bei
dem Goldschmied Kors Reyersz befinden sich drei seiner
besten Bilder, nämlich eine Kreuzschleppung, die so schön
und sauber durchgeführt ist, dass sie von den Kennern aufs
höchste gerühmt wird, zweitens: die drei Könige, ein doppelt
preiswürdiges meisterhaft gemaltes Bild und drittens: Jakob
vergräbt die fremden Götter,[711] ein Bild, an dem er eben-
falls keine Kunst gespart hat. Für Mr. Willem Bartjens
malte er eine Landschaft mit Bauernhäusern und voll schöner
Bäume und als Staffage Christus mit seinen Aposteln, der
die neun Aussätzigen reinigt.[712] Ferner eine kleine Maria
mit Joseph, alles sehr kunstvoll und mit grosser Umsicht
gemacht. Auf dem Schlosse zu Sevenberghen malte er
für den Herrn Schöffen Jan de Witte zu Amsterdam
zwei ebenfalls sehr gute Bilder, nämlich eine Taufe und eine
Bekehrung Pauli.

Ebenso malte er ein Bild für den Herrn van Assen-
delft und für Barthout Claeszoon zu Delft ein schönes
Bild mit dem reichen Jüngling. Zu Amsterdam, in der
Warmoesstraat, bei Sr. Klaes Fredericksz Roch be-
findet sich eines seiner letzten und grössten Bilder, nämlich
der Durchzug der Kinder Israels durch den Jordan mit der
Bundeslade.[713] Hier hat er sich selbst sehr ähnlich, ob-
wohl er damals krank war, als einen der Leviten oder Träger
der Bundeslade dargestellt, ebenso den ersten Besitzer des
Bildes, Sr. Isaak van Gerven, mit seiner ersten Frau.
Das Bild ist sehr gut ausgeführt, wovon man sich leicht
überzeugen kann. Die vordersten Figuren sind eifrig be-
schäftigt sowohl mit ernsthaften Gesprächen wie mit Tragen,
dessen Bewegung naturgetreu dargestellt ist, usw. Die Kom-
position ist sehr gut erfunden und hat zur Folie eine luftige
hübsch behandelte Landschaft. Im Flussbett liegen viele
Muscheln und Schnecken, auch erblickt man Windhunde und

eine rote Bracke, die einander gereizt anknurren. Der ganze Vorgang ist meines Erachtens nicht schlecht erfasst und im einzelnen gut durchgeführt. Um den Rahmen ziehen sich in goldenen Lettern folgende Verse, die er gedichtet hat:

Nach langem Kampf auf dieser Welt kommt jeder Christ
Zuletzt ins Reich, das voll von süssen Freuden,
Doch heisst's den Jordan, Tod genannt, durchschreiten,
Da dies der Weg, den alles Fleisch muss wandeln, ist,
— Der letzte Feind von ihm zu überwinden:
Glückt diese Reise, wird das Heil er finden.

Um dieselbe Zeit hat er auch für Mijnheer Jan Hendricx Zoop, Meister und Leiter des Glashauses zu Amsterdam ein grosses Bild gemalt mit der Darstellung des gottlosen und leichtfertigen Tanzes der gottvergessenen Kinder Israels um das von ihnen aufgerichtete goldene Kalb. Im Vordergrunde schlemmen die geilen Männer mit den leichtfertigen moabitischen Weibern und vergessen sich, benebelt durch das starke Getränk, in unkeuscher Liebe mit den fremden Mädchen oder antworten mit trunkenen Blicken auf die zärtlichen Liebkosungen der abgerichteten Betrügerinnen. Die Frauen sind vollkommen mit grossen reichen Gewändern bekleidet, die schöne Falten werfen und hübsch verziert sind, ferner sieht man schöne grüne Bäume, mehr lasiert und vertrieben als durch Tüpfel und Flecken wiedergegeben. Die Luft ist ganz feurig. Ferne im Hintergrunde scheint Moses durch eine Wolke hindurch mit dem Herrn zu sprechen. Und, um auch das noch zu sagen: das Bild ist gut in Malerei und Komposition. Bei dem Herrn Jan Fonteyn befindet sich von ihm ein tüchtiges Bild, das ebenso geistreich gemalt wie stark bewegt und lebendig in der Komposition ist. Es stellt die Schlacht zwischen Hannibal und Scipio dem Jüngeren dar, in der sehr hitzig gekämpft wird. Die Gewänder der Streitenden sind zum Teil nach römischer Art gegeben. Manche wehren sich gar behend und elegant und schiessen nach rückwärts. Einen grossartigen Anblick gewähren die rings mit Schilden behangenen

Elefanten mit ihren waffenstarrenden Türmen voll wehrhafter Schützen. Einer von ihnen ist zu Boden gestürzt und richtet durch seinen Fall sowohl wie mit seinem Rüssel grosses Unheil an. Das ist so überzeugend dargestellt, dass die Augen gar nicht davon loskommen. Im Hintergrunde unter den Hängen des Gebirges wird mutig und mannhaft gekämpft, man sieht dort sterbende Krieger und Haufen von Menschen und Tierleichen, und der Himmel gewährt einen wilden und seltsamen Anblick. Dieses Bild ist im Jahre 1602 gemalt. Ferner liess ihn J a n v a n W e e l y eine Badestube und einen *Amor omnibus idem* malen, und für W i l l e m (v a n W e e l y ?)[714] malte er ausser einem Fall Babylons viele verschiedene Vasen mit wilden Blumen, Bilder, die sämtlich nach H a m b u r g gingen.

Von seinen Zeichnungen findet man an vielen Stellen. Er hat z. B. für den trefflichen Gobelinweber S p i e r i n c x zu D e l f t Wandteppichkartons für ganze Zimmer gezeichnet.[715] Für andere hat er ferner Patronen zu Damasten und Tafelleinen gezeichnet sowie Entwürfe für viele Glasmaler, namentlich aber für das *Bos-huis* zu A m s t e r d a m, gemacht. Gestochen sind von seinen Sachen ein Verlorener Sohn in grossem Format — ausgeführt von d e G h e y n, — ferner acht bekehrte Sünder, die Passion Christi, zwölf Patriarchen, die Erbauung aller Städte, die zwölf Apostel, die schwatzenden Poeten[716] und viele kleine Allegorien — kurz eine unzählige Menge von Zeichnungen, ganze Bücher voll, nach der Natur sowohl wie frei erfunden.

Nun folgt, was er in Reim und Prosa geschaffen hat, nämlich: die Übersetzung der Ilias Homers, die „Zwei Figuren von Harlem", viele Liedchen, Refraingesänge und Sonnette, die Übersetzung der *Bucolica et Georgica* (des Virgil), die „G o l d e n e H a r f e" und „D a s B r o d - H a u s", die „N e u e W e l t" oder die Beschreibung von W e s t i n d i e n, den „Ö l b e r g", die Gründung, Zerstörung und das Wiederaufblühen der Stadt A m s t e r d a m, gedruckt unter die Ansicht dieser Stadt, dieses sein M a l e r b u c h, die Auslegung der M e t a - m o r p h o s e n O v i d s, die Schrift von der D a r s t e l l u n g

der Figuren, das Sinnspiel von Dina, das von den vlämischen Rhetorikern aufgeführt wurde, und vieles noch ungedruckte.

Karel hat vom Jahre 1583 bis zum Jahre 1603 in Harlem gewohnt, also zwanzig Jahre und siedelte von dort auf das Schloss Sevenberghen zwischen Harlem und Alkmaar über, wo er einige Bilder gemalt und den grössten Teil seines Malerbuches[717] geschrieben hat. Dorthin entbot er einmal einige seiner vornehmsten Freunde, auch einige Kunstliebhaber, denen zu Ehren er ein Spiel gedichtet hatte, das er ihnen zur Unterhaltung im Innenkastell von seinen Schülern aufführen liess. Der Eingang und das Tor waren mit Laubfestons und Kränzen geschmückt, in welche Paletten, Pinsel, Malstöcke und anderes Malgerät verflochten, ferner auch Nachbildungen italienischer Altertümer, Feuerwerk und Schiesswerkzeug zur Verzierung hineinkomponiert waren — alles sehr merkwürdig für jene, die nicht ausser Landes waren. Hierauf siedelte er im Juni des Jahres 1604 nach Amsterdam über und nahm Wohnung in einem Hause beim Montalbaansturm gegenüber der Waal, wo die Schiffe überwintern. Diese Wohnung vertauschte er dann gegen eine andere bei der Uilenburgs-Brücke. Im Mai 1606 endlich zog er in eine der städtischen Herbergen am Utrechtschen Steiger, Nr. 24. Und nun, nachdem er seine schriftstellerischen Arbeiten zu Ende geführt hatte, zeichnete und malte er fleissig. Er hat verschiedene Schüler gehabt, von denen einige gute Meister geworden sind, nämlich Jakob van Mosscher; Jakob Martensz; Cornelis Enghelsen; Frans Hals, Bildnismaler von Harlem; Evert Krynsz aus dem Haag; Hendrick Gerritsz aus Ostindien und François Venant, sowie noch viele andere, die hier aufzuzählen zu weit führen würde. Genannt werden muss aber noch sein ältester Sohn Karel van Mander, der zu Harlem geboren wurde und zu Delft wohnt und, was den Reichtum seiner Erfindungsgabe und seine malerische und zeichnerische Kraft betrifft, hoch geschätzt und gerühmt werden muss.[718] In dieser Zeit wurde Karel stark von

einer gewissen Krankheit gequält, deren er selbst durch seine
Vernunft Herr zu werden wähnte. Als er aber sah, dass
seine Hoffnung trog und das Leiden je länger je schlimmer
wurde, suchte er Hilfe bei einem Arzte, der sich selbst mehr
zutraute als in seiner Macht lag und dem kranken Manne
soviel Pillen eingab, dass dieser durch den täglichen starken
Stuhlgang schwächer und schwächer wurde und sich auf den
Tod vorzubereiten begann, entgegen der Meinung seines
Arztes, der, freigebiger mit Trost als mit genesungbringender
Hilfe, ihn zwecklos ermutigte und aufmunterte. Da die Vor-
sehung es aber anders mit ihm bestimmt hatte, halfen ihm
die Tränklein des Heilkünstlers nichts; denn es ist eine
Kunst zu leben, wenn der Tod kommt. Seine Brüder waren
sehr betrübt und niedergeschlagen über seinen schwachen
Zustand und das mit Recht. Und dieweil er sich manchmal
vor Schmerzen krümmte, seine Hände und Füsse kalt zu
werden begannen, sein Puls auszusetzen anfing, seine Seh-
kraft fast versagte und seine Nase kalt und weiss wurde,
redete ihn sein Bruder A d a m an und sagte: „Bruder, mir
scheint, du liegst gar schlecht," worauf K a r e l antwortete:
„Je schlechter je besser, es lässt sich keinem Menschen be-
greiflich machen, was Todesqualen sind." Nachdem er die
Nacht auf diese Weise unter grosser Qual verbracht, schickte
er am Morgen wieder nach dem Doktor, der zwar erstaunt
war seinen Kranken in solchem Zustande zu sehen, aber
doch noch sagte: „Von Todeskampf kann nicht die Rede
sein, es handelt sich um eine Krankheit, die Ihr nicht kennt,
er wird sie schon noch überwinden." Das waren aber Worte,
gesprochen von einem Menschen, dessen Weisheit im Erraten
von Dingen, die uns unbekannt und verschlossen sind, reine
Torheit war. Er verordnete ihm noch einen Trank, von dem
K a r e l nur wenig genossen hatte, als er so kalt wurde, dass
man ihn mit keinerlei warmen Tüchern mehr zu erwärmen
vermochte, seine Augen nichts mehr sahen und eine Zunge
nicht mehr sprechen konnte. Man tröstete ihn mit den besten
Worten, die man zu finden vermochte, und sagte, er solle
vertrauen auf die Verdienste Jesu Christi, des reinen Lammes

Gottes, das der Welt Sünden trägt. Jacques Razet, sein
vertrauter Freund, sagte, während Karel starb, für ihn:
„In manus tuas Domine commendo," usw. Er lag eine Weile
fast bewegungslos, doch schwer stöhnend, im Bett, gemäss
den Worten, die man in gesunden Tagen oft von ihm gehört
hatte: „Wenn der Tod naht, gibt es keinen andern Rat als
still liegen und sterben," — was er auch tat mit langen
schweren Seufzern und mühsamem Atemholen, während er
anfing zu röcheln, die Augen starr wurden, Stirn und Nase
sich mit Leichenblässe überzogen und er endlich, umgeben
von den knieenden Anwesenden, die zu Gott beteten, er
möge ihm gnädig sein, am 11. des Monats [719] um 12 Uhr
mittags seinen Geist aufgab. Während seiner Krankheit be-
kümmerte er sich um nichts, sprach nicht einmal von Frau
und Kindern, vertraute sie auch niemands Sorge an und liess
die Witwe mit sieben lebenden Kindern von zehn zurück.
Am Mittwoch wurde seine sterbliche Hülle mit einem Kranz
ums Haupt in den Sarg gelegt und auf den Schultern von
acht Personen unter grossem Gepränge und von mehr als
dreihundert Trauernden gefolgt, in die alte Kirche gebracht,
wo er unter einem grauen Grabstein an der linken Seite des
Chors ungefähr einen Schritt von der Mauer am Südostende,
dicht bei einem kleinen Mauerpfeiler, der sich ostwärts von
der kleinen Tür in derselben Mauer befindet, beigesetzt
wurde.[720] Das Gefolge kehrte darauf wieder ins Sterbehaus
zurück und verabschiedete sich von der trauernden Witwe,
sie und die Kinder ohne Ernährer zurücklassend und der
Gnade Gottes anbefehlend. Im Sterbehause wurde wenig an
Zeichnungen und Malereien von seiner Hand vorgefunden;
denn er wurde seiner Arbeiten schnell müde und konnte sie
nicht lange unter Augen haben. Auch waren viele Werke
bei ihm bestellt — manche sogar schon seit zehn Jahren —
die noch nicht vollendet waren. Sein allerletztes Bild besass
ein Herr Louis Peris zu Leiden. Der Vorwurf war ge-
nommen aus Numeri 25, da die Kinder Israels in Sünde
verfielen, indem sie anhuben zu huren mit der Moabiter
Töchtern, welche luden das Volk zum Opfer ihrer Götter,

und das Volk ass und trank und betete ihre Götter an, und
Israel hängete sich an den Baal Peor. Er hatte dort einige
Männer zu Pferde dargestellt, welche eifrig die leichtfertigen
Frauen herbeibrachten, ferner ein Wasser, in dem nackte
Figuren badeten und buhlten. Hinten in der Landschaft sah
man die Kinder Israels tanzen und den Abgott anbeten. Und
ferne in einer Hütte ersticht, wie man gerade noch erkennen
kann, Pinehas den israelitischen Mann und die Midianitin
mit dem Spiess — alles sehr fein und schön ausgeführt.
Mit diesem Bilde hat der Meister etwas besonderes vorgehabt.
Das Nähere ist einem Juwelier Namens Pieter Putmans
bekannt, der, wie er sagte, das Bild bei ihm bestellt hatte.
Was ausserdem noch vorgefunden wurde, bestand in einigen
gezeichneten und angefangenen Stücken, unter anderm einer
Vase mit allerlei nach der Natur ausgeführten wilden Blumen.
Viele von den Freunden des Verstorbenen und seiner Kunst
haben ihm zu Ehren und Gedächtnis verschiedene Klage-
lieder und Grabschriften gemacht, auf die ich den Leser
verweise.[721]

Anmerkungen.

1. Sein Name kommt nicht in den Listen der Gilde zu Antwerpen vor, was jedoch nichts beweist, weil Floris ohne Zweifel von der Anmeldepflicht befreit war. (Hymans I. 401, 2.) Vergleiche Anm. 476. (Bd. I.)

2. Hymans übersetzt: *se servait de plumes d'oie ou d'autres pour tracer."* Es handelt sich hier offenbar nicht um ein Zeichnen mit dem Kiel, sondern um ein Vertreiben mit dem oberen weichen Teil der Feder.

3. Heute im Museum zu Gouda. (Hymans I. 403, 1.)

4. Es existiert ein sehr schöner Stich nach diesem Triptychon von der Hand des P. C. Lafargue, der folgende Inschrift zeigt: *Anth. van Montfoort aliter dictus Blocklandt, pinxit an° 1579*, und unter dem Mittelbild: *Altitud. Tab. 11¹/₁₂ ped. Latitud. 11 ped. Rhen.* Die geschlossenen Flügel zeigen aussen einen Stifter im Gebet vor der Madonna und neben ihm St. Michael und St. Andreas. — Zur Zeit, da Lafargue den Stich ausführte, gehörte das Bild der Familie van Reenen, die es seit mehr als anderthalb Jahrhunderten besass, wie eine Inschrift neben dem Namen des Stechers besagt. Im Jahre 1846 war es noch im Besitz der genannten Familie. Seitdem weiss man nicht, was daraus geworden ist. (Hymans I. 404, 1.)

5. Es handelt sich hier um den berühmten Sieg der Wasser-Geusen unter dem Befehl von Willem de La Marck, am 1. April 1572. (Hymans I. 405, 1.)

6. Er ist unter dem Jahre 1577 als Freimeister in die Listen der *Zadelaarsgild* (Sattlergilde, der auch die Maler angehörten) zu Utrecht eingeschrieben: *Antonie van Blokland, gezegt van Montfoort. (leerling van Frans Florisz., werd in dat jaar als meester in het gild aangenomen).* (S. Muller Fz.: *De Utrechtsche Archieven I., 14.*)

7. Bild im bischöflichen Museum zu Harlem. Der Stich von Goltzius (Bartsch: 265) ist 1583 datiert. Goltzius hat nach Blocklandt noch Loth auf der Flucht aus Sodom und die Auferstehung gestochen. (Hymans I. 406, 1.)

8. Ein A d r i a e n C l u y t, Glasmacher, wurde am 25. Januar 1647 jn die Gilde zu D o r d r e c h t aufgenommen. (ebenda, 2, nach O b r e e n I. 219.)

9. H y m a n s übersetzt: „*mais ne consentit pas à faire sa pièce de maîtrise pour ne par figurer parmi les peintres de profession.*"

10. Auch Ketel war ein Schüler von B l o c k l a n d t. Seine Biographie folgt. (H y m a n s I. 406, 4.)

11. Auch de H e e r e, Mijnheere oder Mijnsheeren. (*Oud Holland*: XXI S. 86.) Sein Bild in St. B a v o zu G e n t: Die Königin von Saba vor Salomo, ist signiert: *Lucas Derus invenit et fecit, a° 1559.* (*de Busscher: Recherches*, XVI. Jahrh. S. 28.)

12. J a n d'H e e r e war ein namhafter Bildhauer und Architekt. Er errichtete für die Feier des Kapitels des Ordens vom Goldenen Vliess 1559 eine neue Chorbühne in der G e n t e r Kathedrale. Ferner führte er 1529 das Mausoleum I s a b e l l a s von Österreich, Königin von Dänemark, in der St. Peter-Abtei zu G e n t aus. Er starb 1578. (D e B u s s c h e r: 28. H y m a n s II. 1, 2.)

13. Eine der Miniaturen der Verkleinerung des B r e v i a r i u m Grimani in der B r ü s s e l e r Bibliothek zeigt eine Mühle mit ihrem Hügel etc., die sehr gut mit der Beschreibung v a n M a n d e r s — nach Ausschaltung der Übertreibung — übereinkommt. (H y m a n s II. 1. 4.)

14. Französisch: N a m u r.

15. C a t h a r i n a de' M e d i c i; Lucas muss sehr jung nach F r a n k r e i c h gekommen sein; denn 1554, also zwanzigjährig, war er bereits in E n g l a n d, wie aus dem datierten Porträt der M a r i a T u d o r hervorgeht. Andere seiner e n g l i s c h e n Bildnisse tragen die Daten 1555, 1557 und 1858. Im Jahre 1559 war er wieder in G e n t. (M. R u d e l s h e i m in *Oud Holland* XXI. S. 86.)

16. Um 1560. (ebenda: 87.)

17. A d o l p h (nicht A n t o n wie bei H y m a n s steht) von B u r - gund, Herr von W a c k e n, C o t t h e m und Capelle, Grossamt- mann von G e n t und später Vizeadmiral der Nordseeflotte, starb 1568. (D e B u s s c h e r: 35.)

18. Diese Bilder sind während der religiösen Wirren 1566 zu Grunde gegangen. (H y m a n s II. 3, 2.)

19. Er hatte den Titel: „Kanzlist der Rechnungskammer und Pensionär des Prinzen von O r a n i e n und S t e. A l d e g o n d e." (B u s s c h e r 41.)

20. E d w a r d L o r d C l i n t o n, Graf von L i n c o l n, gestorben 1584. (*Oud Holland*: XXI. 86; B u s s c h e r: 38; H y m a n s II. 3, 4.)

21. Die städtischen Archive zu G e n t besitzen eine Sammlung von Aquarellen gleichen Inhalts wie das von v a n M a n d e r erwähnte Werk. Der Titel lautet: „*Theatre de tous les peuples et nations de la terre,*

*avec leurs habits et ornements divers tant anciens que modernes, diligemment de-
peints, au naturel, par Luc Dheere, peintre et sculpteur Gantois.* Die Samm-
lung war A d o l p h v o n B u r g u n d gewidmet worden und scheint
erst 1576 vollständig geworden zu sein. — Nach der Feststellung
W a l p o l e s ist der Gedanke den E n g l ä n d e r nackt mit Tuch und
Schere versehen darzustellen einem Epigramm von A n d r e w B o r d e
A n d r e a s P e r f o r a t u s) entlehnt, der unter H e i n r i c h VIII. lebte:
                *„J am an Englishman, and naked J stand here
                 Musing in my mind what rayment J shall wear.)*
(D e B u s s c h e r: 185 f. und H y m a n s II. 4, 1.)

    22. v a n M a n d e r jongliert hier mit den Begriffen: „*sekte*" =
Sekte; „*sieckte (ziekte)* = Krankheit und vielleicht auch dem französischen
„*sec*" = trocken, dürr.

    23. H y m a n s sagt: „*comme elles le sont encore.*"

    24. „*Hof en Boomgaerd der Poësien,*" in dem auch das von v a n
M a n d e r abgedruckte Gedicht über das G e n t e r Altarwerk der v a n
E y c k s steht. (H y m a n s II. 5, 1.)

    25. Vergleiche auch v a n M a n d e r s Vorrede zum Malerbuch.
— d' H e e r e s Manuskript ist verschollen. Die von dem Kupfer-
stichsammler J. B. D e l b e c q publizierten Auszüge (vergl. d e
B u s s c h e r: 200 ff.) sind von V. v a n d e r H a e g h e n [*Mémoire sur les
Documents faux, relatifs aux anciens peintres, sculpteurs et graveurs Flamands.
Bruxelles* 1899, p a g. 75—100; zitiert nach H. E. G r e v e: *De Bronnen
van Carel van Mander,* 1903, S. 126 (ein vortreffliches Buch, das mir
leider erst jetzt zu Gesicht gekommen ist)] als Fälschungen nach-
gewiesen worden. Der zweite Teil von Anm. I in Band I ist dem-
nach zu streichen.

    26. Über die Funde bei V e l s e k e vergleiche auch V a e r n e w y c k:
Historie van Belgis 1574, Seite 117 b.

    27. V a n M a n d e r verliess ihn 1568, um zu seinen Eltern zu-
rückzukehren und trat darauf in das Atelier von P i e t e r V l e r i c k
ein. Der Grund für diesen Weggang ist in der Verbannung d' H e e r e s
(27. Nov. 1568), der ein Anhänger der Reformation war, zu suchen.
(H y m a n s II. 6, 1.) Es existiert von d' H e e r e ein Porträt H e i n -
r i c h s VIII., das nach L i o n e l C u s t Ao. 1564 oder 1567 gemalt
wurde. Nach ihm müssen sich auf diesem Bilde auf der einen Seite
die Bildnisse von M a r i a und P h i l i p p und hinter ihnen der Gott
des Krieges und auf der andern Seite das Bildnis der Königin
E l i s a b e t h und hinter ihr die Göttinnen des Friedens und Gedeihens
befinden. Die Anspielung ist deutlich und würde uns, wenn wir das
genaue Datum des Bildes wüssten, den Zeitpunkt des Übergangs
L u k a s d' H e e r e s vom Katholizismus zum Protestantismus geben.
(*Oud Holland:* XXI, 87.)

    28. Wie man sagt in P a r i s. Jedenfalls wohnte seine Frau im

Oktober 1584 dem 67. Abendmahl zu Middelburg als Witwe bei.
(ebenda: 107.) — Im Februar 1905 wurde in London ein „Porträt der
Lady Jane Grey" für 13,330 Mark versteigert, — ein Beweis für die
Wertschätzung des Meisters.

29. Auch Grimer, wurde nach van den Branden um 1526
geboren. (S. 297.)

30. Sein erster Meister, bei dem er 1539 in die Lehre trat, war
Gabriël Bouwens; 1547 wurde er Freimeister. (ebenda.)

31. Adriaen Collaert hat nach ihm eine Serie von zwölf sehr
merkwürdigen Landschaften gestochen. Das erste Blatt ist gezeichnet:
„Jacopo Grimmer, *By Antwerpen*." (Hymans II. 11, 4.)

32. Kurz vor Mai 1590; eine grosse Landschaft von ihm (123:
197 cm.) befindet sich auf dem Rathaus zu Antwerpen. (van
den Branden: 298 f.)

33. Er ist unter dem Jahre 1564 in den Listen der Lukasgilde
zu Antwerpen als Cornelis de Meulenere eingetragen. (Hymans
II. 15, 1.)

34. Hymans übersetzt: „*Cette opinion sera partagée, je crois, par
tout le monde.*"

35. Soviel wie 1¹/₂ niederländische Gulden, nach heutigem Gelde
ca. 6 Mark.

36. Gillis Coignet z. B. soll sich von ihm die Hintergründe
haben malen lassen; vergleiche seine Biographie.

37. In einem im Haag 1623 aufgenommenen Inventar, finden
sich zwei grosse Bilder von seiner Hand erwähnt. (Hymans II. 16, 1
nach *Obreens Archief* II. 146.)

38. Auch unter dem Namen Pieter Balthasar, Custos,
Custodis und de Coster bekannt. (Hymans II. 17. 1.)

39. Nach den Listen der Gilde geschah dies 1540; 1569 war er
Dekan. (ebenda, 2.)

40. Dieses Bild scheint verschwunden zu sein.

41. Die Worte: *dan uyt sinlijckeyt*" fehlen in der Übersetzung von
Hymans.

42. Siehe seine Biographie.

43. De Busscher glaubt, dass dies um 1596 geschah; in-
dessen stach Lucas Kilian sein Bildnis im Jahre 1609. (Hymans
II, 17, 5.) Das Rijksmuseum zu Amsterdam besitzt einen
Peeter Balten signierten „St. Martins-Markt" von ihm.

44. Er war 1546 Dekan der Lukasgilde zu Antwerpen.
(Hymans II. 19, 1.)

45. D. h. er war Protestant und verliess wie Tausende seiner
Glaubensgenossen, um den ewigen Verfolgungen zu entgehen seine
Heimat. Von 1554 ab hatten die Auswanderer hauptsächlich in
Frankfurt a. M. gastliche Aufnahme gefunden. Die Stimmung der

lutherischen Bürgerschaft Frankfurts war aber allmählich gegen
die Einwanderer, die ihnen bald in ihrer Nahrung fühlbare Kon-
kurrenz machten, umgeschlagen, so dass diese gezwungen waren
andere Orte für ihre Unterkunft aufzusuchen. Einer von diesen war
Frankenthal, das mit Neu-Hanau im Laufe des XVII. Jahrh.
ausschliesslich durch jene niederländischen und wallonischen
Kolonisten zu hoher kultureller Blüte gelangte. (Sponsel: Gillis
van Coninxloo u. s. Schule; Jahrb. d. preuss. Kunstsamml. X
(1889, S. 59).

46. Keines von seinen Werken ist nachzuweisen.

47. van den Branden fand ihren Familiennamen in einigen
amtlichen Urkunden „*Poederbusse*" = Pulverbüchse, geschrieben (S. 278, 1).

48. Geboren zu Gouda um 1510—1513, gestorben zu Brügge
1584 (30. Jan.); seit 1543 Meister der Gilde zu Brügge. (Dresdener
Katalog 1899 S. 270.)

49. Anna Blondeel. (van den Branden: S. 278); siehe
auch I. Anm. 57.

50. Sie sind heute verschwunden.

51. Diese Ansicht, die von der Spitze des Hallenturmes (Belfried)
aufgenommen worden war, wurde 1566 ausgeführt und mit 3,352 *livres*
14 *escalins parisis* bezahlt; sie wurde 1597 durch die Kopie von Pieter
Claeissens ersetzt, die noch das Stadthaus von Brügge schmückt.
(Hymans II. 22, 1; nach Weale: *Bruges et ses environs*: 26.)

52. Dieses Bildnis ist noch nicht wieder aufgefunden. Es ist
nirgends von einem Aufenthalt des Pieter Pourbus in Antwerpen
die Rede, obgleich er nach manchen Autoren dort gestorben sein
soll. Das Porträt des Herzogs müsste aus dem Jahre 1582 stammen,
um in Antwerpen gemalt worden sein zu können. (Hymans
II. 22, 2.)

53. Franz Pourbus wurde 1545 zu Brügge geboren, trat
1569 als Freimeister in die Gilde zu Antwerpen und starb dort am
19. Sept. 1581. (van den Branden: 278 f.; Rooses: Geschichte
der Malerschule Antwerpens, übers. v. Reber S.: 108.)

54. Susanna Floris. (van den Branden: 280.)

55. Scheint verschwunden.

56. St. Bavo (vergl. I. Anm.: 10); hier befindet sich noch in
der ersten Kapelle des Chorumgangs (südlich) das Triptychon mit
dem zwölfjährigen Christus im Tempel; unter den Schriftgelehrten
sieht man mehrere Porträts: Alba; Karl V.; Philipp II. und den
Maler selbst; auf den inneren Flügeln: Taufe und Darstellung im
Tempel, aussen der Weltheiland und der Stifter Viglius; datiert
1571. — Ferner befindet sich dort ein Ensemble von vierzehn Feldern
mit den Taten des hl. Andreas; datiert 1572. (Baedeker: Belgien
u. Holland 1897. S. 149 und Hymans: II. 23, 2 u. 3.)

57. Dieses Werk befindet sich nicht mehr in Audenarde (Hymans 23, 4.)

58. Seit 1852 im Museum zu Dünkirchen, nachdem es bis dahin die *St-Éloi*-Kirche geschmückt hatte. Signiert FRANCISCVS POVRBVS IV, ET PICTOR 1577. Der Maler hat sich selbst darauf dargestellt. (ebenda, 5.)

59. Anna Mahieu, die er 1578 heiratete. (van den Branden: 281.)

60. Die Hochzeit fand am 19. Juni 1582 statt. Hans Jordaens starb zu Delft nach 1604. (van den Branden: 284), nach andern kurz nach 1613. (s. Hymans II. 24, 3.)

61. Im Jahre 1572. (Hymans: II. 24, 2.)

62. Frans Pourbus II. geb. zu Antwerpen 1569, gestorben zu Paris am 19. Februar 1622, wo er zum Hofmaler ernannt worden war. Er besuchte Italien. (Cat. des Rijksmuseums v. 1898. S. 134.)

63. Geboren ohne Zweifel um 1530; denn er ist bereits 1558 zweiter „*Vinder*" der Lukasgilde zu Brügge und übernimmt es 1561, laut Kontrakt vom 16. Juli das grosse in der Liebfrauenkirche zu Brügge befindliche Passionstriptychon zu vollenden, das Margarete von Österreich bei Barent van Orley bestellt hatte, und das bei seinem Tode noch nicht fertig war. (Hymans II. 29.)

64. *De Warachtighe Fabulen der Dieren*, Brügge, bei Pieter de Clerck 1567. Das Privileg ist vom 7. Juni, die Widmung an Hubert Goltzius vom 18. Juli. Das durch eine Ode in Alexandrinern von Lucas d'Heere eingeleitete Werk stammt in Wirklichkeit von dem brügger Dichter Eduard de Dene und ist mit 107 Radierungen von Marcus Geeraerts geschmückt. Die zweite Ausgabe (lateinisch) erschien 1579 zu Antwerpen. (Hymans II. 28, 1.)

65. Der Plan besteht aus zehn Blättern und stammt aus dem Jahre 1562. (ebenda, 2.)

66. Im Jahre 1590 nach Guilmard: *Les Maîtres ornemanistes*, S. 483.

67. Marcus Geeraerts d. J., geb. 1561, gest. 1635 zu London. Bedeutende Arbeiten von seiner Hand in England. Wenzel Hollar hat sein Porträt gestochen nach seinem Selbstbildnis von 1627. (ebenda, 29, 1.)

68. Geboren bei Ingolstadt 1550. (Dresdener Katalog v. 1899.) Schüler des Melchior Bocksberger in München, mit dem er 1560 einen Vertrag einging. (Hymans I. 31, 1.)

69. Wilhelm V. (reg. 1579—1597.) (Münchener Katalog v. 1898, S. VII.)

70. St. Michaels-Hofkirche; hier ein Engelsturz und die Marter des hl. Andreas von ihm.

71. Die Serie besteht aus acht Stichen in Grossfolio und trägt den Titel „*Praecipua Passionis D. N. Jesu Christi Mysteria ex Seren. Principis Bavariae Renatae Sacello desumta. Pinxit Chr. Schwarz Monach. Joan Sadeler Belga sculpsit Monachii, 1589.* Sie sind ausgeführt nach den Malereien, welche die Frauenkirche zu Ingolstadt schmücken. Die Originalzeichnungen werden im Schlosse Nymphenburg aufbewahrt. (Hymans II. 31, 4.)

72. Im Jahre 1597. Von diesem Jahre noch eine Zeichnung v. seiner Hand im Dresdener Kupferstichkabinet. (Dresdener Katalog.)

73. Auch van Coxie und Coxcyen.

74. Sein erster Lehrer war sein Vater Michiel van Coxie.

75. So muss es heissen statt S. Maria della Pace, in der sich Raffaels Sibyllen befinden. Die beiden Kirchen liegen einander gegenüber, — daher wohl die Verwechslung. S. Maria dell'Anima ist die Nationalkirche der deutschen Katholiken, zu denen damals auch die niederländischen gerechnet wurden. In der dritten Kapelle des linken Seitenschiffs befinden sich die Fresken aus dem Leben der hl. Barbara von Coxcie.

76. Unter dem 11. November 1539 findet man ihn in den Listen der Malergilde zu Mecheln eingetragen. (Hymans II; 33, 5.)

77. Hymans sagt hierzu: „Die Frau van Coxcies hiess Ida van Hesselt, und er heiratete sie wie es scheint in Hasselt" (33, 6). Sie starb im Frühjahr 1569 und hinterliess zwei Söhne: Raphael (geboren 1540) und Willem, sowie eine Tochter: Anna. Er verheiratete sich im gleichen Jahre wieder mit Johanna van Schelle, die ihm ebenfalls zwei Söhne: Michiel († 1616) und Konrad sowie eine Tochter schenkte. (33, 7.)

78. Hymans übersetzt: *qui exerça sur lui une grande influence. Il raisonnait souvent avec elle de ses peintures et devint, de la sorte, un homme savant et riche."*

79. Christus zwischen den Schächern, im Escorial. Das Bild wurde 1623 von H. de Clerck für den Hochaltar der Kirche von St.-Josse-ten-Noode, einer Vorstadt von Brüssel, kopiert. (Hymans II. 34, 1, nach Pinchart.)

80. Triptychon im Prado zu Madrid. Ein Bild gleichen Inhalts von Coxcie besitzt das Museum zu Brüssel. (Ebenda, 34, 2.)

81. Vergleiche Band I. Anm. 130.

82. Sie stellen dar: den Evangelisten Johannes auf Pathmos und im Kessel mit dem siedenden Öl.

83. Triptychon im Museum zu Antwerpen, signiert: MICHEL D COXCYEN ÆTATIS SVÆ 76 FE 1575. (Antwerpner Katalog v. 1857 S. 504.)

84. Triptychon im Museum zu Brüssel.

85. Über seinen angeblichen grossen Reichtum vergleiche:
N e e f s, *Histoire de la peinture à Malines* I, 154.

86. H y m a n s übersetzt vielleicht richtiger: Q u e l q u e s - u n e s
de ses *Madones* sont d'un excellent effet.

87. Stich von G i o r g i o G h i s i von M a n t u a (B a r t s c h No. 24),
1550 von ihm zu A n t w e r p e n gestochen. (H y m a n s II, 36, 3.)

88. Am 10. März. Er war damit beschäftigt, das Urteil Salomos
zu restaurieren, das er 1583 für das Rathaus zu A n t w e r p e n gemalt
hatte. (v a n d e n B r a n d e n: 331.)

89. B a r e n t D i r c k s z.

90. A. D. de V r i e s A z. spricht in seiner dem D i r c k B a r e n t s z
gewidmeten Arbeit (C. E. T a u r e l, *l'Art chrétien*) die Vermutung aus,
dass auf dem Rathause sechs Bilder des T a u b e n B a r e n t existiert
hatten mit der Darstellung der über die Wiedertäufer verhängten
Strafen. Sie sind reproduziert in der B e s c h r e i b u n g v o n A m s t e r -
d a m von D o m s e l a e r. (H y m a n s II. 41, 2.)

91. P h i l i p p v a n M a r n i x. Herr von St. A l d e g o n d e, geb.
zu B r ü s s e l 1538, war 1584 Bürgermeister von A n t w e r p e n, das
er dreizehn Monate lang gegen A l e x a n d e r F a r n e s e verteidigte,
starb 1598 zu L e i d e n.

92. Alle diese Werke sind verschwunden. (H y m a n s II. 42, 6
nach de V r i e s.)

93. Das R i j k s m u s e u m z u A m s t e r d a m besitzt von ihm ein
Porträt des Herzogs von A l b a. (Katalog v. 1898 No. 56.)

94. Verschwunden. Die Venus befand sich 1671 zu H o o r n
bei G e r b r a n t B u y c k. (*Oud Holland* VII. 152.)

95. Grosses Triptychon, das sich heute im Museum von G o u d a
befindet. Die Flügel stellen Tod und Himmelfahrt Mariä, aussen die
Verkündigung dar. (H y m a n s II. 43, 2.)

96. Nicht nachzuweisen.

97. H y m a n s schreibt: „*où est servi un ragout de poisson* . . .'
Dieses 1566 datierte Bild befindet sich im R i j k s m u s e u m. (No. 58.)
Dargestellt sind achtzehn Bürgerleute und eine Frau, die eine Platte
Kaulbarsche bringt.

98. Verschwunden. Über P i e t e r I s a a c k s z siehe unten in
der Biographie des H a n s v o n A a c h e n

99. H y m a n s übersetzt: „*Lorsqu'il parlait l'italien, il avait complè-
tement l'accent qui convient à cette langue.*"

100. Was sein Porträt nicht erkennen lässt, worauf de V r i e s
aufmerksam macht. (H y m a n s II. 45, 1.)

101. Nicht nachzuweisen.

102. Sein Begräbnis fand am 26. Mai 1592 statt.

103. Nach N e e f s wurde L u k a s 1530, M a r t i n 1542 geboren.
(H y m a n s II. 47, 1.)

104. L u k a s wurde am 26. August 1560 zur M e c h e l n e r Lukas-
gilde zugelassen und 1564 Freimeister; M a r t i n trat 1559 der Me-
c h e l n e r , 1564 der A n t w e r p e n e r Gilde bei. Die Flucht fand 1567
statt. (H y m a n s , ebenda, 2 und D r e s d n e r Katalog v. 1899.)

105. H a n s V r e d e m a n d e V r i e s . Siehe seine Biographie,
aus der hervorgeht, dass er A n t w e r p e n erst 1570 verliess, um
nach A a c h e n und L ü t t i c h zu gehen.

106. Im Jahre 1580. (H y m a n s II. 48, 1.)

107. Sie befinden sich grösstenteils in der B e l v e d e r e g a l e r i e
zu W i e n und tragen die Jahreszahlen 1580—1598. (ebenda, 2.)

108. F é t i s (*Artistes belges à l'étranger*, II, S. 144) zitiert ver-
schiedene Fakta, die seine Anwesenheit in N ü r n b e r g bis zum Jahre
1622 beweisen, in welchem Jahre S a n d r a r t ihn dort kennen gelernt
zu haben erklärt. (ebenda, 3.)

109. Todesjahr unbekannt.

110. Ein Sohn von ihm, der auch M a r t i n hiess, starb 1636 in
F r a n k f u r t a. M. (H y m a n s II. 48, 5.)

111. Sein Vater hiess S i m o n B o l. Näheres über die Familie
bei N e e f s S. 202.

112. N e e f s versichert, dass er die erste Anleitung von seinen
Oheimen J a c o b und J a n erhalten habe. (H y m a n s II; 52, 4.)

113. Im Jahre 1560 finden wir ihn als Mitglied der M e c h e l n e r
Gilde eingeschrieben (10. Februar), (Ebenda, 5.)

114. B o l hat diesen Vorwurf mehrfach behandelt. Im National-
museum zu S t o c k h o l m befinden sich zwei aus der kaiserl. Kunst-
kammer in P r a g stammende Temperabilder auf Eichenholz von
B o l (1, 54: 1, 73). Es sind Gegenstücke. Das eine zeigt die Histoire
von Daedalus und Ikarus, das andere den Untergang der griechischen
Flotte nach der Zerstörung Trojas. Ein Stich von A d r i a e n C o l l a e r t
nach H a n s B o l gibt eine dem S t o c k h o l m e r Gemälde im wesent-
lichen ähnliche Komposition im Gegensinn wieder. (vergl. Reper-
torium XXVI. S. 135.) — Ein Breitformatstich in — 4⁰ von Ä g i d i u s
S a d e l e r gibt den Vorwurf ebenfalls wieder. Endlich sah H y m a n s
bei einem M e c h e l n e r Antiquar eine Miniatur von B o l (datiert
1580), die vollständig der Beschreibung v a n M a n d e r s entsprach.
(II; 54, 1 u. 2.)

115. Er wurde 1574 in die Lukasgilde zu A n t w e r p e n aufge-
nommen und erhielt am 16. September 1575 das Bürgerrecht. (H y -
m a n s II. 54, 3.)

116. Er erlangte dort am 4. November 1591 das Bürgerrecht.
(Ebenda; 55, 1.)

117. H y m a n s übersetzt: „ , . . *chez M. Jacques Razet, de belles
miniatures: un Crucifiement de moyenne grandeur, oeuvre approfondie, avec des*

figures nues et drapées, des chevaux, des fabriques, des lointains; en un mot, un vaste ensemble distribué avec art et fort bien traité." (56.)

118. Die Galle, Sadeler, Collaert, Hendrick Goltzius, Crispijn de Passe, Pieter van der Heyden (à Merica), Nicolas de Bruyn, Hieronymus Cock haben seine sehr zahlreichen Zeichnungen gestochen. (Ebenda, 1.) Er selbst hat auch radiert.

119. Hymans hat Bedenken gegen dieses Datum, weil er eine vortreffliche Anbetung der Hirten, mit Ölfarbe auf Pergament gemalt, in Händen gehabt hat, die in goldenen Buchstaben die Signatur H. Bol F. 1595 trug. (Ebenda, 2.) Andrerseits hätte van Mander gut unterrichtet sein können, da er zu dieser Zeit schon zehn Jahre in Harlem wohnte und gewiss oft das nahe Amsterdam besuchte, wo manches seiner Bilder bei den Sammlern hing.

120. Das Nationalmuseum zu Stockholm besitzt von Frans Boels vier Bildchen mit den Jahreszeiten. (vergl. Repertorium XXVI, S. 135.)

121. Er erlangte 1591 in Amsterdam das Bürgerrecht. (Hymans nach Obreens Archief II. 274.)

122. Geboren 1576 zu Courtray, gestorben am 25. Februar 1639 zu Utrecht, wo er seit 1619 wohnte. (Amsterdamer Katalog von 1898.)

123. Bartsch No. 161, von 1593; Goltzius hat noch ein zweites Porträt von ihm gestochen (Bartsch 162), das aber viel kleiner ist. (Hymans II. 56, 6.) —

124. Nach van den Branden (S. 301 f.) geboren um 1534.

125. Gillis malte auch Landschaften; denn Hendrick Goltzius hat eine Serie der zwölf Monate nach ihm gestochen, auch erhielt er 1595 für ein Mondscheinbild (wahrscheinlich in der Belvederegalerie) und eine Branddarstellung, die er für den Erzherzog Ernst von Österreich gemalt hatte, 98 Gulden 8 st. (Hymans II. 60, 1; 62.)

126. Nach den Listen der Gilde empfing Frans 1553 einen Lehrling und trat Gillis 1554 ein. (van den Branden: 301 f.)

127. Im Jahre 1560 (ebenda).

128. Siehe seine unten folgende Biographie.

129. Hymans übersetzt: *„qui s'empressa de retourner la peinture qu'il connaissait comme s'il l'avait faite . . ."*

130. D. h. als der Erzherzog Ernst von Österreich Gouverneur war, 1594. (Hymans II. 60, 5.)

131. Er hatte sich 1564 mit Margaretha Baes verheiratet, die ihm fünf Söhne und fünf Töchter schenkte. Sein jüngster Spross, Gillis, geboren 1588, wurde auch Maler und 1612 als Meisterssohn in die Antwerpener Gilde aufgenommen. (van den Branden 306.)

132. Gaspar, Balthazar und Melchior Schetz von Antwerpen; Melchior war Bankier und Generalschatzmeister Philipps II. (Hymans II. 61, 2.)

133. Die Ältere Pinakothek in München besitzt von ihm einen „Steuereinnehmer in seiner Geschäftsstube," datiert 1542. (No. 139.)

134. Marinus Claeszoon van Roymerswale, bei Guicciardini Marinus van Zierikzee, Sohn von Claes de Zierikzee, der 1475 als Freimeister in die Lukasgilde zu Antwerpen aufgenommen wurde, steht unter dem Jahre 1509 als Schüler des Glasmalers Simon van Daele zu Antwerpen verzeichnet. Er blühte nach den Daten seiner Bilder zwischen 1521 und 1560.) (Rooses: Geschichte der Malerschule Antwerpens, übers. v. Reber, S. 62; Hymans II. 64; Dresdener Katalog v. 1899, S. 269.)

135. Hans Vredeman de Vries, siehe seine unten folgende Biographie.

136. Im Jahre 1577 liess er sich als Freimeister in die Lukasgilde zu Antwerpen aufnehmen. (Hymans II. 66, 3.)

137. Die Anwesenheit des Malers in dieser Stadt, wohin sich zahlreiche niederländische Protestanten geflüchtet hatten, scheint zu beweisen, dass er sein Vaterland um seiner religiösen Anschauungen willen verlassen hatte. (ebenda, 4.)

138. Geboren um 1580 wahrscheinlich zu Frankfurt a. M., gestorben 1649 zu London, wo er seit den zwanziger Jahren tätig war. (Dresdener Katalog von 1899.)

139. Die Worte: „aen d'Altaer-tafel van de Cruys-broeders" fehlen in der Hymansschen Übersetzung. Das mittelgrosse signierte und 1560 datierte Bild befindet sich noch an Ort und Stelle. (Hymans II. 68, 2.)

140. Nach van den Branden (332 f.) muss er um 1535 geboren sein. Er starb am 1. Januar 1590. (335.)

141. Vergleiche Band I., Anm. 367 und die Biographie des Jacques de Backer, I. S. 245. — Coignet oder Congnet wurde um 1538 geboren. (van den Branden: 272.)

142. Ende 1586 um seines protestantischen Glaubens willen. (Hymans II. 70, 5; van den Branden: 274 f.)

143. Die einzige Spur seines Aufenthalts in dieser Stadt ist die Widmung des Abendmahls, eines grossen von Jan Muller nach einem seiner Bilder (im Museum zu Gotha) ausgeführten Stiches (Bartsch: 28), die 1594 an die Adresse von Jacques Razet erfolgte. (Hymans II. 71, 1.)

144. Hymans übersetzt: „pour un motif que j'ignore."

145. Am 27. Dezember 1599. Er wurde in der (protestantischen) Jakobikirche begraben. (Ebenda, 2.) Weiteres über ihn siehe Bd. III.

146. In Antwerpen findet man in dieser Eigenschaft eingetragen: Simon Jjkens (1570); Jacob Hermans (1571); Gaspar Dooms (1574); Robert Huls (1584); ferner war noch sein Schüler Cornelis Cornelisz von Harlem. (Hymans II; 71, 3 u. 72, 1.)

147. Auf seinem von Jan Sadeler gestochenen Porträt findet sich die Inschrift: Ætat. 48, 1591. Hoefnaghel wäre demnach 1543 auf die Welt gekommen. (ebenda: 74, 2.)

148. Sein Vater war der Juwelenhändler Jacob Hoefnaghel, seine Mutter, Elisabeth Vezeler oder Veselaers, war die Tochter eines Goldschmieds, der dem Könige Franz I. von Frankreich zahlreiche Kleinodien verkaufte. (ebenda, 3.)

149. Hymans übersetzt: à s'appliquer plus ou moins au dessin."

150. *Georgii Bruin, Civitates orbis terrarum, in aes incisae et excusae, et descriptione topographica, morali et politica illustratae: tomi VI. Collaborantibus Francisco Hohenbergio chalcographo et Georgio Hoefnagel Coloniae, ab anno 1572 ad 1618.* (Hymans II. 76, 1.) 363 Blatt. Die Zeichnungen befinden sich in der Hofbibliothek zu Wien. (Greve: 236).

151. Calis oder Caliz, unweit Almeria. (ebenda, 2.)

152. Seine Frau, die er am 12. November 1571 in Antwerpen geheiratet hatte, hiess Susanna van Onchem oder van Onssen. (ebenda, 4.)

153. Am 4. Novemder 1576.

154. Anton und Raimund Fugger. (Hymans II. 77, 1.)

155. Herzog Albrecht V. (reg. 1550—1579.)

156. Hoefnaghel und Ortelius waren am 1. Februar 1578 in Rom, wie eine Inschrift unter einer Ansicht von Tivoli in den *Civitates* von Bruin besagt. (Hymans II, 77, 4 nach Fétis: *Les artistes belges à l'étranger*, I, 108.)

157. Giulio Clovio aus Kroatien, gestorben 1578 in Rom im Alter von 80 Jahren. Er war Schüler von Giulio Romano. Vasari beschäftigt sich eingehend mit ihm. (ebenda, 78, 1.)

158. Er setzte 1579 an Plantijn in Antwerpen sechs Exemplare der zwei ersten Teile von Brauns „*Staedten*" (vergl. Anm. 150) ab. (Rooses: Gesch. d. Antwerpener Malerschule, übers. v. Reber, S. 106.) Diese Unterbrechung seines Auslandaufenthalts hängt wohl mit dem Tode des Herzogs von Bayern (1579) zusammen.

159. Dieses Manuskript befindet sich heute in der kaiserl. Bibliothek in Wien. Waagen („Die vornehmsten Kunstdenkmäler in Wien," S. 66) sagt mit van Mander, dass, wenn der Meister acht Jahre Arbeit auf sein Werk verwandte, es wunderbar ist, dass ihm dieser Zeitraum zur Vollendung hat genügen können. In der Tat

kann allein das *Breviarium Grimani* im Hinblick auf die materielle Voll-
kommenheit mit H o e f n a g h e l s Werk verglichen werden. Aus zwei
Daten, denen man auf den Blättern dieser Sammlung begegnet, geht
hervor, dass sie 1581 begonnen und 1590 vollendet wurde. (H y -
m a n s II. 78, 3.)

160. N a g l e r behauptet, dass die fragliche Serie niemals dem
K a i s e r geliefert wurde und sich 1830 in den Händen eines M ü n -
c h e n e r Antiquars befand. J a c o b u s H o e f n a g h e l veröffentlichte
1592 zu F r a n k f u r t eine Serie von vier Heften, jedes zu 12 Blatt,
mit Insekten, Blumen etc., die den Studien seines Vaters entnommen
waren. Der Titel lautet: „*Archetypa studiaque patris Georgii Hoefnagelii
Jacobus F. genio duce ab ipso sculpta etc. Ann. sal. XCII. Aetat XVII.
Francofurtii ad Moenum.*" (ebenda, 4.)

161. H y m a n s sagt: „*étant des exemples tirés des règnes de la
nature.*"

162. Vielleicht die von W a a g e n aufs Höchste gerühmte Samm-
lung im kaiserl. Schatz zu W i e n. N a g l e r (Monogrammisten
II. 1487) behauptet andrerseits, dass diese Sammlung 1830 einem
Privatmann in M ü n c h e n gehörte. (H y m a n s II, 79, 1.)

163. Trat 1582 bei A b r a h a m L i s a r t in A n t w e r p e n in die
Lehre. Sehr guter Stecher und Miniaturist. Er heiratete dreimal und
hatte zwölf Kinder. (ebenda, 4.)

164. Über A a r t M y t e n s ist ausser dem, was v a n M a n d e r
beibringt, nichts Sicheres bekannt.

165. Die *Academia di S. Luca* nahm ihn 1577 unter ihre Mit-
glieder auf. (H y m a n s II. 231, 4. nach B e r t o l o t t i.) Sonst un-
bekannter Maler.

166. Ein altes wundertätiges Bild in der b o r g h e s i s c h e n
K a p e l l e, nach der Legende vom h. Lukas gemalt, fast schwarz, das
schon G r e g o r I. 590 in feierlicher Prozession durch die Stadt trug.
(B a e d e k e r: Mittelitalien, 1903. S. 189.)

167. Siehe Band I. S. 235.

168. Unbekannter Maler.

169. Nicht festzustellen.

170. An Stelle dieser kleinen Kirche der A n j o u's erhebt sich
jetzt die grosse Kirche *S. Francesco di Paola*, die 1817—1831 errichtet
wurde.

171. Kein Bild von M y t e n s ist in N e a p e l und auch ander-
wärts nachzuweisen. Es existiert nur ein Stich von R a p h. S a d e l e r,
der eine Madonna von ihm wiedergibt. (H y m a n s II, 83, 2.)

172. Siehe seine weiter unten folgende Biographie.

173. V a n M a n d e r sagt am Schlusse dieser Biographie: „J o o s
v a n W i n g h e n starb im Jahre 1603 zu F r a n k f u r t 61 Jahre alt,
danach musste er 1542 geboren sein.

174. **Alexander Farnese. Baldinucci** glaubt mit Unrecht, dass dies in **Parma** selbst war. (**Hymans** II. 87, 3.)

175. Für die St. **Gaugericus-Kirche. Descamps** („**Reise durch Flandern und Brabant**," 1771 S. 56) sagt darüber: „Das Abendmal auf dem Hauptaltar hat **van Wingen** gemalt, und sich darinn als einen geschickten Künstler in der Zusammensetzung und Zeichnung gezeigt. Das Kolorit ist etwas schwarz geworden. **De Vries** hat die Architektur des Hintergrundes gemalt."

176. Siehe den Schluss der weiter unten folgenden Biographie des **Jan Vredeman de Vries.**

177. Gestochen von **Raphael Sadeler** Anno 1589; das Original befindet sich im Museum zu **Düsseldorf.** (**Hymans** II. 87, 6.)

178. Seine Biographie folgt.

179. Am 25. Februar 1585 finden wir ihn unter den Bürgern, welche die Stadt **Brüssel** zu **Alexander Farnese** sandte, um über die Kapitulation der Stadt zu verhandeln. **Van Winghen** kann Brüssel also erst nach diesem Zeitpunkt verlassen haben. (**Hymans** II. 88, 2 nach **Henne et Wauters,** *Histoire de la ville de Bruxelles* I. 275.) **Hymans** vermutet, dass **van Winghen** sein Vaterland aus religiösen Gründen verliess, wofür auch die im Anschluss an das von v. **Mander** gegebene Datum folgende Allegorie spreche. (ebenda.)

180. Zeichnung dazu im **berliner Kupferstichkabinet.** (ebenda, 3.)

181. Zwei beinahe identische Kompositionen befinden sich im Belvedere zu Wien. (No. 950 u. 951.) Das zweite Exemplar gehörte dem Kaiser **Rudolph II.,** das erstere stammt aus dem Besitze des Herzogs von **Buckingham.** (ebenda, 4.)

182. Das **Staedelsche Kunst-Institut** zu **Frankfurt** besitzt von ihm ein Frauenbildnis aus der Patrizierfamilie **von Stalburg,** bezeichnet J. A. **Wing.** (No. 117.) (ebenda, 6.)

183. IV. **Mose,** 25, 8. Diese Komposition ist von **Jacques Granthomme** gestochen worden. (Ebenda, 7.)

184. Die Gerechtigkeit und der Frieden thronend, umgeben von allegorischen Figuren, Stich von **Egbert Jansz.** (ebenda, 89. 1.)

185. Gestochen von J. **Sadeler.** Das Original befindet sich im **Rijksmuseum** zu **Amsterdam.** (No. 1634.) (ebenda, 2.)

186. Grosser Stich von demselben, 1588. (ebenda; 90, 1.)

187. Stich in Breitformat von demselben. (ebenda, 2.)

188. Delila; Salomos Abgötterei; Sardanapal und der Verlorene Sohn, Stiche von **Raphael** und **Jan Sadeler.** (ebenda, 3.)

189. Stich von **Crispijn de Passe,** 1599. (ebenda, 4.)

190. Er wurde nach **Gwinner** (Kunst u. Künstler in **Frankfurt**) 1587 zu **Frankfurt** geboren. (ebenda, 5.)

191. Seine Biographie folgt.

192. Geboren 1532. (van den Branden: 217.)

193. De Vos scheint sich zuerst in Venedig aufgehalten zu haben, wo er Schüler und Mitarbeiter Tintorettos wurde, besonders als Landschafter, zu gleicher Zeit wie Paul Franchoys. In Rom malte er nach Lanzi (*Storia pittorica della Italia* Ausg. v. 1822 III. 122) für die Kirche *S. Francesco a Ripa* eine „*Immaculata*" und für den *Palazzo Colonna* die vier Jahreszeiten in kleinem Format. (Hymans II. 92, 2.)

194. Im Jahre 1558. (van den Branden: 219.)

194a. In seinem Appendix sagt van Mander: „*leest, zijn Vader, Pieter de Vos, was een Hollander, is van Leyden gheweest.*" [lies: sein Vater, Pieter de Vos, war ein Holländer und stammte aus Leiden.]

195. Pieter de Vos steht unter dem Jahre 1554 in den Liggeren als „*cleerbessemvergulder*" (Kleiderbürstenvergolder) eingetragen; es scheint sehr zweifelhaft, ob er van Manders Lob in der Tat verdient hat. (vergl. van den Branden: 217.) Er war der Vater des Malers Willem de Vos, dessen Porträt van Dyck radiert hat (Hymans II. 92, 4.)

196. Das Museum zu Antwerpen besitzt eine ganze Anzahl von Bildern religiösen Inhalts von ihm. (No. 71—103.) Ein Doppel-bildnis von seiner Hand (Aegidius Hoffman und Marg. van Nispen) signiert und 1570 datiert, befindet sich im Rijksmuseum zu Amsterdam. (vergl. Repertorium XXIV S. 192.)

197. Hymans sagt hierzu: Wenige Künstler haben den Stechern eine so bedeutende Anzahl von Zeichnungen geliefert. Die nach seinen Kompositionen angefertigten Stiche zählen nach Hunderten und scheinen zu gleicher Zeit alle Ateliers von Antwerpen. beschäftigt zu haben. Goltzius hat in den Anfängen seiner Laufbahn gleichfalls einige Blätter nach Marten de Vos gestochen. Alle diese Arbeiten verraten eine grosse Leichtigkeit, aber einen minderen Geschmack." (II, 93, 1.)

198. Van Mander sagt in seinem Appendix: „*Marten de Vos die starf Anno 1603. den vierden Decembris, oudt 72. Jaer.*" [Marten de Vos starb am 4. Dezember 1603, 72 Jahre alt.]

199. Die Worte von „*so hy met dusghe versen*" bis einschliesslich der beiden folgenden Verse fehlen in der Übersetzung von Hymans.

200. Gouverneur von Friesland. (Hymans II. 100, 2.)

201. Reijer Gerbrants, 1544 als Bürger von Leeuwarden eingetragen. (Hymans, ebenda, 3 nach Eekhoff: *de Stedelijke Kunstverzameling te Leeuwarden*, S. 281.)

202. Hymans übersetzt: „*marvais sujet.*"

203. Es muss 1549 heissen, wie es in der ersten Ausgabe des

Malerbuches richtig steht. (Hymans II. 100, 4.) De Jongh, der beide Ausgaben benutzt hat, druckt den Fehler der zweiten nach. (II. S. 6.)

204. Van Mander versteht unter den „grossen" Büchern von PieterKoeck seine Übersetzung der Architekturbücher von Serlio und unter dem kleinen das Werkchen: *De inventie der Colommen met haren coronementen ende maten ut Vitruvie ende andere diversche auctoren, etc., Antwerpen ter begheerten van Goede Vrienden, febr. 1539.*" (Hymans II. 100, 6.)

205. Er ist in der Tat im Jahre 1561 dort nachzuweisen. (Ebenda: 101, 1 nach Neefs.)

206. Dorizi wurde 1536 zur Mechelner Lukasgilde als Bürger der Stadt zugelassen. Er wurde 1517 geboren und starb im Februar 1565. (Ebenda, 2.)

207. Nichts weiter über ihn bekannt.

208. Sein Fortgang von Mecheln, um sich in Antwerpen niederzulassen, fand 1563—1564 statt, doch war vom Jahre 1555 ab eine Ornamentsammlung von Vredeman de Vries bei Gerard de Jode in Antwerpen erschienen. (Ebenda, 4.)

209. Siehe Band I. S. 251 f.

210. Wilhelm der Schweiger. Der Prinz von Oranien verliess Antwerpen im April 1567 und Willem Key starb im Juni 1568. (Hymans II. 101, 6.)

211. *Memorabilium, Novi Testamenti, in templo gestorum,* etc., 14 Blatt einschliesslich des Titels. (Ebenda, 7.)

212. *Scenographiae sive perspectivae ut Aedificia, hoc modo ad opticam excitata, Pictorum vulgus vocat pulcherrimae viginti selectissimarum fabricarum a Joanno Vredemanno Frisio excogitatae et designatae: et a Hieronymo Cock aeditae, etc., au Quatre Vens avec privilege du Roy pour six ans, 1560* Von Cock dem Kardinal Grauvella gewidmet. Zweite Ausgabe 1601 von Theodor Galle unter dem Titel: *Variae architecturae formae* (Ebenda, 8.)

213. Zwanzig Blatt, die in der 1. Ausgabe an Stelle eines Titels nur die Widmung von Hieronymus Cock an Peter-Ernst von Mansfeldt tragen. Der Neudruck von Theodor Galle ist von 1601 und trägt den Titel: *Variae architecturae formae.* Er darf nicht mit dem in der vorigen Anmerkung erwähnten verwechselt werden. (Ebenda, 102, 1.)

214. *Pictores, statuarii, architecti latomi et quicunque principum magnificorumq. virorum memoriae aeternae, inservitis, etc. 1563.* 28 Blatt in — 4°, einschliesslich Titel. (Ebenda, 2.)

215. *Artis perspectivae plurium generum . . multigenis fontibus,* etc. *Excudebat Antverpiae Gerardus de Jode,* A° *1560.* Dreissig Blatt in — folio. (Ebenda, 3.)

216. *Architectura oder Bauung der Antiquen, etc., Antw. Gerardus de Jode, 1577.* Titel und 21 Blatt in — folio. (Ebenda, 4.)

217. *Hortorum viridariumq. elegantes etc. Excud. Philippus Gallaeus Antw. 1583,* Titel und 20 + 8 Blatt in — folio. Jan Galle erhöhte dann die Zahl der Tafeln auf 34, indem er sechs sehr interessante Blätter von P. van der Borcht hinzufügte. (Ebenda, 5.)

218. *Différents pourtraicts de menuiserie ... portaux, bancs, escabelles, tables etc.* Titel und 16 Blatt, ohne Datum. (Ebenda, 6.)

219. Siehe oben, S. 29 f.

220. Theatrum vitae humanae, etc. Antv., 1577. (Ebenda, 8.)

221. Spolien oder Trophaeen; Hymans übersetzt: „*entrelacs*".

222. Zwei Serien: *Multarum variarumq. protactionum compartimenta vulgus pictorum vocat, Gerardus Judaeus excudebat Antw.* 1. Serie, 1555 mit 12 Blatt; 2. Serie, 1557, Titel und 12 Blatt. Eine sehr schöne Serie von Grottesken: *Grottesco in diversche manieren,* 13 Blatt. Karyatiden: *vulgus termas vocat,* Titel und 16 Blatt. Bei Gerard de Jode. Zwei Serien Ordnungen publiziert bei Cock 1563 (22 Blatt) und 1578 (30 Blatt), etc. (Ebenda, 9.)

223. Anna von Österreich, Tochter Maximilians II., Braut Philipps II. Sie kam am 26. August 1570 nach Antwerpen. (Ebenda, 10.)

224. Am 29. April 1570. Es handelt sich um den sogenannten Generalpardon König Philipps II., von dem alle der Ketzerei Verdächtigen ausgeschlossen waren. (Hymans II. 103, 1.) Vergl. Anm. 105.

225. Im Jahre 1575 bediente sich der Kaiser der Vermittlung des Grafen Günther von Schwarzenberg, des Schwagers des Prinzen von Oranien, um mit letzterem Friedensverhandlungen zwischen Spanien und den Niederlanden einzuleiten. (Ebenda, 2.)

226. Am 1. August 1577. (Vergl. van den Branden: 233.)

227. Man findet in der von Gerard de Jode 1577 publizierten *Architectura* mehrere Befestigungspläne von Vredeman de Vries. (Hymans II. 103, 5).

228. Am 17. August 1585. Im November desselben Jahres arbeitete de Vries noch mit Raphael van Coxcie an einem Bilde für die Brüderschaft du Salut de Nôtre Dame („Gilde van O. L. V. lof"). Am 13. August 1586 unterzeichnet Coxcie die Anerkennung der dem de Vries für seine Mitarbeit geschuldeten Summe. (Hymans, ebenda, 6, nach de Busscher: Recherches II. 140, Anm. 1 und 2). Vergleiche den dort abgedruckten Vertrag.

229. Die Petrikirche in Hamburg wurde durch den Brand von 1842 zerstört. Der übriggebliebene Teil des Turmes wurde in den Neubau einbezogen. (Ebenda, 104, 1.)

230. Das noch existierende Bild wurde im Jahre 1592 gemalt. (A. Lindner: *Danzig*, 1903. S. 60.)

231. Während die Deckenmalereien von de Vries im roten Rathaussaal zu Danzig durch spätere Bilder verdrängt wurden, existiert der von van Mander erwähnte Gemäldezyklus noch an den oberen Wandflächen über der roten Tapetenbekleiduug. (Ebenda, S. 51 und 53.)

232. Hymans übersetzt: *„dans une chambre sous un grenier à plafond plat.“*

233. Geboren 1567 in Antwerpen, heiratete 1601 in Amsterdam und wird dort am 14. Februar 1604 Bürger. (Hymans II. 105, 2 nach Kramm, *Levens en Werken* ... S. 1812 und Obreens *Archief* II. 275.) Vergleiche auch die auf ihn bezügliche Stelle in der Biographie des Joos van Winghen S. 91.

234. Siehe seine S. 279 folgende Biographie. — Wahrscheinlich das von Raphael Sadeler 1614 gestochene Bild. (Hymans II. 106, 2.)

235. Joseph Heintz, Hofmaler Kaiser Rudolphs II., geboren am 11. Juni 1564 zu Basel als Sohn des Baumeisters Daniel Heintz, war 1585 in Rom, wo er sich noch 1587 befand, wurde am 1. Januar 1591 zum Kammermaler des Kaisers ernannt, war 1593 wieder in Rom, wo er nach Antiken zeichnete. Er starb im Oktober 1609 zu Prag. (Österreich. Jahrbuch XV. S. 45 f.)

236. Siehe oben S. 69 f.

237. Nicht nachzuweisen.

238. *Perspectiva, dat is de hooch gheroemde conste eens schijnende in oft door-siende ooghen-ghesichten punt en gheinventeert door Johan Vredeman Vriese;* gewidmet Moritz von Nassau, dessen Bild von 1599 es enthält, ebenso enthält es das Porträt des Autors von 1604 im Alter von 77 Jahren, gestochen von H. Hondius, der auch die meisten der 49 Tafeln hergestellt hat. Andere tragen das Monogramm des Barth. Dolendo. Der zweite Teil, datiert vom 1. März 1605, enthält 24 Tafeln.

Im Jahre 1606 erschien eine französische Übersetzung unter dem Titel: *Architecture, la haulte et fameuse science consistante en cincq manières d'édifices ... inventée par Jean Vredeman Frison et son fils Paul Vredeman Frison*, mit 67 Tafeln.

Man muss vermuten, dass de Vries 1604 in Holland war, da er am 8. Februar seine Zulassung als Professor der Architektur an der Universität Leiden beantragte, ein Gesuch, das trotz der Unterstützung, das es seitens des Prinzen Moritz fand, abschlägig beschieden wurde. (Hymans II. 106, 6.)

239. Giovanni da Bologna (Jean Boullogne) geb. zu Douai 1524, gestorben zu Florenz 1608.

240. Nach seinem Epitaph in der Annunziatakirche zu Florenz

wurde er 1523 geboren und starb am 2. November 1605. (H y m a n s
II. 110, 3.)

241. **K a r l d e r G u t e** wurde am ersten Freitag der Fasten des
Jahres 1127 von den **v a n d e r S t r a e t e n** ermordert, weil er sie ge-
zwungen hatte, zur Zeit einer Hungersnot ihr Getreide zu anständigen
Preisen zu verkaufen. (Ebenda, 4.)

242. Nach **R a f f a e l l o B o r g h i n i** (*Il Riposo*, **F l o r e n z** 1584,
S. 579), war **S t r a d a n u s** zuerst Schüler seines Vaters, den er im
Alter von 12 Jahren verlor. Er hatte darauf **M a x i m i l i a n F r a n c o**
d. i. **F r a n s** (geb. zu **B r ü g g e** um 1490, Schüler von **J a n P r é v o s t**
[1506], gestorben 1547), zum Lehrer (**W e a l e**: *Beffroi* IV, 94; 97 und
206). **B o r g h i n i** fügt hinzu, dass **S t r a d a n u s** darauf drei Jahre
lang Schüler des **L u n g o P i e r o O l l a n d e s e**, d. h. des **P i e t e r
A e r t s e n**, in **A n t w e r p e n** war. In der Tat verzeichnen die **L i g g e-
r e n d e r A n t w e r p e n e r L u k a s g i l d e** unter dem Jahre 1545 als Frei-
meister **H a n s v a n d e r S t r a t e n**. (H y m a n s II; 110, 5.)

243. Nachdem er sich einige Zeit in **L y o n** und **V e n e d i g**
aufgehalten hatte. (Ebenda, 111, 1.)

244. Nach **B o r g h i n i** beschäftigte er sich zuerst besonders
mit dem Entwerfen von Gobelinkartons. (Ebenda, 2.)

245. **V a s a r i** selbst (*Ragionamenti del sig. Cav. G. Vasari sopra le
inventione da lui depinte in Firenze nel Palazzo*, etc., 1588, S. 182), spricht
sich sehr lobend über **S t r a d a n u s** aus und sagt, dass er ohne seine
und des **N a l d i n i** und **Z u c c h i** Hilfe seine Malereien im herzog-
lichen Palaste (*Palazzo Vecchio*) nicht in einem Menschenalter hätte
vollenden können. (Ebenda, 3.)

246. Noch an Ort und Stelle.

247. Von **P h i l i p p G a l l e**. (H y m a n s II. 111, 5.)

248. *Medicae familiae gestarum, victoriae et triumphi*, 1583 von
P h i l i p p G a l l e gestochene Serie. (Ebenda, 6.)

249. *Venationes ferarum, avium, piscium, pugnae*, 104 Blatt, gestochen
von **P h i l i p p G a l l e**, **G o l t z i u s** etc. (Ebenda, 7.)

250. 1. *Passio, mors et resurrectio D. N. Jesu Christi*, 20 Blatt klein
— 4° von den **G a l l e**, **W i e r i c x**, **C o l l a e r t** und **C. de P a s s e**. —
2. *Passio, mors et resurrettio D. N. Jesu Christi*, 41 Blatt einschliesslich
Titel. Siehe **A l v i n**, *les Wiericx*, Nr. 1820. (Ebenda, 8.)

251. *Equile Joannis Austriaci Caroli V. Imp. F.*, Titel und 38 Blatt,
gestochen von **W i e r i c x** (**A l v i n** 1560—1573), **P h i l i p p G a l l e** und
H e n d r i c k G o l t z i u s. (**B a r t s c h**: 290—298). (Ebenda, 9.)

252. *Acta Apostolorum ... a duobus pictoribus Belgis a Martino Heems-
kerckio nempe qui ea inchoaverat et Johanne Stradano qui ea absolvit*. Heraus-
gegeben von **P h. G a l l e** und später von **N. J. V i s s c h e r**. (Ebenda,
112, 1.)

253. Sein Vater hiess **J a n v a n C o n i n x l o o** und hatte vier

Kinder: Gillis, Catalyne, Jan und ein viertes, dessen Name und Geschlecht nicht zu ermitteln war. (Sponsel: „Gillis van Coninxloo und seine Schule", im Jahrbuch der preuss. Kunstsammlungen X. S. 57., nach N. de Roever: De Coninxloo's in Oud Holland III. S. 33 f.).

254. Nicht in den Registern der Antwerpener Lukasgilde verzeichnet. Ein Maler gleichen namens wird nach *Beffroi* I, 117 Ende des XV. Jahrhunderts in Brügge erwähnt. (Hymans II. 117, 4.)

255. Mit Maria Robroeck (der Witwe von Pauwels van Aelst) 1570. Im gleichen Jahre trat er in die Gilde zu Antwerpen ein und blieb dort bis zum Januar 1585. (Sponsel: S. 57 f.)

256. Nach de Roevers Berechnung kam er 1595 nach Amsterdam, kaufte sich am 22. April 1597 das *Poorter*recht der Stadt, verheiratete sich 1603 zum zweitenmale und starb in den ersten Tagen des Jahres 1607. (Sponsel: 60).

257. Sandrart liefert in seiner „*Teutschen Academie*" (I. 278/79) folgende groteske Übersetzung: „einen sterbenden Jüngling aber 16 Schuch lang, hat Jacob Roland Advocat daselbst in dem Ausruf an sich gekauft." Rathgeber, der nach Hymans diesen Irrtum auch begangen hat, dürfte ihn dem „*edlen und gestrengen Herrn von Sandrart*" zu verdanken haben. — Das Bild scheint nicht mehr zu existieren. — Über Jonghelincx vergl. auch das Leben des Frans Floris. (I. 319).

258. Weder die Prager noch die Wiener Galerie besitzen heute Werke von Coninxloo (Hymans II. 119, 1), dagegen finden sich in der Galerie Liechtenstein zu Wien zwei Landschaften von ihm, von 1598 und 1604, und in der Dresdener Galerie eine grosse Landschaft mit dem Midasurteil von 1588. (Nr. 857, Catal. v. 1899.) (Vergl. Sponsel: S. 70 und 61 f.). — Der Stecher Nicolas de Bruyn (geb. zu Antwerpen 1571, gestorben zu Amsterdam um 1635) hat 13 Landschaften nach Coninxloo gestochen. (Hymans II. 121. Sponsel: 61, 1).

259. „*en Room*" fehlt bei Hymans.

260. Siehe oben, S. 41.

261. Siehe Band I, S. 63 und Anm. 62.

262. Sprangers trat bei ihm 1557 in die Lehre. (van den Branden: 160). Mandyn war 1500 geboren, wie aus seiner eigenen Erklärung hervorgeht, vergleiche van den Branden 159 f. — Danach wäre das Bd. I Anm. 62 gegebene Datum (1502) zu korrigieren.

263. Siehe oben, S. 61 f.

264. Unter dem Jahre 1545 in den Listen der Gilde eingetragen als Schüler von Jan Adriaensen und 1556 als Freimeister aufgenommen. (Hymans II. 124, 6.)

265. Siehe Band I, S. 293.

266. Vielleicht identisch mit Georg Wickram aus Speyer. Die Liggeren enthalten nichts über ihn. (Hymans II. 125, 2.)

267. Hans Bocksberger aus Salzburg, Freskomaler (Wandmalereien in der Residenz zu Landshut, ausgeführt zwischen 1542 und 1555) und Zeichner für den Holzschnitt. (Janitschek: Geschichte der deutschen Malerei, S. 537 f.).

268. Marc Duval genannt „le Sourd“, auch Bertin nach dem Namen seines Stiefvaters, war auch ein hervorragender Stecher. Er starb zu Paris am 13. September 1581. Er hat vortreffliche gezeichnete Porträts hinterlassen. (Hymans II. 126, 1 und 2.)

269. Bernardino Gatti genannt il Sojaro oder Sogliaro aus Cremona, starb 1575 gegen 80 Jahre alt. Er vollendete in der Kirche *Madonna della Steccata* zu Parma eine angefangene Anbetung der Könige von Michelangelo Anselmi auf so ausgezeichnete Weise, dass ihm die Parmesaner auch die Ausschmückung der Haupttribune derselben Kirche übertrugen. (Müller: Künstlerlexikon II. 159.)

270. Maria, Gemahlin von Alexander Farnese. Die Hochzeit hatte zu Antwerpen im November 1565 stattgefunden. (Hymans II. 129, 1.)

271. Siehe Band I Anm. 598.

272. Der Soracte.

273. Gemeint ist das berühmte von Vignola 1547—59 für den Kardinal Alessandro Farnese erbaute Schloss Caprarola über dem gleichnamigen Bergstädtchen.

274. Der „Palast von S. Lorenzo in Damaso“ ist die *Cancelleria;* wahrscheinlich ist aber der ganz in der Nähe gelegene *Palazzo Farnese* gemeint.

275. Der heilig gesprochene Zelot und ehemalige Grossinquisitor, regierte von 1566—1572.

276. Das Jüngste Gericht von Sprangers befindet sich im Museum zu Turin. (Hymans II. 131, 1.) Pius V. war Piemontese.

277. Dieses Werk existiert nicht mehr. Die heutige Kirche *S. Luigi* ist erst 1589 geweiht worden. — Hymans kennt einen Stich von Crispijn de Passe danach. (Siehe II. 132, 1.)

278. Es ist vermutlich nicht die Kirche *S. Giovanni a Porta Latina* gemeint, sondern die unmittelbar der *Porta Latina* gegenüberliegende Kapelle *S. Giovanni in Oleo* (gegründet 1509). Ob das Bild noch exi. stiert, vermag ich nicht zu sagen, da ich die Kirche stets verschlossen fand. Nach Greve (S. 269) befindet sich das Bild noch in der Kirche *S. Giovanni a Porta Latina.*

279. Von Matthaeus Greuter (1566 (64) —1638). (Hymans 132, 2.)

280. Marguerite de la Marck, die letzte ihres Namens,

Gemahlin von Jan de Ligne, Prinzen von Arenberg seit 1565. Sie starb 1597. (Ebenda, 3.)

281. Hymans übersetzt: „*désireux*".

282. Es ist nichts weiter über ihn bekannt, als was van Mander beibringt. Sein Nachfolger beim Kaiser Rudolph war Adriaen de Vries aus dem Haag. (Hymans II. 133, 1.)

283. In der Galerie von *Hampton Court Palace*, Nr. 431 (?). Es ist ein ovales Bild auf Kupfer. (Ebenda, 135, 1.)

284. Gestochen von J. Matham und auch von Rafaello Guidi. (Ebenda, 2.)

285. Eine heil. Familie mit zwei musizierenden Engeln von Sprangers befindet sich in der Akademie der schönen Künste zu Wien; gestochen von L. Kilian. Eine andere hl. Familie mit drei Engeln befindet sich im Museum zu Mainz. (Ebenda, 3.)

286. Hymans übersetzt missverständlich: „*Il représenta, comme de cuivre jaune, les figures allégoriques des Vertus: la Justice, la Sagesse, etc., interprétées à la moderne et à l'antique, le tout très intelligemment conçu et non moins bien exécuté.*"

287. Hymans übersetzt: „*Sprangher, qui était resté à Vienne, eut l'occasion de le constater et s'en affligea fort.*"

288. Wolfgang Rumpff, Baron von Wielros und Weittrach, dem Sprangers seine Hochzeit der Psyche, Stich von Hendrick Goltzius (Bartsch: 277) widmete. (Hymans II. 136, 2.)

289. Sie hiess Christine Müller. Sprangers malte ihr Porträt, das sich im Belvedere zu Wien befindet. Es ist auch (i. J. 1600) von Gillis Sadeler mit dem von Sprangers zusammen, umgeben von auf den Tod der jungen Frau bezüglichen allegorischen Figuren, nach der Komposition des Meisters gestochen worden. (Ebenda, 137, 1.)

290. Nicht nachzuweisen.

291. Hymans übersetzt: „*un Saint Sébastien, avec des figures d'archers hautes de trois à quatre pieds, à l'avant-plan.*"

292. Die Münchener Pinakothek besitzt nur eine kleine Beweinung Christi und die Schleissheimer Galerie drei Bilder: Apollo, Mydas und Marsias; Loth und seine Töchter fliehen aus Sodoma; Susanna im Bade. (Kat. v. 1898 bzw. 1885.)

293. Diese Kirche ging 1689 zugrunde. (Hymans II. 138, 3.)

294. Hymans übersetzt fälschlich: „*Le Christ reçoit le manteau des mains d'un ange.*"

295. Hymans übersetzt: „*et, dans ce même frontispice, est peint le Père Eternel.*"

296. Siehe Band I, S. 87 und Anm. 100.

297. Nach von Perger (Mitteilungen der Zentralkommission, etc. X. S. 230) erwähnt das Inventar des XVI. Jahrh. der Prager Sammlung nicht weniger als 27 Bilder von Sprangers. (Hymans II. 140, 2.)

298. „*en noch eenighe onder dinghen,*" fehlt bei H y m a n s.

299. Im Jahre 1587. Es ist ein aus drei Blättern bestehender Stich. (B a r t s c h : Nr. 277.) Die Zeichnung befand sich nach N a g l e r 1823 in der Sammlung G r u e n l i n g. (H y m a n s II. 140, 3.)

300. Biographie S. 279 f.

301. „Die Treue muss sich erweisen." H y m a n s bemerkt hierzu: Es scheint mir durchaus wahrscheinlich, dass es bei dieser Gelegenheit war, dass unser Autor auf dem Schloss S e v e n b e r g h e n unweit H a r l e m das Fest gab, von dem sein anonymer Biograph (siehe S. 408) spricht: V a n M a n d e r hatte selbst die Komödie dazu geschrieben. (II. 141, 2.)

302. S p r a n g e r s ist nach 1627 gestorben, und in diesem Jahre war sein Sohn M a t t h i a s noch am Leben. (Vergl. ebenda S. 143, Kommentar.)

303. Er und sein Bruder W o u t e r sind die Schöpfer der zwölf schönsten Glasgemälde in der *St. Jans-* oder *Groote Kerk* zu G o u d a. Die Ausführung fällt in die Jahre 1555—1577. D i r c k starb 1577. Vergl. auch Band I, S. 217 und Anm. 306.

304. H y m a n s übersetzt: „*Encouragé par cette parole, Ketel ne fit que s'appliquer avec plus d'ardeur au dessin et à la peinture.*"

305. Siehe oben S. 7 f.

306. Siehe Band I, S. 323 und Anm. 486.

307. Siehe Band I, S. 325 und Anm. 491.

308. Siehe Band I, S. 325 und Anm. 490.

309. Unbekannter Künstler.

310. Vergleiche über ihn: D e L a b o r d e : *la Renaissance des Arts à la Cour de France*, S. 396 und *passim.*

311. Die B a r t h o l o m ä u s n a c h t vom 23. auf 24. August 1572.

312. A d e l h e i d G e r r i t s. (H y m a n s II. 148, 6, nach A. D. d e V r i e s A z.)

313. Das Porträt in ganzer Figur dieser Persönlichkeit, gemalt von K e t e l, befindet sich zu Ditchley bei dem V i s c o u n t D i l l o n. Es war auf der Ausstellung zu M a n c h e s t e r 1857 zu sehen. (Ebenda, 149, 1.)

314. Elisabeth.

315. *Lady* F r a n c e s H o w a r d, Schwester des Lordadmirals N o t t i n g h a m. (H y m a n s II. 149, 3.)

316. *Sir* E d w a r d V e r e, Graf von O x f o r d. (Ebenda, 5.)

317. V e r t u e erwähnt die Porträts von W i l l i a m H e r b e r t, Graf von P e m b r o k e, des Lordadmirals L i n c o l n, H e n r y F i t - z a l a n, Grafen von A r u n d e l. G. S c h a r f signalisierte H y m a n s die Bildnisse von *Sir* T h o m a s oder *Sir* W i l l i a m G r e s h a m zu T i t s e y P a r k, bei G. L e v e s o n G r o w e r; (dieses Porträt ist signiert und trägt das Datum 1579) und von *Sir* M a r t i n F r o b i s h e r in der Universität zu O x f o r d. Letzteres Werk, ein grosses 1577

gemaltes Porträt, wurde dem Schöpfer mit 5 Pfund Sterling bezahlt. (Ebenda, 6.)

818. Er liess dort am 16. November 1581 einen Sohn taufen, der den Namen Raphael erhielt. (Ebenda, 7 nach de Vries.)

819. Das 1588 datierte Bild auf dem Stadthaus zu Amsterdam, das man damit in Verbindung bringt, zeigt nach Hymans (ebenda 8) ziemlich wenig Übereinstimmung mit der Beschreibung van Manders.

820. Hymans übersetzt diese schwierige Stelle, über die das in der vorigen Anmerkung erwähnte vielleicht beschnittene Bild keinen Aufschluss gibt, folgendermassen: *„Les personnages sont ou étaient rassemblés dans une galerie, de sorte qu'au lieu de colonnes il y a de curieux termes sculptés qui se detachent en relief et forment un encadrement fort original."* De Jongh (II. S. 56) übersetzt: *„zo dat 'er in plaatze van pijlers eenige zeer artige stijlen op gevonden worden, eenigzins verheven en uitgesneeden: waaröp zich wederöm als zeer verheven Beeldwerk vertoont, 't welck eene zo ongemeene als aangename gedaante van lijsten uitlevert."*

821. Hymans übersetzt: *„Dans la partie inferieure, il y a de petites allegories peintes en grisaille: les figures de Mars et de Vulcain imitant le bronze."* Was mit den Grisaille-Allegorien gemeint, erhellt aus den nachfolgenden Versen.

822. Nach Vertue befanden sich diese Bilder in der Galerie des Herzogs von Buckingham. (Hymans II. 150, 1.)

828. Er publizierte 1602 zu Amsterdam ein mystisches Buch. Sein Porträt wurde auch von Miereveld gemalt. (Siehe unten S. 221). (Ebenda, 151, 1.)

824. Das C. Ketel *Anno* 1588 signierte Bild befindet sich im Rijksmuseum zu Amsterdam. Es scheint beschnitten. (Kat. v. 1898, Nr. 754.) War für die Fussbogen-Doelen gemalt. (Greve S. 197.)

825. Jakob Houbraken hat nach Ketel ein Porträt von Jakob Cornelis van Neck gestochen, der 1622 Bürgermeister von Amsterdam war. (Hymans II. 151, 3.)

826. Hymans (II. 152, 1) bemerkt hierzu: „Es muss hier eine Konfusion stattgefunden haben; Francesco Morosini kam erst 1618 auf die Welt. Vielleicht handelt es sich um Andrea Morosini, der 1557 geboren wurde und 1618 starb." — Mir ist der Stammbaum der Morosini nicht bekannt, vielleicht hat es aber einen anderen Francesco gegeben, der ein Zeitgenosse van Manders war.

827. Nach diesem Porträt führte Jakob Matham seinen prachtvollen Stich aus. (Bartsch: 169.) (Ebenda, 2.)

828. Geboren 1565 zu Utrecht, gestorben 1621 zu Amsterdam. (Ebenda, 3.)

829. Hymans übersetzt: *„il le verra trop tôt."*

830. Am Rande bemerkt van Mander erläuternd: *Wt coordt,*

28*

is uytbraect ghesceyt = auskört soll heissen: ausbricht. Hymans über-
setzt: „*l'araignée distille son venin.*"

331. Hymans übersetzt: „*fut encore figuré par lui d'une manière
ingénieuse.*

332. Ohne Zweifel die von J. Sadeler gestochene Kompo-
sition, zitiert von Kramm. (Hymans II. 154, 1.)

333. Hymans übersetzt „*graef*" fälschlich mit „*tombe*"; „*graef*"
ist ein Werkzeug zum Graben, ein Spaten.

334. Es hat nicht den Anschein, als ob Ketel jemals nach
Italien gegangen sei. Sandrart sagt ja, aber ohne es zu beweisen.
(Ebenda, 155, 1.)

335. Bei Hymans steht, wohl infolge eines Druckfehlers
„*Vice*".

336. Der Tabak trug früher den Namen *Petum*; unter *Napellis*
ist offenbar *Aconitum Napellus* = Eisenhut gemeint, die giftigste
Pflanze unserer Breiten.

337. „*staende met eenen voet op een onrust*" ist bei Hymans nicht
übersetzt.

338. Jan Saenredam: (Bartsch Nr. 106.) „*Pièce emblématique
sur le bon et le mauvais naturel. L'on y remarque la Bienfaisance sous la
figure d'une femme qui fait don de ce qu'il y a de plus estimable, figuré par le
soleil à un homme ingrat qui lui enfonce un poignard dans le sein.* (Peintre-
Graveur III. S. 253).

339. Matthaeus XXII, 13.

340. „*want 't schijnt sy hem uyt hun ermen willen werpen*" fehlt bei
Hymans.

341. Hymans übersetzt sehr lückenhaft: „*L'ensemble du groupe
est des plus remarquables et mérite l'admiration de tout vrai connaisseur.*"

342. Eines dieser Porträts diente wahrscheinlich für den Stich
von H. Bary (1659) als Modell. Das Original befindet sich in der
Galerie von Hampton Court. (Hymans II. 158, 2.)

343. Der Satz: „*en stont wel uyter kant*" ist bei Hymans unbe-
rücksichtigt geblieben. Ebenso im folgenden Satz: *en staet ... uyt
der handt*".

344. Wolfart Hermanszoon, der die Spanier 1601 in
der Nähe von Bantam schlug. (Hymans II. 158, 4.)

345. Heinrich von Savoyen, Herzog von Nemours (1572
bis 1632), dessen Porträt von Thomas de Leu gestochen wurde.
(Ebenda, 159, 1.)

346. Hymans übersetzt fälschlich: „*exécutée des pieds et des mains*".

347. Bei Hymans steht: „*suivi d'un page*"

348. Wortspiel auf den Namen und Stand des Betreffenden.

349. Er war Bürgermeister von Alkmaar während der Be-
lagerung von 1573.

850. Wortspiel auf den Namen.

851. Gestochen von Quirin Boel. (Hymans II. 162, 2.)

852. Pieter de Jode d. Ae., Schüler von Hendrick Goltzius (1570—1634). (Ebenda, 3.)

853. „*die Yver beteeckent*" fehlt bei Hymans.

854. Wahlspruch Ketels. (Hymans II. 163, 1.)

855. Fiorillo (Geschichte der zeichnenden Künste II. S. 514, Hannover 1817) sah dieses Bild nebst einem Autentizitätszeugnis bei einem Kaufmann namens Kaller in Frankfurt a. M. Augenblicklicher Aufenthalt unbekannt. (Ebenda, 2.)

856. Hymans schreibt: „*et il loua fort l'ordonnance du sujet.*"

857. Ketel wurde am 8. August 1616 in der *Oude-Kerk* zu Amsterdam begraben. (Katalog des Rijksmuseums v. 1898.)

858. Hymans bemerkt hierzu (II. 164, 1.) „Van Mander verwechselt Isaac Isaacsz mit Pieter Isaacsz von Helsingör, mit dem er sich weiter unten (S. 291) beschäftigt. In der Tat besitzt das Kopenhagener Museum ein Bild von Isaac Isaacsz: Ein fürstliches Gastmahl im Geschmack des Paolo Veronese, datiert 1632. Derselbe Maler wird noch in einem Aktenstück vom Jahre 1631 als zu dieser Zeit am Leben erwähnt und als Erbe von Pieter Isaacsz, Malers des Königs von Dänemark, bezeichnet. (Obreen, *Archief* II. S. 147.) Ausserdem trägt das von Jan Müller (Bartsch: Nr. 56) gestochene Bildnis Christians IV. den Namen Pieter Isaacsz." Das Original zu diesem Stich befindet sich im Kaiser Friedrich-Museum zu Berlin. Der Berliner Katalog von Bode (1898) bezeichnet mit Recht Pieter Isaacsz als Schüler des Cornelis Ketel zu Amsterdam. Sein Todesdatum wird dort mit dem 14. September 1625 angegeben.

859. Hymans übersetzt: „*qui avait d'abord étudié sans maître chez son grand-père, je crois,*"

860. So de Jongh (II, 80): „*op zijn eigen aanstaan*", vielleicht soll es aber: „so gut er es eben konnte" heissen. Hymans hat diese Worte nicht übersetzt.

861. Bei de Jongh: „*zijn afgeperkte stelsel*"; das Wort „*becrosen*" ist bei Hymans nicht berücksichtigt worden.

862. Frans Francken I. starb erst 1616 (3. Oktober) zu Antwerpen. Geldorp findet sich in den Liggeren nicht als sein Schüler eingetragen. (Hymans II. 168, 2.)

863. Carlo d'Aragona, Herzog von Terranova und Fürst von Castelvetera hatte Spanien bei dem Kongress zu vertreten, der 1579 zu Köln zusammen trat, um die Basis für ein Übereinkommen zwischen den Niederlanden und Spanien zu suchen. Die Initiative zu diesem Kongress hatte Maximilian II., vertreten durch den Fürsten von Schwartzenberg, gegeben. Er verlief

resultatlos. Der Herzog von Terranova blieb nur bis zum 2. Dezember in Köln. (Ebenda, 3, nach Ennen: Geschichte der Stadt Köln V, 26.)

364. Bankier, derselbe der bei Rubens die Kreuzigung Petri für die gleichnamige Kirche in Köln bestellte. (Ebenda, 169, 1.)

465. Wahrscheinlich Wilhelm Quadt, der häufig die Stiche von Crispijn de Passe nach Geldorp mit seinen Bemerkungen versah. (Ebenda, 2.)

366. Francken: Nr. 84 und 129. (Ebenda, 3.)

367. In dem Nachlassinventar von Frans Francken I. (17. Februar 1617), das van den Branden (S. 351) mitteilt, findet sich ein hl. Andreas von Joris Geldorp d. Ae. und eine Susanna von Joris Geldorp d. J., zwei Künstler, die wohl mit Geldorp Gortzius und Jorge Geldorp II., seinem Sohn, der 1610 als Meister in die Gilde zu Antwerpen aufgenommen wurde, identisch sind.

368. Nicht nachzuweisen.

369. Er starb nach dem Katalog des Mauritshuis im Haag, 1616 oder 1618 in Köln. (Kat. v. 1895, S. 122.)

370. Van Mander sagt in seinem Appendix: „*Hier most staen, dat Miereveldt was gheboren te Delft aen't Marcktveldt, Anno 1567, den eersten May, en dat zijn Moeders Vader te Delft was een Glaes-schrijver. Hy heeft by Jeroon Wierincx niet gheleert, my was qualijck bericht: Zijn eerste Meester hiet Willem Willemsz. en uam gvan daer by een Discipel van Blocklandt, Augustijn, te Delft wesende, seer vloeyende van gheest in inventien. Hier leerde Miereveldt aldereerst schilderen, en was by hem ontrent thien weken. Hy starf vroegh. Doe Miereveldt oudt was ontrent 14. Jaer, trock hy t'Vtrecht by Blocklant, en wasser twee Jaren en dry Maenden. Doe Blocklandt was gestorven, quam Miereveldt t'huys. En hoewel des Vaders aenlegh was, hem op 't schilderen van inventien te houden, soo heeft hy de naeste negen oft thien Jaren herwaert niet veel anders ghemaeckt als Conterfeytselen. Onder ander Conterfeytselen, zijnder van zijner hand verscheyden te Delft, tot den Burghermeester d'Heer Pauwels van Beerensteyn: Noch het Conterfeytsel van den Burghermeester, d'Heer Schilperoert, welcke seer uytnemende en constigh ghedaen zijn.*“ [Hier muss stehen, dass Miereveld am 1. Mai 1567 zu Delft am Marktplatze geboren wurde und dass sein Grossvater mütterlicherseits ein Glasmaler in Delft war. Er hat nicht bei Hieronymus Wiericx gelernt, — ich war hier falsch berichtet: sein erster Meister hiess Willem Willemsz. Von dort kam er zu einem Schüler von Blocklandt, namens Augustijn, in Delft, der sehr geistvoll und geschickt im Komponieren war. Hier erhielt Miereveld den ersten Malunterricht und blieb er ungefähr zehn Wochen. Augustijn starb früh. Als Miereveld ungefähr 14 Jahre alt war, ging er nach Utrecht zu Blocklandt, wo er zwei Jahre und drei Monate blieb. Nach dem

Tode B l o c k l a n d t s kehrte M i e r e v e l d wieder ins Elternhaus zurück. Und obwohl es die Absicht seines Vaters war, ihn Kompositionen malen zu lassen, machte er die nächsten neun oder zehn Jahre doch nicht viel anderes als Porträts. Unter anderem befinden sich verschiedene seiner Bildnisse zu D e l f t bei dem Bürgermeister Herrn P a u w e l s v a n B e e r e n s t e y n (das Porträt des Bürgermeisters befindet sich im R i j k s m u s e u m zu A m s t e r d a m); ferner befindet sich zu D e l f t das Porträt des Bürgermeisters Herrn S c h i l p e r o o r t, — alles sehr hervorragende und kunstreich ausgeführte Bildnisse].

871. Er starb nach d e J o n g h (II. 85, Anm.) am 8. November 1592. Nach derselben Quelle war er auch Stecher, was H y m a n s bezweifelt.

872. Im Jahre 1613 wurde M i e r e v e l d als Meister in die Listen der in diesem Jahre gegründeten Gilde zu D e l f t eingetragen, 1625 trat er der Malergilde im H a a g bei. (H y m a n s II. 170, 3 und 172, 2, nach O b r e e n s *Archief* I, 4.)

873. Siehe S. 179 und Anm. 323.

874. L o u i s e d e C o l i g n y († zu F o n t a i n e b l e a u am 13. November 1620), Gemahlin W i l h e l m I. von N a s s a u, des S c h w e i g e r s (ermordet zu D e l f t am 10. Juli 1584) seit 1583. Das M a u r i t s h u i s im H a a g besitzt ein M i e r e v e l t signiertes kleines Porträt von ihr in Witwentracht, eine Werkstattkopie. (Kat. v. 1895, S. 200 und 234.)

875. Nichts deutet darauf hin, dass M i e r e v e l d in den s ü d l i c h e n N i e d e r l a n d e n gearbeitet hat, doch enthält das von H. H a v a r d publizierte Inventar seiner Bilder die Bildnisse kleinen Formats von A l b e r t und I s a b e l l a. (H y m a n s II. 174, 4.)

876. Siehe unten S. 373.

877. Siehe unten S. 377. — H y m a n s schreibt: *„qui vint chez Michel à l'âge de sept ans.“*

878. Siehe unten S. 377.

879. Nichts Näheres über ihn bekannt. — M i e r e v e l d starb am 27. Juni 1641. (Katalog des M a u r i t s h u i s, S. 233.)

880. Pauli Bekehrung wird am 25. Januar gefeiert, — es muss also „nach“ heissen, wenn er im Februar geboren wurde.

881. Siehe Band I, S. 361 f.

882. H y m a n s schreibt fälschlich: *„retourna“.*

883. H y m a n s sagt: *„L'autre fils est notre Henri Goltzius,“* er macht damit aus H e n d r i c k s Vater J a n G o l t z i u s II. seinen Bruder und eliminiert so eine Generation, obwohl v a n M a n d e r den alten H u b e r t G o l t z I. den Urgrossvater von H e n d r i c k nennt. J a n I. starb zu Kaiserswerth, sein jüngerer Sohn J a n II. zog nach M ü h l b r e c h t, wo H e n d r i c k geboren wurde. H u b e r t G o l t z i u s II.

ist also ein Onkel zweiten Grades von H e n d r i c k. Der Stammbaum
von H e n d r i c k entwickelt sich nach v a n M a n d e r wie folgt:

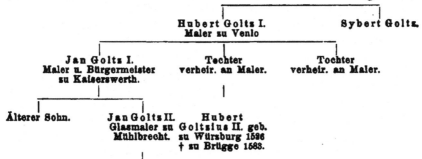

384. „*in Glas-maecken*" fehlt bei H y m a n s.

385. Siehe Band I, S. 303 und Anm. 456.

386. H y m a n s übersetzt: „*des encadrements*".

387. Dieser Brand brach am 23. Oktober 1576 aus; das Johannis-
fest wird am 24. Juni gefeiert. Die Ankunft von G o l t z i u s in
H a r l e m muss also 1577 stattgefunden haben. (H y m a n s II. 183, 1.)

387. P h i l i p p G a l l e wurde 1537 zu H a r l e m geboren und
starb am 29. März 1612 zu A n t w e r p e n. G o l t z i u s hat 1582 sein
Porträt gestochen. (Ebenda, 2.)

388. M a r g a r e t a B a r t s e n. (Ebenda, 3.)

389. Geboren zu H a r l e m am 15. Oktober 1571, in die Listen
der Gilde eingetragen 1600, gestorben ebenda am 20. Januar 1631.
B a r t s c h (*Peintre-Graveur* III S. 131) beschreibt sein Werk. (Eben-
da, 4 und 198, 2.)

390. H y m a n s übersetzt: „*Goltzius se prit à réfléchir à son sort,
et, comparant sa propre destinée à tous les avantages que rencontraient les autres
artistes, il tomba . . .*"

391. H y m a n s übersetzt: „*et s'amusait surtout dans les auberges . . .*"

392. Der Stecher J a n S a d e l e r, geboren 1550 zu B r ü s s e l,
gestorben zu V e n e d i g im August 1600. (H y m a n s II. 184, 1.)

393. B a r t s c h: 142, gestochen 1589. (Ebenda, 2.)

394. Bei H y m a n s: „*. . . sur son grand Hercule et d'autres planches,
le domestique s'exprimant avec beaucoup de réserve comme il convenait.*"

395. J a n M a t t h y s z B a n, Goldschmied aus H a r l e m. Ihm
und seinem Schwager C o r n e l i s G e r r i t s z V l a s m a n hat v a n
M a n d e r sein „*Leben der niederländischen und deutschen Maler*" gewidmet.
Siehe Band I, S. 11 f.

396. P h i l i p p v a n W i n g h e aus L ö w e n. Er durchreiste ganz
I t a l i e n und studierte dort die ältesten christlichen Denkmäler mit
dem berühmten B o s i o und C i a c c o n i u s. Er unternahm Aus-

grabungen in Rom in den S. *Calixtus-Katakomben* und starb 1592 zu Florenz als Dreissiger. (Hymans II. 186, 2 nach Ed. van Even im Messager des Sciences, S. 162. 1877).

397. Die kgl. Bibliothek in Brüssel besitzt das handschriftliche Reisealbum von van Winghe und das von Jakob Matham nach der Zeichnung von Goltzius gestochene Bildnis des jungen Archäologen. Das ovale Bildnis wird von folgender Inschrift umgeben: *B. M. Philippo Winghio Henricus Goltzius amicitiae ergo delineabat Remae.* In der linken Ecke liest man: *Jac. Matham*, in der rechten: *Sculpsit.* Darunter stehen zehn lateinische Verse, eine Elegie, die mit den Worten: *Florentiae jacuit, anno* M. D. XCII. endigt. — Ein zweites, nicht weniger seltenes Porträt von van Winghe wurde 1589 von Gisbert van Veen nach einer Zeichnung seines Bruders Octavio gestochen. (Ebenda, 3.)

398. 1527—1598. Goltzius hat uns von ihm ein prächtiges Porträt hinterlassen (Bartsch: 180) mit folgender Widmung: *Spectandum dedit Ortelius mortalibus orbem — Orbi spectandum Galleus Ortelium.* (Ebenda, 4.)

399. Hymans schreibt: „*bien rustique.*"

400. Hymans übersetzt: „*Le soir, quand ils furent arrivés à Velletri, le jeune homme y trouva de nouvelles lettres.*"

401. Hymans bemerkt hierzu: Van Mander täuscht sich hier; es handelt sich um den Herkules Farnese, der aufrecht steht. Goltzius hat nach dieser — vom Rücken gesehenen — Statue einen wundervollen Stich gemacht (Bartsch: 143). Die Figuren, die man am Fuss der Statue sieht, könnten wohl van Winghe und Mathysz Ban sein. (187, 1.)

402. Siehe unten, S. 345. Goltzius zeichnete 1590 sein Porträt. (Ebenda, 188, 1.)

403. Dieser Satz fehlt bei Hymans.

404. Siehe Band I, S. 233.

405. Bartsch: 104—107.

406. Nr. 104, wo der junge Tarquinius ein Bankett gibt. (Hymans II. 189, 3.)

407. Goltzius zeichnete 1606 das Porträt von Zucchero (vergl. ebenda, 5.)

408. Bartsch: 277, gestochen 1587. (Ebenda, 6); vergl. S 165.

409. Bartsch: 94—103, gestochen 1586, darunter befindet sich auch ein Mucius Scaevola. (Ebenda, 190, 2 und 3.)

410. Diese Serie ist bekannt unter dem Namen der „Meisterstücke von Goltzius" (Bartsch: 15—20), sie ist datiert: 1593 bis 1594. (Ebenda, 4.)

411. Bartsch: 4. Goltzius hat diesen Vorwurf in einem Bilde wiederholt, das sich in der Eremitage zu St. Petersburg

befindet. Ein anderes Bild, das die Beschneidung zeigt, befindet sich im Museum zu Stockholm. (Ebenda, 5.)

412. Bei Hymans infolge eines Druckfehlers „*l'enferma*" statt „*l'enfuma.*"

413. Bartsch: 5, ebenfalls zweimal als Bild wiederholt, in der Eremitage und der Liechtensteingalerie. (Hymans II. 191, 1.)

414. Die übrigen stellen dar: Die Verkündigung, in der Art von Raffael; die Heimsuchung, in der Art des Francesco Mazzuola; die Anbetung der Hirten, in der Art des Bassano und die heilige Familie in der Weise des Baroccio. (Immerzeel: *Levens en Werken*, S. 288.)

415. Wilhelm V.

416. Bartsch: 27—38.

417. Bartsch: 41.

418. Arnout Beerensteyn. Goltzius hat sein Porträt (Bartsch: 192) und sein Wappen (Bartsch: 136) gestochen. (Hymans II. 192, 5.)

419. Bartsch: 93.

420. Goltzius hat diesen Vorwurf gestochen, es ist einer seiner schönsten Stiche. (Bartsch: 155.) (Hymans II. 193, 1.)

421. Philipp II., der 1598 starb.

422. Siehe unten, S. 363 f. — Der Verbleib des Bildes ist unbekannt.

423. Nicht nachzuweisen.

424. Wir kennen frühere Malereien von ihm. Das „Goldene Zeitalter" im Museum zu Arras ist 1598 datiert, es ist ein kleines stark retouchiertes Bild. Das Museum von Oldenburg besitzt gar eine 1592 datierte Sintflut. Der 1590 datierte Fahnenträger der Münchener Pinakothek ist in seiner Zuschreibung an Goltzius nicht gesichert. (Hymans II. 194, 1.)

425. Matthäus XXIII, 37. — Das Bild ist nicht nachzuweisen.

426. Die Worte: „*uytnemende wel ghehandelt, en wel ghelijckende*" sind bei Hymans nicht übersetzt. — Das Bild ist nicht nachzuweisen.

427. Verbleib unbekannt. Tauchte 1890 im Dresdener Kunsthandel auf. (Greve S. 227.)

428. Dieses Bild erschien zweimal auf Amsterdamer Versteigerungen, das erstemal 1754 auf der Auktion Tonneman, das zweitemal auf der Auktion Braamkamp 1771. In dem Katalog dieser berühmten Sammlung wird es als Meisterwerk bezeichnet. Es erreichte die für jene Zeit bedeutende Summe von 410 Gulden. Verbleib unbekannt. (Hymans II. 196, 1.)

429. Cornelis Ysbrandsz. Kusseus oder Kuffeus aus Harlem, malte 1597 ein Fenster für die S. Jans-Kirche zu Gouda. Gillis van Breen hat nach seinen Zeichnungen gestochen. Er starb am 24. Mai 1618 zu Harlem. (de Jongh II. S. 112, Anm.)

480. Anspielung auf seinen Namen.

481. Es handelt sich um die beiden von Weigel in seinem Supplement unter Nr. 357 und 358 zitierten Porträts. Die eine dieser Persönlichkeiten ist als zweiundzwanzigjährig, die andere als siebenundzwanzigjährig bezeichnet. Datiert sind beide Blätter 1583. König von Polen war seit 1575 Stephan Bathori. (Hymans II. S. 197, 2.)

482. Siehe unten, S. 319 f.

483. Siehe oben, S. 229 und Anm. 389.

484. Pieter de Jode d. Ae. geboren 1570 zu Antwerpen, in die Lukasgilde aufgenommen 1599, Dekan 1607, gestorben am 9. August 1634. (Hymans II. S. 198, 3.)

485. Hendrick Goltzius starb am 1. Januar 1617, wie die Inschrift auf seinem von Jakob Matham gestochenen Porträt besagt. (Ebenda, 199, 1.)

436. Über die „plateelen", die nicht mit den „blauwe steentjes" (den Wandbekleidungskacheln) zu verwechseln sind, wie Hymans es weiter unten tut („des carreaux de terre émaillée"), vergleiche den Aufsatz von N. de Roever in Oud Holland I. S. 48 f.

437. Sein wirklicher Name ist nicht festzustellen.

438. Ferdinand de' Medici später als Ferdinand I. (vom 19. X. 1587—1608) Grossherzog von Toscana.

439. Siehe unten, S. 297 f.

440. Acht Kilometer von Savona entfernt, noch heute grosse Topfindustrie, Geburtsort der Päpste Sixtus IV. und Julius II.

441. Auch Carrach, Carracka, Caraqua, seit 1568 Maler Emmanuele Filibertos von Savoyen und seines Nachfolgers Carlo Emmanuele, starb 1607 zu Turin. In seinem Ernennungsdiplom wird er als „fiammingo" bezeichnet. Werke von ihm befinden sich im Museum zu Chambéry. (Hymans II. 211, 2.)

442. Wahrscheinlich Jan de Hoey. (Ebenda, 3.) Siehe Band I, S. 129 und Anm. 173.

443. Hymans vermutet, dass Vroom nach Rouen ging, um sich mit keramischen Arbeiten zu beschäftigen. (211, 4.)

444. Seine Frau hiess Joosje Cornelisse. (Ebenda, 211, 1 nach van der Willigen).

445. In der Provinz Estremadura.

446. Wortspiel auf den Namen des Malers.

447. Er befand sich Ende 1596 in Harlem; denn am 28. Januar 1597 entband ihn der Magistrat auf sein Ansuchen von den Funktionen eines Kommissars der Lukasgilde. (Hymans II. 214, 1; nach van der Willigen.)

448. zu Delft.

449. Charles Howard, Graf von Nottingham, Lord-Gross-

admiral von England, starb 1624, achtundachtzigjährig. (Hymans II. 214, 3.)

450. Diese Tapisserieen kosteten 7115 £ 8 sh. Sie wurden 1650 z. Z. der Republik im Parlament angebracht und gingen im Brande von 1834 zugrunde. (Ebenda, 4.)

451. 1566—1617; Oliver ist als Miniaturporträtist nicht übertroffen worden. (Ebenda, 5.)

452. Justinus von Nassau, natürlicher Sohn Wilhelms I., des Schweigers, geboren 1559, Admiral von Zeeland 1586, gestorben 1631. (Ebenda, 215, 1.)

453. Die grosse von Prinz Moritz 1600 versammelte Flotte, gestochen unter dem Titel: *Ectypoma Classis bis mille octingentarum navium ductore Illustrissimo Principe Mauritio Nassovio in Flandriam appulsae XXII Junii M. VI. C.* Grossfolio. (Ebenda, 2.)

454. Der Stich ist dem Magistrat von Harlem gewidmet. (Ebenda, 3.)

455. Hymans übersetzt „*fantaisies*"; *bootskens* sind kleine Figuren, das Wort (*Bootsen*) kommt einige Zeilen weiter unten noch einmal vor; Hymans lässt es da unübersetzt. Siehe auch Band I, S. 141 und Anm. 189.

456. Vroom starb 1640 zu Harlem (begraben am 4. Februar). (Kat. des *Rijksmuseums* v. 1898.)

457. Hans Soens wurde nach Immerzeel 1553 geboren.

458. Ranuccio I., Sohn von Alessandro Farnese, geboren 1569, gestorben 1622, Herzog von Parma seit 1592. (Hymans II. 219, 2.)

459. Er figuriert als „Schulmeister" unter den Mitgliedern der Lukasgilde zu Antwerpen im Jahre 1559. (Ebenda, 3.)

460. Siehe oben, S. 63.

461. Nicht nachzuweisen.

462. Siehe Band I, Anm. 344.

463. Soens führte in der Tat mehrere Landschaften im Vatikan aus und zwar in der *Sala Ducale* unter dem Pontifikat Gregors XIII. Seine hauptsächlichen Mitarbeiter waren Matthäus Bril und Cesar de Salusto (Cesare Piemontese). (Hymans II. 220, 2.)

464. „*Il dipinto della facciata di mezzo, di figura ovale, dove nel primo piano si osserva un gallo, è l'opera di Giovanni Fiammingo, che dipingeva à tempi di Gregorio XIII., e due figure laterale che sono pur nel fregio, dove erano anticamente alcune porte, le condusse Paride Nogari, ...*" (*Erasmo Pistolesi*: *Il Vaticano descritto ed illustrato, VIII. S. 86 f.* Rom, 1838; zit. nach Hymans II. 220, 3.)

465. Im Leben der italienischen Maler, S. 118b.

466. Er malte dort die heute nicht mehr existierende Kapelle von Santa Maria la Bianca mit Malereien aus, die, wie man

sagte, den Werken Correggios vergleichbar waren und Annibale Carracci mit Entzücken erfüllten. (Hymans II. 221, 1.)

467. Sein Todesdatum steht nicht fest, Immerzeel sagt, er sei 1611 zu Parma gestorben.

468. Nach Merlo (Nachr. v. d. Leben u. Werken Kölnischer Künstler, S. 1) 1552 (Hymans II. 223, 1). Nach dem Katalog der Galerie zu Schleissheim 1553.

469. E. Jerrigh. Sein Name figuriert nicht in den Listen der Antwerpener Lukasgilde. Hans von Aachen trat nach Merlo 1568 bei Jerrigh in die Lehre. (Hymans II. 224, 1.)

470. Jerrigh kann nicht 1574 gestorben sein; denn das Wallraf-Richartz-Museum zu Köln besitzt von ihm eine signierte 1601 datierte Verkündigung. (Nr. 446 des Kat. v. 1875). (Hymans II. 224, 2.)

471. Gaspar Rem, geboren 1542, unter dem Jahre 1554 als Schüler von Willem van Cleef in den Listen der Lukasgilde zu Antwerpen eingetragen. Die Belvederegalerie zu Wien besitzt sein 1614 gemaltes Selbstporträt. (Ebenda, 3.)

472. Vielleicht die von Gillis Sadeler 1588 gestochene Komposition. (Ebenda, 226, 2.) Das Bild scheint nicht mehr zu existieren.

473. Nicht nachzuweisen.

474. Francesco de' Medici, reg. 1574—1587.

475. Ohne Zweifel Laura Terracina, berühmt durch ihre dichterischen Werke und ihre Schönheit. (Hymans II. 226, 5.)

476. Siehe weiter unten, S. 291.

477. Merlo nennt ihn van Vlaaten. (Hymans II. 227, 1.)

478. Ohne Zweifel der von Merlo unter Nr. 34 seiner Liste als von G. André ausgeführt genannte Stich. (Ebenda, 2.)

479. 1589, bei Merlo Nr. 95. Van Mander hat irrtümlich die hl. Elisabeth für die hl. Katharina genommen. (Ebenda, 3.)

480. Sein erster Besuch in Köln soll 1588, ein zweiter um 1600 stattgefunden haben. (Kat. des Wallraf-Richartz-Museums v. 1875, S. 76).

481. 1589. (Hymans II. 227, 5, nach Merlo S. 157.) Das Bild befindet sich heute in der Sammlung van Leeuwen zu Amsterdam, eine Kopie davon im Museum zu Stockholm. (Greve S. 179.)

482. Er war 1590 in München. (Ebenda, 6.)

483. In der Franziskanerkirche nach Sandrart. (Ebenda, 7.)

484. Die lebensgrossen Bildnisse Wilhelms V. und seiner Gemahlin Renata von Lothringen befinden sich im bayerischen Nationalmuseum zu München (Saal 25, Erdgeschoss). Einzelbildnisse des Herzogs, der Herzogin und deren Kinder Maria Anna, Philipp, Ferdinand und Carl von Hans von Aachen befinden sich auch in der Gallerie zu Schleissheim. (Ahnengalerie).

485. Er malte das Bildnis des Grafen, das von Lukas Kilian gestochen wurde. (Hymans II. 227, 10.)

486. Rudolph II., reg. 1576—1612.

487. Hymans vermutet, dass es sich um das Porträt handelt, nach dem Gisbert van Veen 1589 seinen Stich anfertigte. Der berühmte Bildhauer aus Douai ist dort als Sechziger dargestellt. (228, 2.)

488. Er figuriert in den Rechnungen des kaiserl. Hauses 1592 als Hofmaler. (Hymans: 228, 3 nach Schmidt in Meyers Künstlerlexikon.)

489. Dies Bild befindet sich noch in der St. Michaelshofkirche.

490. Bartsch Nr. 23.

491. Zwölf Porträts nach den Originalen Hans von Aachens figurieren in der Sammlung der Fuggerporträts: „Icones Fuggerorum", gestochen von D. Custos. Sie stammen aus dem Jahre 1592. (Hymans II. 228, 6.)

492. Im Jahre 1601. (Ebenda, 7.)

493. Die Hochzeit fand 1596 statt. (Ebenda, 8.)

494. Das alte Inventar der kaiserlichen Sammlung zählt 27 Bilder von Hans von Aachen auf. In der Belvederesammlung befindet sich ein Dutzend, der Rest ist vielleicht 1648 von den Schweden fortgeführt worden. Das Porträt Rudolphs II. von H. von Aachen ist 1603 von Gillis Sadeler gestochen worden. (Ebenda, 229, 1.)

495. Vielleicht wiedergegeben in dem Stich von C. Du Bois: „Allegorie auf den Frieden", zitiert von Merlo unter Nr. 122 seiner Liste. (Ebenda, 2.)

496. Der Kaiser adelte ihn 1594. (Ebenda, 3.)

497. Hans von Aachen starb am 6. Januar 1615 zu Prag.

498. Siehe Anm. 358 und S. 209. Er kann nicht 1569 geboren sein, da ein 1576 datiertes Bild von ihm bekannt ist. (E. Jacobsen im Repertorium XXIV. S. 178). Um 1587 war er in München bei Hans von Aachen und um 1590 wieder in Holland. 1593 hatte er seinen Wohnsitz in Amsterdam, wo er 1607 noch nachweisbar ist. Im Jahre 1606 erhielt er von der Stadt Amsterdam für das Bemalen des Stadtklaviers 300 Gulden. Karel van Mander hatte sich mit ihm in die Arbeit geteilt. Voll 1607—1610 war er wieder in Dänemark. (Vergl. Oud Holland III. 174 f.)

499. Dieses Bild ist vor einigen Jahren in den Besitz des Rijksmuseums zu Amsterdam gelangt (vergl. Repertorium XXIV. S. 178.)

500. Das Museum zu Basel besitzt von ihm eine allegorische Darstellung der Eitelkeit, ein signiertes und 1600 datiertes kleines Bild.

501. Dieses Porträt wurde 1601 von Hans von Aachen seinem

Schüler Pieter Isaacsz gesandt und 1605 von Jan Saenredam
(Bartsch: 105) gestochen.

502. Siehe Anm. 235.

503. Siehe Anm. 165.

504. Pieter Stevens, latinisiert Petrus Stephani, ge-
boren zu Mecheln 1540, gestorben zu Prag 1604. Interessanter
Landschaftsmaler. Die Sadeler, namentlich Gillis, haben nach
ihm gestochen. Bilder von ihm in der Belvederegalerie zu Wien
und im Schlosse zu Prag. (Hymans II. 232, 2.)

505. Geboren 1570 zu Antwerpen, gestorben 1629 zu Prag,
Sohn des Kunsthändlers Gillis, Neffe und Schüler von Jan Sa-
deler, 1585 in die Listen der Lukasgilde zu Antwerpen einge-
tragen. Er hat eine ganze Reihe von Bildern gemalt, von denen er
eine Anzahl selbst durch den Stich reproduzierte. Er folgte seinen
Oheimen Jan und Raphael nach Deutschland und Italien
und hielt sich in München, Venedig, Florenz, Bologna,
Rom auf. (Ebenda, 3.)

506. Im Jahre 1506 im Haag geboren. Er war in Italien
Schüler des Jan de Bologne, trat 1588 in den Dienst von Carlo
Emmanuele von Savoyen (Bertolotti, S. 203), wurde dann
Nachfolger von Hans Mont in Prag. Von ihm sind der Merkur-
und der Herkulesbrunnen in Augsburg (1599 und 1602 gegossen).
(Ebenda, 4.)

507. Der Saal, von dem aus man die Sixtinische Kapelle
betritt. Er wurde unter Paul III. von Antonio da Sangallo d. J.
begonnen und 1573 vollendet. Er enthält grosse Fresken von Va-
sari, Salviati und den Zuccari.

508. Hymans bemerkt hierzu: Vasari arbeitete 1564 in
Florenz. Wenn de Witte 1548 oder um 1548 geboren ist, was
aus dem Alter von 56 Jahren hervorgeht, das ihm van Mander
1604 gibt, müsste er im Alter von 16 Jahren sich an den Arbeiten Va-
saris beteiligt haben. Man kann das bezweifeln. (II. 236, 2.) Va-
sari lebte 1512—1574.

509. Müntz hat seinen Namen in den Rechnungen des herzog-
lichen Hauses von 1559—1560 gefunden (*Histoire générale de la tapisserie;
École italienne*, 66, zit. nach Hymans 236, 3), wodurch van Manders
Altersangabe noch unwahrscheinlicher wird.

510. Er kam 1576 nach München und arbeitete unter den
Herzögen Albrecht V., Wilhelm V, Kurfürst Maximilian I.
Verschiedene Staffeleibilder von ihm befinden sich in München und
Schleissheim.

511. Die Liechtensteingalerie zu Wien besitzt eine C. de
Witte signierte Landschaft, die dort dem Gaspard de Witte von
Antwerpen zugeschrieben ist. (Hymans II. 236, 5.)

512. Diese Stiche sind ausserordentlich häufig und rühren von den besten Meistern der Zeit her, namentlich von den S a d e l e r. (Ebenda, 237, 1.)

513. H y m a n s sagt: „*En Italie on l'appelle Pietro Candido.*"

514. P i e t e r d e W i t t e oder P e t e r C a n d i d starb 1628 zu M ü n c h e n. (Katal. der Älteren P i n a k o t h e k zu M ü n c h e n v. 1898).

515. Unter G r e g o r XIII. (1566—1572). (H y m a n s, II. 241, 1.)

516. Namentlich in der *Sala Ducale*, wo er J a n S o e n s (siehe S. 277) zum Mitarbeiter hatte und in der *Sala di Consistorio*, deren Decke ein Werk des P e r i n o d e l V a g a ist. (Ebenda, 2)

517. Sein von B e r t o l o t t i publiziertes Epitaph besagt, dass er im Alter von 36 Jahren gestorben ist. (Ebenda, 3.)

518. D a m i a n O r t e l m a n s, 1545 als Freimeister in die Gilde zu A n t w e r p e n aufgenommen. Er steht in den Listen als Maler auf Leinwand, d. h. als Leimfarbenmaler verzeichnet. P a u l B r i l findet sich nicht eingetragen. (Ebenda, 4.)

519. Die Familie B r i l scheint aus B r e d a zu stammen. (Ebenda, 5, nach v a n G o o r: „*Beschrijving van Breda*" S. 306 und B e r t o l o t t i S. 379.)

520. S a l a C l e m e n t i n a, genannt nach C l e m e n s VIII. (1592—1605). (Ebenda, 242, 1.)

521. G i r o l a m o M a t t e i, † 1603. (Ebenda, 2.)

522. Dieser Satz fehlt bei H y m a n s.

523. Dieser Satz fehlt bei H y m a n s. Das Museum von B o r d e a u x besitzt ein Bild, das vielleicht mit dem bei v a n O s identisch ist. (Nr. 181). (G r e v e S. 195.)

524. P a u l B r i l starb zu R o m am 7. Oktober 1626, 72 Jahre alt. (H y m a n s II. 242, 3.)

525. Er begann seine Lehrzeit bei F r a n s B o r s s e zu A n t w e r p e n. (Ebenda, 4.)

526. W i l l e m v a n N i e u w e l a n d t, geboren 1584 zu A n t w e r p e n, Sohn des Malers A d r i a a n v a n N i e u w e l a n d t, wird 1599 Schüler von J a c o b S a v e r y zu A m s t e r d a m, geht 1602 nach R o m zu P a u l B r i l, kehrte 1606 nach A n t w e r p e n zurück, siedelte 1629 nach A m s t e r d a m über, wo er gegen Ende 1635 starb. (v a n d e n B r a n d e n: 636 f.) Da van Mander sich kaum über die Tatsache seines Aufenthalts in A m s t e r d a m zu der Zeit, da er schrieb, täuschen konnte, ist anzunehmen, dass er 1600 oder 1601 nach I t a l i e n ging und gegen Ende 1603 nach A m s t e r d a m zurückkehrte. (H y m a n s II. 242, 5.)

527. Die Belagerung dauerte vom 11. Dezember 1572 bis zum 13. Juli 1573. (Ebenda, 250, 1.)

528. Siehe Band I, S. 337.

529. Der Vater von C o r n e l i s C o r n e l i s z hiess C o r n e l i s

Thomasz. (Hymans II. 250, 3, nach van der Willigen: *Les Artistes de Harlem*, S. 114.)

530. Frans Pourbus d. Ae. Siehe oben, S. 35.

531. Die Listen der Antwerpener Lukasgilde enthalten den Namen Cornelis Cornelisz nicht. (Hymans II. 251, 4.)

532. Hymans übersetzt seltsamerweise: *„les plus liants se serrent la main“*.

533. Im Museum zu Harlem, datiert 1583 (Nr. 38 des Kat. v. 1897), dort befindet sich noch ein zweites Bild dieser Gattung von ihm, datiert 1599. (Nr. 41.)

534. Dieses Bild wurde 1855 vom Museum zu Valenciennes angekauft. (Hymans II. 252, 2.)

535. Nicht nachzuweisen.

536. Das Museum zu Braunschweig (Nr. 170) besitzt eine Sintflutszene von Cornelis Cornelisz vom Jahre 1592, wahrscheinlich eine kleinere Replik des von van Mander zitierten Bildes. (Hymans II. 253, 1). In Stockholm befindet sich eine Szene vor der Sintflut von ihm. (Nr. 1045. Greve S. 206.)

537. Im Museum zu Darmstadt, signiert C. Haerlemēsis 1597. (Ebenda, 2.)

538. Nicht nachzuweisen.

539. Das Museum zu Braunschweig (Nr. 166) besitzt ein „Goldenes Zeitalter“, datiert 1615, das natürlich nicht mit dem von van Mander erwähnten identisch sein kann, da dieser 1606 starb. (Ebenda, 4). Gleicher Vorwurf in Toulouse und in der Sammlung Nordkirchen, datiert 1627. (Greve.)

540. Hymans übersetzt: *„on voit de lui un grand tableau avec des figures nues, une Scène du Déluge, je crois, et un Serpent d'airain, également très bien traité.“*

541. Ein Adam- und Evabild in der Hamburger Kunsthalle trägt die Signatur des Cornelis Cornelisz und das Datum 1622. (Ebenda, 6.) Das Karlsruher Museum besitzt ein Kniestück gleichen Gegenstandes. (Greve). Der Meister hat von vielen seiner Bilder Repliken gemacht und in grossen Zwischenräumen.

542. Im Museum zu Mainz, Nr. 394. (Greve.)

543. Jetzt im *Mauritshuis* im Haag (Nr. 22 des Katalogs von 1895), datiert 1591. Siehe auch Band I, S. 347 und Anm. 525. Ein anderer Kindermord signiert: C. Cornelii *H. fecit Ao.* 1590, befindet sich im *Rijksmuseum* zu Amsterdam. (Nr. 434.)

544. Im *Rijksmuseum* zu Amsterdam, datiert 1592. (Nr. 435. Siehe Anm. 541.

545. Im *Mauritshuis* im Haag (Nr. 23). Er wurde 1593 für den *Prinsenhof* zu Harlem gemalt und misst 2,47:4,20 m. (Kat. v. 1895.)

546. Siehe Anm. 395. Verbleib unbekannt.

547. Die Worte: *„met seer veel heel tronien"* und: *„en is seer vrcylijck en aerdigh gheschildert"* sind bei H y m a n s unberücksichtigt geblieben. Das Bild befindet sich im Museum zu H e r m a n n s t a d t, Nr. 192. (G r e v e.)

548. H y m a n s übersetzt: *„Mais son esprit n'est pas absolument porté vers des travaux si minutieux."* Das *Rijksmuseum* zu A m s t e r d a m besitzt übrigens ein Porträt des am 29. Oktober 1590 gestorbenen Dichters, Stechers und Gelehrten D i r k V o l c k e r t s z C o o r n h e r t von seiner Hand. (Nr. 436; Replik im Museum zu A u g s b u r g, alte Kopie im Museum zu D r e s d e n).

549. C o r n e l i s starb am 11. November 1638 zu H a r l e m.

550. J a n P i e t e r s z S w e l i n g, berühmter Komponist und Organist der St. N i k o l a u s k i r c h e zu A m s t e r d a m, geboren zu D e v e n t e r 1561, gestorben zu A m s t e r d a m am 16. Oktober 1621. Sein Porträt — höchstwahrscheinlich von seinem Bruder — befindet sich im Museum zu D a r m s t a d t. (H y m a n s II. 256, 2.)

551. Nichts näheres über ihn bekannt.

552. In den Listen der A n t w e r p e n e r Lukasgilde wird G e r r i t P i e t e r s z nicht erwähnt, dagegen spricht d e B u s s c h e r in seinen *Recherches sur les Peintres etc. à Gand* eingehend von einem Gerard P i e t e r s z der 1590 in die Listen der G e n t e r Gilde eingetragen wurde und der nach 1600 nicht mehr erwähnt wird. Dieser Maler war von B r ü g g e gekommen, wo seine Anwesenheit seit 1582 festgestellt ist. (Ebenda, 6.)

553. In seinem Appendix ergänzt v a n M a n d e r seine Biographie des G e r r i t P i e t e r s z wie folgt: *„In't leven van G e e r i t P i e t e r s z. van Amsterdam. Daer is van G e e r i t P i e t e r s z t'Amsterdam, op S. Sebastiaens Doelen, dit Jaer 1604. gelevert een Rot oft Corporaelschap, waer van Capiteyn is (ick meen) J a n J a n s z. C a r e l, dat van tronien, gelijcken, cleederen, sydē, en ander by werc, uytnemende goet werck is, seer aerdich geschildert, en in eē so heerlijcke gemeen plaets zijn plaets verdienstig wel weerdick. Noch wil hy 't daer by niet laten blijven: maer door vierigen Schilder-lust van nieus ontsteken, heeft een voorneem, nu eerst te beginnen wat doen, als hem voorhenen noyt hebbende in de Const genoech voldaen: 'twelck een goede meeninghe in den Constenarē is, die andersins licht vernoeght wesende, comen tot gheenen voortgangh, oft sy gheraken tot eenen afgangh, ghelijck het velen is geschiet, die in hun Jeught groote cracht in de Const bewesen, en achter aen in hun ouderdom, vallende in eyghensinninghe doolinge, oft valsche latendunckenheyt, verliesen 't ghene sy in de Const hadden vercreghen, niet meer doende yet, dat den Const-verstandighen bevalt oft voldoet."* [Im Leben des G e r r i t P i e t e r s z von A ms t e r d a m. Von Gerrit P i e t e r s z ist in diesem Jahre 1604 für den St. S e b a s t i a n s - D o e l e n zu A m s t e r d a m eine Korporalschaft geliefert worden, deren Kapitän, wie ich glaube, J a n J a n s z. C a r e l ist. Dieses Porträtstück ist in bezug auf die Köpfe, die Ähnlichkeit,

die Gewänder, die Seidenstoffe und anderes Beiwerk eine hervorragend gute Arbeit, dazu ist es sehr hübsch gemalt und verdient es wohl an einem so angesehenen öffentlichen Orte seinen Platz zu haben. Und er will sich mit diesem Erfolge noch nicht zufrieden geben, sondern hat, von feurigem Schaffensdrang erfüllt, die Absicht jetzt erst anzufangen, etwas Rechtes zu leisten, da er mit seinen bisherigen Fortschritten in der Kunst noch nicht zufrieden ist. Es ist gut für einen Künstler so zu denken; denn wer leicht mit sich zufrieden ist, kommt nicht vorwärts, sondern geht zurück, wie es vielen ergangen ist, die in ihrer Jugend grosse Kraft in der Kunst bewiesen haben und später, in ihrem Alter in eigensinnigen Irrtum oder unberechtigte Überhebung verfallen und das verlieren, was sie in der Kunst errungen hatten, so dass sie nichts mehr zu stande bringen, was den Kunstverständigen gefällt oder sie befriedigt.] Das hier erwähnte Bild ist noch nicht wieder aufgefunden.

554. Govert Jansz. Zwei Landschaften von ihm figurieren in dem Inventar des Rembrandtschen Bilderbesitzes; sie sind bezeichnet als: „Landschaften mit Figuren". (Hymans II. 257, 3.)

555. Pieter Pietersz Lastman, geboren zu Amsterdam 1583, wo er am 4. April 1633 begraben wurde, war um 1602 Schüler von Gerrit Pietersz, bildete sich in Rom um 1604 unter dem Einflusse von Elsheimer und Caravaggio und arbeitete in seiner Vaterstadt, wo Rembrandt sein Schüler war. (Katalog des *Rijksmuseums* zu Amsterdam v. 1898, S. 97.)

556. Nichts näheres über ihn bekannt. In den Hoetschen Katalogen kommen vielfach Bilder eines Lange Jan vor, die Szenen aus dem alten und neuen Testament, Heiligendarstellungen, mythologische Vorwürfe etc. behandeln. Sie stammen von Jan van Bockhorst, geboren zu Münster 1605, gestorben ebenda am 21. April 1668.

557. Cornelis Jacobsz Delff, Stillebenmaler, Bruder des Stechers Willem Jacobsz Delff. Er wurde 1571 zu Delft geboren und dort am 15. August 1643 begraben. (Hymans II. 258, 2 und Kat. des *Rijksmuseums* zu Amsterdam v. 1898, S. 33.)

558. Cornelis Engelszen Verspronck, Schüler van Manders, trat 1593 in die Lukasgilde zu Harlem und starb nach 1637. (Hymans, ebenda, 3, nach van der Willigen, S. 306.)

559. Es scheint nicht, dass er bemerkenswerte Werke hinterlassen hat. van der Willigen hat seinen Namen unter dem Jahre 1609 in den Gegenregistern der Harlemer Bürgerwehr gefunden. (Ebenda, 4 bzw. S. 232.)

560. Zacharias Paulusz malte nach Houbraken (*Schouburgh*, Ed. Wurzbach, S. 186) im Jahre 1620 die Vorsteher der alten Schützen und im Jahre 1627 und 1628 in einem Bilde sieben Porträts der Schützenhauptleute zu Alkmaar. In den Jahren 1643 und 1644

29*

nahm er mehrere Schüler an: Adriaen Jansz Dekker; Dirck Barentsz; J.J. Regtop; Pieter Jansz. (Obreens *Archief* II, 56.) Seine Bilder befinden sich noch im Museum zu Alkmaar. (Hymans II. 258, 5.)

561. Er wurde 1558 als Freimeister in die Lukasgilde zu Antwerpen aufgenommen, als Glasmaler und nahm 1570 einen Schüler an. (Ebenda, 262, 1.)

562. Die beiden hier genannten Kirchen wurden während der französischen Oberherrschaft zerstört. (Ebenda, 2.)

563. Ohne Zweifel von 1585 bis 1587, damals als Goltzius seine neue Manier annahm. Die Stiche von de Gheyn folgen sich seit 1586 ziemlich regelmässig; vom Jahre 1585 existiert keiner. (Ebenda, 264, 2.)

564. Im Jahre 1591 ist Jacques de Gheyn in Antwerpen, wohin ihn die Jesuiten gerufen hatten. (Ebenda, 3, nach Pinchart: *Archives* III. 320.)

565. Seine Frau hiess Eva Stalpart van de Wiele. (Ebenda, 4. nach Kramm, S. 1559.)

566. Sammlung Hoogendijk im Haag. (Greve S. 227). Die Bilder, die unter seinen Namen in den Hoet-Terwesten schen Katalogen figurieren, sind ausschliesslich Blumenbilder. Auf der Auktion Nieuhoff, die 1777 zu Amsterdam stattfand wurde ein Werk dieser Art für 20 Gulden verkauft. (Ebenda, 265, 1.)

567. Die Belvederegalerie besitzt kein Werk von de Gheyn. (Ebenda, 2.)

568. Erzherzog Albert. Es war ein weisser spanischer Hengst, der 1600 von dem Prinzen Ludwig Günther von Nassau in der Schlacht von Nieuport gefangen und dem Prinzen Moritz geschenkt wurde. (Ebenda, 3, nach *Nederlandsche Kunstbode*, S. 239. Harlem 1880.)

569. Das im *Rijksmuseum* zu Amsterdam befindliche Bild ist signiert: De Gheyn *fe. 1603.* Es befindet sich dort noch ein zweites von de Gheyn gemaltes Pferd. (Ebenda, 266, 1.)

570. Noch nicht identifiziert.

571. Noch nicht wieder aufgefunden.

572. Jacques de Gheyn wurde am 2. April 1629 in der Grossen Kirche im Haag begraben. (Hymans II. 268, nach *Nederl. Kunstbode*, S. 421; 1881.)

573. Jan Saenredam, geboren 1565 zu Zaandam, gestorben 1607 zu Assendelft. Er war auch Schüler von Hendrick Goltzius. (Hymans II. 266, 5.)

574. Zacharias Dolendo, geboren 1561 zu Harlem; seine sehr bemerkenswerten Stiche zeigen die Manier von Goltzius. (Ebenda, 6.)

575. Robert de Baudouz, geboren 1575 zu Brüssel, 1596 Bürger von Amsterdam, lebte noch 1648. (Ebenda, 267, 1, nach Obreens *Archief* II., S. 5; III., S. 221; V., S. 40.)

576. Sehr wahrscheinlich Cornelis Drebbel, geboren 1572 zu Alkmaar, gestorben 1634 zu London. Er hat nach van Mander und Goltzius gestochen. (Ebenda, 2.)

577. Im Jahre 1558. (Katalog des *Rijksmuseums* zu Amsterdam, von 1898.) Sein Vater, Cornelis van Veen, war mehrmals Ratspensionär und Bürgermeister von Leiden, zuerst von 1561 bis 1565, dann zwischen 1581 und 1591, seinem Todesjahr. (Hymans II. 271, 2.)

578. Alexander Farnese, den er mehrmals porträtierte. Nach einem dieser Bilder fertigte sein Bruder Gisbert van Veen einen Stich an. (Ebenda, 4.)

579. van Mander sagt in seinem Appendix: „*By 't leven van Octavio van Veen moet dit navolghende byghevoeght wesen. Octavio van Veen heeft tot zijn 14. Jaren toegheleydt te leeren de Schilder-const, by Jsack Claesz. te Leyden, en ondertusschen eenighe uuren des daeghs in de Letter-const. En wert daer nae gheschickt van den Vader by Dominicum Lampsonium, Secretaris van den Bisschop von Luyck, een gheleert Poeet, die oock der Schilder-const seer wel verstondt, soo dat Octavio goede onderrechtinge geschiede van Lampsonio, hoewel hy self de Const niet en oeffende: Dun hadse in zijn jeught niet alleen ghoeoeffent, maer oock zijnen omgangh ghehadt met de vermaertste Meesters van Christenheydt, als met Taddeo Zuccaro, en Frederico te Room. Octavio t'zijnen 18. Jaren quam in Italien, en volherde ontrent seven Jaeren meest te Room. Van Italien scheydende, was hy eenighen tijdt langh by den teghenwoordighen Keyser, daer nae by den Hertogh van Beyeren, en doe by den Bisschop van Cuelen, uyt wiens dienst hy qualijck con ontslagen worden. Octavio mach nu Anno 1604 wesen een Man van ontrent 47. Jaren.*" [Der Biographie des Octavio van Veen muss das Folgende eingefügt werden: Octavio van Veen hat bis zu seinem 14. Jahre die Malkunst bei Isaac Claesz (Swanenburgh, gestorben 1614, Vater von Willem und Jakob S., dem Lehrer Rembrandts [Hymans II. 271, 5]) zu Leiden gelernt und sich zwischendurch immer einige Stunden täglich mit der Literatur beschäftigt. Darauf wurde er von seinem Vater zu Dominicus Lampsonius geschickt, dem Sekretär des Bischofs von Lüttich, einem gelehrten Dichter, der sich auch sehr gut auf die Malerei verstand, so dass Octavio von ihm guten Unterricht erhielt, obwohl er die Kunst nicht selbst ausübte. In seiner Jugend hatte er sie aber nicht allein ausgeübt, sondern auch mit den berühmtesten Meistern der Christenheit Umgang gepflogen, wie z. B. mit Taddeo und Federigo Zuccaro in Rom. Mit 18 Jahren kam Octavio nach Italien und hielt sich ungefähr sieben Jahre dort auf, zumeist in Rom. Aus Italien zurückgekehrt, war er eine zeitlang bei dem gegenwärtigen Kaiser (Rudolph II.), dann bei

dem Herzog von Bayern und schliesslich bei dem Bischof von Köln, aus dessen Dienst er nur unter grossen Schwierigkeiten entlassen wurde. (Otto Venius war Page von Ernst von Bayern, Fürstbischof von Lüttich und Kurfürst von Köln im Jahre 1585, wie Merlo (Nachr. v. d. Leben und Werken Kölnischer Künstler, S. 489) vermutet und von diesem an den kaiserlichen Hof gesandt. Ihm widmeten Octavio und Gisbert van Veen den Stich nach dem Porträt Alexanders Farnese.) (Hymans II. 272, 5.) Octavio mag jetzt, Anno 1604, ein Mann von ungefähr 47 Jahren sein.]

580. Er war zuerst Maler des Erzherzogs Ernst, Gouverneurs der Niederlande, für den er mehrere Porträts malte (1595). (Ebenda, 6.)

581. Philipp III.

582. Heinrich IV.

583. Das Bildnis der Infantin Isabella befindet sich noch im Schlosse von Hampton Court. Zu bemerken ist indessen, dass Pinchart (*Archives des Arts* I., S. 284) eine Rechnung über eine 1603 an Gisbert van Veen geleistete Zahlung von 700 livres für das Malen der an den König von England gesandten Porträts des Erzherzogpaares publiziert hat. War er nur der Kopist? (Hymans II. 273, 9.)

584. Siehe Band I, S. 351 und Anm. 533. — Verbleib des Bildes von van Veen unbekannt.

585. Verbleib unbekannt. Octavio starb am 6. Mai 1629 zu Brüssel (Kat. des Rijksmuseums).

586. Geboren 1558(?) zu Leiden, gestorben 1628 zu Antwerpen. (Ebenda, 4.)

587. Geboren 1562 zu Leiden, gestorben 1629 im Haag. (Ebenda, 5.)

588. Jan Snellinck wurde 1549 zu Mecheln geboren und starb am 1. Oktober 1638 zu Antwerpen. Er malte viele Leimfarbenbilder. (van den Branden: S. 431 f.)

589. Tobias van Haecht wurde gegen Ende 1561 zu Antwerpen geboren, wurde 1590 als Meisterssohn und Freimeister in die Gilde aufgenommen, nachdem er vorher in Rom gewesen und starb 1631 zu Amsterdam. Er war der erste Meister von Rubens. (van den Branden: S. 383 f.)

590. Adam van Noort, der zweite Meister von Rubens, wurde 1562 als Sohn des Malers Lambrecht van Noort zu Antwerpen geboren, trat 1587 in die Gilde ein und starb kurz nach dem September 1641. (van den Branden: S. 389 f.)

591. Geboren 1575 zu Antwerpen, gestorben ebenda am 17. Juli 1632. Trat 1593 in die Lukasgilde. (van den Branden: S. 463 f.)

592. Geboren im Januar 1573 zu Antwerpen, besuchte Italien, trat 1600 als Freimeister in die Lukasgilde und starb am 19. Mai 1647 zu Antwerpen. (van den Branden: S. 470 f.)

593. Joos de Momper, geboren 1564 als Sohn des Malers Bartholomäus de Momper zu Antwerpen, starb ebenda 1635. (van den Branden: S. 309 f.)

594. Es kann damit nur François Sayve, Le Sayve, Saive, Le Save gemeint sein, der 1599 als Freimeister in die Lukasgilde zu Antwerpen aufgenommen wurde. (Hymans II. 290, 4.)

595. Martin Freminet, geboren zu Paris am 23. September 1567, gestorben ebenda am 18. Juni 1619. (Ebenda, 300, 1.)

596. Heinrich IV.

597. Toussaint du Breuil, geboren um 1560, gestorben am 22. November 1602. (Ebenda, 3 und 4.)

598. Freminets Vater war übrigens Maler. (Ebenda, 5.)

599. Jacques Bunel, geboren 1558 (?) zu Tours, gestorben im Oktober 1614 zu Paris, er arbeitete im Louvre und anderwärts. (Ebenda, 303, 2.)

600. Marguerite Bahuche, geboren zu Tours, Porträtmalerin. Sie starb vor dem 9. Oktober 1632. (Ebenda, 3.)

601. Nicolas Bollery, geboren 1565 (?) zu Paris, gestorben ebenda im Oktober 1630, Sohn des Malers Jérôme Bollery, der nach Félibien im Louvre arbeitete. (Ebenda, 300, 6.)

602. Es handelt sich hier offenbar um Frans Stella, von dem Félibien sagt, er stamme aus Mecheln, und der nach ihm zweiundvierzigjährig 1605 in Lyon starb. (Ebenda, 301, 1.)

603. Sein Geburts- und Todesdatum ist nicht bekannt. Das Rathaus von Audenarde besitzt von ihm ein grosses Jüngstes Gericht, das ohne Zweifel aus der Walburgakirche stammt und eine Allegorie, die auf dem Rahmen das Datum 1582 trägt. (Ebenda, 304, 5.)

604. Francesco Verdugo, Gouverneur (Philipps II.) von Friesland, Geldern und Groningen. (Ebenda, 305, 1.)

605. Nach Immerzeel ist er 1609 in seiner Vaterstadt gestorben (II, 34). Es ist nichts Näheres über ihn bekannt.

606. Hymans übersetzt „wel verwenden" irrtümlich mit „issu d'une honorable famille", „verwend" heisst aber nicht „verwandt" sondern „färbend".

607. Sein Vater, Thomas Rottenhammer, Hofmaler, scheint sein erster Meister gewesen zu sein. (Hymans II. 306, 1.)

608. Hans Donauer, Hofmaler unter Wilhelm V., ist der Autor der Dekoration des Antiquariums zu München. (Ebenda, 2, nach Häutle: Die kgl. Residenz in München, S. 22.) Rottenhammer trat 1582 auf sechs Jahre bei ihm in die Lehre, nach deren Ablauf er nach Italien ging. (Ebenda, 307.)

609. Verbleib unbekannt.

610. Er war dort Schüler des Tintoretto.

611. Verbleib unbekannt.

612. Die Sammlungen in München (Nr. 1385) und Schleissheim (211) besitzen je ein Exemplar dieses von Rottenhammer oft behandelten Vorwurfs.

613. Rottenhammer starb 1623 in Augsburg.

614. Adam Elsheimer wurde am 28. März 1578 zu Frankfurt a. M. getauft und war dort Schüler des Philipp Uffenbach. (Dresdener Katalog von 1899.)

615. Er war schon vor dem Jahre 1600 in Rom. (Münchener Katalog von 1898.)

616. Er starb um 1620 zu Rom.

617. Nichts Näheres über ihn bekannt.

618. Er hiess in Italien Pozzoserrato, was eine Übersetzung seines Namens darstellt. Lanzi (III. 208 der Ausg. v. 1822, Florenz) sagt von ihm: *„Anche un fiammingo circa il principio del 1600 visse nello Stato, per nome Lodovico Pozzo o Pozzoserrato, detto da Trevigi per la lunga dimora che quivi fece, ove anche morì, lasciandola, come nel Federici si legge, ornatissima. Prevalse nelle cose lontane, come Paolo Brilli suo competitore in Venezia nelle vicine; ed è più ameno di questo e più ricercato nel variar delle nuvole e negli accidenti della luce; buono anche in tavole d'altari."* In seinem Index sagt er nach der *Guida di Rovigo,* dass er sechzigjährig starb. Wenn er, wie es heisst, 1550 geboren ist, wäre er ca. 1610 gestorben. (Hymans II. 313, 1 und Lanzi loc. cit.)

619. Joachim Antonisz Uitenwael, auch Utenwael, Wttewael.

620. Antonis Uyttwael. (Muller: *de Utrechtsche Archieven,* S. 14.) Justi fand in der Empfängniskapelle zu Osuna in Andalusien eine Verkündigung aus dem XVI. Jahrh. mit der Signatur: GERALD WITVEL DEVTRECHT. (Preuss. Jahrb. V. S. 160.) (Hymans II. 314, 2.)

621. Er steht unter dem Jahre 1569 in den Listen der Sattlergilde, zu der auch die Maler gehörten, verzeichnet. (Hymans, ebenda, 3, nach Muller, S. 60.)

622. Siehe Band I., S. 323 und Anm. 489.

623. Ohne Zweifel Charles de Bourgneuf, der von 1587 bis 1596 Bischof von St. Malo war. (Hymans, ebenda, 5.)

624. Er wurde 1592 als Meister in die Sattlergilde aufgenommen und findet sich 1611 unter den Mitgliedern der neugegründeten Lukasgilde. (Muller: S. 14 und 126.)

625. Das Museum *Kunstliefde* zu Utrecht besitzt von ihm ausser seinem Selbstporträt von 1601 und dem Bildnis seiner Frau, eine „Gemüsehändlerin" (Nr. 88 des Kat. v. 1885.)

626. Das berliner Museum hat ein Loth und seine Töchter darstellendes kleines (0,40:0,61) Bild leihweise nach Aachen abgegeben. (Kat. v. 1898.) Der Verbleib des grossen bei van Mander genannten Bildes ist unbekannt.

627. Vielleicht Lucas Dammertss, der 1569 unter den Malern der Sattlergilde zu Utrecht verzeichnet ist. (Muller, S. 69.)

628. Ein allerdings 1607 datiertes Bild dieses Vorwurfs befindet sich in der Belvederegalerie zu Wien. (Nr. 1409.) (Hymans II. 315, 4.)

629. Ein Götterbankett, datiert 1602 (Kupfer: 0,31:0,42) befindet sich im Museum zu Braunschweig (Nr. 174 des Kat. v. 1898). Die Ältere Pinakothek in München besitzt eine Vermählung des Peleus und der Thetis (Kupfer 0,16:0,21; Nr. 304 des Kat. v. 1898), die auch gemeint sein kann.

630. Das *Mauritshuis* im Haag besitzt ein Bild dieses Vorwurfs von Wttewael (Nr. 223; Kupfer 0,21:0,16), das wohl mit dem von van Mander beschriebenen identisch sein könnte.

631. Er starb zu Utrecht am 13. August 1638. (Katalog des *Mauritshuis* v. 1895.)

632. Schreckliches Wortspiel auf den Namen Bloemaert.

633. Bloemaert wurde im Dezember 1564 geboren und starb am 27. Januar 1651 zu Utrecht. (Katalog des *Mauritshuis*.)

634. Er trat 1576 als Meister in die Sattlergilde und war 1594 Dekan. (Muller, S. 14 und 58.)

635. Er steht in der Liste der Mitglieder der Sattlergilde von 1569 als Maler und nicht als *„cleerschriver ofte bastertschilder"*, die im Anschluss an die Maler genannt sind. (Muller, S. 60.)

636. Hymans übersetzt missverständlich: *„Bloemaert fut mis à peindre des drôleries pour un maitre d'armes."* „Bootsen" sind Figuren, und dass es sich hier wirklich um Fechtfiguren oder Phantome handelt, geht aus dem weiter unten folgenden Wort: *„Scherm-bootsen"* hervor, dessen Übersetzung Hymans umgeht (*„laissant là les choses commencées"*).

637. Hymans übersetzt konsequenterweise *„très humoristique"*, siehe Anm. 636.

638. Nichts Näheres über ihn bekannt.

639. Siehe Anm. 622.

640. Siehe oben, S. 438 und Anm. 636.

641. Das Bild erschien höchstwahrscheinlich 1708 auf einer Auktion zu Amsterdam. Jan Sadeler hat einen Stich danach angefertigt. Ein Mann spielt hier die Guitarre, nicht die Harfe. (Hymans II. 320, 4, nach de Vries Az. in *l'Art chrétien* II. S. 175.)

642. Pieter Aertsen, siehe Band I., S. 329 f., wo auch (S. 331) ein ähnliches Bild erwähnt wird.

643. Nichts über ihn bekannt.

644. Unbekannter Meister.

645. H y m a n s übersetzt irrtümlich: *„six ou neuf mois"*; *derd' half*
ist das deutsche „d r i t t h a l b", d. h. zweieinhalb (das dritte halb); *de
Jongh* (II. S. 194) sagt richtig: *„bijna twee en een half jaar."*

646. H i e r o n y m u s F r a n c k e n I. Siehe Band I., 323 und
Anm. 486. Er war bereits 1566 in F o n t a i n e b l e a u tätig. (v a n
d e n B r a n d e n: 340.)

647. C o r n e l i s B l o e m a e r t teilte seine Funktionen mit
H e n d r i c k d e K e y s e r. Er wird am 29. Oktober 1591 als Bürger
von A m s t e r d a m aufgenommen, gleichzeitig mit H e n d r i c k d e
K e y s e r. Sein Sohn A b r a h a m wird zwei Tage darauf zum Bürger-
recht zugelassen. Andererseits ist C o r n e l i s B l o e m a e r t 1594
Dekan der U t r e c h t e r Malervereinigung, sein Aufenthalt in A m -
s t e r d a m ist also nicht von langer Dauer gewesen. (H y m a n s II.
322, 4 nach O b r e e n s *Archief* II, 274 und M u l l e r, S. 58.)

648. Er figuriert 1611 unter den Mitgliedern der neugegründeten
Malervereinigung (St. Lukasgilde). (M u l l e r, S. 126.) Am 22. März
1595 steht er als Freibürger von U t r e c h t verzeichnet. (H y m a n s
II. 322, 6 nach K r a m m.)

649. Seine erste Frau, die er am 2. Mai 1592 zu Amsterdam
heiratete, hiess J u d i t h v a n S c h o n e n b u r c h; seine zweite Frau
war G e r r i t j e d e R o y. (H y m a n s, ebenda.)

650. Das K l a r i s s i n n e n k l o s t e r. (Ebenda, 323, 1.)

651. Im Museum zu K o p e n h a g e n, datiert 1591. (Ebenda, 2.)

652. Verbleib unbekannt.

653. Ein Bild dieses Themas von B l o e m a e r t befand sich um
1717 zu B r ü s s e l. Die Figuren waren ungefähr eine Elle hoch.
(Ebenda, 4 nach: *Oorspronkelyk en Vermaard konstryk Tekenboek* ... S. 4,
A m s t e r d a m 1740.)

654. Im National-Museum zu S t o c k h o l m. (Greve, S. 108.)

655. Es existiert ein Stich danach von B o e t i u s à B o l s w e r t.
(Ebenda, 6.)

656. Gestochen von J a n S a e n r e d a m. (B a r t s c h: 30.)
(Ebenda, 7.)

657. Verbleib unbekannt.

658. H y m a n s sagt vielleicht richtiger: *„de quelques tons ver-
dâtres".*

659. B o e t i u s à B o l s w e r t hat zwanzig Landschaften von
B l o e m a e r t durch den Stich reproduziert. Die Blätter sind 1614
datiert. (H y m a n s II. 324, 1.)

660. H y m a n s bemerkt hierzu: Das mag z. Z. v a n M a n d e r s
der Fall gewesen sein, B l o e m a e r t hat aber später eine ziemliche
Menge von Werken dieser Art geschaffen. Es gibt deren namentlich
im L o u v r e und im Museum zu S t o c k h o l m. (Ebenda, 2.)

661. Jakob Willemsz Delff, gestorben am 5. Mai 1601.
(Ebenda, 329, 1.)

662. Hubert Jacobsz, der sich in seiner Jugend lange in
Venedig aufhielt und von dort den Beinamen Grimani mitbrachte,
wie Bleyswyck berichtet. Er war nach derselben Quelle ein guter
Porträtmaler, der später allerdings nachliess, weil er vielfach Porträts
von Engländern und anderen zu malen hatte, die nicht die Geduld
zum Sitzen hatten. Er starb um 1628 oder 1629 in Brielle. (Hy-
mans, ebenda, 2, nach Bleyswyck: *Beschryvinge van Delft*, S. 846.

663. Die Worte: *„meest in alle plaetsen van Italien"* sind bei Hy-
mans unberücksichtigt geblieben.

664. Verschwunden.

665. Wahrscheinlich das „Grosse Küchenstück" des Braun-
schweiger Museums (Leinwand: 1,89 : 2,88), signiert: Petrus van
Ryck In. et fecit 1604. (Nr. 205.)

666. Es ist so gut wie nichts mehr von ihm bekannt.

667. Josse Badens, der 1569 als Meisterssohn in die Ant-
werpener Lukasgilde aufgenommen wurde. (Hymans II. 331, 2.)

668. Verbleib unbekannt. Man kennt vorläufig nur ein Werk
von Badens, eine „Lustige Gesellschaft" in der Sammlung Hammer
in Stockholm. Im *Rijksmuseum* zu Amsterdam befindet sich ein
Bürgerwehrbankett von 17 Personen, das ihm zugeschrieben wird.
(Nr. 33.) (Hymans II. 332, 1 und Kat. des *Rijksmuseums* v. 1898.)
Badens starb vor dem 14. Juli 1620 zu Amsterdam.

669. Nichts Näheres über ihn bekannt.

670. Er steht in den Listen der Antwerpener Lukasgilde
unter dem Jahre 1580 eingetragen und wird noch am 30. September
1586 in Antwerpen erwähnt. Am 8. März 1591 erwirbt er in
Amsterdam das Bürgerrecht. (Hymans II. 334, 1 und 2 und
Obreens *Archief* II., S. 274.)

671. Wahrscheinlich das Bild im Museum zu Augsburg. Ein
Bild gleichen Vorwurfs in der Pinakothek zu München ist 1611
datiert, kann hier also nicht in Frage kommen. (Hymans II. 335, 1.)

672. Von Vinckeboons sehr häufig behandelter und wieder-
holter Vorwurf. Exemplare in Hamburg, Braunschweig (1608),
Wien (Galerie Harrach), Augsburg, Antwerpen, Brügge,
Parma, Königsberg (leihweise vom berliner Museum abgegeben),
Frankfurt a. M., Dresden. Ferner existiert ein Stich von Nicolas
de Bruyn (datiert 1602) nach einer Bauernkirmess von Vincke-
boons, auch ein Gobelin, der den Vorwurf wiedergibt im kaiserl.
Schloss zu Wien. (Vergl. Hymans, ebenda, 2.)

673. Gestochen von Jan van Londerseel. Verbleib unbekannt.
(Ebenda, 3.)

674. Noch an Ort Stelle.

675. Gestochen von Jan van Londerseel. Verbleib unbekannt. (Ebenda, 6.) Eine Predigt Johannis des Täufers befindet sich im Museum zu Schleissheim (datiert: 1621; Nr. 964.)

676. Eine Gebirgslandschaft mit einem Hochzeitszuge befindet sich im Museum zu Braunschweig. (Nr. 91.)

677. Hymans bemerkt hierzu: Es scheint nur zwei autentische Radierungen von Vinckeboons zu geben, 1. eine Bettlerin mit zwei Kindern, datiert 1604; 2. das ausgenommene Nest, datiert 1606, mit der Beischrift: *„Die den Nest weet die wethen, maer die hem rooft die heeften."* (Hymans II. 336, 2.)

678. David Vinckeboons starb 1629 zu Amsterdam.

679. Neffe von Frans Floris (siehe Band I, S. 299), geboren 1551 zu Antwerpen. Schüler von Hieronymus Francken in Paris, 1577 Freimeister in Antwerpen, gestorben ebenda am 12. Mai 1615. Es sind keine Werke von ihm bekannt. Einer seiner Schüler war Jeroon van Kessel. (Hymans II. 340, 1.)

680. Paulus Moreelse, Maler und Architekt, geboren zu Utrecht 1571, wo er einige Tage vor dem 19. März 1638 starb. Er war vor 1604 in Italien, trat 1596 in die Sattlergilde zu Utrecht ein, war 1611, 1612, 1615 und 1619 Dekan der neugegründeten Lukasgilde. Er malte auch Genrebilder und einige Historienbilder. Das Stadthaus zu Amsterdam besitzt von ihm ein 1616 gemaltes grosses Bürgerwehrstück. Man kennt 28 Schüler von ihm. Das *Mauritshuis* besitzt sein Selbstbildnis. (Katal. des *Mauritshuis* v. 1895 S. 253; und Muller: 74; 126 f.; 93 f.)

681. Geboren 1570 zu Harlem, gestorben ebenda im März 1649. Er war 1627 Dekan der Lukasgilde, hatte zahlreiche Schüler und einen Sohn Pieter Grebber, der 1590 geboren wurde. Das Museum in Harlem besitzt von Frans vier Mahlzeiten von Bürgerwehroffizieren aus den Jahren 1600; 1610; 1619; 1619. (Hymans II. 342, 2; Kat. des Museums zu Harlem v. 1897; vergl. auch *Oud Holland* V. 163.)

682. Cornelis Claesz van Wieringen, geboren zu Harlem, gestorben ebenda im Oktober 1643. Er arbeitete 1621—1622 für die Admiralität zu Amsterdam. Das Museum zu Harlem besitzt von ihm die „Ankunft des Pfalzgrafen Friedrich V. mit seiner Braut Elisabeth von England, Tochter Jakobs I., in Vlissingen (1613)" und die „Einnahme von Damiette," zwei grosse Bilder auf Leinwand. (Hymans II. 343, 1 nach van der Willigen S. 330 und Katalog des Harlemer Museums.)

683. Siehe oben, S. 424.

684. Barent van Somer steht in den Listen der Lukasgilde zu Antwerpen unter dem Jahre 1588 als Schüler von Philips Lisart verzeichnet; dies ist das einzige positive Datum, das man von ihm besitzt. (Hymans, ebenda, 3.)

685. Pauwels van Somer wurde 1576 geboren und starb nach Vertue (Walpole, *Anecdotes of Painting in England*, Ed. Dallaway, 1828, II., S. 6) am 5. Januar 1621 zu London. Die englischen Galerieen, namentlich jene des Schlosses von Hampton Court besitzen sehr schöne Bildnisse von der Hand Pauwels' van Somer. (Ebenda, 4.)

686. Cornelis van der Voort wurde 1576 zu Antwerpen geboren und am 2. November 1624 zu Amsterdam begraben. Sein Sohn Pieter Cornelisz van der Voort, geboren um 1599, gestorben 1624 (seine Hinterlassenschaft wurde am 29. XII. 1624 verkauft), war auch Maler. Das *Rijksmuseum* zu Amsterdam besitzt eine Reihe Bürgerwehr- und Regentenstücke von Cornelis, sowie einige Porträts. (Katal. d. *Rijksmuseums* v. 1898 und *Oud Hlland*: III. 187 f.)

687. Evert Krijnsz van der Maes war ein Schüler van Manders. Unter dem Jahre 1604 findet er sich in den Listen der Lukasgilde im Haag eingetragen, und von 1631—1666 nimmt er fast ohne Unterbrechung eine Stelle unter den Leitern dieser Gilde ein. (Hymans II. 344, 2 nach Obreens *Archief* III., S. 260 und V. 67 f.)

688. Jan Anthonisz van Ravesteyn, geboren um 1572 (?), begraben im Haag am 21. Juni 1657. Die Register der Lukasgilde im Haag zitieren seinen Namen am 17. Februar 1598. Im Jahre 1656 nimmt er an der Gründung der neuen Malervereinigung im Haag teil. Das *Mauritshuis* besitzt allein 25 Porträts von seiner Hand. (Kat. des *Mauritshuis* v. 1895.)

689. Arnold Jansz Druyvesteyn, geboren zu Harlem 1567, gestorben ebenda am 5. August 1617 als Bürgermeister. Kein Werk von ihm bekannt. (Hymans II. 346, 2.)

690. Jacob Fransz de Mosscher war ein Schüler van Manders und trat 1593 in die Gilde zu Harlem ein; 1613/14 finden wir ihn als Meister in den Listen der Delfter Lukasgilde verzeichnet, um 1640/50 ist er in Harlem tätig, wo Adriaen van Ostade seine Bilder staffiert. Er war auch Poet und ein an van Mander gerichtetes Gedicht findet sich vorne im „Malerbuche". Die Münchener Pinakothek besitzt zwei Landschaften von ihm (532 und 533), deren eine J. van moscher signiert ist. (Kat. der Münchener Pinakothek v. 1898 und Hymans II. 348, 1 nach van der Willigen, S. 227 und Obreens *Archief* I., S. 5.)

691. Nichts Näheres über ihn bekannt.

692. Ein Claes Dirksz van der Heck liess sich 1635 in die 1631 gegründete Lukasgilde zu Alkmaar aufnehmen. Houbraken erwähnt mehrere Bilder von ihm (Ausgabe Wurzbach, S. 163 f.). 1613 hatte van der Heck eine grosse Landschaft für das Stadthaus zu Alkmaar geliefert. Das Rijksmuseum zu Amsterdam besitzt zwei Landschaften von ihm: „Das Schloss von Egmont" und die

„Abtei von Egmont," deren letztere C. Heck 1638 signiert ist. (Katal. des *Rijksmuseums* und Hymans II. 348, 3.)

693. Vergleiche die Biographie von Miereveld, wo er bereits genannt ist (II. S. 438). Nach Henry Havard (*l'Art et les Artistes hollandais* I. Appendix B.) lebte Montfort noch am 24. Juli 1620. (Ebenda; 349, 1.)

694. Siehe den Schluss der Biographie Mierevelds (II. S. 223). P. D. Cluyt war der Sohn des berühmten Naturforschers Theodorus Augerius Clutius. Bilder von ihm sind nicht bekannt. (Hymans II, 175, 3 und 349, 2.)

695. Am Schlusse des Appendix sagt van Mander noch: „Der Leser wird manchmal finden, dass ich hinten in meinem Buch von den lebenden Malern einen jüngeren einem älteren vorangestellt habe. Dies geschah, weil ich bei Einigen auf Nachrichten über ihren Lebenslauf habe warten müssen. Der Leser möge es entschuldigen.

Es fehlt und irrt gar oft der Mensch, wie grossen Fleiss er an auch wende,
Nicht frei ist von Gebrechen drum mein Werk
Durch fälschlichen Bericht in Wort und Schrift.
Verhüllen will ich diesen Mangel nicht, vielmehr ihn Jedem künden.

FINIS.

696. Man nimmt jetzt an, dass Bredero, von dem die gereimte Zugabe am Schlusse der Biographie des Autors stammt, der Verfasser dieser Lebensbeschreibung sei. Kramm und Hymans waren geneigt Adam van Mander, Karels Bruder als den Verfasser anzusehen. Greve.

697. Im Text: Man-der *mannen!* Anspielung auf den Namen van Manders. Dieser Name kommt offenbar von dem Flüsschen Mandere (vergl. die Karte Nr. 66 in der Amsterdamer Ausgabe von 1635 des Guicciardini: *Description de touts les Pays-Bas.*) heute Mandel, das ungefähr fünf Kilometer von Meulebeke entfernt fliesst. Karel hatte z. B. einen Vetter Namens Jan van der Mander.

698. Siehe seine Biographie, Band II, S. 17 f. und besonders Anm. 27.

699. Siehe seine Biographie, Band I, S. 367.

700. Vergleiche Band I, Anm. 344 und die Notiz über Cornelis de Witte in der Biographie von Pieter de Witte (II. S. 447), wo van Mander sagt er sei 1573 in Florenz gewesen.

701. In seinem Lehrgedicht: „*Den Grondt der Edel vry Schilderconst*" (Blatt 2b Spalte 2). Er hat danach Italien bis Terracina durchwandert, das tyrrhenische Meer befahren, war in Florenz aber nicht in Venedig.

702. Im Text: *„de grotten."* Wenn die Katakomben gemeint sind, so ist der Satz in dieser Fassung nicht richtig; denn die Katakomben von S. Sebastiano waren zu van Manders Zeit bekannt und von Pilgern besucht, ebenso noch einige andere, doch ist es nicht ausgeschlossen, dass van Mander einige Gänge und *Cubicula* entdeckte. Die eigentliche Erforschung der Katakomben beginnt, nachdem man bei Fundamentierungsarbeiten an der Via Salaria am 31. Mai 1578, also bald nach van Manders Weggang von Rom auf ein altes Coemeterium gestossen war. (Siehe auch Anm. 396.)

703. Das stimmt nicht; van Mander mag wohl in Basel gewesen sein, die erwähnten Arbeiten führte er aber in Krems in Niederösterreich aus; er bemerkt dies ausdrücklich im Leben von Sprangers. (II. S. 155.)

704. Über Nürnberg, wo er 1577, wie er selbst erzählt (I. 93), Dürers Selbstbildnis in Händen gehalten hat. Da er sich nach seinem Biographen über drei Jahre in Rom aufgehalten hat, so ist anzunehmen, dass er Ende 1573 dort hinkam und es Anfang 1577 verliess.

705. Sie hiess Louise Buse. (Hymans I. S. 7.)

706. Das Mittelbild dieses Altarwerks existiert noch in der Martinskirche zu Courtray. Es ist signiert und trägt das Datum 1582. (Hymans I. S. 13.)

707. Den Biographen hat hier offenbar van Manders Einleitung zum Leben von Abraham Bloemert (II. S. 351) nicht schlafen lassen, und er fabriziert noch Schrecklicheres. Ich füge den Originaltext bei: *„Wy bidden den goeden sy nemen onse goede meeninghe nae haere goedighe goetheydt in't goede, soo sal haer de goedertieren God goedelijck begoeden met de alder beste goederen des eeuwicheyts, het welck ons gunne die eeuwighe ende heylighe aldergoetste Drievuldicheyt. Amen. Vaert wel."*

708. Es handelt sich um Illustrationen zum Ovid, die 1589 und 1590 erschienen. (Vergl. Hymans I. S. 10.)

709. Ornamentierter Schild mit einer Inschrift zur Erinnerung an die Reise von Linschoten nach Nowaja Semlja, gemalt 1596, im Museum zu Harlem. (Nr. 151 des Kat. v. 1897.)

710. Diese Lesart entsteht, wenn man vor *„voor Razet"* ein Komma setzt. Der ganze Satz lautet genau wiedergegeben: *„Voor Melchior Wyntjens een Kruys-draginghe, noch veel andere kleyne stuczkens, als oock een Boers Kermis voor Razet, een Cruycinghe Christi, daer hy ende Goltzius nae 't leven in zijn ghedaen, en is sonderlinghe net en suyvertjes ghehandelt, somma daer zijn weynich beminders"* etc.

711. I. Mose, 35,4.

712. Lukas, 17,12 f

713. Josua, 3,17.

714. H y m a n s meint, es sei wahrscheinlich ein Sohn v a n M a n d e r s gemeint. (I. S. 14. Anm.)

715. Vor allem war es K a r e l s (gleichnamiger) Sohn, der für S p i e r i n c x in D e l f t Teppichkartons ausführte, sagt H y m a n s. (I. S. 15.)

716. „*de Poeeten praten,*" ich weiss nicht, was damit gemeint ist. — Nach v a n M a n d e r gestochen haben B a l t h. B o s; N i c o l a s B r a e u; G. v a n B r e e n; N i c o l a s C l o c k; B a r t h o l. D o l e n d o; Z a c h a r i a s D o l e n d o; C o r n e l i s D r e b b e l; J. d e G h e y n; J a k o b M a t h a m; J a n S a e n r e d a m. (Vergl. G r e v e: *Bronnen,* S. 18 f., wo eine Liste der Stiche gegeben ist).

717. Herr Dr. L u d w i g F r ä n k e l in M ü n c h e n macht mich auf die Forschungen von K a r l T h e o d o r G a e d e r t z (niedergelegt in dessen origineller Entdeckerschrift: „Zur Kenntnis der altenglischen Bühne nebst anderen Beiträgen zur Shakespeare Literatur" Bremen 1888) über den U t r e c h t e r K a n o n i k u s J o h a n n e s d e W i t t aufmerksam, der ein jetzt verschollenes noch reichhaltigeres Maler- buch, als es das v a n M a n d e r s ist, geschrieben und für den Druck bestimmt hatte. Ich entnehme der zitierten Schrift folgendes (S. 58 f. und S. 73 f.): J o h a n n e s d e W i t t, einer der gebildetsten Männer seiner Zeit, Kunsthistoriker, Archäologe und Literaturforscher wurde 1565 zu U t r e c h t geboren und starb in I t a l i e n (zu R o m oder V e n e d i g, wo das verschollene Manuskript vielleicht noch verborgen ruht) wahrscheinlich am 1. Oktober 1622. Die meisten seiner noch existierenden Briefe sind an A r e n t v a n B u c h e l gerichtet. In einem Briefe an ihn aus P a r i s, vom August 1615 schreibt er: *COELVM insuper PICTORIVM instruimus, in quo collocamus Celebriores Pictores quosque a GYGE omnium primo, vsque ad nostros coætaneos quos modernos nominant. In eo multa Lector repperiet ab alijs non animaduersa, ne ab ipso CAROLO MANDERIO quem honoris causa nomino, & Patriæ perenne Decus, Jure merito, preclamo, Cuj immortalitatem debent PICTORIA & BELGICÆ CAMENÆ. In toto itinere nostro curiose semper quæsiuimus, si qui essent excellentiores Pictores & miraveris quam paucos in Francia inuenerimus cum vna Vrbs ANTVERPIA sexaginta celebres & doctos nobis exhibuerit, & duas fœminas sorores AGNETAM & CLARAM LAMBRECHTE in Pictoria nobilissimas solertissimasque. Horum fere omnium officinas Ipsement perlustraui, eorumque nomina et precipua studia in Catalogum redegi. Locutus sum etiam illis sororibus, quas vero dicas Pictorias esse bina sijdera et Artis lumina. — Hic LVTETIÆ Cœlum nostrum auxere inprimis BVNELLVS & eius vxor BVNELLA, cum BOVLESIO; Item N. KAIJ Rothomagus & N. BOVRGOIS Parisiensis praestantissimi Artifices. Auxit & POVRBVS Belga, Pictor Regius, qui MANTVA ante sex annos suocatus annuo honorario opimo decoratus est; Ita ipsemet nobis indicabat petebatque vt omnino ita annotaremus, scilicet cum Reginæ MARIAE MEDICÆÆ expresso mandato huc aduocatum. Audio apud*

*FONTES BELLAVVM Aq. esse FREMINETTVM quendam, qui quidem
hic magnj est nominis, nescio an operis, nondum enim quicquam ab ipso vidi-
mus . . .*" Ferner schrieb er Briefe: *de Francisco Pourbus pictore regio
(Paris, Februar 1612); de Anna Boechholtia artificiosa femina (Paris,
Juni 1613); de Paulo Brillio et Gerhardio Honthorstio pictoribus (Rom,
April 1620); judicium de quibusdam pictoribus, ubi meminit et Brillii et Poelen-
burgii (Rom, Juli 1621); aliqua de pictore Antonio Tempesta, Poelen-
burgio et Brillio (Rom, Januar 1622).* Hendrick Goltzius und
Abraham Bloemaert waren seine Freunde. — Im März, April,
Dezember 1604 und im November 1605 lässt sich de Witt in Am-
sterdam nachweisen. Es ist demnach ziemlich wahrscheinlich, dass
er van Mander kennen gelernt hat.

718. Karel van Mander II. starb 1623 zu Delft, wo er
hauptsächlich für Spierincx arbeitete. (Siehe Anm. 715.) Vergl.
Oud Holland III. 2. f.

719. September.

720. „*aende slincker syde van den Choor ontrent een pas vande muyr
aen't suyd-oosteynde, dicht by een kleyn pylaertje inde muur ghewrocht oost-waert
van het deurtjen inde selve muur staende zuytwaerts begraven.*"

721. Diese Gedichte finden sich am Anfang des Malerbuches,
Ausgabe 1618, zusammengestellt. — Zum Schluss führe ich noch die
Zahlen der Seiten an, auf denen eine Selbsterwähnung van Manders
zu finden ist: Band I S. 13, unten, Amsterdam; 45, unten, Gent;
51, Mitte, Brügge; 53, oben, Brügge; 61, unten, Brügge; 65,
unten, Harlem; 67, unten, Harlem; 73, oben, Leiden; 81, oben,
Amsterdam; 93, Mitte, Nürnberg; 123, Mitte, Delft; 141, Mitte,
Amsterdam; 143, oben, Harlem; 189, Mitte, Amsterdam; 235,
unten, Rom; 247, unten, Middelburg?; 293, Mitte, Amsterdam;
317, unten, Middelburg; 321, Mitte, Alkmaar?; 323, unten,
Tournay; 351, Mitte, Harlem? und Middelburg; 365, Mitte,
Brügge; 377, Mitte, Courtray oder Tournay; 395, Mitte, ebenda;
Band II S. 25, Mitte, Meulebeke; 35, oben, Brügge, Mitte,
Gent, unten, Gent; 57, Mitte, Gent?; 145, unten, Rom; 147, Mitte
und unten, Rom; 155, oben, Krems und Wien; 163, unten, Rom;
165, unten, Harlem; 167, unten, Harlem; 241, Mitte, Brügge ca.
1580, unten, Harlem 1583; 243, oben und Mitte, Harlem 1583;
273, Mitte, Harlem nach 1588; 277, Mitte und unten Rom; 297,
Mitte, Florenz 1573; 309, oben, Harlem 1583; 321, oben, Amster-
dam; 329, oben; 339, unten, zweimal Rom; 363, Mitte, Amster-
dam 1604.

Anhang.

Zu Band I. S. 221, Notiz über Hans Hogenberg. Nach dem Titel des folgenden mir nicht zu Gesicht gekommenen Werkes heisst der Meister der Einzugsrolle Nikolaus Hogenberg: „*The Procession of Pope Clement VII. and the Emperor Charles V. after the coronation at Bologna on the 24 Febr. 1530, designed and engraved by Nic. Hogenberg, reprod. in facsimile with an histor. introd. by Sir W. Stirling Maxwell. Edinburgh, 1875, in-fol., (avec portraits, facsim. et 40 grandes planches; publ. non mise dans le commerce.) (Le Bouquiniste Belge, Bulletin No. 435 pag. 15, de Camille Vyt à Gand. 1905.)* Nikolaus Hogenberg ist wahrscheinlich der Bruder von Hans H.; er starb am 23. Sept. 1539. (Hymans I. 257, 3.)

Zu Band I. S. 293 unten: Die Dresdener Galerie besitzt ein signiertes, 1567 datiertes Bild von Beuckelaer, das die vier Evangelisten in einer Renaissancehalle zeigt. (Nr. 831 des Katalogs von 1899.)

In der „*Errata*" zur 4. Ausgabe (1604) bemerkt van Mander: Unter den Malern der jungen Generation darf auch nicht vergessen werden der sehr erfindungsreiche Hubert Tons, der von dem auf Seite 230a genannten Tons abstammt (Band I. 235). Er ist sehr tüchtig in Landschaften und kleinen Figuren und wohnt augenblicklich zu Rotterdam." — Hymans, (I. 270), dem ich obige in der zweiten Ausgabe des Malerbuchs fortgefallene Notiz entnehme, bemerkt hierzu: „Van Mander hat unglücklicherweise vergessen, dass auf jener Seite mehrere Tons genannt sind.

Hubert Tons wurde 1596 in die Gilde zu Antwerpen aufgenommen. Bei wem er gelernt hat, ist nicht angegeben. Das Inventar der Bilder im Besitz von H. Saftleven, der 1627 zu Rotterdam starb, figurieren zwei Bilder von Hubert Tons: „Ein Hund" und „Drei kleine Hunde." (*Obreens Archief* V. 119.)

Ferner fehlt in der zweiten Ausgabe die Notiz über Jan Ariaensz aus Leiden: „Eine ehrenvolle Stelle unter den Malern verdient Jan Ariaensz aus Leiden, der in der Landschaft und andern Zweigen der Kunst Gutes leistet und hübsche Architekturen malt.

Nachdem er viele Länder besucht, hat er sich in L e i d e n nieder-
gelassen. Er ist ein Mann in den besten Jahren." O r l e r s sagt
in seiner *Beschryvinge der Stadt Leyden*, 1641 Seite 340: „er starb vor
einigen Jahren in dieser Stadt." Vosmaer (*Rembrandt, sa vie et ses
oeuvres, page 28, La Haye*, 1877) zeigt uns J a n A d r i a e n s „Land-
schafter, gestorben 1621" sich mit einigen andern Malern vereinigend,
um die Gründung einer Lukasgilde für die Stadt L e i d e n zu er-
reichen. (H y m a n s II. S. 350, 1.)

    Zu Band I. S. 395, unten: Der wahre Name von K a r e l v a n
Y p e r n war K a r e l F o o r t, und er starb am 22. Juni 1562. Dies
geht aus einer Urkunde des Klosters hervor, das er als Freistatt be-
nutzte. (W u r z b a c h S. 546 nach H y m a n s im *Bulletin de l'Academie*,
1897.)

Register.*)

*) Von den Ortsnamen haben in diesem Verzeichnis nur die ausländischen, d. h. nicht niederländischen, Aufnahme gefunden und diese auch nur insoweit, als sie über Reisen der Maler Aufschluss geben. Die mit einem K beginnenden Namen finden sich unter dem Buchstaben C.

Quadt, Wilhelm: II. 438.
van den Queecborne, Christian: 233.
440. II. 27.
„ „ „ Crispijn: 440.
van den Queecborne, Daniel: 233.
440.
de la Queste, Monsieur: 325. 327.

Raffael Sanzio: 87. 185. 273. 395.
417. 429. 447. II. 41. 45. 251.
Raimondi, Marcantonio: 85. 416. 420.
Ranuccio I., Herzog von Parma:
II. 444.
Rauwaert, Jakob: 59. 69. 81. 231.
293. 295. 331. 335. 347. 351. 353.
412. 456. II. 311. 315. 404.
van Ravesteyn, Jan: II. 375. 461.
Razet, Jakob: 145. 189. II 49. 59.
79. 203. 221. 359. 404. 410. 422.
Reael, Jan Pietersz: 335.
Regtop, J. J.: II. 452.
van Reenen: II. 412.
Rem, Gaspar: II. 283. 285. 445.
Rembrandt: II. 451. 453.
Renata von Lothringen: II. 445.
René von Chalons, Prinz von
Oranien: 277.
Reyersz, Kors: II. 405.
Rhodus: 273.
Robroeck, Maria: II. 431.
Roch, Klaes Fredericksz: II. 405.
Roelandts, Anna: II. 129.
„ Jakob: II. 125.
Rogier, Claes: 221.
Rom: 13. 65. 153. 167. 185. 225.
235. 243. 273. 281. 301. 321. 339.
341. 343. 345. 353. 363 365. 377.
379. 387. 393. 401. 412. 415. 441.
442. 444. 446. 447. 460. II. 13. 41.
45. 63. 71. 77. 79. 85. 89. 95. 129.
133. 141. 148—151. 163. 209. 233.
235. 239. 245. 267. 277. 285. 293.
295. 297. 301. 303. 319. 329. 339.
341. 345. 375. 394. 395. 400. 423.

426. 429. 441. 447. 448. 451. 453.
454. 456. 463.
Romano, Giulio: 417. 456. II. 423.
van Romerswael, Marinus: II. 67.
422.
Rosencrans, Dirck: II. 181.
Rosso Fiorentino: 207.
Rottenhammer, Hans: II. 341—345.
455. 456.
Rottenhammer, Thomas: II. 455.
von Rotterdam, Laurens: 412.
Rouen: II. 269. 305.
de Roy, Gerritje: II. 458.
Rubens, Peter Paul: 412. 441. 445.
448. II. 438. 454.
Rudolph II., Kaiser: 121. 414. 445.
II. 31. 79. 91. 125. 151—163. 167.
249. 255. 287. 289. 295. 327. 333.
357. 396. 425. 429. 438. 446. 453.
Rumpff, Wolfgang: II. 157. 433.
van Rijck, Pieter Cornelisz: II. 361
bis 363. 459.
de Rijckere, Bernaard: II. 69.
Rijckersen. Gijsbert: II. 251.

Sadeler, Gillis: 441. II. 295. 420.
421. 433. 445. 446. 447. 448.
„ Jan: II. 41. 233. 418. 421.
423. 425. 436. 440. 447. 448.
457.
„ Raphael: II. 185. 287. 421.
424. 425. 429. 447. 448.
Saenredam, Jan: 127. 421. 422. II.
193. 329. 361. 436. 447. 452. 458.
464.
Salebos, Melsen: 453.
de Salusto, Cesar: II. 279. 444.
Salviati: II. 447.
von Salzburg: Erzbischof: II. 333.
Sammeling, Benjamin: 321. 451.
452.
Sandrart, Joachim: 432. II. 420.
van Sanen, Simon: 275.
da Sangallo, Antonio d. J.: II. 447.

MARTINUS HEMSKERKUS, HARL.

Quæ regio Hemskerki Batavi non plena laboris?
Tot pinxit, finxit qui ingenio tabulas.
Vrbes admirans, turres, tristesque ruinas,
Dices Dædaleas composuis se manus.

DE IOANNE MAIO, PICTORE

Quos homines non Maius loca pinxit, & vrbis
Visendum late quicquid & Orbis habet:
Dum terra sequiturque mari te Carole Cæsar,
Pingeret vt dextra fortia facta tuæ:
Quæ mox Althœis fulgerent aurea textis,
Materiam artifici sed superante manu.
Nec minus ille sua spectacula præbuit arte
Celso conspicuus vertice grata tibi,
Iussus prolixa detecta volumina barbæ
Ostentare suos pendula ad vsque pedes.

PETRUS PETRI, LONGUS, AMSTELR.
PICTOR.

Chromata mirantur docti, duc tuisque viriles,
Et Tabulas magnas quas tua dextra dedit.
Corpore longus eras: et formans Corpora longa,
Tu Longe, ostendis magna placere tibi.

CRISPIANUS BROEKIUS, ANTVERP.
PICTOR.

Inventor felix habitus, pictorque peritus
Tectonices: laudas quem ingeniose faber.
Corpora pingebat magnis expressa figuris
Ad vivum, quorum tegmina nulla vides.

Berichtigungen.

Band I.

Man lese auf S. 65 Zeile 5 von unten statt: in die Zeit J a n s v a n E y c k hineinreicht: bis an die Zeit J a n s v a n E y c k reicht.

  „ „ „ „ 65 „ 6/7 „ „ „ Gewisse Umstände: Gewisse Umstände od. Berechnungen.

  „ „ „ „ 101 „ 10 „ oben „ Aufrichtung der ehernen Schlange: Plage durch die feurigen Schlangen.

  „ „ „ „ 121 „ 8 „ „ „ Mittelbild: Werk von innen

  „ „ „ „ 243 „ 4 „ unten „ ferner auch: auch.

  „ „ „ „ 409 „ 15 „ „ „ F l o r e n s : F l o r e n z .

  „ „ „ „ 413 „ 5 „ „ „ T u r n a y : T o u r n a y .

  „ „ „ „ 415 „ 6 „ oben „ Oost-Zaandam: Oostsänen.

  „ „ „ „ 415 „ 6 „ „ „ im Norden des Y.: in N o r d - h o l l a n d .

  „ „ „ „ 424 „ 1 „ „ „ M o r c e l l i a n o : M o r e l l i - a n o .

  „ „ „ „ 453 „ 5 „ unten „ C l a e r z o o n : C l a e s z o o n .

  „ „ „ „ 459 „ 16 „ oben „ H v m a n s : H y m a n s .

Band II.

Man lese auf S. 16 Zeile 12 von unten statt: Jonghrrouw: Jonghvrouw.

  „ „ „ „ 53 „ 22 „ oben „ im Norden des Landes: dort oben im Lande.

  „ „ „ „ 61 „ 5 „ unten „ G i l l e s : G i l l i s .

  „ „ „ „ 63 „ 11 „ oben „ F r a n z : F r a n s .

  „ „ „ „ 67 „ 15 „ unten „ S t e e n w i c k s : S t e e n - w y c k s .

  „ „ „ „ 89 „ 1 „ „ „ Attartafel: Altartafel.

  „ „ „ „ 98 „ 9 „ „ „ waerhe yt: waerheyt.

Man lese auf S. 101 Zeile 10 von unten statt: seins: seines.

„ „ „ „ 115 „ 16 „ oben „ van Akens: van Akens. ²⁸¹

„ „ „ „ 119 „ 18 „ unten „ Herzogs: Herzogs Cosimo.

„ „ „ „ 121 „ 4 „ „ „ Orleans: Orléans.

„ „ „ „ 121 „ 6 „ „ „ Mostaert: Mostart.

„ „ „ „ 122 „ 1 „ „ „ Const-lief hebbers: Const-liefhebbers.

„ „ „ „ 165 „ 3 „ „ „ Schweitzer: Schweizer.

„ „ „ „ 191 „ 7 „ „ „ einen: einem.

„ „ „ „ 260 „ 12 „ „ „ sorguvldigh: sorgvuldigh.

„ „ „ „ 267 „ 6 „ „ „ Vorfahren, Kriegstaten: Vorfahren Kriegstaten.

„ „ „ „ 306 „ 2 „ „ „ onmaetlicke: onmaetlijcke.

„ „ „ „ 309 „ 8 „ oben „ ich sehr: ich war sehr.

„ „ „ „ 367 „ 9 „ unten „ Vinckebons: Vinckeboons.

„ „ „ „ 427 „ 15 „ „ „ Grauvella: Granvella.

„ „ „ „ 457 „ 8 „ „ „ 438: 7 f.

„ „ „ „ 458 „ 15 „ „ „ 108: 188.

„ „ „ „ 460 „ 5 „ „ „ 424: 89.

„ „ „ „ 462 „ 18 „ „ „ Greve: (Greve S. 8).

„ „ „ „ 463 „ 21 „ „ „ Bloemert: Bloemaert-

Ferner siehe Band I. S. 460.

Druck von Gottfr. Pätz in Naumburg a. S.

THE UNIVERSITY OF MICHIGAN

DATE DUE

Lightning Source UK Ltd.
Milton Keynes UK
UKOW07f1330090217
293991UK00008B/101/P